行政法
事案解析の作法
[第2版]

大貫裕之+土田伸也=[著]

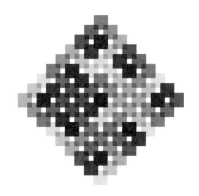

日本評論社

第 2 版　はじめに

　『行政法事案解析の作法〔第 2 版〕』を世に送る。今回の改訂は、判例、学説の進展及び法改正を取り入れるだけでなく、大貫、土田両名が事案解析の作法の事例を講義で使った際の教育経験を取り込むこと及び読者の意見に配慮することも目標とした。そのような方針で臨んだ改訂の結果、事例の一つは差し替えられ、従来からある事例の解説はユーザーフレンドリーに改訂されている。また、事案分析力を養成するという本書初版の大きなコンセプトに変更はないが、今回の改訂では、読者の意見に対応するため、書き方についての叙述を増やしている。結果的に、総頁数はおよそ 30 頁も増えることとなった。

　本書初版は 2010 年 9 月に出版されているから、改訂するまでに長い時間を要した。その理由は、まず、大貫、土田が多忙であったことにあるし、また、改訂に当たり積極的に取り入れることにした読者の意見を検討する作業に予想外に時間がかかったことにもある。岡村俊佑弁護士（中央大学法科大学院 2012 年修了。弁護士法人東京フレックス法律事務所勤務）に、読者の立場から内容について意見を出してくれるようお願いしたが、岡村君は、実に A4 で 46 頁にも亘る詳細な意見をよせてくれた。この指摘にはできるだけ対応した。また、校正のお手伝いを司法修習生の小勝有紀さん（中央大学法科大学院 2016 年修了）にお願いしたところ、校正のみならず、内容についても極めて有益な指摘をしてくれ、これらについてもできるだけ取り入れるよう努力した。

　本書初版の事例を使った授業に参加してくれた学生諸君、一般の読者の皆さん、今回の改訂に当たりご意見をくださった岡村君、小勝さん、校正でも真っ赤に訂正する著者たちに忍耐強くつきあってくださった法学セミナーの柴田英輔編集長をはじめとする、さまざまな方のいろいろなご支援があればこそ第 2 版を出版できることになった。こころから感謝したい。

　2016 年 3 月 1 日

大貫裕之

土田伸也

初版　はじめに

　法科大学院が開学して7年目に入り、新司法試験も5度行われた。実務法曹を育てる教育機関で、行政法の講義を担当して、学生諸君からよく出される問いは、どうしたら複雑な事案を分析することができるようになるのですか、という問いである。大貫はアンケートに学生からこういうことを書かれた。「行政法が何故難しいか分かりました。教科書は抽象的な概念ばかりが書いてあるのに、講義で扱う事例は、河豚取扱条例であったり、建築物をめぐって建築主と周辺住民とが紛争になり、行政指導が行われた事件など、極めて具体的で、教科書と事例をつなぐことが困難だからです。」周知のように、行政法学の対象となる行政法には核となる法典が存在せず、六法全書に掲載されている法律の7〜8割が行政法に分類されるとも言われる。そうした多様で雑多な法律、そしてその適用される事実を分析する道具、ものさしが行政法学の教科書において解説されるわけで、勢い、そうしたものさしの抽象度が高くなるのはやむを得ない。こうした抽象的なものさしを実際の事例でどう使い、分析するかを示すのが、講義の役割であるが、いかんせん時間が限られており、教科書全体について行うことはできない。しかも講義では、ものさしとなる理論や判例そのものの解説に時間をとられ、実際にものさしを運用してもらう時間はあまりとれないことが多い。

　行政法学が分かりにくい理由は、事案分析のためのものさしが抽象的で実際の事例との距離が遠いだけではあるまい。ものさしの目盛がふぞろいだったり、ものさしが欠けていたりして、うまくものが計れないことによるところにもあるだろう。しかし、そうした抽象度が高い、場合によっては、できのわるいものさしであっても、われわれは何とか使い、事案を分析している。そもそも、どんなにできのよいものさしでも、多様な事案を常に明確に計れるものではない。われわれの目の前にある事案は、抽象的なものさしによる計測を許さないほど複雑であることが多い。別のものさしを組み合わせたり、目盛を変えてみたり、ものさしを諦めて、手のひらで長さを測ってみたり、われわれはいろいろと工夫をする。そうした工夫の能力こそが、法律家に求められる能力ではないか。実務法曹を養成する法科大学院は、こうしたものさしの使い方

を教えることを、一つの重要な任務としているはずである。

　本書は、行政法学の教科書で解説されているものさしを使用して実際の事案をどう分析するか解説することを目的としている。事案を分析して、整然と整理したものを示すのではなく、実際に分析する過程をできるだけ示すことを試みた。事案において重要なものを取り出す能力はもちろん重要だが、重要でないものを無視する能力も重要である。重要であるものをどう取り出し、分析するのか、また、重要でないものを何故重要でないと判断するのか、そうした思考のプロセスを示してみたい。こうした作業はわれわれ大貫、土田の現に行っている作業を意識に上らせ、時には反省を促す。何故そう分析するのか説明に窮することもあった。ともあれ、大貫、土田は、実際にわれわれが事案を分析しているその仕方をはっきりと示すことを試みた。したがって、本書は事例問題の形式になっているが、分析の過程を解説するのが主で、必ずしも、設問への解答を解説することはメインにはならない。設問への解答は、仲間との議論によって、あるいは教師に質問をすることによって、各自つくってもらいたい（特に、仲間との議論による解答の練り上げは、実力を高めるために極めて重要である）。また、上に述べたように、本書は分析のプロセスを示すことを目的としているので、本書で解説したことすべてが事例問題の分析を文章にする際に書かれるべきことではない。分析の結果をどう構成し、表現していくかは別の重要な問題である（このような力も法曹には不可欠の能力であり、こうした能力を涵養することを答案指導という言葉で貶めてはならない）。

　本書は、法学セミナー誌上に21回に亘って連載した企画をまとめたものである。一書にするにあたり、連載の過程では紙幅の関係で完全に削除したところを復活させたり、紙幅の関係でやや説明を端折った部分も元に戻すなどした。本来一つの事案を分析するにも多様で膨大なものさしを必要とするが、これをすべて一つの事例で解説することはせず、各事例に解説項目をできるだけバランスよく配置するよう配慮した。したがって、クロスレファレンスを行ったとは言え、最初の回は解説の不足を感じられる場合があろうが、読み進めるうちに、その点の不足は解消されるのではないかと思う。また、事案は実際の裁判例をもとにしている。したがって、教科書的に都合のよいように、論ずべきことが出て

くるわけではない。説明の仕方は変わるだろうが、場合によっては、繰り返し解説される事項も出てくる（教育的観点から言えば、こうした繰り返しには意味がある）。

　本書は二人の完全な共同作業に基づく。研究者である以上、二人の見解が必ずしも一致しないこともある。しかし、これまでの議論の経験からすると、二人は、論点について見解が一致しない場合でも、一致しない理由については完全に一致する。二人の共同作業であることによる叙述のぶれや不統一感は生じていないと思う。

　本書がこうして成るにあたっては、多くの方の支援をいただいた。まず、連載の過程で、日本評論社の柴田英輔さんには担当者として大変なご尽力をいただいた。大貫、土田の共同作業であることから、二人の間での調整作業にかなりの時間をとらざるを得ず（この調整作業は密に行い、いつも真剣勝負であった）、締切りを守れたことはほとんどなかった。紙幅の限界を超えることもよくあった。こうしたマナーの悪い執筆者にも拘わらず、柴田さんは、いつも淡々と誠実に対応して下さった。法学セミナー上村真勝編集長には本連載のコンセプトを構想するときから、いろいろな助言と叱咤激励をいただいた。上村さん、柴田さんの、「これまでにないよいものを作りましょう」という熱意がなければ連載は始められなかったし、本書もできなかった。また、連載を本書にまとめ上げる際に、中央大学法科大学院生・正本佑介君、今泉さやかさんにもご協力いただいた。お二人には、読者の立場から分かりにくいところや、詳細に説明してほしいところなどを指摘していただいた。お二人の協力があったおかげで、本書はよりよいものに仕上がったと思う。そのほか、本書の基になった連載に対して寄せられた読者の皆さんからの声、モニターの感想、同業者からの好意的なコメントには、大いに励まされた。

　多くの方に感謝の念をもって、本書を世に送りたい。

　2010 年 8 月

大貫裕之

土田伸也

目次

はしがき …i

凡例 …viii

[第1回]── **毒物及び劇物の輸入業者の法的地位**…001

[第2回]── **不法係留施設の強制撤去**…017

[第3回]── **地方公共団体による政策の変更と事業者の保護**…033

[第4回]── **指名競争入札における事業者の排除**…050

[第5回]── **不法残留者の強制退去**…066

[第6回]── **地方公共団体による行政上の義務の司法的執行**…083

[第7回]── **産業廃棄物処分業および
産業廃棄物処理施設設置の許可申請書の受領拒否**…098

[第8回]── **教育研究集会の開催を目的とした
公立学校の施設の使用**…115

[第9回]── **指定医師の指定の取消し**…132

[第10回]── **在外被爆者の法的地位**…152

[第11回]── **公害防止協定に基づく一部事務組合の情報開示**…165

[第12回]── **保育園の入園拒否**…180

[第13回]── 警察官がナイフの一時保管を怠ったことによる
県の損害賠償責任…200

[第14回]── 児童養護施設で暴行を受けた児童に対する
県および社会福祉法人の損害賠償責任…216

[第15回]── 行政財産の使用許可の取消しによる損失の補償…232

[第16回]── 外国人医師の医師国家試験受験資格認定拒否…248

[第17回]── 出生届の不受理を理由とする住民票の不記載…268

[第18回]── 通達に基づく公務員に対する職務命令…287

[第19回]── 公道上の点字ブロックの設置不備による
損害賠償責任…310

[第20回]── 情報公開条例に基づく行政情報の不開示決定…326

[第21回]── 周辺住民らによる場外車券発売場の設置許可の阻止…344

事項索引　…367
判例索引　…374

vii

凡例

［法令・条約］
＊法令の略称は、以下のとおりとする。

行情法	行政機関の保有する情報の公開に関する法律
行訴法	行政事件訴訟法
行手法	行政手続法
原子炉等規正法	核原料物質、核燃料物質及び原子炉の規制に関する法律
国賠法	国家賠償法
地公法	地方公務員法
地自法	地方自治法
毒劇法	毒物及び劇物取締法
憲法	日本国憲法
風営法	風俗営業等の規制及び業務の適正化等に関する法律
風営法施行例	風俗営業等の規制及び業務の適正化等に関する法律施行例

［判例・裁判例］
＊日本の判例については、学習者の便宜を考えて元号表記にしたほか、
一般の例にならい以下のように略記した。

例：最二小判平成 11 年 11 月 19 日民集 53 巻 8 号 1862 頁

※漢数字は最高裁判所の小法廷を指す。「大」は大法廷を指す。

※元号：明＝明治、大＝大正、昭＝昭和、平＝平成。

※裁判所名、登載判例集は、以下のように略記した。

最判(決)	最高裁判所判決(決定)
高判(決)	高等裁判所判決(決定)
地判(決)	地方裁判所判決(決定)
民集	最高裁判所民事判例集
刑集	最高裁判所刑事判例集
行集	行政事件裁判例集
訟月	訟務月報
裁時	裁判所時報
賃社	賃金と社会保障
判自	判例地方自治
判時	判例時報
判タ	判例タイムズ
労旬	労働法律旬報
労判	労働判例

[第1回]

毒物及び劇物の輸入業者の法的地位

［事案］

輸入業を営む X は、ドイツの株式会社から護身用噴霧器を輸入し、日本で販売しようと企図した。この噴霧器は、ドイツで考案されたものであり、M という物質の稀溶液をポケットサイズのカートリッジに充填し噴霧状にして噴出させるものであって、物質 M の催涙作用を利用した護身具である。この物質 M は、従来、毒物及び劇物取締法（以下、「毒劇法」という）の輸入業の登録【→解説1】を受けなくても輸入することができる物質であったが、毒物及び劇物指定令（以下、「指定令」という。この指定令は、毒劇法に基づいて定められた政令である。資料（2）毒物及び劇物取締法施行規則は省令であって、ここでいう指定令とは別である）が所定の手続を経て改正されたことにより、劇物として指定されることになり【→解説2】、毒劇法の登録を受けなければ輸入できない物質になった。

そこで、X は、指定令が施行された直後、厚生労働大臣に対し、噴霧器の輸入について輸入業の登録を申請した【→解説3】。その後、X は、実際に輸入業の登録を受けることができるか否か、心配になったので、直接、役所に出向き、厚生労働省の担当者に登録申請の処理状況について問いただしたところ、担当者は、X に対し、あと数日で X の輸入業の登録が行われるであろうことを告げた【→解説4】。これを聞いた X は輸入業の登録が間もなく行われるものと信じ、他の同業者に噴霧器を買い占められる前に商品を確保するため、直ちにドイツの株式会社と噴霧器3万個の売買契約を締結した。ところが、それから数日後の平成20年4月11日、X からの輸入業の登録の申請を拒否する旨の文書が X の手元に届いた【→解説5】。同文書には、本件申請は明文の拒否事

001

由に該当しないものの（毒劇法施行規則4条の4）、噴霧器は内容液を人または動物の眼に噴射し、その薬理作用によって諸種の機能障害を生じさせ、開眼不能の状態に至らしめるものであり、それ以外の用途を有しないものであるため、毒劇法第3条2項、第4条1項および第5条に基づき、Xからの登録の申請を拒否するとの理由が記されていた【→解説6】。これによって、Xは、3万個の噴霧器の輸入・販売を断念せざるをえなくなり、営業上の損害を被ることになった。

　なお、法令上、毒劇法上の輸入業の登録に関し、行政手続法の適用を除外する旨の規定は存在しない。また、毒物および劇物の用途に関する毒劇法上の規律は、下記〈資料〉に掲載された条文の中にみられるもの以外、存在しない。

〈資料〉本件に関する法令

(1)　毒物及び劇物取締法（昭和25年12月28日法律第303号）（抜粋）

（目的）

第1条　この法律は、毒物及び劇物について、保健衛生上の見地から必要な取締を行うことを目的とする。

（禁止規定）

第3条　毒物又は劇物の製造業の登録を受けた者でなければ、毒物又は劇物を販売又は授与の目的で製造してはならない。

2　毒物又は劇物の輸入業の登録を受けた者でなければ、毒物又は劇物を販売又は授与の目的で輸入してはならない。

3　毒物又は劇物の販売業の登録を受けた者でなければ、毒物又は劇物を販売し、授与し、又は販売若しくは授与の目的で貯蔵し、運搬し、若しくは陳列してはならない。但し、毒物又は劇物の製造業者又は輸入業者が、その製造し、又は輸入した毒物又は劇物を、他の毒物又は劇物の製造業者、輸入業者又は販売業者（以下「毒物劇物営業者」という。）に販売し、授与し、又はこれらの目的で貯蔵し、運搬し、若しくは陳列するときは、この限りでない。

第3条の2　毒物若しくは劇物の製造業者又は学術研究のため特定毒物を製造し、若しくは使用することができる者として都道府県知事の許可を受けた者（以下「特定毒物研究者」という。）でなければ、特定毒物を製造しては

ならない。

2 毒物若しくは劇物の輸入業者又は特定毒物研究者でなければ、特定毒物を輸入してはならない。

3 特定毒物研究者又は特定毒物を使用することができる者として品目ごとに政令で指定する者（以下「特定毒物使用者」という。）でなければ、特定毒物を使用してはならない。ただし、毒物又は劇物の製造業者が毒物又は劇物の製造のために特定毒物を使用するときは、この限りでない。

4 特定毒物研究者は、特定毒物を学術研究以外の用途に供してはならない。

5 特定毒物使用者は、特定毒物を品目ごとに政令で定める用途以外の用途に供してはならない。

6 毒物劇物営業者、特定毒物研究者又は特定毒物使用者でなければ、特定毒物を譲り渡し、又は譲り受けてはならない。

7 前項に規定する者は、同項に規定する者以外の者に特定毒物を譲り渡し、又は同項に規定する者以外の者から特定毒物を譲り受けてはならない。

8 毒物劇物営業者又は特定毒物研究者は、特定毒物使用者に対し、その者が使用することができる特定毒物以外の特定毒物を譲り渡してはならない。

9 毒物劇物営業者又は特定毒物研究者は、保健衛生上の危害を防止するため政令で特定毒物について品質、着色又は表示の基準が定められたときは、当該特定毒物については、その基準に適合するものでなければ、これを特定毒物使用者に譲り渡してはならない。

10 毒物劇物営業者、特定毒物研究者又は特定毒物使用者でなければ、特定毒物を所持してはならない。

11 特定毒物使用者は、その使用することができる特定毒物以外の特定毒物を譲り受け、又は所持してはならない。

第3条の3 興奮、幻覚又は麻酔の作用を有する毒物又は劇物（これらを含有する物を含む。）であつて政令で定めるものは、みだりに摂取し、若しくは吸入し、又はこれらの目的で所持してはならない。

第3条の4 引火性、発火性又は爆発性のある毒物又は劇物であつて政令で定めるものは、業務その他正当な理由による場合を除いては、所持してはならない。

（営業の登録）

第4条 毒物又は劇物の製造業又は輸入業の登録は、製造所又は営業所ごと

に厚生労働大臣が、販売業の登録は、店舗ごとにその店舗の所在地の都道府県知事……が行う。

2　毒物又は劇物の製造業又は輸入業の登録を受けようとする者は、製造業者にあつては製造所、輸入業者にあつては営業所ごとに、その製造所又は営業所の所在地の都道府県知事を経て、厚生労働大臣に申請書を出さなければならない。

3～4　（略）

（登録基準）

第5条　厚生労働大臣、都道府県知事、保健所を設置する市の市長又は特別区の区長は、毒物又は劇物の製造業、輸入業又は販売業の登録を受けようとする者の設備が、厚生労働省令で定める基準に適合しないと認めるとき……は、第4条の登録をしてはならない。

(2)　毒物及び劇物取締法施行規則（昭和26年1月23日厚生省令第4号）
（抜粋）

（製造所等の設備）

第4条の4　毒物又は劇物の製造所の設備の基準は、次のとおりとする。

一　（略）

二　毒物又は劇物の貯蔵設備は、次に定めるところに適合するものであること。

イ　毒物又は劇物とその他の物とを区分して貯蔵できるものであること。

ロ　毒物又は劇物を貯蔵するタンク、ドラムかん、その他の容器は、毒物又は劇物が飛散し、漏れ、又はしみ出るおそれのないものであること。

ハ　貯水池その他容器を用いないで毒物又は劇物を貯蔵する設備は、毒物又は劇物が飛散し、地下にしみ込み、又は流れ出るおそれがないものであること。

ニ　毒物又は劇物を貯蔵する場所にかぎをかける設備があること。……。

ホ　（略）

三　毒物又は劇物を陳列する場所にかぎをかける設備があること。

四　毒物又は劇物の運搬用具は、毒物又は劇物が飛散し、漏れ、又はしみ出るおそれがないものであること。

2　毒物又は劇物の輸入業の営業所及び販売業の店舗の設備の基準については、前項第二号から第四号までの規定を準用する。

［設問］

1. Ｘは、輸入業者として適法に噴霧器を輸入することができるようにするために、どのような訴訟（行政事件訴訟法に定められているものに限る）を提起すればよいか【→解説7】。なお、本問において、仮の救済について検討する必要はない。
2. 上記1の訴訟において、Ｘは本案上の主張としてどのような主張をすればよいか【→解説8】。なお、物質Ｍの危険性について論じる必要はない。
3. 登録が行われていたならば得られたであろう営業上の利益について、Ｘが国家賠償法1条1項に基づいて損害賠償を請求する場合、Ｘは、違法性について、いかなる主張をすればよいか。【→解説9】。

はじめに―――読解の指針

　Ｘが適法に噴霧器の輸入を行うことができないのは、直接的には、厚生労働大臣が輸入業の登録を拒否した（以下、「登録拒否行為」という）からである。したがって、本問の解答を考える際には、まず厚生労働大臣の登録拒否行為【→解説5】および当該行為と対をなす登録行為【→解説1】に着目する必要がある。また、Ｘは、指定令の改正があったからこそ、輸入業の登録を受けなければならなくなった（そして、登録を申請して拒否された）。仮に指定令の改正がなかったならば、Ｘは輸入業の登録を受けることなく噴霧器を輸入することができたのであるから、指定令の改正によって輸入ができなくなったともいえる。そのため、ここでは指定令についても検討の対象にすることにしよう【→解説2】。さらに、厚生労働大臣による登録拒否行為は、Ｘからの申請を前提にしているため、行政手続法上の「申請に対する処分」に該当する可能性がある。そうだとすれば、本問は、行政手続法の観点からも検討されてしかるべきである【→解説3】【→解説6】。さらに、Ｘは、申請後数日

005

内に登録が行われるであろうとの担当者の発言を信じて、ドイツの株式会社と噴霧器3万個の売買契約を行った。この担当者の発言がなかったならば、Xは売買契約を締結することはなく、営業利益に関する損害も発生しなかった可能性があるので、この担当者の発言についても検討の対象にすることにしよう【→解説4】。

　そして、以上の諸点を踏まえることが、本件における適切な訴訟形態【→解説7】および本案上の主張【→解説8】ならびに国家賠償請求訴訟の問題【→解説9】を論じる前提となる。

[解説]

【解説1】

　毒劇法における輸入業の登録は、いかなる法的性格を有する行為であろうか。本件では実際に輸入業の登録が行われたわけではないので、この問題を取り上げる意義に乏しいといえなくはない。しかし、本件では登録行為と対をなす登録拒否行為が実際に行われており、登録行為の法的性格を明らかにすることが登録拒否行為の法的性格を明らかにすることにつながるので、まずは登録行為の法的性格を明らかにしておきたい（登録拒否行為の法的性格については【解説5】を参照）。

　ところで、登録という言葉は、毒劇法以外の法律でも用いられているが、必ずしも同一の法令用語が同一の法的意味をもつわけではない。したがって、登録という言葉が用いられているからといって、そこから論理必然的に何らかの法的帰結を導き出すことはできない。個別の法令の仕組みや趣旨に従い、その都度、登録の法的意味を確定していくことが必要である。

　それでは、毒劇法における輸入業の登録は、法律上、どのような意味をもつのであろうか。この点、毒劇法は、一般に「毒物又は劇物を販売又は授与の目的で輸入」することを禁止し、行政庁による輸入業の登録があれば、当該禁止を解除するという仕組みを設けている（毒劇法3条2項、4条1項）。このような仕組みからすると、同法における輸入業の

登録は、一定の目的で毒物または劇物を輸入する法的地位を個人に付与する行為であるといえる。このように毒劇法上の輸入業の登録は法行為であるが、同時に、それは処分であると認めるための他の性質（一方的行為であること、具体的行為であること、対外的行為であること）をすべて満たす行為である。したがって、毒劇法上の輸入業の登録は行政行為である。

　なお、田中二郎説に代表される伝統的な行政行為の分類論を前提にして、毒劇法上の輸入業の登録が準法律行為的行政行為としての公証に該当するのか、それとも法律行為的行政行為としての許可に該当するのかが問題とされることがある。この問題の背景には、輸入業の登録が公証であれば裁量の余地が認められないので、本件のように法定の拒否事由以外の事由を根拠にして登録拒否行為を行うことは許されないのに対し、輸入業の登録が許可であれば裁量の余地が認められるので、法定の拒否事由以外の事由を根拠にして登録拒否行為を行うことは許されるとの理解がある。ちなみに、このような議論において念頭に置かれている裁量は、輸入業の登録をするかしないかの裁量であって（効果裁量のうちの行為裁量）、登録をするための明文の要件についての裁量や（要件裁量）、処分の内容形成についての裁量（効果裁量のうちの形成裁量）が念頭に置かれているわけではない。それでは、公証か許可かで登録をする、しないの裁量の余地の有無について違いが生ずるのは何故か。この点、公証とは一定の事実または法律関係の存否に関する認識を表示する行為であるが、その行為の基礎になっている一定の事実または法律関係の存否に関する「認識」は、裁量があることを語る上で前提となる行政庁の「意欲」、「意思」とは異なるとみることができる。なぜなら、認識をするということは、単にあるがままの状態を把握するだけの精神作用であり、そう認識をしようとか、したくないとかいう精神作用ではない。そして、そうした認識をしたら、その認識を示すか示さないかに関して、裁量の余地はないと考えられているのだろう。他方、許可の場合に裁量の余地があるというのは、許可の要件が満たされていても、さらに、許可をするかしないかについて行政庁が意欲や意思を働かせる余地が残っているという趣旨であろう。

　しかし、上記のような問題の捉え方や理解の仕方は妥当ではない。毒

劇法上の登録に登録をする、しないの裁量の余地が認められるか否か
は、当該行為が公証なのか、許可なのかによって決せられるのではな
く、法の趣旨・目的や関係法令の仕組みなどから決せられるべきであ
る。現に、本事例がモデルケースとしたいわゆるストロングライフ事件
の第二審判決は、本件登録を「講学上の広い意味における『許可』に相
当」すると述べておきながら、他方で、登録の「性質上、法律の定める
要件を具備する申請人に対しては、登録を拒否することができない拘束
を行政庁に課する趣旨が含まれている」と述べている（東京高判昭和
52 年 9 月 22 日行集 28 巻 9 号 1012 頁）。また、本件登録が公証である
との前提に立った場合であっても、一定の事実または法律関係の存否に
ついて行政庁が認識したからといって、その認識を必ず表示しなければ
ならない（＝登録しなければならない）というわけではない。登録をし
なければならないか否かは、あくまで、当該登録を定めた毒劇法の解釈
により決定される。登録が公証に該当するのか、許可に該当するのかと
いう議論は解釈論としてあまり意味のあるものではない。

【解説 2】

　指定令は問題文から明らかなとおり、毒劇法に基づく政令である。こ
こで政令とは、内閣が制定する命令（ここでいう「命令」は国の行政機
関が定める法規命令を意味している）のことを指す。この政令等の命令
は一般的・抽象的法規範である点に特徴があり、この点において個別・
具体的な行為である処分とは区別される（通常、行政機関の行為の性格
を論じる際に、ある行為が一般的か、個別的かは行為の名宛人に着目し
て判断されるのに対し、ある行為が抽象的か、具体的かは行為の内容
〔行為が規律する名宛人の行動〕に着目して判断される）。このことが理
解されていれば、X の権利利益を守るために政令の効果それ自体の否
定を意図した訴訟が適切な訴訟といえるのか、容易に判断できよう【→
解説 7】。

　なお、指定令は行政手続法 2 条 8 号イの「法律に基づく命令」に該当
するため、その制定に際しては行政手続法上の意見公募手続を経る必要
がある（行手法 38 条以下）。もっとも、本問では、問題文中に「所定の
手続を経て」との説明があるから、指定令の制定手続が行政手続法の見

地から問題となることはないとみてよい。

【解説3】

　本件においてXが行った申請は行政手続法上の「申請」（行手法2条3号）といえるであろうか。仮に、この点が肯定されるのであれば、問題文の最後の段落の記述から明らかなとおり、個別法において行政手続法の適用を除外する規定もないので、本件では行政手続法の見地から検討することを考えなければならない。

　この問題につき、本件では、毒劇法4条2項の中で「申請書」という文言が使われているから、これを根拠にしてXが行った申請は行政手続法上の申請に該当すると結論づけることも可能であるかのようにみえる。しかし、個別の法律の中で「申請書」（あるいは「申請」）といった文言が用いられているからといって、Xによる申請が行政手続法上の申請であるとは限らない。

　行政手続法2条3号によれば、申請とは、「①法令に基づき、②行政庁の許可、認可、免許その他の自己に対し何らかの利益を付与する処分……を求める行為であって、③当該行為に対して行政庁が諾否の応答をすべきこととされているものをいう」と定義されている（便宜上、番号を付した）。この定義に当てはまるかどうかによって行政手続法の「申請」か否かが決定される。本件の場合、①の要件については、問題文から明らかなとおり、毒劇法に基づく行為であるといえるし、②の要件については、登録が講学上の行政行為であるから、行政手続法上の処分であるといえ、さらに、登録によってXは毒物または劇物を輸入できる法的地位を獲得できるわけであるから、登録はその名宛人に利益を付与する処分であるといえる。問題となるのは③の要件である。なぜなら、毒劇法は行政庁の応答義務を明文で定めていないからである。しかし、一般的な理解によれば、法律上、国民の法的地位に係る一定の具体的行為を一般に禁止し、その禁止を解除してもらうための手続として申請書の提出が定められている場合には、行政庁の応答義務は認められてよいだろう。このような理解を前提にすれば、毒劇法3条2項の登録を申請する行為は、上記③の要件も充足しているといってよい。以上から、本間における申請は行政手続法上の「申請」であると評価することがで

009

き、したがって、本件には行政手続法上の手続規律が妥当することになる。

　なお、このように本問における申請が行政手続法上の「申請」であるということがわかると、提起すべき訴訟形式が絞られることになる（【解説7】）。

【解説4】

　厚生労働省の担当者による応答は単なる事実上の行為であって、何らXの輸入業に関する法的地位に影響を与えない。なぜなら、Xが合法的に噴霧器を輸入することができる地位は厚生労働大臣の登録によって成立するのであり（毒劇法3条および4条）、厚生労働省の担当者の意思表示によって成立するわけではないからである。したがって、Xからの輸入業の登録の申請について、厚生労働省の担当者が登録の見込みである旨を発言したとしても、そのことを根拠にして輸入業の登録が行われたことにはならない。

　もっとも、本件においてXは厚生労働省の担当者の発言を信じたため、一定の損害を被ったとみる余地がある。この担当者の発言は行政活動の一環として行われたものであるから、国家賠償法1条1項の「公権力の行使」に該当する。そのため、国家賠償法1条1項に基づく損害賠償請求の問題は残るといってよい。ただ、どのような見地から違法性を導き出すかは問題となるであろう。しかし、本件では、担当者の発言が違法であることを理由にした損害賠償請求は問題とされていないので、この点はさしあたり度外視してよい（設問3では、担当者の発言の違法を理由とする損害賠償請求ではなく、登録されないことの違法を理由とする損害賠償請求が問題とされている）。

　なお、本件における厚生労働省の担当者の対応は行手法9条1項によるものとも評価できる。しかし、同条項が要求しているのは「申請に係る審査の進行状況」および「申請に対する処分の時期の見通し」を示すことに止まるのであって、同条項は実際に処分が行われるか否かの見通しを示すことまで要求していない。このような観点からすると、本件における厚生労働省の担当者による対応は行手法9条1項の要求を超える対応であるといえよう。このような対応は行政手続法によって明文で禁

止されているわけではないが、上述したように、国家賠償請求の問題を
発生させうる行為である。

【解説5】

　毒劇法では一定の目的をもって毒物および劇物を輸入することが一般
に禁止されているから（毒劇法3条2項）、登録がなされなければ、国
民にはそもそも毒物および劇物を輸入する法的地位は認められない。こ
の点に着目すると、登録拒否行為が行われたところで、何ら国民の法的
地位に変動は生じないという見方もできることから、はたしてまたいか
なる理由で登録拒否行為を講学上の行政行為として捉えることができる
のか、という問題が生じることになる。この点、考え方は色々ありうる
が、一つの見方として、申請制度の下では、申請を適正に取り扱っても
らえる権利（これを「申請権」と呼ぶことがあるが、その内容について
は必ずしも一致した理解があるわけではない）が申請人には認められ、
当該権利が申請に対する行政庁の拒否行為によって侵害される、との見
方がありうる。このような見方に立てば、登録拒否行為のような、いわ
ゆる拒否処分は講学上の行政行為であるといえよう（例えば、室井力・
塩野宏編『行政法を学ぶ2』〔有斐閣、1978年〕68頁〔小早川光郎執筆〕。本
書第6回【解説3】参照）。

【解説6】

　本件においてなされた理由の提示は、行政手続法8条によるものとい
える。それでは、本件の理由づけは同条の要求を満たしているといえる
であろうか。この点、同条の一般的理解によれば、理由の提示に際して
は、いかなる事実関係に基づいていかなる法規を適用して処分がなされ
たかが、処分とともに示された理由自体から知ることができなければな
らない。つまり、処分理由の中では、処分が行われる際の適用条文が摘
示され、さらに、その適用条文との関係で認定された事実関係が具体的
に示されていることが要求される。本件の場合、提示された理由が登録
拒否行為を適法とみるのに相応しい理由になっているかどうかというこ
とは別に問題となるものの（【解説8】を参照）、提示された理由が行政
手続法8条の要求に応えるものであるということはいえよう。

011

【解説 7】

　Xが噴霧器を適法に輸入できるようにするためには、輸入業の登録が行われればよい。それでは、輸入業の登録が行われるようにするためには、どのような訴訟を提起すればよいか。この点、【解説1】で指摘したとおり、登録は講学上の行政行為である。講学上の行政行為は行政事件訴訟法上の処分に該当するということについて異論がないこと、およびこの処分は申請を前提にしている（【解説3】）ことに鑑みれば、厚生労働大臣が登録をすべき旨を命ずることを求める訴訟は抗告訴訟であり、その中でも申請型義務付け訴訟（行訴法3条6項2号）になると考えるべきである。もっとも、申請型義務付け訴訟を提起する場合には、一定の抗告訴訟を併合提起しなければならない（行訴法37条の3第3項）。本件の場合は、既に厚生労働大臣による登録拒否行為が行われており、かつ取消訴訟の出訴期間内であるという前提に立つと、登録拒否行為の取消しを求める取消訴訟（行訴法3条2項）を併合提起しなければならない（申請に対して何の応答もなければ不作為の違法確認訴訟を併合提起することになるし、取消訴訟の出訴期間を徒過している場合には無効等確認訴訟を併合提起することになる。行訴法37条の3第3項）。

　そのほか、Xが噴霧器を適法に輸入することができるようにするための訴訟として、指定令の効果それ自体の否定を直接求めて提起する訴訟が考えられる。しかし、本件指定令それ自体の内容が特定人との関係で具体的であるとは直ちにはいえないであろう。一般には登録行為または登録拒否行為の段階で初めて申請人との関係で指定令の規律が具体化して、このときに具体的な紛争が生じうる。したがって、指定令それ自体の違法性や有効性を直接争う訴訟には一般には紛争の成熟性が認められず、そのような訴訟を提起することは不適切である。ただし、例外的に、登録行為または登録拒否行為の前に紛争の成熟性を認めうる場合もないわけではないであろう。例えば、申請に対して登録拒否がなされることは確実で、拒否がなされてから法的に争ったのでは重大な損害がXに生ずる場合を想定できようか（指定令に処分性を認めると、出訴期間の制約が働き、公定力も生ずる可能性があることに注意したい）。ただし、こうした場合でも、指定令の取消訴訟等を認めず、指定令が違法であることを前提として輸入できる地位の確認訴訟（行訴法4条後

段）などで争うべきだという考えもありうる。

【解説8】

　行政事件訴訟法37条の3第5項によれば、申請型義務付け訴訟で勝訴するためには、①申請型義務付け訴訟に併合して提起する抗告訴訟において原告が行う請求に理由がなければならず、さらに、②申請型義務付け訴訟に係る処分につき、行政庁がその処分をすべきであることがその処分の根拠となる法令の規定から明らかであると認められるか、または、行政庁がその処分をしないことが裁量権の逸脱・濫用となると認められなければならない。ここでは、この2つの本案勝訴要件に関して、まずは以下の2点を指摘しておきたい。

　第1に、上記②の本案勝訴要件についてであるが、この要件が充足されているか否かの判断は、処分が羈束されているか、裁量の余地があるかを見極めた後、前者であれば、処分をすべきことが法令の規定から明らかであるか否か、後者であれば、処分をしないことが裁量権の逸脱濫用といえるか否かを判断することによって、行われるべきことを予定しているようにみえる。しかし、処分の根拠法規の解釈を通じて一定の処分をすべきことが指摘できさえすれば、問題となっている処分が羈束されていようと、裁量の余地があろうと、上記②の本案勝訴要件は充足される。したがって、申請型義務付け訴訟に係る処分に裁量の余地があるか否かの判断は、上記②の本案勝訴要件が充足されているか否かを判断するにあたって、それほど重要なことではない。

　第2に、上記①と②の本案勝訴要件の関係についてであるが、この2つは基本的には別個の要件であるから、それぞれの要件が充足されているか否かということは別々に検討することになる。しかし、事案および違法主張の組み立て方次第では、上記①と②の本案勝訴要件の充足性を別々に検討する必要がないこともある。違法事由として、本来であれば行政庁が一定の処分をすべきであったにもかかわらず、当該処分をしなかったということが認められれば、上記①の要件も、上記②の要件も同時に充足されることになるからである。

　以上の理解を前提にすると、本件において、Xは、本案上の主張として、厚生労働大臣が輸入業の登録をすべきであったにもかかわらず、

013

登録を拒否した点に違法があるということを主張すればよいであろう。それでは、本件において厚生労働大臣が輸入業の登録をすべきであったということを主張するために、Xは具体的に何を主張すればよいのであろうか。まず、次の3点を確認しておこう。①本件申請は毒劇法施行規則4条の4の明文の拒否事由に当たらないとされている。②しかし、毒劇法5条の文言上は「厚生労働省令で定める基準〔これは毒劇法施行規則4条の4で定められている〕に適合しないと認めるとき……は、第4条の登録をしてはならない」とあり、「適合しないとき」には、登録をしてはならないのは明白だが、「適合しているとき」、つまり本件申請のような場合に「登録をしなければならない」とは必ずしも読めない。「厚生労働省令で定める基準に適合すると認めるとき……は、第4条の登録をしなければならない」という規定の仕方はされていないのである。③当該基準に適合する場合には、登録しないという選択肢があるのか、あるいは、登録しないという選択肢はなくて、登録をすべきなのか（効果裁量〔のうちの行為裁量〕の否定）、解釈の余地がある。これら①〜③を踏まえると、効果裁量（行為裁量）の有無が問題となるところ、その余地がないことを論証できれば、本件申請は毒劇法施行規則4条の4の明文の拒否事由に当たらないのであるから、厚生労働大臣は登録をすべきであるということになる。

　そこで、効果裁量がないということを論証するために、毒劇法の規律に着目すると、毒劇法は毒物または劇物の輸入業の登録を受けようとする者の設備が同法施行規則4条の4の基準に適合しない場合に登録をしてはならないと定めている（5条）。そして、同法は毒物または劇物の製造、輸入、販売、授与、貯蔵、運搬、陳列について一般的に禁止し（3条1項〜3項）、さらに毒物または劇物については譲渡や、所持も一般的に禁止しているのに対し（3条の2第1〜3項、6〜11項）、毒物および劇物の用途については、例外的にしか規制していない（3条の2第4項、5項、3条の3）。このような規定からすれば、毒劇法は専ら設備の面から登録を制限する趣旨であって、製品それ自体やその用途といった設備の面以外の観点から登録を拒否することは許さない趣旨であると考えられる。そうすると、登録をする・しないの判断のレベルでも、製品それ自体の用途を考慮して判断すること、つまり用途を考慮した効果

裁量（のうちの行為裁量）は認められないといえる（効果裁量〔のうちの行為裁量〕を否定する第1のパターン）。そして、本件申請に明文の拒否事由がないことも併せて勘案すると、結果として厚生労働大臣は登録すべきである、といえよう。

　また、登録の可否を決定するすべての観点が明文の登録要件（毒劇法施行規則4条の4）に規定されており、明文の要件以外に何も考慮すべきことはないとして、効果裁量を否定することも考えられよう（効果裁量〔のうちの行為裁量〕を否定する第2のパターン）。この場合も、本件申請に明文の拒否事由がないことを併せて勘案すると、結果として厚生労働大臣は登録すべきである、といえよう（毒劇法施行規則第4条の4の「毒物又は劇物の製造所の設備の基準」について要件裁量の余地があるかどうかは別に問題となりうる）。

　このように用途を考慮した効果裁量（のうちの行為裁量）を否定することによって、厚生労働大臣は登録すべきであったという結論を導くことができるが、効果裁量（のうちの行為裁量）を肯定しても、理論上、厚生労働大臣は登録すべきであったという結論を導くことは不可能ではない（ただし、この場合の効果裁量は、設備の観点からのみの効果裁量ということになろう）。すなわち、設備について何ら問題がないということが明らかであれば、もはや登録を拒否する理由がないから、それにもかかわらず、登録を拒否したということであれば、それは、効果裁量（のうちの行為裁量）の行使において誤った判断をしたことになり、裁量権の逸脱・濫用と評価されることになる。つまり、効果裁量の余地が認められるものの、この事案においては厚生労働大臣は登録をすべきであったということになる。しかし、本件では、裁量権の逸脱・濫用と評価できる事実は与えられていないから、このような視点は本問では無視してよい。

　なお、人の身体に有害あるいは危険な作用を及ぼす物質が用いられた製品に対して、危害防止の見地から、他の法律（薬事法、食品衛生法など）で規制が行われているとすれば、そのことを根拠として、毒劇法は危害防止の見地から製品それ自体あるいはその用途について規制を行っていないとXが主張することは考えられる（このような主張は、効果裁量〔のうちの行為裁量〕を否定する第1、第2のパターンいずれにお

いても可能である）。本件のモデルケースであるストロングライフ事件の最高裁判決はそうしたことも指摘しているが（最一小判昭和56年2月26日民集35巻1号117頁=昭和52年（行ツ）137号）、本問ではそこまで述べるだけの材料は与えられていないから、さしあたりこの点については本問の解答に際して言及する必要はない。

　以上の、登録を行わなければならないとする見解とは異なり、同法が「保健衛生上の見地から必要な取締を行うことを目的」としている点を重視し、用途の規制について定めた毒劇法上の規定を例外規定ではないと解して、上記の結論と逆の結論、すなわち、毒劇法は設備の見地からだけではなく、保健衛生上の見地から登録を拒否することを認めており、したがって本件登録拒否は違法ではないとの結論を導出することも考えられなくはない（参照、ストロングライフ事件の第一審判決である東京地判昭和50年6月25日民集35巻1号127頁）。このような法解釈を受け入れる余地が全くないのか否か、読者諸氏には検討してもらいたい。

【解説9】

　Xが設問3における損害賠償請求の主張を展開する場合、単に登録拒否行為が違法である、と主張するだけでは不十分である。なぜなら、違法な登録拒否行為によって、登録が行われていたならば得られたであろう営業上の利益に係る損害が生ずるとは必ずしもいえないからである。Xとしては、本来、登録が行われるべきであったにもかかわらず、登録が行われなかったという点に違法性を見出し、その意味で登録拒否行為が違法であったということを主張する必要がある（具体的にどのようなことがらを指摘すれば、そのような違法性の主張が可能なのかという点については、【解説8】を参照）。ここまでの違法性を主張して初めて登録が行われていたならば得られたであろう営業上の利益に係る損害を観念できるのである（同旨、最一小判昭和56年2月26日民集39巻5号1008頁=昭和52年（行ツ）136号）。

[第 2 回]

不法係留施設の強制撤去

[事案]

　河川法上の一級河川である甲川はY町の中心部を流れており、その
河川管理者は国土交通大臣であって【→解説1】、国が甲川の敷地の所有
権を有している【→解説2】。この甲川は漁船等の船舶が航行可能な河川
であるが、平成15年頃から、モーターボートの所有者らが、河川法第
24条や同法第26条の許可を得ることなく、モーターボートを係留した
り、木杭等の係留施設を設置するようになった【→解説3】。その結果、
甲川を航行する漁船等の船舶の水路が狭められ、船舶の接触、破損等の
事故が頻発するようになった。周辺住民や漁民等は、このような事態に
憤り、Y町に再三にわたり苦情を申し立てていた。
　平成20年6月4日午前9時、Y町は地元漁師から「甲川に鉄骨のよ
うなものが打ち込まれており、非常に危険なので、早急に対処してほし
い」との通報を受けた。そこで、Y町の職員が直ちに現場に向かい、
調査をしたところ、川幅40メートルの甲川の河心（右岸から約20メー
トルの地点）および右岸側（右岸から約1メートルの地点）に、長さ
12メートルの鉄道レールが約15メートルの間隔で、2列の千鳥掛けに
約100本、全長約750メートルにわたり打ち込まれていることがわかっ
た（以下、この鉄道レール杭を「本件鉄杭」という）。また、調査の結
果、本件鉄杭の打設場所が河川法上の河川区域内であるにもかかわら
ず、河川法所定の許可が得られていないこと、および、船舶の航行可能
な水路は、水深の浅い左岸側だけであり、照明設備もなく、特に夜間お
よび干潮時に航行する船舶にとって非常に危険な状況であることも明ら
かになった。そこでY町の担当者は、直ちに本件鉄杭を撤去させるた
め、本件鉄杭の打設者Xを捜し出し、Xに対して、本件鉄杭を至急撤

017

去するよう要請した【→解説4】。これに対し、Xは、「鉄杭は仲間のモーターボートを係留するために打設したものであるが、必要であれば、6月5日午後4時までに撤去する」と回答した。

　平成20年6月5日午後4時、Y町の担当者は、Xが実際に本件鉄杭を撤去したか否かを確認するため、現場に向かい、調査をしたが、本件鉄杭は1本も撤去されていなかった。そこで、Y町の担当者は、船舶航行の安全および住民の危険防止の見地から本件鉄杭の速やかな強制撤去を河川管理者である国土交通大臣に強く要請した。ところが、同大臣は同月8日以前にXに対して撤去命令を出すことはできないし、実際に本件鉄杭を撤去することもできないと回答した。そこで、Y町は、大臣が本件鉄杭を直ちに撤去しないのであれば、Y町が独自に撤去するしかないと考え、本件鉄杭の強制撤去を翌日の6月6日に実施することを内部で決定した。

　平成20年6月6日午前8時30分頃、Y町の担当者らは現場に到着したが、依然としてXが撤去作業を開始する気配は全くなかったので、Xに対して何の連絡もしないまま、同日中に直ちに本件鉄杭を撤去した【→解説5】。

　なお、河川区域内の土地に不法に設置された鉄杭等の工作物の除去を直接命じている法律、法律に基づく命令（法規命令）、規則および条例は存在しない。また、私人が河川区域内の土地に不法に鉄杭を設置した場合に、そのことを理由として、河川の流域の地方公共団体が自ら撤去することを許容する個別法上の規定は存在しない。

〈資料〉本件に関する法令
(1) 河川法（昭和39年7月10日法律第167号）（抜粋）
（目的）
第1条　この法律は、河川について、洪水、高潮等による災害の発生が防止され、河川が適正に利用され、流水の正常な機能が維持され、及び河川環境の整備と保全がされるようにこれを総合的に管理することにより、国土の保全と開発に寄与し、もつて公共の安全を保持し、かつ、公共の福祉を増進することを目的とする。
（河川管理の原則等）

第2条　河川は、公共用物であつて、その保全、利用その他の管理は、前条の目的が達成されるように適正に行なわれなければならない。

2　河川の流水は、私権の目的となることができない。

（河川及び河川管理施設）

第3条　この法律において「河川」とは、一級河川及び二級河川をいい、これらの河川に係る河川管理施設を含むものとする。

2　（略）

（一級河川）

第4条　この法律において「一級河川」とは、国土保全上又は国民経済上特に重要な水系で政令で指定したものに係る河川（公共の水流及び水面をいう。以下同じ。）で国土交通大臣が指定したものをいう。

2～6　（略）

（河川管理者）

第7条　この法律において「河川管理者」とは、第9条第1項又は第10条第1項若しくは第2項の規定により河川を管理する者をいう。

（一級河川の管理）

第9条　一級河川の管理は、国土交通大臣が行なう。

2～7　（略）

（土地の占用の許可）

第24条　河川区域内の土地（河川管理者以外の者がその権原に基づき管理する土地を除く。以下次条において同じ。）を占用しようとする者は、国土交通省令で定めるところにより、河川管理者の許可を受けなければならない。

（工作物の新築等の許可）

第26条　河川区域内の土地において工作物を新築し、改築し、又は除却しようとする者は、国土交通省令で定めるところにより、河川管理者の許可を受けなければならない。……。

2～5　（略）

（河川管理者の監督処分）

第75条　河川管理者は、次の各号のいずれかに該当する者に対して、この法律若しくはこの法律に基づく政令若しくは都道府県の条例の規定によつて与えた許可若しくは承認を取り消し、変更し、その効力を停止し、その条件を変更し、若しくは新たに条件を付し、又は工事その他の行為の中止、工作

019

物の改築若しくは除却（第24条の規定に違反する係留施設に係留されている船舶の除却を含む。）、工事その他の行為若しくは工作物により生じた若しくは生ずべき損害を除去し、若しくは予防するために必要な施設の設置その他の措置をとること若しくは河川を原状に回復することを命ずることができる。

一　この法律若しくはこの法律に基づく政令若しくは都道府県の条例の規定若しくはこれらの規定に基づく処分に違反した者……

二〜三　（略）

2〜10　（略）

第102条　次の各号のいずれかに該当する者は、1年以下の懲役又は50万円以下の罰金に処する。

一　（略）

二　第26条第1項の規定に違反して、工作物の新築、改築又は除却をした者

三　（略）

［設問］

1.　Xは、本件鉄杭に係る財産上の損害を被ったとして、国家賠償法1条1項に基づき、Y町を被告にして損害賠償請求訴訟を提起しようとしている。Xは、当該訴訟において、Y町による本件鉄杭の撤去が違法であるということを認定してもらうために、どのような主張をすればよいか【→解説6】。

2.　上記1の訴訟において、被告Y町は、本件鉄杭の撤去が適法であるということを認定してもらうために、どのような主張をすればよいか【→解説7】。

3.　仮にY町が未だ本件鉄杭の撤去を行っていないとしたら、Xは鉄杭の撤去が行われないようにするために、いかなる訴訟（行政事件訴訟法に定められているものに限る）を提起すればよいか

【→解説 8】。

はじめに───読解の指針

　設問で問われているのは、河川の利用者である X と河川の流域の地方公共団体である Y 町との間の法律関係であるが、本件の河川管理者は国土交通大臣であり、河川の敷地の所有権は国が有している。そこで、設問を検討する前に、まず、これら複数の法主体（①河川の流域の地方公共団体、②河川管理者【→解説 1】、③河川の敷地の所有者【→解説 2】、④河川の利用者【→解説 3】）が、どのような法的権能を有しているのかということをあらかじめ明らかにしておくと、設問の検討を比較的スムーズに行うことができるであろう。

　次に、本件において Y 町が X に対してとった措置のうち、X に対して大きな打撃を与えたのが、本件鉄杭の撤去であることは明らかである。したがって、設問 1 および 2 の検討に際しては、Y 町による本件鉄杭の撤去に着目する必要がある【→解説 5】。もっとも、本件鉄杭の撤去が実際に行われる前に、Y 町の担当者は X に対して撤去の要請を行っている。この撤去の要請の法的意味が、本件鉄杭の撤去の適法性を判断する際に問題となりそうなので、この点についても検討の対象にしよう【→解説 4】。

　そして、以上の諸点を踏まえることが、国家賠償請求訴訟の違法性に関する原告および被告の主張【→解説 6】【→解説 7】ならびに一定の仮定の下で X が提起する行政訴訟の形式を論じる際の前提となる【→解説 8】。

　なお、本件は、いわゆる浦安漁港事件（最二小判平成 3 年 3 月 8 日民集 45 巻 3 号 164 頁）をモデルにした事案であるが、設問の検討に際しては、以下の諸点を念頭に置いておく必要がある。

　第 1 に、浦安漁港事件では、漁港管理者である地方公共団体が漁港管理規程を定めていなかったため、鉄杭の撤去命令を発することができなかったが、関連法令が改正された結果、現在では、漁港管理者が法律上の根拠に基づいて鉄杭の撤去命令を発することができるようになった（漁港漁場整備法 39 条の 2）。そのため、実際に撤去命令が発せられ、

当該命令に鉄杭の所有者が従わない場合には、漁港管理者が行政代執行法に基づいて代執行を行うことができる。したがって、仮に本件が河川管理の問題ではなく、漁港管理の問題であったとしても、現行法の下では浦安漁港事件と同様の法問題は生じえない。

第2に、浦安漁港事件は住民が住民訴訟の形式で長を被告として訴訟を提起し（平成14年改正前の地方自治法242条の2第4号）、公金支出の違法性を争った事件である。これに対し、本件は、鉄杭の所有者が原告となって地方公共団体を被告として国家賠償法1条1項に基づいて損害賠償請求訴訟を提起し、本件鉄杭の撤去の違法性を争おうとしている事案である。このように浦安漁港事件と本件は、原告、被告、訴訟形式、違法判断の対象となる行為において違いを見出すことができる（【解説7】を参照）。

[解説]

【解説1】

河川管理者は、河川区域占用許可権（河川法24条）など、河川法に基づく様々な管理権能を有する。河川は講学上の公物（＝国または公共団体が直接に公の目的のために供用する有体物）であるから、これらの権能は講学上の公物管理権として捉えることができる。ここで公物管理権とは、公物が有している公目的を達成できるよう、公物の管理者に認められる公物の管理作用に関する権能を指し、具体的には、上述の使用関係の規制に関する権能のほか、公物の維持・修繕（破損道路の修繕工事など）や公物に対する障害の防止（道路上の不法占拠物件の排除など）に関する権能が公物管理権の内容となる。

本件の場合、河川管理者は国土交通大臣であるから、同大臣は河川法75条に基づく監督処分権限を有する。仮に本件において河川管理者である国土交通大臣が同権限を行使し、Xに対して本件鉄杭の撤去命令を発し、Xが当該処分に従わない場合に行政代執行法に基づいて同大臣が本件鉄杭を撤去していたならば、法的な問題は生じなかったといえ

022　第2回｜不法係留施設の強制撤去

よう。他方、Y町は甲川の流域の地方公共団体ではあるものの、河川法上の河川管理者ではない以上、河川法上の河川管理者に認められる法的権能を有しない。したがって、Y町が河川法75条に基づいて何らかの行政上の措置をとることは法的に不可能である。Y町は以上のことを理解していたので、河川管理者としての権限を有する国土交通大臣に撤去の要請をしたものと考えられる。

【解説2】

　既に指摘したとおり、河川は公物である。公物は機能の面において私物と異なるものの、現在の我が国では、原則として、公物にも私法上の所有権が成立すると一般に考えられている。このような理解を前提にして、現在では、公物の所有権者は、公物管理法（＝河川法や道路法など、公物が有している公目的を達成できるよう、公物の管理作用について定めた法）に抵触しない限りにおいて、民法上の所有権者に認められる権能を行使することができると解されている。

　なお、河川の敷地は、河川の流水と異なり、河川法2条2項の反対解釈により、民法上の所有権が成立すると一般に解されている。したがって、本件においても、公物所有権を視野に入れて事案の分析を行うことが考えられる（【解説7】を参照）。

【解説3】

　公物である河川は、より細かい区分に従えば、公共用物である（河川法2条1項を参照）。この公共用物とは、道路、公園、港湾など、国、地方公共団体等により直接一般公衆の利用に供される物であり、基本的に、公物管理者の何らの意思表示を必要とすることなく、公衆が他人の共同使用を妨害しない限度で自由に利用することができる。通常、このような利用形態は一般使用または自由使用と呼ばれ、公物管理者の意思表示を必要とする特別使用（具体的には許可使用および特許使用）とは区別される。

　それでは、本件におけるXによる河川の利用（＝河川区域内の土地に鉄杭を打設し、河川を占有するという利用）は一般使用として捉えることができるであろうか。この点、河川法は、河川区域内の土地を占用

023

したり、河川区域内の土地に工作物を新築したりする場合には、河川管理者による許可を必要とすると定めている（河川法24条、26条）。これらの規定は河川区域内における土地の占用や工作物の新築が河川の一般使用に収まらない利用形態であることを前提にしているものといえよう。このような点からすると、本件におけるXによる河川の利用は占用を伴い他人の使用を排除しているから、一般使用ではなく、許可あるいは特許を受けるべき特別使用である。したがって、Xの利用が一般使用の範囲に入ることを前提として、Xが一般使用に関する利益を侵害されたことを理由にY町の措置が違法であると主張することは不適切である。

【解説4】

　Y町の職員によるXに対する撤去の要請は、河川法75条に基づく監督処分ではなく、Xの撤去義務を発生させない。なぜなら、同条に基づく監督処分は河川管理者のみが行いうるところ、本件における河川管理者は国土交通大臣であって、Y町の担当者ではないため、無権限の者が意思表示をしたところで、相手方国民・住民に法的義務が発生することはないからである（【解説1】を参照）。Y町の職員による撤去の要請は事実上の行為とみるほかない。したがって、この要請を受けることによりXは撤去義務を負うことはない。

【解説5】

　本件鉄杭の撤去は行政機関による実力の行使であり、事実上の行為である。それでは、本件鉄杭の撤去は、既存の行政法学上の概念で捉えると、いかなる概念で捉えることができるであろうか。以下、いくつか考えうる可能性を指摘しておこう。

　第1に、本件鉄杭の撤去を「代執行」として捉えることはできるであろうか。鉄杭の撤去という事実上の行為は、他人が代わって行える行為である。他人が代わって行える行為を行うべき義務は代替的作為義務といわれる。本件において、この代替的作為義務がXの側に発生していれば、本件鉄杭の撤去を代執行として理解することは可能である（実際に本件で代替的作為義務が課されていたとみることができるかという点

については、【解説6】を参照）。

　第2に、本件鉄杭の撤去を「直接強制」として捉えることはできるで
あろうか。本件鉄杭の撤去が直接強制だとすれば、その前提としてX
の側に行政上の義務が課されていなければならないが、その義務は、代
執行の場合のように、代替的作為義務である必要はなく、原則として、
いかなる性質の義務でもよい。したがって、本件において、Xに何ら
かの形で鉄杭を撤去すべき義務が課されていれば、本件鉄杭の撤去を直
接強制として理解することは可能である（実際に本件でXに撤去義務
が課されていたとみることができるか、あるいは、直接強制を行う前提
となる義務がどのような形で課されていればよいかという点について
は、【解説6】を参照）。

　第3に、本件鉄杭の撤去を「即時強制」として捉えることはできるで
あろうか。この点、本件鉄杭の撤去が即時強制だとすれば、その前提と
して、代執行や直接強制の場合と異なり、Xの側に行政上の義務が課
されている必要はない。即時強制は「義務」を強制的に実現する手段で
はないからである。したがって、本件において、Xの側に行政上の義
務が課されていないのであれば、本件鉄杭の撤去を即時強制として理解
することは可能である（実際に本件をそのように理解してよいかという
点については、【解説6】を参照）。

　このように、本件鉄杭の撤去を既存の行政法学上の概念で捉えようと
すると、代執行、直接強制、即時強制の3つの可能性があることを指摘
できる。

【解説6】

　Xによる損害賠償請求が認められるためには、Y町による本件鉄杭
の撤去が違法でなければならない。

　ところで、行政作用の中には法律上の根拠がなければ、行うことがで
きないと考えられる行為がある。法律上の根拠がなければ行うことがで
きない行政作用には、いかなる作用があるかという問題は、従来、「法
律の留保の原則」において議論されてきた。この「法律の留保の原則」
に関しては、侵害留保説、権力留保説、本質留保説など様々な見解があ
るが、いかなる見解に依拠しても、行政機関が私人の財産（本件では鉄

025

杭）に自ら一方的に実力を行使する作用については、法律（または条例等の法律に準じる法規範。以下、同じ）の根拠が必要であるという点で一致する。したがって、本件鉄杭の撤去が法律上の根拠なくして行われたとしたら、当該行為は（法律の留保の原則に反するという意味で）違法である。そこで、以下では、本件鉄杭の撤去が法律に基づいて行われたといえるか否かという観点から検討してみることにしよう。検討に際しては、本件鉄杭の撤去が「代執行」に該当すると仮定した場合、「直接強制」に該当すると仮定した場合、「即時強制」に該当すると仮定した場合の3つに分け、それぞれ個別の法律との関連を検討することにする。

　まず、本件鉄杭の撤去を「代執行」とみた場合、その法的根拠は行政代執行法に求めることになる。行政代執行法によれば、代執行が適法に行われたといえるためには、同法が掲げる実体要件（行代法2条）が充足されなければならない。この実体要件に照らせば、本件の場合、Xに代替的作為義務が課されていたといえるのか、問題となる。この点、代執行の対象となる代替的作為義務は、①「法律（法律の委任に基く命令、規則及び条例を含む。……）により直接に命ぜられ」ることによって発生するか、②「法律に基き行政庁により命ぜられ」ることによって発生する（行代法2条）。本件の場合、このうち①の観点からXの代替的作為義務を承認することはできない（このことは、問題文の最終段落第一文の記述から明らかである）。また、本件では、②の観点からもXの代替的作為義務を承認することはできない。なぜなら、行政機関が河川区域内の土地に不法に設置された鉄杭等の工作物の撤去を命じ、私人に当該工作物の撤去義務を課すことは可能であるが（河川法75条）、本件において、そのような権限を有しているのは河川管理者たる国土交通大臣であって、その国土交通大臣が実際には撤去命令を発していないからである。したがって、Y町の側には、そもそも行政代執行法に基づいて代執行を行う権限が認められない。さらに、【解説4】で指摘したとおり、Y町の担当者による撤去の要請は事実上の行為にしかすぎず、当該行為によってXに本件鉄杭を撤去する代替的作為義務は課されていない。このように、本件では、Xに鉄杭の撤去義務が発生しておらず、行政代執行法2条の実体要件が満たされていないため、本件鉄杭の

撤去が行政代執行法に基づいて適法に行われた代執行であるとはいえない。また、問題文の最終段落第二文の記述からは、行政代執行法以外の法律に基づいて代執行が行われたとみる余地もないことがわかる。以上のことからすると、仮に本件鉄杭の撤去を「代執行」としてみても、当該行為が法律に基づいて行われたとはいえないので、本件鉄杭の撤去は違法である。

　次に、本件鉄杭の撤去を「直接強制」としてみた場合についてであるが、現行法上、直接強制について定めた一般法は存在せず、直接強制は個別の法律で規律されているにすぎない。本件の場合、本件鉄杭の撤去を許容する個別の法律は存在しない（このことは問題文の最終段落第二文からわかる）。したがって、仮に本件鉄杭の撤去が直接強制として行われたとみても、当該行為は法律に基づいて行われたとはいえないので、本件鉄杭の撤去は違法である。しかも、本件の場合、代執行の項目で述べたように、Ｘに撤去義務が課されていないので、そもそも直接強制の前提がない。もっとも、Ｘは、河川法上、同法所定の許可を得ることなく、河川区域内に本件鉄杭のような工作物を設置してはならないという義務（不作為義務）を一般的に課されているから（河川法24条、26条、102条）、Ｘには直接強制の前提となる義務が課されているともいえそうである。しかし、たとえそのようにいえるとしても、問題文最終段落第二文の記述から、本件ではそもそも直接強制ができる旨の個別の法律上の規定がないのであるから、本件鉄杭の撤去が違法であるとの結論は変わらない。

　最後に、本件鉄杭の撤去を「即時強制」としてみた場合についてであるが、この場合も、法律の根拠に関しては上記の直接強制の場合と同様のことがいえ、問題文最終段落第二文から、本件の場合に即時強制ができる旨を定めた法律上の規定はないので、本件鉄杭の撤去は違法である。

　以上から明らかなとおり、本件鉄杭の撤去を「代執行」、「直接強制」、「即時強制」のいずれの類型で捉えても、Ｙ町による本件鉄杭の撤去は法律の根拠を欠き、違法であるということができる。

　なお、行政法について一定程度の知識を有する者であれば、本件鉄杭の撤去が「代執行」、「直接強制」、「即時強制」のいずれの類型（【解説5】を参照）で捉えられるべきかということを検討しないで、直ちに本

件鉄杭の撤去を適法なものとする法律の定めがあるかどうかということを検討するであろう。そのような観点から本件を分析すれば、本件鉄杭の撤去を適法なものとする法律の定めがないことは容易にわかり、それで結論は出る。その意味では、本件鉄杭の撤去のような作用には法律の根拠が必要であるということさえ理解していれば、「代執行」、「直接強制」、「即時強制」という行為類型を知らなくても、本件鉄杭の撤去が違法であるとの結論を出すことは可能である。

【解説7】

　Y町としては、本件鉄杭の撤去が法律に基づく適法な行為であると主張できればよいが、本件の事実関係を前提にすると、そのような主張を展開することには無理がある。そこで、Y町としては、本件鉄杭の撤去が法律に基づく行為ではないことを認めた上で、それでも本件鉄杭の撤去が適法であるということを主張することが考えられる。問題となるのは、そのような主張をする際の根拠であるが、さしあたり考えられるのは緊急避難の考え方である。すなわち、Y町としては、本件鉄杭の撤去は法律の根拠に基づくものではないが、緊急避難について定めた民法720条2項に基づいて、その「違法性が阻却される」(この意味については後述)、と説くのである。そこで問題となるのは、民法720条2項に基づいて違法性が阻却されるための要件であるが、以下の4つの要件を設定することについては、見解が一致しているように思われる。第1に、他人の物より生じた危難があること、第2に、その危難を避けるための反撃の対象が当該物に限られること、第3に、加害行為がやむをえないものであること（必要性）、第4に、加害行為によって防衛される利益と加害行為により侵害される利益とが均衡していること（相当性）、である。このうち第3の要件においては、他に適当な手段があるか否かが主に検討されることになるであろう。Y町としては、これらの要件が本件において充足されているということを主張していく必要がある（本件の場合、鉄杭の撤去を行わなくても、現場付近を航行する船舶に注意を促すなどして危険を回避することもできたといえなくはないので、特に第3の要件に関しては問題になりうる）。もっとも、このような立論は法律による行政の原理からすれば安易に行われるべきではな

い。しかし、他方で、例外的事情の下では、そのような立論によって行政上の措置の違法性が阻却されることもありうるという点では意見が一致するであろうし、行政法において固有の緊急措置の理論を構築すべきであるという意見もある。したがって、上記のようなY町の主張が受け入れられる余地はあるといえよう。

　以上の立論については、いわゆる浦安漁港事件で最高裁が「鉄杭撤去を強行したことは……緊急の事態に対処するため採られたやむを得ない措置であり、民法720条の法意に照らしても……違法性を肯認することはできず」と判示している部分から明らかなように、最高裁の立場と類似する部分がある。そこで、以下、浦安漁港事件の最高裁判決を分析しつつ、必要に応じて、本件との関係について指摘することにしよう。

　第1に、上記のように、両者は理論構成の点で極めて類似するが、本稿の冒頭で指摘したように、浦安漁港事件は、住民が住民訴訟によって鉄杭の撤去に要した費用への公金支出の違法性を争った事案であるのに対し、本件は鉄杭の打設者が本件鉄杭の撤去の違法性を争おうとしている事案であって、両者の間で違法性が問題となる局面は異なる。したがって、浦安漁港事件に関する最高裁判決を、鉄杭の撤去に要した費用の支出の違法性についてのみ判断したものと理解するならば、鉄杭の打設者との関係において鉄杭の撤去それ自体の違法性を問題とする本件は、最高裁判決の射程外の事案といえる。

　第2に、浦安漁港事件において最高裁は、鉄杭の撤去行為それ自体は法律上の根拠を欠くため、違法であるとみているようであるが、公金支出の違法性は認定していない。その際最高裁は、種々の要素を勘案して住民訴訟（浦安漁港事件では損害賠償請求訴訟）における公金支出の違法性を否定しているようにみえる。それらの要素として列挙しうるのは、公金支出の前提となる行為（＝本件では鉄杭の撤去行為）の違法性、鉄杭撤去により守られる利益、ヨットクラブの受ける不利益、危険性の存在などである。このような論理構成は、それを相関関係説と呼ぶか、総合考慮説と呼ぶかはともかく、職務行為基準説と同様に、抗告訴訟における違法と損害賠償請求訴訟における違法とを区別するという意味での「違法性相対説」の一種であるといえよう（違法性相対説にも色々な立場があることは、宇賀克也『行政法概説II〔第5版〕』〔有斐閣、

2015 年〕431 頁）。

　第 3 に、国家賠償請求訴訟において緊急避難の法理を援用することの意味は、違法性一元説の場合と違法性相対説の場合とで異なりうる。違法性一元説によれば、抗告訴訟における違法が認められれば、国賠請求訴訟における違法も認められるから、抗告訴訟における違法を明らかにした後、緊急避難の要件に該当するがゆえに不法行為の成立が否定される、と説明することになろう。これに対して、違法性相対説の場合は、緊急避難の要件の中に違法行為を特殊な局面で正当化する事由が含まれているため、緊急避難の要件充足性の判断が、国家賠償請求訴訟における違法性判断の一部として吸収される可能性がある。浦安漁港事件で最高裁が公金支出の違法性を否定する際に、「民法 720 条の法意に照らしても」と述べたのは、このような含みがあるものとして捉えることもできる。

　なお、一部の学説では、公物が果たす機能に鑑み、公物の所有権者の特別な法的地位あるいは公物の所有権の特別な法的性質を認めてもよいのではないかという見解も示されている（塩野宏『行政法 III〔第 4 版〕』〔有斐閣、2012 年〕389 頁）。仮に公物の所有権を根拠に公物所有権者による一定の自力救済を承認することができるとすれば、そのような見方は、具体的な作用法上の根拠なくして行われる行政上の措置を適法なものとして扱う法理論上の基礎を提供することになるだろう。もっとも、本件では、河川の敷地の所有権は国が有しており、Y 町が有しているわけではないので、公物所有権の観点から Y 町による措置を正当化する余地はない（【解説 2】を参照）。

【解説 8】

　仮に Y 町が未だ本件鉄杭の撤去を行っていないとしたら、X は鉄杭の撤去が行われないようにするために、鉄杭の撤去をしてはならない旨を命ずることを求めて、抗告訴訟としての差止め訴訟（行訴法 3 条 7 項）を提起することが考えられる。抗告訴訟としての差止め訴訟は「処分又は裁決」を対象とするが、本件において「裁決」は見当たらないから、抗告訴訟としての差止め訴訟の提起が適法であるためには、鉄杭の撤去が「処分」でなければならない。しかし、鉄杭の撤去は、①事実上

の行為であって、②当該行為が行われる場合には、相手方は（法律によって直接受け入れの義務が課されていると解されるため）一方的に受け入れなければならないという義務を伴った権力的作用であるが、③一般に継続的性質を有するものとみなされない。このような非継続的な権力的事実行為は、はたして本件において抗告訴訟としての差止め訴訟を提起することが適法といえるか、問題となる。

　この点、継続的であろうが、非継続的であろうが、権力的事実行為であれば、相手方は行政機関による一方的な実力行使を受忍しなければならないのであるから、相手方に一方的に権利義務関係の変動をもたらす定型的な処分と異なるところはない。だとすれば、継続的な権力的事実行為とともに、非継続的な権力的事実行為も、抗告訴訟としての差止め訴訟の対象とするのに相応しい行為ということがいえよう（行訴法に差止めの訴えが法定される前の判決であるが、刑務所の強制剪定という権力的事実行為を行訴法3条1項の「行政庁の公権力の行使」として認めた例として東京地判昭和38年7月29日行集14巻7号1316頁があり、最近の判決では、受刑者への調髪行為を処分と解しているようにみえる名古屋地判平成18年8月10日判タ1240号203頁がある）。ただし、鉄杭の撤去が抗告訴訟としての差止め訴訟の対象となる行為であるとしても、「他に適当な方法があるときは」差止め訴訟を提起することはできない（行訴法37条の4第1項但書）。本件の場合、実質的当事者訴訟（行訴法4条後段）として、例えば、Y町に鉄杭を撤去する権限がないことの確認を求めて提起する訴訟や、Y町には鉄杭を撤去してはならない義務があることの確認を求めて提起する訴訟など（これらの訴訟を実質的当事者訴訟ではなく、無名抗告訴訟として捉える立場もあろう）が考えられるので、「他に適当な方法」がない場合に該当するといってよいのか問題となるが、そこでいう「適当な方法」とは国税徴収法90条3項のように法律で特別に定められた方法に限定されるので、本件の場合は「他に適当な方法」がない場合に該当するということで異論はないであろう（差止め訴訟と当事者訴訟との関係については、本書第18回【解説10】を参照）。

　他方、取消訴訟の対象を継続的な権力的事実行為に限定し、取消訴訟の対象と差止め訴訟の対象を統一的に理解する立場から、鉄杭の撤去の

ような非継続的な権力的事実行為を抗告訴訟の対象として認めないという立場もありうる。このような立場に立つ場合には、Xの権利利益を守るための訴訟として、鉄杭の撤去の差止めを求める実質的当事者訴訟が考えられなくはない。

　付言するに、抗告訴訟の対象となる事実行為を論じる場合、上述のように、①継続性の有無に関わりなく、権力的事実行為であればよいとする立場と、②継続性を有する権力的事実行為に限定する立場があるが（この説の1つの拠り所であったと思われる行政不服審査法2条1項の処分の定義は平成26年改正で削除された）、取消訴訟を前提にする限り、この学説の対立は実益がなかったともいえる。なぜなら、継続性のない権力的事実行為を対象にして取消訴訟を提起する場合、②の立場では当然、訴えは却下されるが、①の立場に立っても、継続的でない事実行為は訴訟係属中に終了し、継続的事実行為のように、取消訴訟によって当該事実行為をやめさせる意味はなく、訴えの利益なしとして却下されるからである。結局、取消訴訟を前提にする限り、①の立場であろうと、②の立場であろうと、結論は同じであって、あとは損害賠償の問題が残るのみである。しかし、継続性のない権力的事実行為の事前の差止めを求めようとすると事情は異なる。①の立場であれば、抗告訴訟としての差止め訴訟を選択することができるが、②の立場であれば、上述のとおり、当事者訴訟を選択することになろう。

[第 3 回]

地方公共団体による政策の変更と事業者の保護

[事案]

　株式会社 X は、甲山県 Y 村の区域内で製紙工場を建設・操業することを計画した。この計画を実現するためには Y 村の協力が不可欠と考えた X 社の社長は、平成 18 年 1 月 21 日、Y 村の村長 A のもとを訪れ、事業計画の概要を説明した。その際に X 社の社長は村長 A に対し、製紙工場を建設・操業することができれば、地元の雇用を創出することができるため、さしあたり Y 村として X 社の工場を誘致するという内容の決定を行ってもらいたいと陳情し、あわせて、その後の X 社と Y 村の具体的対応については後日改めて協議の上、決定したいと伝えた【→解説 1】。また X 社の社長は、Y 村の村有地が製紙工場の建設地として適切であると考えていたため、具体的な村有地の特定や値段はさておき、ともかく Y 村として X 社に村有地の譲渡を行う旨の決定をしてもらいたいということも陳情した【→解説 1】。そこで、村長 A は X 社の社長からの陳情を村議会に設置されている総務委員会および財務委員会に諮ったところ、両委員会はこれを承諾し、その後に開かれた平成 18 年 3 月 24 日の村議会でも X 社の工場の誘致および X 社への村有地の譲渡が決定された。ただし、いずれの決定も単に X 社の工場を誘致することおよび X 社に村有地を譲渡することを内容とするのみで、それ以上に具体的な内容を伴うものではなかった【→解説 1】。村議会の決定があった翌日、村長 A は X 社の社長に村議会で決定された内容を報告し、あわせて「村議会で工場の誘致も村有地の譲渡も決定した以上、X 社の工場建設には全面的に協力する」と約束した。このような Y 村の対応を受けて、X 社は直ちに工場の建設に向け、動き始めた。まず、X 社は、平成 18 年 5 月 2 日、村長 A および Y 村の村議会議員ら

033

の協力を得てＹ村の区域内にある工場候補地を検分し、同日、当該土地を製紙工場の建設地と決定した。この工場の建設予定地はＹ村が所有する土地であったが、その土地の一部をＹ村から地元住民が借り受け、大規模なトマト栽培を行っていたので、平成18年9月24日、Ｘ社は当該住民に対し土地の明渡料および作付けトマトの補償料として合計1,000万円を支払った。さらにＸ社は工場公害を防止するため、排水処理施設の設置を決め、当該施設の見積を汚水処理メーカーのＰ社に依頼すると同時に、製紙工場の機械メーカーであるＱ社に工場内に設置する機械の見積を依頼した。そして、平成19年4月5日には、Ｘ社、Ｐ社、Ｑ社の各社長が直接、村長Ａのもとを訪ね、細かな事業計画や工場敷地内の施設を説明したところ、村長Ａは「早く良い工場を建設することが村の発展につながるので協力を惜しまない」と述べた。その後、平成19年7月8日に、Ｑ社から機械の見積書が、その翌日にはＰ社から浄水処理設備の見積書がＸ社に送付され、その内容を改めて検討したＸ社は見積書のとおりにＱ社とＰ社にそれぞれ発注することにした。そこでＸ社の社長は、その翌日に改めて村長Ａのもとを訪れ、それら見積書等を提示しながら、より詳細な事業内容や工場施設について説明すると同時に、発注に必要な融資をＲ金融公庫から受けられるよう、Ｙ村の協力を申し込んだところ、村長Ａはこれを快諾した。その後、Ｒ金融公庫のＸ社に対する融資決定が遅れていたことを知った村長Ａは、平成19年10月16日にＲ金融公庫理事長宛にＸ社への融資を促進するよう依頼する文書を送付した。その1週間後、Ｘ社はＲ金融公庫から融資決定の知らせを受けたので、Ｘ社の社長は再び村長Ａのもとを訪れ、その旨報告すると同時に、Ｐ社およびＱ社との間に締結する発注契約の契約書案を提示して、今後のＹ村の協力を改めて求めた。すると、村長Ａは、今後もこれまでと同様、Ｘ社の工場建設に協力する旨、約束した【→解説1】。これを受けてＸ社は、平成19年10月28日にＰ社およびＱ社と正式に契約を締結した。また、同日、Ｘ社は工場敷地の整地工事に着手し、平成19年12月7日に当該工事を完了した。

　その後、Ｙ村では、平成20年1月5日にＡの任期満了に伴う村長選挙が実施された。その選挙ではＸ社の工場建設を推進するか否かが主

要な争点となり、推進派のAと反対派のBの一騎打ちとなったが、開票の結果、Bが圧倒的勝利を収め、次期村長に当選した。他方、X社は、その間に建築関係法令を調べたところ、建築主事を置いていないY村の区域内で製紙工場を建設するためには、甲山県の建築主事による建築確認を受ける必要があり（建築基準法4条5項、6条1項）、そのための申請書は工場建設予定地の村長を経由しなければならないことを知った（甲山県建築基準法施行細則23条）【→解説2】。そこで、X社は平成20年1月22日に新村長Bに対して建築確認の申請書を提出した【→解説3】。ところが、村長Bは、X社からの申請に係る建築計画が建築基準関係規定に適合することは認めたものの、工場予定地周辺の住民の圧倒的多数が工場建設に反対しているとの理由で、甲山県の建築主事にX社からの建築確認の申請書を送付することなく【→解説4】、平成20年1月28日、村長Bの名前でX社に対して建築確認の申請を認めない旨の通知をした【→解説5】。

〈資料〉本件に関する法令等

(1) 建築基準法（昭和25年5月24日法律第201号）（抜粋）

（建築主事）

第4条　（略）

2～4　（略）

5　都道府県は、都道府県知事の指揮監督の下に、……建築主事を置いた市町村……の区域外における建築物に係る第6条第1項の規定による確認に関する事務をつかさどらせるために、建築主事を置かなければならない。

6～7　（略）

（建築物の建築等に関する申請及び確認）

第6条　建築主は、第一号から第三号までに掲げる建築物を建築しようとする場合（……）、これらの建築物の大規模の修繕若しくは大規模の模様替をしようとする場合又は第四号に掲げる建築物を建築しようとする場合においては、当該工事に着手する前に、その計画が建築基準関係規定……に適合するものであることについて、確認の申請書を提出して建築主事の確認を受け、確認済証の交付を受けなければならない。……

一～四　（略）

2～3　（略）

4　建築主事は、第1項の申請書を受理した場合においては、……申請に係る建築物の計画が建築基準関係規定に適合するかどうかを審査し、審査の結果に基づいて建築基準関係規定に適合することを確認したときは、当該申請者に確認済証を交付しなければならない。

5～6　（略）

7　建築主事は、第4項の場合において、申請に係る建築物の計画が建築基準関係規定に適合しないことを認めたとき、又は申請書の記載によつては建築基準関係規定に適合するかどうかを決定することができない正当な理由があるときは、その旨及びその理由を記載した通知書を……当該申請者に交付しなければならない。

8、9　（略）

(2)　甲山県建築基準法施行細則（昭和46年6月30日規則第55号）（抜粋）

＊この細則において、「法」とは建築基準法を指す。

（申請書の経由）

第23条　法……の規定により……建築主事に提出する申請書類は、その申請に係る道路、建築物、工作物、建築設備又は建築協定区域の所在地の市町村長を経由しなければならない。

2　市町村長は、前項の規定による書類を受理したときは、……すみやかに……建築主事に送付しなければならない。

［設問］

1.　X社は、建築基準法上の建築確認を受けるために、誰を被告にして、いかなる訴訟（行政事件訴訟法に定められているものに限る）を提起すべきか。なお、この設問については、不服申立ての問題を検討する必要はない【→解説6】。また、仮の救済についても、検討する必要はない。

2.　上記1の訴訟の中で、X社は、本案上の主張として何を主張すればよいか【→解説7】。

3. X社は、建築確認の申請を認めない旨の村長Bからの通知を受けて、工場の建設を断念することとし、これによって被った損害（損失）をY村に補塡してもらうため、訴訟を提起しようとしている。X社は、当該訴訟の中で、いかなる法律構成によって自らの主張を展開すべきか【→解説8】。

はじめに───読解の指針

　X社が建築基準法の建築確認を受けることができないでいるのは、村長BがX社からの建築確認の申請書を甲山県の建築主事に送付することなく、X社による建築確認の申請を認めない旨の通知を行ったからである。そのため、設問の検討に際しては、まず関連法令の仕組みを理解した上で【→解説2】、村長Bによる申請書の不送付【→解説4】と申請の拒否に着目する必要がある【→解説5】。また、本件の事案の特殊性を考慮すると、これらの行為の前提となるX社からの建築確認の申請についても、着目する必要がある【→解説3】。なぜなら、後に指摘するように、本件ではX社からの建築確認の申請が建築主事の事務所に到達していないとみる余地があり、この点をどう理解するかによって、設問に対する解答が変わってくるからである。

　次に、本件の主たる当事者はX社とY村であるが、この両者の関係は問題が発生するまでの間の密接な交渉によって築かれた。それら交渉過程における各行為について法的観点から分析を加えておくことは、X社の救済を考える上で必要である。そこで、以下では、紛争に至るまでの間に両者が行った各行為を法的観点から検討することにしよう【→解説1】。

　そして、以上の諸点を踏まえることが、本件における適切な訴訟形態【→解説6】および本案上の主張【→解説7】ならびに損害（損失）の塡補を求める際の法律構成【→解説8】を論じる前提となる。

[解説]

【解説1】

　本件では、まず、X社が村長Aに対して工場誘致の決定および村有地の譲渡について陳情している。このような陳情が、行政手続法上の申請でないことは明らかである。なぜなら、申請といえるためには「自己に対し何らかの利益を付与する」行為が「処分」でなければならないが（行手法2条3号）、Y村としての工場誘致の決定および村有地の譲渡の決定は行政手続法上の処分（行手法2条2号）とはいえないからである。さらに、行政手続法上の申請といえるためには、「自己に対し何らかの利益を付与する」行為を求める行為に対して「行政庁が諾否の応答をすべきこととされて」いなければならないが（行手法2条3号）、一般に地方公共団体の機関は法令によって陳情に応答すべき義務を課せられていない。

　また、X社による陳情や、村長をはじめとする村の対応に着目して、工場の誘致や村有地の譲渡等を内容とする契約（工場誘致契約とでもいえようか）が締結されたと考えられないわけではないが、本件の場合、工場誘致の決定が具体的な内容を伴っておらず、譲渡の対象となる村有地や、その価格などが決まっていないので、契約が成立したとはいいにくいだろう。しかし、契約の成立を機能面から語るのであれば、「当事者間で履行の義務を発生させるにふさわしい時期はいつか」、もしくは、「サンクションを伴わない履行拒絶を容認できる時期はいつまでか」（河上正二「『契約の成立』をめぐって㈠」判タ655号17頁）という観点からの状況判断が大きな意味をもつことになり、その判断次第では、やや具体性を欠いた合意内容を前提としても契約の成立を語ることができる場合もあろう。その場合、契約の成立を認めて行政主体を拘束することが行政活動の硬直化をもたらさないかどうかは、重要な考慮事項となろう。

　なお、国や地方公共団体が締結する契約については、会計法29条の8第1項が契約書の作成を義務付けているし、地方自治法234条5項は契約の書面化を前提にしているように読める。これは、契約書の作成に

038　第3回｜地方公共団体による政策の変更と事業者の保護

よって、行政主体が締結する契約の趣旨を明確にし、紛争を予防することが特に重視されているからであると解される。このことを踏まえて、国や地方公共団体が締結する契約においては、原則として、書面の作成により契約が成立するとみるべきであるとすると、一切書面のやりとりがない本件では契約の成立を観念しにくいであろう。

【解説2】

　本件で出てくる甲山県建築基準法施行細則は「規則」の形式をとっている。このことは、「〈資料〉本件に関する法令等」の中で挙げられている本件細則の後の括弧書に「規則」と記載してあることから明らかである。この規則は知事が定めたもので、省令として定められている○○法施行規則とは異なる。また、講学上の行政規則とも異なる。地方公共団体において規則といえば、通常、地方公共団体の自主立法たる規則（長や、委員会が制定する規範）のことを指す。この規則について、地方自治法は次のとおり定めている。

　　第15条　普通地方公共団体の長は、法令に違反しない限りにおいて、その権限に属する事務に関し、規則を制定することができる。

　　2　普通地方公共団体の長は、法令に特別の定めがあるものを除くほか、普通地方公共団体の規則中に、規則に違反した者に対し、5万円以下の過料を科する旨の規定を設けることができる。

　　第138条の4　（略）

　　2　普通地方公共団体の委員会は、法律の定めるところにより、法令又は普通地方公共団体の条例若しくは規則に違反しない限りにおいて、その権限に属する事務に関し、規則その他の規程を定めることができる。

　この2つの条文について4点コメントしておく。第1に、長の規則の場合には、法令や条例の個別の授権なしに、「その権限に属する事務に関し」規則を定めることができる。第2に、委員会は、「法律の定めるところにより」（これは、個別の法律の授権が必要だということを意味する。例えば地方教育行政の組織及び運営に関する法律15条、地方公務員法8条5項などが個別授権規定に該当する）「その権限に属する事務に関し」規則を定めることができる。つまり、長の場合と異なり、委

員会が個別の法律の授権なしに規則を定めることはできない。第3に、長の規則は、「法令に違反しない限りにおいて」定めることができる。これに対し、委員会規則は「法令又は普通地方公共団体の条例若しくは規則〔長の規則〕に違反しない限りにおいて」定めることができる。第4に、長の規則では過料を定めることができるが、委員会の規則では過料を定めることができない。

　本件の甲山県建築基準法施行細則は、法律によって定められた権利義務の具体的細目ないし手続的技術的事項を定めるもの（届出書・申請書の記載事項や様式を定めるもの）で、法規命令の分類における執行命令に相当する内容をもっている。本問では一般に執行命令に必要とされている一般的授権が見当たらないが、法律によって定められた権利義務の具体的細目ないし手続的技術的事項については法律を執行する機関が定めることができると理解することもできよう（本書第12回【解説5】も参照）。

　なお、甲山県建築基準法施行細則23条1項によれば、県の建築主事による建築確認を求めようとする者は、市町村長に申請書を提出しなければならない。このような制度は、地方自治の本旨（憲法92条、地自法1条）の一内容である団体自治の精神に反するとの指摘がありうる。なぜなら、県が処理すべき事務は原則として県の機関が処理すべきところ、本件では、県の規則によって、市町村の機関が、申請の受付という県の機関が処理すべき事務の一部を担うこととされているからである。この点、地方自治法では条例による事務処理の特例が認められているから（地自法252条の17の2）、建築確認に関して、そのような条例が定められていれば、問題はないようにもみえる（実際に、そのような都道府県条例は散見される）。しかし、地方自治法上、事務処理の特例が認められているのは都道府県知事の権限に属する事務の一部だけであって、建築主事の権限に属する事務は含まれていない。このような観点からすると、甲山県建築基準法施行細則23条1項それ自体に違法の疑いがあるといえなくもない（ただし、以下では、本件細則が適法であることを前提とする）。

【解説3】

　本件においてX社は、甲山県建築基準法施行細則23条1項に従い、村長Bに建築確認の申請書を提出している（村長Bのように、手続上、申請書等を経由することとされている行政機関を一般に「経由機関」と呼ぶ）。それでは、これによってXの申請は、行政庁の事務所に到達したことになるのであろうか（行手法6条、7条）。申請の到達（申請の存在といってもよいだろう）は、行政庁（本件では建築主事）の審査・応答義務が発生する前提となるので、問題となる。

　この点、本件の申請が建築主事の事務所に到達していないと解する立場（否定説）と到達したと解する立場（肯定説）が考えられる。

　このうち否定説は、以下の異なる2つの構成によることが考えられる。第1は（否定説①）、経由機関を定めた規範の性格に着目した構成である。すなわち、経由機関が長の規則等の外部規範によって定められている場合、外部規範の性格上、行政庁は国民に対して経由機関が申請の提出先にされていることを対抗できるので（つまり、単なる提出先であって行政庁の事務所ではない）、申請者との関係では、行政手続法上も、経由機関に申請書が提出されただけでは行政庁の事務所に到達していないとみる。これに対し、経由機関が通達等の内部規範によって定められている場合は、内部規範の性格上、行政庁は国民に対して経由機関が申請の提出先にされていることを対抗できないので（経由機関に届いたということは、行政庁の事務所に届いたとせざるを得ない）、申請者との関係では、行政手続法上も、経由機関に申請書が提出されれば、申請が行政庁の事務所に到達したとみる。このような考え方を前提にすると、本件は、経由機関が規則という外部規範によって定められており、前者の場合に該当する事案であるから、X社による申請は行政庁の事務所に到達していないとみることができる（塩野宏・高木光『条解行政手続法』〔弘文堂、2000年〕153頁は、合理的に再構成すればこの立場か）。第2は（否定説②）、行政庁による組織法上の監督権に着目した構成である。すなわち、行政庁による組織法上の監督権が及ぶ範囲に経由機関が位置づけられている場合、経由機関に申請書が提出されれば、申請が行政庁の事務所に到達したとみるのに対し、行政庁による組織法上の監督権が及ばない範囲に経由機関が位置づけられている場合には、経

041

由機関に申請書が提出されただけでは、申請が行政庁の事務所に到達したとはみない（行政管理研究センター編『逐条解説行政手続法〔平成27年改訂版〕』〔ぎょうせい、2015年〕144頁以下）。このような考え方を前提にすると、本件は、行政庁が県の機関であるのに対し、経由機関は村の機関であって、行政庁の組織法上の監督権に服していないので、X社による申請は行政庁の事務所に到達していないとみることができる。

　他方、肯定説は、申請書の提出先が経由機関であっても、申請書が提出されれば、申請は行政庁の事務所に到達したとみる（総務庁行政監察局行政相談課監修『行政手続法の現場』〔ぎょうせい、1998年〕96頁以下）。このような見方の背景には、申請者が適法に申請を行った以上、申請が行政庁の事務所に到達していないと解することによって生じる負担を申請者に押し付けることは不当であるとの見方がある。本件では、経由機関とはいえ、村長に申請書が提出されているので、X社による申請は行政庁の事務所に到達したとみることになる。

　本件において、否定説に立った場合、X社からの申請の存在を否定することになり、建築主事の審査・応答義務は発生していないとみることになるが、肯定説に立った場合、X社からの申請の存在を肯定することになり、建築主事の審査・応答義務は発生したとみることになる。このような差異は、訴訟形式の選択および違法事由の主張を考える際に、意味をもつことがある（【解説6】【解説7】を参照）。ただし、否定説②の立場に立つ前掲『逐条解説行政手続法〔平成27年改訂版〕』145～146頁は、申請者保護を目的として設けられた不作為の違法確認訴訟の趣旨に鑑みて、本件のように経由機関が組織上行政庁から独立していても、申請が未だ行政庁の事務所に到達していないことを理由に行政庁が不作為の責任を免れることはない、としている。このような立場は、申請の到達（存在）を否定しておきながら、行政庁の審査・応答義務の発生を承認するものであるから、結局のところ、審査・応答義務の発生を前提にする肯定説と同様になるであろう。そのため、以下、否定説②については特に言及しない。

　なお、ここまで申請の到達を論じてきたが、建築基準法6条は行政手続法にいう申請を定めていると解してよい（行手法2条3号）。というものも、建築基準法6条1項は、「建築主は……確認の申請書を提出し

て建築主事の確認を受け、確認済証の交付を受けなければならない」と
し、確認によって建築ができるようになることを定めており、一方的権
利変動を予定しているし（処分とみてよい）、また、同条4項で「審査
の結果に基づいて建築基準関係規定に適合することを確認したときは、
当該申請者に確認済証を交付しなければならない」と定め、7項で「申
請に係る建築物の計画が建築基準関係規定に適合しないことを認めたと
き、……その旨及びその理由を記載した通知書を……当該申請者に交付
しなければならない」と定めていることからすれば、応答義務も予定し
ているといえるからである（申請の意義については本書第1回【解説3】
参照）。

【解説4】

　甲山県建築基準法施行細則23条2項によれば、市町村長は建築確認
の申請者から受け取った申請書類を甲山県の建築主事に送付すべき義務
を負う。ところが、本件では、村長BはX社から提出された建築確認
の申請書を甲山県の建築主事に送付していない。したがって、村長B
による申請書の不送付という行為は明らかに上記条項に違反するといえ
よう。

　もっとも、市町村長が上記条項によって課される送付義務を申請者と
の関係で負うかどうかは別に問題となる（【解説7】を参照）。

【解説5】

　一般に、建築主事が行う建築確認の申請拒否行為は処分であると解さ
れている。本件の場合、建築主事による申請拒否処分と同じように、村
長Bによる「X社による建築確認の申請を認めない旨の通知」を申請
拒否処分とみてよいか。

　【解説3】で述べたように、経由機関の位置づけについては異なった考
えがある。しかし、いずれの立場に立ったところで建築確認の申請を拒
否することができるのは建築主事であって（建築基準法6条7項）、村
長が建築確認の申請を拒否する権限をもたないことに変わりはないし、
建築確認申請書を経由する旨の定め（甲山県建築基準法施行細則23条）
によって処分権限が経由機関に移ることもない。このように村長Bに

043

は処分権限がないのであるから、村長Bによる上記の通知が申請拒否
処分としての性格を有することはないといってよいであろう。

【解説6】

　建築基準法上の建築確認は処分に該当し、建築基準法6条は「申請」
を定めている（【解説3】）。したがって、X社が建築確認の申請を行った
（申請が到達した）にもかかわらず、未だ建築確認を受けることができ
ていない状況では、申請型義務付け訴訟（行訴法3条6項2号）を提起
することが考えられる。この訴訟では、甲山県を被告にして（行訴法
38条1項、11条1項、建築基準法4条5項）、甲山県の建築主事が建築
確認をすべき旨を命ずることを求めることになる。ただし、申請型義務
付け訴訟を提起するときは、一定の抗告訴訟を併合提起しなければなら
ない（行訴法37条の3第3項）。それでは、本件において、X社は、
いかなる抗告訴訟を併合提起すべきか。この点、経由機関について、
【解説3】の肯定説、否定説、いずれの立場に立とうとも、行政庁（建築
主事）による申請拒否処分はないから、当該行為の取消訴訟または無効
等確認訴訟を併合提起することはできない。他方、申請拒否処分がない
のであれば、処分はなされていない状態にあるともいえるから、不作為
の違法確認訴訟を併合提起することが考えられる。しかし、【解説3】の
否定説によれば、本件の申請は行政庁の事務所に到達していないことに
なるので、申請それ自体が存在しないとみることができる。そうする
と、不作為の違法確認訴訟は不適法となり（行訴法37条でいう「申請
をした」ということにはならないであろう）、申請型義務付け訴訟も不
適法となる。これに対し、【解説3】の肯定説によれば、本件の申請は行
政庁の事務所に到達したことになるので、申請が存在することとなり、
不作為の違法確認訴訟は、この点では不適法とはいえない。したがっ
て、不作為の違法確認訴訟を併合提起して申請型義務付け訴訟を提起す
ることは考えられる。

　そのほか、X社が建築確認を受けられるようにするための適切な訴
訟として、実質的当事者訴訟（行訴法4条後段）も考えられる。例え
ば、村長Bが県の建築主事に対しX社からの申請書を送付することを
求める給付訴訟や、村長Bには県の建築主事に対しX社からの申請書

を送付する義務があることの確認を求める確認訴訟などである（これら
の訴訟の場合、申請が建築主事の事務所に到達していないということを
前提にする。申請が建築主事の事務所に到達しているということを前提
にすれば、申請書の送付等を求める上記のような訴訟は必要ないからで
ある）。これらの訴えは、いずれも村を被告にする。

　以上からすると、【解説3】の否定説の立場に立てば、X社は実質的当
事者訴訟を提起するほかない。他方、【解説3】の肯定説の立場に立て
ば、X社は申請型義務付け訴訟とそれに併合する不作為の違法確認訴
訟を提起することが考えられる。

【解説7】

　申請型義務付け訴訟では、本来であれば行政庁が一定の処分をすべき
であったにもかかわらず、当該処分をしなかったということが認められ
れば、原告の請求は認められよう（本書第1回【解説8】を参照）。その
ため、本件においてX社は建築主事が建築確認をすべきであったとい
うことを主張すればよい。この点、建築確認は、申請に係る建築計画が
建築基準関係規定に適合するかどうかを客観的に判断するものであっ
て、基本的に裁量の余地はなく（「確認」という語が用いられているこ
とがそうした判断を支える）、申請に係る建築計画が建築基準関係規定
に適合する場合には、確認済証が交付されなければならない（建築基準
法6条4項）。本件では、問題文にあるように、X社の申請に係る建築
計画が建築基準関係規定に適合し、建築確認が行われるべきともいえ
る。もっとも、このような立論をするためには、建築主事に申請が到達
しているといえなければならない。そのため、X社としては、【解説3】
の肯定説の立場に立つ必要がある。

　次に、村長Bが県の建築主事に対しX社からの申請書を送付するこ
とを求める給付訴訟や、村長Bには県の建築主事に対しX社からの申
請書を送付する義務があることの確認を求める確認訴訟といった実質的
当事者訴訟については、本案上の主張として、甲山県建築基準法施行規
則23条2項によれば、村長BにはX社との関係で申請書を県の建築主
事に送付すべき義務があると主張することが考えられる。ただ、このよ
うな主張については、【解説4】で指摘したとおり、村長BがX社との

045

関係で送付義務を負っているといえるか、問題となる。この点、本件では外部規範によって経由機関が定められているから、国民には経由機関に対して送付を求める権利が認められ、そうである以上は当該権利に対応する送付義務が国民との関係で経由機関に認められる、と考えることは可能であろう（このような考え方は、【解説3】の否定説①と馴染む）。他方で、経由機関が行政庁に申請書を送付するか否かは行政の内部における事務処理上の問題にすぎないので、経由機関が国民との関係で送付義務を負うことはない、と考えることも可能であろう（このような考え方は【解説3】の肯定説と馴染む）。いずれの考え方もありうるが、X社としては、前者の立場に立って自らの主張を構成する必要がある。

【解説8】

　本件は、国民が行政活動によって生じた損害（損失）の補填を求めようとしている事例である。そこで、まずは、このような事例を分析する際の若干の視点を示すことにしよう。

　ある行政活動が原因で国民の側に損害（損失）が生じた場合、国民がその補填を求めるための論理構成は、当事者間の関係に着目することによって、一定の方向性を見出しうる。まず、当事者間で契約が成立しているのであれば、当該契約違反による損害については、債務不履行として行政主体の賠償責任を問うことができる。これに対し、当事者間で契約が成立していないのであれば、債務不履行として行政主体の賠償責任を追及することはできないが、不法行為として賠償責任を問うことはできる。もっとも、契約関係が当事者間に成立していない場合であっても、その状況は様々で、両者の間に何の関係も認められない場合もあれば、契約締結に向けた交渉によって何らかの関係が当事者間に認められる場合もあろう。いずれの場合も、不法行為責任を追及していくことは可能であるが、後者のように、契約締結に向けた交渉過程にあって当事者間に何らかの関係が認められる場合には、その関係に着目した上で、基本的には信頼保護の原則に根拠づけることになる義務や責任を主張していくことが考えられる。例えば、契約交渉中に、契約の成立を期待させ、経済的出捐を誘ったが、契約の成立には至らなかった場合、契約の

成立を期待させた当事者に対して賠償責任を問うことが考えられる（民法ではこれらの問題は「契約締結上の過失」の理論の枠で論じられる。民法における議論は、必要に応じて修正を加えた上で、行政法関係にも応用することが可能である）。これらは契約締結に向けた交渉を前提にしているが、何もそのように限定的に解する必要はなく、当事者間に何らかの関係が認められるのであれば、たとえ契約締結に向けた交渉が前提になっていなくても、信頼保護の原則に基づいて当事者の一方に対して何らかの義務があることを主張したり、責任（不法行為責任など）を問うことは可能であろう（民法でもこうしたケースはある。大学院神学研究科進学に係る東京高判昭和 52 年 10 月 6 日判時 870 号 35 頁）。本件は、契約締結に向けた交渉をしているわけではないので、まさにそのような事案である。

　以上にみた色々な濃淡の当事者間の関係の各段階に対応して、損失補償請求も考えられる。この構成は、行政側のラフな意味での帰責事由（契約に基づく債務不履行や信頼保護の原則違反）を前提としない——損失補償は行政活動が適法であることを前提としている——点で特殊な法技術であるが、様々な局面で援用が可能である。当事者間にそれまで何の関係もない場合でも、損失補償請求は考えられるし（例えば、伝染病にかかった家畜を殺処分したことによって被った損失の補塡を求める損失補償請求）、また、当事者間に契約関係が成立していたとしても、損失補償請求は考えうる（損失補償請求権と債務不履行に基づく損害賠償請求権について請求権の競合の問題はあるかもしれない）。なお、損失補償の構成によって損害（損失）の補塡を求めようとする場合は、損失補償を要する「特別の犠牲」が生じていることが問題とされるために、当事者間の関係の濃淡に着目することに意味はないようにも思える。しかし、後述のように、当事者間の関係の濃淡が「特別の犠牲」の有無の判定に影響を及ぼすことがあると考えられるため（行政側の有責的な行為も濃淡の判断の対象となるだろう）、損失補償の構成によるときも、当事者間の関係に着目することには意義がある。

　以上の視点を踏まえた上で、本件において工場の建設を断念したことによって X 社が被った損害（損失）の補塡を求めて出訴する場合、X 社の請求を実現するための考えうる法律構成を指摘しておこう。

047

第1に、損失補償の構成によることが考えられる。これによれば、村長の交代に伴うＹ村の政策変更は適法であるものの、それによってＸ社に特別の犠牲が生じているため、Ｘ社は憲法29条3項に直接基づいて被った損失の補償を求めることができる。この場合、損失補償の要否、範囲を判定するための視点は問題となりうるが、信頼保護に基づく不法行為責任の成立および賠償責任の範囲を決定する際の諸要素は、損失補償の要否、範囲を判定する際にも参考にされよう。例えば、沖縄県宜野座村工場誘致事件の最三小判昭和56年1月27日民集35巻1号35頁が提示した諸要素、すなわち、㋐「個別的具体的勧告」、㋑「相当長期にわたる行政の施策の継続を前提とした資本投下」、㋒「やむを得ない客観的事情の不存在」、㋓「社会観念上看過できない程度の積極的損害の発生」は、田中二郎教授が提唱した損失補償の要否を決定する基準（①侵害行為の対象が一般的か個別的かという形式的基準、および、②社会通念に照らし、侵害が財産権に内在する社会的制約として受忍されなければならないものかどうかという実質的基準）に当てはめると（田中二郎『新版行政法上巻〔全訂第2版〕』〔弘文堂、1974年〕214～215頁）、㋐は①で、㋑㋒㋓は②で考慮されることになろう。もっとも、この損失補償の構成による考え方については、企業によって投資された財産が政策の変更によって無駄になったとしても、それは通常の意味における財産権の収用または制限と異なっており、企業の財産が公の用に供されたとはいえないのではないかという問題や、地方公共団体の政策変更に伴う企業活動上のリスクは本来的に事業者が負担すべきもので、そのリスクが顕在化したからといってそれを公共の負担で補償することが妥当といえるのかという問題がある（もっとも、こうした見方は、不法行為構成をとる場合でもありうる）。

　第2に、債務不履行による損害賠償という構成が考えられる。これによれば、Ｘ社からの陳情、村議会の工場誘致および村有地譲渡の決定、再三にわたる村長によるＸ社への協力する旨の表明などに鑑みると、Ｘ社とＹ村の間には契約が成立しており、村長交代後のＹ村の対応はこの契約に反する行為として捉えることができるから、Ｘ社はＹ村に対して債務不履行を理由に損害賠償を請求できる。しかし、この考え方については、どのような論拠によってＸ社とＹ村の間の契約関係

の成立を認めるのかという問題がある（【解説1】を参照）。

　第3に、不法行為による損害賠償という構成が考えられる。これによれば、X社とY村との間に契約関係は存在しないものの、相互の密接な個別具体的やりとりを通じてY村はX社に対して工場建設に協力するという信頼を与えたのであり、この信頼は法的保護に値する利益であるから、Y村がX社に対して損害の塡補等の代償的措置をとることなく政策を変更することは信頼関係を不当に破壊する行為といえ、X社はY村に対して不法行為を理由に損害賠償請求をすることができる。ここで注意を要するのは、この構成は、政策変更そのものが企業との関係で違法になるとしているのではなく、信頼保護を基礎として、そこから企業に損害が生じないように予防措置あるいは代替措置をとるべきであるという行政主体の義務を導き出し、その上で、そうした措置がとられていないことをもって違法になるとしている点である（このような構成に基づいて地方公共団体の損害賠償責任を認めた例として前掲最高裁昭和56年1月27日判決があるが、そこで最高裁によって示された損害賠償責任の具体的な成立要件については、各自で確認してもらいたい）。もっとも、代償措置等をとらないことが信頼保護の原則との関係で違法になるというのであれば、結局、国民に代償措置請求権を認めることになるのではないかという批判が考えられるところである（例えば、藤田宙靖『行政法総論』354頁〔青林書院、2013〕）。

　なお、本件では、塡補されるべき損害（損失）が積極損害（損失）に限られるかどうかという問題や、X社が損害（損失）を被らないようにするため、計画担保責任の名の下で政策の継続を求める請求（権）を認めることができるかといった問題もある（参照、宇賀克也『国家補償法』〔有斐閣、1997年〕215頁は、最広義の計画担保責任に計画遵守責任が含まれ、広義の計画担保責任および狭義の計画担保責任には計画遵守責任は含まれないとしている）。これらの問題については、上記の各法律構成の妥当性とともに、各自で検討してもらいたい（参考文献として、宮田三郎『行政計画法』〔ぎょうせい、1984年〕がコンパクトでよい）。

[第4回]

指名競争入札における事業者の排除

[事案]

　Y村は、山間部にある過疎の村であり、これまで台風等の自然災害の被害に悩まされてきた。この村では、従来、村の経済の振興を図るとともに災害復旧作業の円滑な実施を期するため、Y村の発注する公共事業の指名競争入札【→解説1】の参加者の指名にあたっては、村内業者では対応できない事業についてのみ村外業者を指名し、それ以外は専ら村内業者を指名してきた。Y村には、当初、このような実務上の取扱いについて定めた明文規定はなかった。その後、地方自治法施行令167条の5および同167条の11に基づき「Y村建設工事の請負契約に係る一般競争入札及び指名競争入札参加資格審査要綱」（以下、「本件要綱」という）【→解説2】が定められ、平成14年4月1日から施行された。この要綱は、村が発注する建設工事の請負契約に係る一般競争入札および指名競争入札に参加する者に必要な資格について定めているが、その内容は公表されていない。また、本件要綱の附属文書として、「指名競争に参加する者を指名する場合の基準」（以下、「本件指名基準」という）【→解説2】および「Y村発注の工事請負契約に係る指名基準の運用基準」（以下、「本件運用基準」という）【→解説2】があり、本件要綱と同様、平成14年4月1日から施行されているが、いずれもその内容は公表されていない。

　土木建築工事の請負および施工を業とする有限会社のX社は、昭和60年度から平成10年度まで、Y村が発注する公共工事の指名競争入札に継続的に参加し、工事を受注していた。ところが、平成11年度の公共工事の指名競争入札に参加しようとして、そのために必要となる指名の申請を行ったところ、Y村公共事業審議会において一部の委員から

050　第4回｜指名競争入札における事業者の排除

「X 社については、登記簿上の本店所在地の事務所は従業員等が不在で数年間機能しておらず、代表者は隣町で生活しているのが現状であるから、村外業者である」との指摘があり、審議の結果、「X 社は村外業者であるから、指名回避の措置を採るべき」との答申が出された【→解説3】。Y 村の村長は、この答申を受け入れ、平成 11 年度の指名競争入札においては X 社の指名を回避することを決定し【→解説4】、その理由を示すことなく、当該決定を X 社に通知した【→解説5】。その後も X 社は、Y 村から同様の扱いを受け、平成 20 年度まで連続して Y 村の指名競争入札における参加の指名を回避され続けた。

　このような Y 村の対応に不満をもった X 社は土田弁護士に相談した。同弁護士は、同じ法律事務所に所属する新米の大貫弁護士に本件に関する調査を行うよう指示した。その 1 週間後、両弁護士の間で次のようなやりとりが行われた。

土田弁護士：X 社の実態について、まず報告をしてもらえますか。

大貫弁護士：はい。私が調べたところによると、X 社の登記簿上の本店所在地は Y 村にあり、そこには監査役 A（X 社の代表者の母）が住み、X 社の看板を掲げ、X 社の名義で電話番号を電話帳に掲載しています。しかし、X 社の実質上の経営者は B であり、B は平成 6 年 3 月以降、X 社の代表者（B の妻）を含めた B の家族と共に、隣町内の住居に住み、同敷地内に X 社の事務所を設け、その住居の電話番号を X 社の名義で電話帳に掲載しています。その他の取締役や従業員で、Y 村に居住している者は誰もいません。

土田弁護士：X 社の実態については、わかりました。ところで、本件に関係する規定と村長による指名回避決定の法的性格についても調べておくよう指示しましたが、こちらはどうでしたか。

大貫弁護士：本件に関する比較的新しい法令として、公共工事の入札及び契約の適正化の促進に関する法律及び同法施行令があります。同法 3 条は平成 13 年 2 月 16 日から、同法 8 条および同施行令 7 条は、いずれも平成 13 年 4 月 1 日から施行されています。また、本件要綱は、Y 村の区域内に主たる営業所を有する建設業者を「村内業者」、その他の建設業者を「村外業者」と定義して両者を明確に区別していますが、例えば「村内業者で対応できる工事の指名競争入札では、村内業者のみを指

名する」というような明確な運用基準は定められていませんし、村外業者か否かを判定する具体的な基準も見当たりません。また、本件要綱以外でも、指名回避決定の基準や、村外業者の判定基準について明確に定めているものはありませんでした。指名回避決定の法的性格については、当該行為を処分として捉える見解とそうでない見解があり、必ずしも見解は一致していません。

　あと、分かりにくいところを説明しますと、指名競争入札参加資格者の決定と公示があります（地方自治法施行令167条の11）。これを前提として、資格審査申請がなされます。これは、実務的には「申請」とはみないでしょう。申請に応じて、資格認定がなされますが、実務的にはこれを処分とはみないと思います。そして、この資格認定を受けた者について、有資格業者の名簿が作成されます。われわれの事案は、この有資格者名簿を前提として、入札に参加できる者を決める行為（指名、指名回避）が問題になっているということです（地方自治法施行令167条の12）。

土田弁護士：ほう…それでは、とりあえず、村長による指名回避決定は、行政手続法上の申請に対する処分であるという前提で争うことを考えてみましょう。私が調べたところによると、どうやらX社は村外業者であるという理由だけで指名回避決定が行われたようですから、このことを前提にして、あなたは違法事由の主張について整理してください。また、地方公共団体が公共工事の指名競争入札の参加資格を決める場合や、参加の指名をする場合には、一定の裁量の余地が認められることは間違いないといってよいでしょう。違法事由の主張を考える際は、このことも前提にしてください。

〈資料〉本件に関する法令
（**1**）地方自治法（昭和22年4月17日法律第67号）（抜粋）
第1条の2　地方公共団体は、住民の福祉の増進を図ることを基本として、地域における行政を自主的かつ総合的に実施する役割を広く担うものとする。
2　（略）
（契約の締結）
第234条　売買、貸借、請負その他の契約は、一般競争入札、指名競争入

札、随意契約又はせり売りの方法により締結するものとする。

2　前項の指名競争入札、随意契約又はせり売りは、政令で定める場合に該当するときに限り、これによることができる。

3〜5　（略）

6　競争入札に加わろうとする者に必要な資格、競争入札における公告又は指名の方法、随意契約及びせり売りの手続その他契約の締結の方法に関し必要な事項は、政令でこれを定める。

(2)　地方自治法施行令（昭和22年5月3日政令第16号）（抜粋）

（指名競争入札）

第167条　地方自治法第234条第2項の規定により指名競争入札によることができる場合は、次の各号に掲げる場合とする。

一　工事又は製造の請負、物件の売買その他の契約でその性質又は目的が一般競争入札に適しないものをするとき。

二　その性質又は目的により競争に加わるべき者の数が一般競争入札に付する必要がないと認められる程度に少数である契約をするとき。

三　一般競争入札に付することが不利と認められるとき。

（一般競争入札の参加者の資格）（略）

第167条の5　普通地方公共団体の長は、前条に定めるもののほか、必要があるときは、一般競争入札に参加する者に必要な資格として、あらかじめ、契約の種類及び金額に応じ、工事、製造又は販売等の実績、従業員の数、資本の額その他の経営の規模及び状況を要件とする資格を定めることができる。

2　普通地方公共団体の長は、前項の規定により一般競争入札に参加する者に必要な資格を定めたときは、これを公示しなければならない。

（指名競争入札の参加者の資格）

第167条の11　（略）

2　普通地方公共団体の長は、……指名競争入札に参加する者に必要な資格として、工事又は製造の請負、物件の買入れその他当該普通地方公共団体の長が定める契約について、あらかじめ、契約の種類及び金額に応じ、第167条の5第1項に規定する事項を要件とする資格を定めなければならない。

3　第167条の5第2項の規定は、前項の場合にこれを準用する。

（指名競争入札の参加者の指名等）

第167条の12　普通地方公共団体の長は、指名競争入札により契約を締結

しようとするときは、当該入札に参加することができる資格を有する者のうちから、当該入札に参加させようとする者を指名しなければならない。

2〜4 （略）

(3) 公共工事の入札及び契約の適正化の促進に関する法律（平成12年11月27日法律第127号）（抜粋）

（公共工事の入札及び契約の適正化の基本となるべき事項）

第3条 公共工事の入札及び契約については、次に掲げるところにより、その適正化が図られなければならない。

一 入札及び契約の過程並びに契約の内容の透明性が確保されること。

二 入札に参加しようとし、又は契約の相手方になろうとする者の間の公正な競争が促進されること。

三 入札及び契約からの談合その他の不正行為の排除が徹底されること。

四 その請負代金の額によっては公共工事の適正な施工が通常見込まれない契約の締結が防止されること。

五 契約された公共工事の適正な施工が確保されること。

第8条 地方公共団体の長は、政令で定めるところにより、次に掲げる事項を公表しなければならない。

一 ……入札の参加者の資格を定めた場合における当該資格、指名競争入札における指名した者の商号又は名称その他の政令で定める公共工事の入札及び契約の過程に関する事項

二 （略）

(4) 公共工事の入札及び契約の適正化の促進に関する法律施行令（平成13年2月15日政令第34号）（抜粋）

（地方公共団体による入札及び契約の過程並びに契約の内容に関する事項の公表）

第7条 地方公共団体の長は、次に掲げる事項を定め、又は作成したときは、遅滞なく、当該事項を公表しなければならない。これを変更したときも、同様とする。

一 （略）

二 自治令〔＝地方自治法施行令〕第167条の11第2項に規定する指名競争入札に参加する者に必要な資格及び当該資格を有する者の名簿

三 指名競争入札に参加する者を指名する場合の基準

2〜6 （略）

［設問］

1. 村長による指名回避決定が処分であることを前提に、X社が当該行為の取消しを求めて出訴する場合（行政事件訴訟法3条2項）、本案上の主張として、いかなる実体的違法事由を主張することが考えられるか【→解説6】。
2. 上記1の訴訟において、X社は、本案上の主張として、いかなる手続的違法事由を主張することが考えられるか【→解説7】。
3. X社が指名競争入札に参加し、落札していたならば得られたであろう利益の賠償を求めて国家賠償法1条1項に基づき訴訟を提起する場合、上記1および2で考えられる違法事由は、当該損害賠償請求訴訟における違法事由として十分といえるか。仮に十分ではないとすれば、X社は、どのような主張をすべきか【→解説8】。

はじめに―――読解の指針

　本件において、X社は指名競争入札に参加するための指名を得られないことに不満をもっている。そのような事態は、①Y村公共事業審議会の答申に基づき、②村長が指名回避の決定を行い、③当該決定をX社に通知するというプロセスを経て、もたらされた。そこで、これらの各行為に着目して違法事由の指摘をすることが考えられるが、そのためには各行為の法的性格を明らかにしておく必要があるであろう【→解説3】【→解説4】【→解説5】。また、設問では、村長による指名回避決定の違法性が問題とされているが、当該行為が違法かどうかを判定する際の基準としては、本件要綱、本件指名基準、本件運用基準が考えられる。仮に、これらの規定が法規としての性格を有していれば、裁判上、

当該規定違反を根拠にして違法事由を指摘することも考えられるので、それらの規定の法的性格について、一応、検討しておこう【→解説2】。なお、本件は指名競争入札制度に関する事案であるから、その基本的仕組みを理解しておく必要もあるであろう【→解説1】。

　そして、以上の諸点を踏まえることが、指名回避決定を争う場合の違法性【→解説6】【→解説7】および国家賠償請求訴訟における違法性【→解説8】を論じる際の前提となる。

[解説]

【解説1】

　契約の相手方を決定するために、契約を締結しようとする多数の参加者に契約の内容を表示させることを競争入札という。このうち、契約主体があらかじめ指名した参加者のみによって行われる場合の競争入札を指名競争入札（あるいは指名入札）といい、契約主体があらかじめ指名することなく、契約主体による公告に申込みをした参加者によって行われる競争入札を一般競争入札という。地方自治法234条2項が「指名競争入札、随意契約又はせり売りは、政令で定める場合に該当するときに限り、これによることができる」と規定し、さらに同法施行令167条が指名競争入札によることができる場合を契約の性質または目的が一般競争入札に適しない場合など同条各号に掲げる場合に限定していることからすると、現行法は、普通地方公共団体が締結する契約については、一般競争入札によることを原則とし、指名競争入札等の方法を例外として位置づけているといえよう。このような現行法の仕組みは、普通地方公共団体によって締結される契約の経費が住民の税金で賄われることなどに鑑み、機会均等の理念に最も適合して公正であり、かつ、価格の有利性を確保できる一般競争入札が原則として望ましいという考え方に依拠している。

　なお、指名競争入札によって締結される契約を指名競争契約と呼ぶが、契約の一方の当事者が行政主体である場合には、公益の確保の観点

から、通常の私人間の契約にはみられない特別の規律が課せられること
がある。上記の地方自治法および同法施行令の条文は、公益確保の見地
から、契約自由の原則（とりわけ契約方法の自由の原則）を修正する条
項といえよう。

【解説2】

　本件要綱、本件指名基準、本件運用基準は、法規といえるか。この
点、法規であるためには、①関係者を拘束し、裁判所の判断基準になる
という効力をもつこと、さらに、②国民の権利義務に関する内容である
ことが必要である（見解の相違はあるが、一般には、法規であるために
は、さらに、一般的・抽象的な内容をもたなければならないとされてい
る）。そして、このような見方からすると、本件要綱、本件基準、本件
運用基準は、恐らく、いずれも法規とはいえないであろう。なぜなら、
それらの要綱等の内容は指名競争契約の締結に向けた行政内部の手続行
為に関するものであると解され、それら自体が、直接、国民の権利義務
に関係しているとはいえないからである（上記②の点で問題があるわけ
である）。こうした見地からすれば、指名競争入札に関する地方自治法
施行令の規定も法規ではないことになろう。しかし、参加資格や指名競
争入札における指名の基準についての定めなどが国民の権利義務に内容
的に関わるものであるとみる余地がないわけではない（【解説4】の碓井
教授の見解はそうした立場だろうか）。また、問題となる規定の内容で
はなく、その形式的な効力に着目して法規か否かを決する立場によれば
（上記の①の効力をもつことだけが法規の条件となる。藤田宙靖『行政
法総論』〔青林書院、2013年〕58頁はこの立場である）、結局、法規か
否かは法律の授権に基づいて定められたか否かによって決まることにな
るので、本件要綱等は、いずれも法規と解する余地があることになる
（ただし、法規であるためには公表される必要があるとするならば、要
綱等が公表されていないことをどう考えるかという問題はある）。

　このように、上記の要綱等はいずれも法規と解する余地がないわけで
はないので、X社としては、法規であることを前提にして、それらの
規範に抵触する行政機関の行為を違法であると主張することが考えられ
る（ただし、本件要綱は、指名ではなく入札参加資格に関わるので、指

057

名拒否の違法の根拠にはならない)。しかし、本件の場合は、弁護士の会話から明らかなとおり、指名回避決定の基準は不明確であって、村外業者であることを理由に指名回避ができないと明文で定められているわけではないので、上記の要綱等が法規であることを前提として、それに反することを違法事由として主張することはあまり意味がない。本件では、実体法的には、村外業者であることのみを理由として指名回避決定を行うことが違法かどうかが論点となり(【解説6】を参照)、原告としては、それだけを争えばよい。本件のモデルケースである最一小判平成18年10月26日判時1953号122頁の事案において、要綱等の法規性が問題として取り上げられていないのは、このような事情があったからである、と理解することもできる(もちろん、それらの要綱等を行政規則と解したとも考えられる)。

【解説3】

通常、諮問機関であれ、参与機関であれ、審議会の審理および答申は、行政庁の意思を形成するための内部行為である。このような行為であっても、「当該諮問機関の審理、決定(答申)の過程に重大な法規違反があることなどにより、その決定(答申)自体に法が右諮問機関に対する諮問を経ることを要求した趣旨に反すると認められるような瑕疵があるときは、これを経てなされた処分も違法として取消をまぬがれない」(最一小判昭和50年5月29日民集29巻5号662頁)。したがって、本件の場合、Y村公共事業審議会の審理または決定(答申)の過程に重大な法規違反があることなどが認められれば、村長による指名回避決定も違法となる。しかし、本件では、そのような事実は与えられていないので、Y村公共事業審議会の審理または決定(答申)に着目して、違法事由の主張を構成することは不適切である。

【解説4】

本件は、村長による指名回避決定が処分であることを前提にしているが、そのような前提は必ずしも自明のことではない。むしろ、指名回避決定は契約の相手方を選定するための普通地方公共団体内部における契約の準備行為にすぎないため、当該行為は処分ではない、という見方が

一般的であるように思われる（例えば、畠山武道「サンクションの現代的
形態」『基本法学8 紛争』〔岩波書店、1983年〕385頁）。しかし、このよう
な見方には碓井教授の次の見方が対峙する。すなわち、「本来なら私的
自治に委ねられるべき公共契約の一方当事者である公共部門に会計法令
が特別の規制をしているのは、経済性のみならず公正性を確保するため
に特に規制を加える必要性を認めたからである。そこでは、当然に公共
部門の契約締結手続が公共部門に依存する度合いの高い業者等の利益に
深く関わっていることも、考慮に入れられている。そのような利益状況
と法令による規律の密度に照らすならば、契約準備過程のうちで事業者
等に向けられた重要な行為は、事業者等の『法律上の利益』に係わる行
為であるとみて、行政処分性を認める基盤が十分にあると思われる。」
「問題は、典型的な行政処分は、その根拠が法律の規定自身に置かれる
のが普通であるのに、競争資格の認定、指名停止などは、必ずしも法律
に明示的に定められているわけではないことにある（ただし、落札者の
決定は法律自体に登場する）。しかし、競争参加資格を定めることがで
きるということは、当然に、参加資格についての認定行為があることを
内在させているし、指名停止は一定期間にわたる競争資格の剝奪行為に
ほかならない。また、指名・非指名は、指名競争入札手続に当然に随伴
する行為である。したがって、これらの行為は法律に基づく行為である
と評価してよいと思われる」（碓井光明『公共契約法精義』〔信山社、2005
年〕473～474頁）。

　以上の異なる2つの見方のうち、どちらの立場に立つかによって、提
起すべき訴訟の形式も異なってくる。すなわち、指名停止・指名回避決
定を処分とみれば、当該行為を抗告訴訟（行訴法3条）によって争うこ
とが考えられるが、逆に指名停止・指名回避決定を処分とみなければ、
指名を受ける地位にあること、あるいは指名競争入札に参加する地位が
あることの確認を求めて当事者訴訟を提起することや、村長が指名を行
うことを求めて当事者訴訟を提起することなどが考えられよう（行訴法
4条後段）。はたして、どちらの立場が妥当か、読者の皆さんに検討し
てもらいたい。

【解説 5】

　通知は、特定の人または不特定多数の人に対し特定の事項を知らせる
行為であり、法律がそれに特に効果を与えない限り、固有の法的効果を
もたない。本件の場合、指名回避決定の通知に効果を与えていると解す
べき規定は特に見当たらないから、指名回避決定の通知それ自体は指名
回避決定と異なる別個の処分ではない（指名回避決定が処分であるとす
れば、通知により当該処分が相手方に到達することによって当該処分の
効力が発生するにすぎない）。この点、税関長による輸入禁制品該当の
通知のように（最三小判昭和 54 年 12 月 25 日民集 33 巻 7 号 753 頁）、
通知に処分性が認められたケースを知っていると（最近では、冷凍ス
モークマグロ食品衛生法違反通知事件判決・最一小判平成 16 年 4 月 26 日
民集 58 巻 4 号 989 頁）、原則として通知には処分性が肯定されると考え
る人がいるかもしれない。しかし、行政機関の行為にいかなる言葉が用
いられていようと、それによって当該行為の法的性格が決せられるわけ
ではない。したがって、「通知」という用語が用いられていることのみ
を理由に処分性を認めたり、逆に認めなかったりする判断手法は誤りで
ある。もっとも、「通知」という用語が法律の中で用いられているとき
は、それ自体に固有の法的効果がないケースが圧倒的に多いので、事案
の分析に際しては、ひとまずそう捉えて検討を進めてよいであろう。

【解説 6】

　いかなる場合に指名回避決定を行うかについて、村長に裁量の余地が
認められることを前提にすると、当該決定に裁量権の逸脱濫用があれ
ば、それは違法事由となる。本件では、X 社が村外業者であるという
ことのみを理由として指名回避決定が行われているので、このことが裁
量権の逸脱濫用に該当しないかどうかが問題となりそうである。理由づ
けは行政の判断のプロセスを示すものであるから、処分の理由づけを問
題にすることは、行政の判断過程の適正さを問題にすることを意味する。
　そこで、X 社としては、行政の判断過程に着目し、①何が考慮事項
か（あるいは何が考慮事項でないか）という観点（＝「考慮すべき事項
を考慮し、考慮すべきでない事項を考慮しなかったか」否かという観
点）および、②考慮事項が適正に考慮されたかという観点（この中に

は、「考慮事項の重み付けが適正に行われたか」という観点と「考慮事項に関する事実の評価が適正に行われたか」という観点が含まれる）から、裁量権の逸脱・濫用があったということを主張することが考えられる。

まず、上記①の点につき、考慮に入れてはならない事項を考慮に入れて裁量処分を行うことは、裁量権の逸脱・濫用であり、違法である（他事考慮）。このような観点からすると、本件の場合、まず問題となるのは、村外業者であるということを考慮に入れて指名回避決定が行われたことの是非である。この点、「〔1〕地元企業であれば、工事現場の地理的状況、気象条件等に詳しく契約の確実な履行、緊急時における臨機応変の対応が期待できること、〔2〕地元雇用の創出、地元産品の活用等地元経済の活性化に寄与することが考えられ」、このことは「地方公共団体は、住民の福祉の増進を図ることを基本として、地域における行政を自主的かつ総合的に実施する役割を広く担うものとする」と定めている地方自治法1条の2第1項の趣旨に適合するから、村外業者であることを考慮に入れて、指名回避決定を行うことは裁量権の逸脱濫用ではない、といえよう。しかし、他方で、地方自治法234条1項、2項、同法施行令167条、167条の5、167条の11、公共工事の入札及び契約の適正化の促進に関する法律3条、8条、同法施行令7条1項等の規定からは、普通地方公共団体が締結する公共工事等の契約に関する入札につき、機会均等、公正性、透明性、経済性（価格の有利性）が確保されるべきことを立法趣旨として読み取ることができ（【解説1】を参照）、このことを踏まえると、前記「〔1〕又は〔2〕の観点からは村内業者と同様の条件を満たす村外業者もあり得るのであり、価格の有利性確保（競争性の低下防止）の観点を考慮すれば、考慮すべき他の諸事情にかかわらず、およそ村内業者では対応できない工事以外の工事は村内業者のみを指名するという運用について、常に合理性があり裁量権の範囲内であるということはできない」といえよう（前掲最高裁平成18年判決の多数意見）。

結局、仮に村外業者であるということを考慮に入れることが裁量権の逸脱・濫用に当たらないとしても、上記②の点につき、村外業者であるということ、「そのことのみを理由として、他の条件いかんにかかわら

ず、およそ一切の工事につき……全くX社を指名せず指名競争入札に
参加させない措置を採ったとすれば、それは、考慮すべき事項を十分考
慮することなく、1つの考慮要素にとどまる村外業者であることのみを
重視している」ことになり、そのことは「極めて不合理であり、社会通
念上著しく妥当性を欠く」ものと指摘できる（前掲最高裁平成18年判
決の多数意見）。

　そのほか、考えられる実体的違法事由として、X社が村内業者であ
るにもかかわらず、村外業者として扱われたと主張することが考えられ
る。しかし、ここで与えられた事実を前提にすると、X社が村外業者
ではないと解するのは困難であろう。

　また、昭和60年度から平成10年度までX社が指名を受けていたこ
とを根拠に、平成11年度以降の指名回避決定はY村とX社の間の信
頼関係を破壊するものであり、違法であると主張することも考えられな
くはない。しかし、ここで与えられた事実からは、法的保護に値するだ
けの信頼関係が成立していたといえる状況は指摘しにくい。とりわけ、
法的に保護されるべき信頼を発生させることを根拠づける行政側からの
何らかの公的な見解表明があったとは指摘しにくいであろう。

【解説7】

　公共工事の入札及び契約の適正化の促進に関する法律施行令7条1項
3号によれば、地方公共団体の長は、指名競争入札に参加する者を指名
する場合の基準を定めたときは、遅滞なく、これを公表しなければなら
ない。本件の場合、そのような基準として、本件指名基準および本件運
用基準があるが、これらは公表されていない。したがって、X社は、
これらの基準が設けられた平成14年以降の指名回避決定については、
上記の点を手続的違法事由として主張できる。

　また、指名回避決定が行政手続法上の申請に対する処分に該当すると
いう前提の下では、平成11〜13年度の指名回避決定について、行政手
続法5条の観点から、具体的な指名基準の設定および公表が行われてい
なかったことを違法事由として指摘することができる。行政手続法5条
による指名基準の具体性という要請は、平成14年度以降の指名の基準
についても妥当するので、例えば、村内業者であるか否かの客観的で具

体的な判定基準が明らかにされていなかったことなどは、同条違反として、違法事由となるであろう。さらに、行政手続法8条は、行政庁が申請に対して拒否処分を行う場合、当該拒否処分に理由を付すことを求めている。本件では、指名回避決定に際して理由が付されていないから、同条違反を違法事由として指摘することもできよう（手続の瑕疵と処分の効力との関係については議論が必要である。学説・判例の整理として、田中健治「行政手続の瑕疵と行政処分の有効性」藤山雅行・村田斉志編『新・裁判実務大系25　行政争訟〔改訂版〕』〔青林書院、2004年〕196頁以下）。

　このように、本件では、行政手続法の個別条文や、公共工事の入札及び契約の適正化の促進に関する法律施行令の個別条文に基づいて手続的違法事由を指摘することができるのであるが、それらの条項による手続的規律は、公共工事等の契約に関する入札についての公正性や、透明性の確保といった要請からも導き出せるであろう。確かに、そうした公正性や、透明性の確保といった要請は、明文では、公共工事の入札及び契約の適正化の促進に関する法律によって定められたが、明文の規定がなければ認められないというわけではないであろう。その意味では、仮に具体的な指名基準の設定・公表に関する個別条文や、指名回避決定をする場合の理由付記に関する個別条文が存在しなくても、公共工事等の契約に関する入札についての公正性や、透明性の確保といった要請から、具体的な指名基準の設定・公表および指名回避決定の理由の付記といった手続上の要請を導くことは可能であろう。

【解説8】

　設問1および2では取消訴訟における違法性が問題とされているが、取消訴訟には出訴期間の制約があるから（行訴法14条1項）、本件の場合、争える指名回避決定は限られる。仮に指名回避決定を出訴期間の制約が及ばない無効等確認訴訟（行訴法3条4項、38条）で争うとしても、通説判例を前提にすれば、X社は本件において重大かつ明白な瑕疵があるということまで主張しなければならない。そのため、指名回避決定の効力それ自体を争うことはX社にとって必ずしも容易なことではない。そこで、X社としては、自己の権利利益を守るために国家賠

償法1条1項に基づき損害賠償請求をすることが考えられる。

　ところで、国家賠償法1条1項における違法性と抗告訴訟（取消訴訟）の違法性の異同については、いわゆる違法性一元説と違法性相対説が対立している。しかし、いずれの立場に立っても、本件においてX社が指名競争入札に参加し、落札していたならば得られたであろう利益（逸失利益）の賠償を求める場合、設問1および2で指摘する違法事由の指摘だけでは不十分である。

　この点、一元説に立つ場合は、設問1および2で指摘した違法事由をもって、損害賠償請求訴訟における違法事由とすることも許されるようにみえる。しかし、指名回避決定が取消訴訟において違法とされたとしても、その違法に基づいて賠償を請求できそうな損害は、慰藉料、その他違法な指名回避決定それ自体と相当因果関係にある（保護範囲にある）損害（例えば、弁護士に訴訟提起を依頼したとすれば、弁護士費用など）にとどまる。したがって、X社が逸失利益の賠償を求めるためには、設問1および2で指摘した違法事由を主張するだけでは不十分であって、さらに、本来X社が指名されるべきであったのに指名が回避されたという意味で違法であることを主張しなければならない。そしてさらに、X社が落札するはずであったということまで主張する必要がある（仮にX社が指名されるべきであったとしても、落札するかどうかは不明で、また、落札したとして、どの程度の利益が生ずるかは不明であることが多いため、損害額の認定は困難に遭遇する〔前掲碓井『公共契約法精義』471〜472頁〕。本件のモデルケースである前掲最高裁平成18年判決の泉反対意見はこの問題に言及する）。あるいは、指名していないのだから、行政庁はX社を当然落札者として決定できないのだから、本来X社が指名されるべきであったのに指名が回避されたということで違法であり、落札者となる筈であったことは、相当因果関係（保護範囲）の問題として主張することもできる。

　また、相対説に立つ場合も、取消訴訟において認定された違法事由を主張するだけでは不十分である。この場合は、X社が逸失利益の賠償を求めるための違法事由として、本来指名がなされるべきであったのに指名が回避されたことに「職務上通常尽くすべき注意義務」（例えば、最一小判平成5年3月11日民集47巻4号2863頁）が尽くされていな

かったということ（職務義務違反）を主張しなければならないであろう。いうまでもなく、この場合にも、Ｘ社が落札するはずであったというところまで主張・立証しなくてはならない。

　なお、本件のモデルケースである前掲最高裁平成18年判決の多数意見は、「被上告人〔本問題では村長─大貫・土田注〕が上告人〔本問題ではＸ社─大貫・土田注〕を指名しなかった理由として主張する他の事情の存否、それを含めて考えた場合に指名をしなかった措置に違法（職務義務違反）があるかどうかなどの点について更に審理を尽くさせるため、同部分につき本件を原審に差し戻す」と判示しているが、この部分には、以上にみた本件における逸失利益の賠償を求める場合の違法事由の特性が現れているように思われる。

065

［第5回］

不法残留者の強制退去

［事案］

　外国国籍を有する夫 X₁、妻 X₂、長女 X₃（当時 3 歳）は、平成 2 年 5 月 21 日、出入国管理及び難民認定法（以下、「法」という）に基づき在留期間 90 日の許可を受け、日本に上陸したが、在留期限後も不法に日本に残留した。その後、平成 8 年 9 月 9 日には X₁ と X₂ の間に次女 X₄ が誕生したが、X₄ も所定の手続をとらなかったため、日本に不法に残留することになった。もっとも、X₁〜X₄（以下、「X₁ ら」という）は、その後、食事、言語、服装、職場、学校などすべての面において完全に日本に馴染むようになり、不法残留の件を除けば、法に触れることもなく平穏に生活していた。

　X₁ らは、他の不法残留者が自ら出頭して在留特別許可を得たというニュースを聞き、自分たちも引き続き合法的に在留したいとの強い思いから、平成 12 年 2 月 27 日、東京入管第 2 庁舎に出頭し、不法残留事実について申告した。東京入管入国警備官は直ちに X₁ らについて違反調査【→解説 1】を行ったところ、全員が法 24 条 4 号ロに該当するということが判明したため、所定の手続を経て X₁ らを収容場に収容した【→解説 2】。その後、X₁ らの引渡しを受けた入国審査官が審査を行った結果、X₁ らは退去強制対象者に該当すると認定され（法 45 条 1 項）、同年 3 月 15 日に主任審査官および X₁ らにその旨が通知された（法 47 条 3 項）【→解説 3】。これに対し、X₁ らは、同日、東京入管特別審理官による口頭審理を請求した（法 48 条 1 項）。そこで、東京入管特別審理官は、同年 3 月 22 日に X₁ らについて口頭審理を行い、同日、入国審査官の認定に誤りがない旨判定し、主任審査官および X₁ らにこれを通知した（法 48 条 8 項）【→解説 4】。これに対し、X₁ らは、その翌日、法

務大臣に対し異議の申出をした（法49条1項）。そこで、法務大臣は、同年3月25日、X₁らからの異議の申出について審理した結果、X₁らの異議の申出には理由がないと裁決し、その旨を主任審査官に通知した（法49条3項）【→解説5】。これを受けて主任審査官は、同年3月29日、X₁らに同裁決の内容を知らせるとともに、退去強制令書を発付した（法49条6項）【→解説6】。そして、X₁らは改めて入国者収容所入国管理センターに収容された【→解説2】。

　その翌日、X₁らを支援するグループから相談を受けた土田弁護士は、新米の大貫弁護士に調査を指示した。その3日後、両弁護士の間で次のようなやりとりが行われた。

土田弁護士：X₁らは自らが退去強制事由に該当することは認めているようですが、法務大臣に法50条1項4号に該当する事情が存在することを認めてもらった上で、在留特別許可を得て、引き続き日本に在留したいと考えているようです。この在留特別許可の仕組みはどうなっていますか。

大貫弁護士：退去強制手続（下記資料（**1**）を参照）の中で容疑者からの異議の申出（法49条1項）に対して法務大臣が裁決を行うことになっていますが、その裁決には、①容疑者が退去強制事由に該当するため異議の申出に理由がないとする旨の裁決（法49条6項）、②容疑者が退去強制事由に該当しないため異議の申出に理由があるとする旨の裁決（法49条4項）のほかに、③容疑者が退去強制事由に該当するものの、在留特別許可を付与する裁決（法50条）があります。

土田弁護士：本件のような外国人の出入国に関する事案については、行政手続法3条1項10号により、同法は適用されませんので、在留特別許可に関する審査基準の設定・公表が行われていなくても、それをもって直ちに違法とはいえませんが、実際のところ、そのような基準は定められていなかったのですか？

大貫弁護士：そのような基準は明示的には定められていませんでした。また、X₁らは長期にわたって不法残留を続けていたために、そのことが在留特別許可の取得に不利な事実として評価されたようです。

土田弁護士：私が入手した情報（下記資料（**2**）および（**3**））に照らすと、そのような実務上の取扱いには、やや問題がありそうですね。その

点に配慮しながら、X₁らの要望に応えるためには、いかなる訴訟を提起すべきか、また、当該訴訟の中でいかなる本案上の主張をすべきか、検討しておいてください。

〈資料〉本件に関する法令等
(1) 退去強制手続の流れ　＊X₁らの手続の経過は太字で示したとおりである。

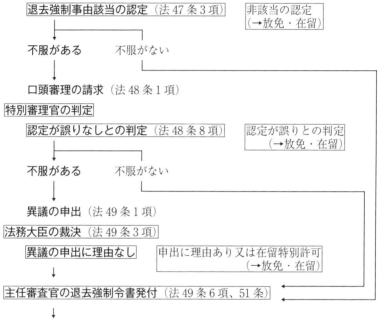

(2) 在留資格をもたないまま長期にわたって在留を継続する者が相当数に上っており、国会でも、その解決策が議論されている。例えば、昭和56年5月15日の衆議院法務委員会において、F委員が不法残留者のうち一定の条件を満たす者に適法な在留資格を与えるべきではないかとの立場から、「密入国してから10年以上くらい経った者、そして……社会生活も素行も生活水準も安定している者については、自主申告をした場合には検討に値する（在留を認めることを検討するに値するとの趣旨）というふうな水準だとい

われておるのですが、いかがですか。」との質問をしたのに対し、当時の法務省入国管理局長は、「個々の事案につきましては、その不法入国者の居住歴、家族状況等、諸般の事情を慎重に検討して、人道的配慮を要する場合には特にその在留を認めているわけでございます。したがいまして、不法入国者が摘発されまして強制退去の手続がとられた後でも、法務大臣の在留特別許可がこういう場合には出るということになります。」とした上、それに続く同委員の質問に答えて、「潜在不法入国者のうちには、子供がいよいよ学齢に達したとか、そういう事情からみずから名のり出て、……自主申告をする人がおります。こういう場合には、……当然、情状を考慮するに当たりましてプラスの材料と考えております。」と答弁している。

(3) 法に基づいて平成 12 年 3 月 24 日に策定された「出入国管理基本計画（第 2 次）」（法務省告示 149 号）には、「在留特別許可を受けた外国人の多くは、日本人等との密接な身分関係を有し、また実態として、さまざまな面で我が国に将来にわたる生活の基盤を築いているような人である。……法務大臣は、この在留特別許可の判断に当たっては、個々の事案ごとに在留を希望する理由、その外国人の家族状況、生活状況、素行その他の事情を、その外国人に対する人道的な配慮の必要性と他の不法滞在者に及ぼす影響とを含めて総合的に考慮し、基本的に、その外国人と我が国社会とのつながりが深く、その外国人を退去強制することが、人道的な観点等から問題が大きいと認められる場合に在留を特別に許可している。」と明記されている。

(4) 出入国管理及び難民認定法（昭和 26 年 10 月 4 日政令第 319 号）（抜粋）
（退去強制）
第 24 条　次の各号のいずれかに該当する外国人については、……本邦からの退去を強制することができる。
一〜三の五　（略）
四　本邦に在留する外国人……で次のイからヨまでに掲げる者のいずれかに該当するもの
　イ　（略）
　ロ　在留期間の更新又は変更を受けないで在留期間……を経過して本邦に残留する者
　ハ〜ヨ　（略）
四の二〜十　（略）

069

（入国審査官の審査）

第45条　入国審査官は、前条の規定により容疑者の引渡しを受けたときは、容疑者が退去強制対象者……に該当するかどうかを速やかに審査しなければならない。

2　（略）

（審査後の手続）

第47条　入国審査官は、審査の結果、容疑者が第24条各号のいずれにも該当しないと認定したときは、直ちにその者を放免しなければならない。

2　（略）

3　入国審査官は、審査の結果、容疑者が退去強制対象者に該当すると認定したときは、速やかに理由を付した書面をもつて、主任審査官及びその者にその旨を知らせなければならない。

4～5　（略）

（口頭審理）

第48条　前条第3項の通知を受けた容疑者は、同項の認定に異議があるときは、その通知を受けた日から3日以内に、口頭をもつて、特別審理官に対し口頭審理の請求をすることができる。

2～5　（略）

6　特別審理官は、口頭審理の結果、前条第三項の認定が事実に相違すると判定したとき（容疑者が第24条各号のいずれにも該当しないことを理由とする場合に限る。）は、直ちにその者を放免しなければならない。

7　（略）

8　特別審理官は、口頭審理の結果、前条第3項の認定が誤りがないと判定したときは、……当該容疑者に対し、第49条の規定により異議を申し出ることができる旨を知らせなければならない。

9　（略）

（異議の申出）

第49条　前条第8項の通知を受けた容疑者は、同項の判定に異議があるときは、その通知を受けた日から3日以内に、……法務大臣に対し異議を申し出ることができる。

2　（略）

3　法務大臣は、第1項の規定による異議の申出を受理したときは、異議の

申出が理由があるかどうかを裁決して、その結果を主任審査官に通知しなければならない。

4　主任審査官は、法務大臣から異議の申出（容疑者が第24条各号のいずれにも該当しないことを理由とするものに限る。）が理由があると裁決した旨の通知を受けたときは、直ちに当該容疑者を放免しなければならない。

5　（略）

6　主任審査官は、法務大臣から異議の申出が理由がないと裁決した旨の通知を受けたときは、速やかに当該容疑者に対し、その旨を知らせるとともに、第51条の規定による退去強制令書を発付しなければならない。

（法務大臣の裁決の特例）

第50条　法務大臣は、前条第3項の裁決に当たって、異議の申出が理由がないと認める場合でも、当該容疑者が次の各号のいずれかに該当するときは、その者の在留を特別に許可することができる。

一　永住許可を受けているとき

二　かつて日本国民として本邦に本籍を有したことがあるとき

三　人身取引等により他人の支配下に置かれて本邦に在留するものであるとき

四　その他法務大臣が特別に在留を許可すべき事情があると認めるとき。

2　前項の場合には、法務大臣は、……在留期間を決定し、その他必要と認める条件を付することができる。

3～4　（略）

（退去強制令書の方式）

第51条　……第49条第6項の規定により……退去強制の手続において発付される退去強制令書には、退去強制を受ける者の氏名、年齢及び国籍、退去強制の理由、送還先、発付年月日その他法務省令で定める事項を記載し、かつ、主任審査官がこれに記名押印しなければならない。

（退去強制令書の執行）

第52条　退去強制令書は、入国警備官が執行するものとする。

2　（略）

3　入国警備官……は、退去強制令書を執行するときは、退去強制を受ける者に退去強制令書又はその写しを示して、速やかにその者を……送還しなければならない。（略）

4　（略）

5　入国警備官は、第3項本文の場合において、退去強制を受ける者を直ち
に本邦外に送還することができないときは、送還可能のときまで、その者を
入国者収容所……に収容することができる。

6〜7　（略）

[設問]

1. X₁が在留特別許可を得て、引き続き日本に在留できるようにす
　るためには、どのような訴訟（行政事件訴訟法に定められている
　ものに限る）を提起すべきか【→解説7】。なお、本問について
　は、仮の救済について考える必要はない。
2. 上記1の訴訟の中で、X₁が本案上の主張を展開する場合、違
　法性の承継および行政事件訴訟法10条2項による違法主張の制
　限に関し、どのような配慮をすべきか【→解説8】。
3. X₁は、上記1の訴訟の中で、上記2の事項を除き、本案上の
　主張として、どのような主張を行うことが考えられるか【→解説
　9】。

はじめに───読解の指針

　X₁らの不法残留後に行われた行政機関の対応に着目すると、本件
は、①入国警備官による違反調査、②入国警備官による収容、③入国審
査官による審査・認定、④特別審理官による口頭審理・判定、⑤法務大
臣による裁決、⑥主任審査官による退去強制令書の発付、⑦入国警備官
による収容というプロセスを経ている。このうち②および⑦はいずれも
収容という事実行為であり、これらを解消しても、直接にX₁らの在留
が法的に可能になるわけではない【→解説2】。①の違反調査の違法性も
本件では問題にならない【→解説1】。そこで、以下では、X₁らの在留を

可能にする可能性がある上記③〜⑥の各行為の法的性格を中心に解説を加えておく【→解説3〜6】。ただし、後述するところから明らかなとおり、③〜⑥の各行為の法的性格については必ずしも見解が一致していない。それらの点については読者の皆さんの検討に委ねたいと思うが、考え方の道筋については以下で示すことにしよう。その上で、X₁が提起すべき訴訟形態および本案上の主張について基本的な考え方を示すことにする【→解説7〜9】。

[解説]

【解説1】

　本件における違反調査は講学上の行政調査に該当し、それ自体として法的効果を発生させない、事実行為である。

　ところで、行政機関の行為の適法性について考える際、実体的規律と手続的規律の両面から考えることが、一応、有用である。前者については、主に当該行為を実体的に拘束する個別法の規律を中心にみていくことになるが、後者については、個別法の規律のほか、その適用の有無を含めて行政手続法の一般的規律をみていくことになる（必要に応じて憲法の適正手続の原則の適用も考慮に入れる必要があろう）。本件違反調査の場合、その実体的規律および手続的規律は法27条〜38条に詳細に定められているが、事実上の行為である行政調査には行政手続法は適用されないため（行手法2条4号イ）、本件違反調査の適法性について検討する場合には、さしあたり出入国管理及び難民認定法の上記の規律に着目すればよい。

　なお、違法な行政調査に基づいて行われた処分の効果がどうなるかについては、議論があるが（塩野宏『行政法Ⅰ〔第6版〕』〔有斐閣、2015年〕290〜291頁）、本件では違反調査に問題があったことを示す事実は与えられていないので、この点に関する検討は不要である。

073

【解説 2】

　本件において行われる収容は（上記②および⑦）、それ自体としては法的効果を発生させない事実行為であり、しかも継続的性質を有する。取消訴訟の対象となる事実行為について継続性を求めるか否かに関しては議論があるが（本書第 2 回【解説 8】参照）、継続的事実行為が取消訴訟の対象となることに特段の異論はない。したがって、X₁ らが収容されている状態を解消したいときには、取消訴訟を提起することが考えられる。しかし、この取消訴訟において勝訴しても収容が解かれるだけで、これにより、X₁ らの在留が法的に可能になるわけではない（ただし、⑦については、行訴法 33 条の取消判決の拘束力により法務大臣が在留特別許可を付与することが考えられる）。

【解説 3】

　入国審査官による認定は抗告訴訟の対象となる処分といえるであろうか（行訴法 3 条 2 項）。認定の処分性を否定する立場と肯定する立場が考えられる。

　このうち否定説の根拠としては、入国審査官による認定は退去強制手続を担当する行政機関の内部決裁手続の一部を構成するにすぎないから、退去強制事由に該当するとの認定が行われたとしても、それ自体によって直ちに容疑者の権利義務関係に何らかの変動が生じるわけではない（特に退去義務が発生するわけではない）といった指摘が考えられる。

　これに対し、肯定説の根拠としては、退去強制事由に該当するか否かが認定されれば、そのことが法的に確定され、在留できるか否かが確定するのであり（認定に不服がない場合には退去強制令書の発布がされる。ただし、在留資格がないと認定されても、在留特別許可が与えられれば在留することはできる）、容疑者の具体的な権利義務関係の変動ということができるといった指摘が考えられる。

　なお、認定が行訴法上の裁決（行訴法 3 条 3 項）に当たる可能性はない（その理由については【解説 4】を参照）。

【解説 4】

　特別審理官による判定は取消訴訟の対象適格性（処分あるいは裁決と

しての性格）を備えているといえるであろうか。入国審査官による認定に処分性を認める場合と認めない場合で論理構成が異なる。

　もし入国審査官による認定に処分性を認めると、特別審理官による判定を裁決（行訴法3条3項）としてみる可能性は高まる。なぜなら、裁決とは、①処分性を有する行為が存在することを前提に、②それに対して事後的な不服申立てを受けて行政機関が応答を義務づけられて行う裁断作用であるところ（南博方原著高橋滋・市村陽典・山本隆司編『条解行政事件訴訟法〔第4版〕』〔弘文堂、2014年〕75頁など）、入国審査官による認定に処分性を認める場合は、①の点は満たされているので、②の点、すなわち応答が義務づけられていることを根拠づけることさえできれば、特別審理官による判定を裁決としてみることができるからである（もっとも、応答義務があるということを根拠づけることは必ずしも容易ではない）。

　他方、もし入国審査官による認定に処分性を認めないと、特別審理官による判定に裁決（行訴法3条3項）としての性格は認められず、処分性（行訴法3条2項）を肯定する可能性が残るのみである。この場合、特別審理官による判定の仕組みは入国審査官による認定の法構造と類似しており、処分性認否の根拠については【解説3】で示した根拠が参考になるであろう。なお、特別審理官による判定が入国審査官による認定を経た上で行われる点に鑑みると、判定は慎重な手続を経て示される行為（聴聞や不服申立ての審査といった慎重な手続を経て下される不利益処分や裁決と類似する行為）であるといえるから、これを根拠にして判定の処分性を肯定することも考えられよう。

　ところで、後に述べる法務大臣の裁決とともに特別審理官の判定は容疑者からの申出を待って行われるために、行訴法3条3項にいう裁決とみる余地があり、この場合、それらの手続は覆審的争訟手続ないしは事後争訟手続（既に行われた処分などの行為を再審理〔覆審〕する手続）とみることになる。これに対し、それらの手続は、始審的争訟手続ないし事前争訟手続であり、最終的に退去強制に至るまでの事前手続が争訟形態化したものにすぎないと指摘されることがある（亘理格「退去強制手続の構造と取消訴訟(上)」判時1867号168頁。始審的争訟手続ないし事前争訟手続において行われる行為は処分であることが前提とされてい

る）。しかし、こうした言明がなぜできるのか、その根拠は必ずしも明確ではない。仮に出入国管理及び難民認定法第49条でいうところの「異議の申出」という語が、法令用語の一般的意味として、応答義務を前提にしていないという論拠によるとすれば、問題となっている手続を始審的「争訟」手続ないし事前「争訟」手続と呼ぶことの適切性が問題となる。なぜなら「争訟」の概念は、一般に、①受動的に手続が開始されること、②裁断機関が第三者性を備えていること、③裁断機関には応答義務が発生すること、④当事者および関係人が手続に参与できること、⑤裁断にはある程度の確定力が認められること、以上5点を形式的特徴としてもつところ（宮沢俊義『行政争訟法』〔日本評論社、1936年〕1頁）、上述の論拠は上記③との関係で問題が生じるからである。その意味では、始審的争訟手続ないし事前争訟手続であるという言明は、現行法の前身となっている諸法令にまで遡った制度史的論拠による場合はともかく、ほとんど結論をもって問いに答えているにすぎないともいえる（仮に制度史的論拠によって始審的争訟手続ないし事前争訟手続であることを正当化するのであれば、本問の場合は、事案の中で、その点に関する記述がない以上、これを援用することができない。なお、制度史的論拠によれば、退去強制手続においては処分を想定しないことになりそうである。この点については【解説6】を参照）。

【解説5】

　法務大臣による裁決は取消訴訟の対象適格性（処分あるいは裁決としての性格）を備えているといえるであろうか。特別審理官による判定に処分性を認める場合と認めない場合で論理構成が異なる。これについては、【解説4】で述べたことが基本的に妥当する。また、法務大臣の裁決を行訴法上の裁決ではなく、処分として認める可能性については、【解説3】で示した根拠が参考になるほか、①法務大臣の裁決には在留特別許可の付与に関する判断が含まれており、この判断について法は要件・効果を明確に定め、付款についても規定していることから（法50条1項、2項）、少なくとも、この点の判断に関しては処分性を認めることができ、さらに、②法務大臣の裁決が入国審査官による審査の認定および特別審理官による口頭審理の判定といった慎重な手続を経て示される

判断であることから、在留特別許可を与えるか否かの判断とともに退去強制事由の存否に関する判断に関しても処分性を肯定することができる、と指摘できよう。

　なお、法務大臣には、在留特別許可を認めるかどうかの判断について広範な裁量が認められている。一般に裁量の余地（要件裁量と効果裁量を主に対象とする）があるか否かの判断は、(1)法令の規定の仕方（例えば不確定概念や「〜することができる」といった文言が用いられている場合、あるいは、要件が明示的には規定されていない場合には、裁量の余地を肯定できる）、(2)行政機関が行う処分の法的性質（例えば当該処分によって名宛人に本来的には認められない特別な法的地位が付与される場合は裁量の余地を肯定しやすいし、侵害処分はより厳格な司法統制に服するべきであるとの見地からすると、裁量の余地は認められにくくなる）、(3)行政機関が行う判断の性質（例えば政策的判断、専門・技術的判断、政治的判断、外交的判断などが伴う場合には、裁量の余地を肯定しやすい）といった要素を総合的に考慮して決定される。このような見方を念頭に置くと、在留特別許可に広範な裁量が認められることの理由は、(1)法は在留特別許可の判断基準について詳細な定めを置いていない、(2)外国人には我が国に在留する権利が認められない、(3)法務大臣は外国人に対する出入国の管理および在留の規制の目的である国内の治安と善良の風俗の維持、保健・衛生の確保、労働市場の安定などの国益の保持の見地に立って、当該外国人の在留中の一切の行状、国内の政治・経済・社会等の諸事情、国際情勢、外交関係、国際礼譲など諸般の事情を斟酌し、時宜に応じた的確な判断をしなければならない、といった点に求めることができる（参照、最大判昭和53年10月4日民集32巻7号1223頁）。

【解説6】

　主任審査官による退去強制令書の発付は、抗告訴訟の対象となる処分といえるであろうか。退去強制令書の発付の処分性を否定する見方もあるが（この場合には、退去強制は即時強制ということになる。亘理・前掲論文165頁によれば、「退去強制手続は、これを制度史的に見れば、行政処分によってあらかじめ相手方に退去義務を課し、相手方がその義

務を果たさない場合に行政による直接強制に訴えるという方式ではなく、退去強制事由に該当するか否かの調査から収容を経て退去に至る一連の手続を、行政処分を介在させない即時強制として構成するという仕組みを、いわば原型としている」）、現在では、これを肯定する見方が一般的であるように思われる。問題となるのは、その根拠であるが、この点、法は退去強制事由に該当する外国人に退去を強制できる旨を規定し（法24条）、入国審査官の認定、特別審理官の判定、法務大臣の裁決という一連の手続を経て、退去強制を受ける者の氏名等を記載して相手方を特定して、退去強制令書を発付することにしている（法51条）。その上で、法52条は退去強制令書を執行して、当該外国人を送還する旨を規定している（直ちに送還できない場合には収容することができる旨も規定している）。以上の規定からすれば、法は、外国人にとって重大な意味をもつ退去強制の義務の賦課を慎重な手続を踏んで行い、しかる後に、その義務を強制執行することにしていると解することができる（このような退去強制手続の最終段階の退去強制令書の発付に行政機関の判断を集約させていく思考を徹底すると、退去強制令書の発付の前にある決定をすべて内部的決済行為とする結論へと至りやすい）。

【解説7】

　本件の場合、X₁は退去強制事由に該当することを認めているわけであるから、退去強制事由に該当する、しないについての判断の是非が問題となる入国審査官による認定あるいは特別審理官による判定を争うのは適切ではないし、さらに法務大臣の裁決をこの点について争うのは適切ではない。

　本件における法務大臣の裁決、および、それを受けてなされる主任審査官による退去強制令書の発付には、X₁が退去強制事由に該当する旨の判断とともに、X₁には在留特別許可を付与しない旨の判断が含まれていると解することができる。そのため、当該裁決あるいは退去強制令書の発付が取り消されれば、在留特別許可を付与しない旨の判断も取り消されることとなり、このことはX₁の要望に部分的に応えることになろう。そこで、X₁としては法務大臣の裁決が取消訴訟対象性を肯定されることを前提に取消訴訟を提起することが考えられるが、法務大臣の

裁決を行訴法上の処分とみるか裁決とみるかによって、処分の取消訴訟（行訴法3条2項）と裁決の取消訴訟（行訴法3条3項）の2通りが考えられる（【解説5】を参照）。また、X₁の要望に応えるための方法として、主任審査官による退去強制令書の発付が処分性を有することを前提に、退去強制令書の発付の取消しを求めることも考えられる（【解説6】を参照）。

　もっとも、法務大臣の裁決や、主任審査官による退去強制令書の発付を取り消してもらったところで、在留特別許可が得られなければ、X₁は引き続き在留することができない（ただし、取消判決の拘束力により法務大臣が在留特別許可を付与することは考えられる）。そこで、X₁としては、法務大臣による在留特別許可の付与を命じることを求めて、義務付け訴訟（行訴法3条6項）を提起することが考えられる。この場合、法務大臣の在留特別許可は法務大臣に対する異議の申出に基づいて付与されるのではなく（つまり申請を前提にするのではなく）、法務大臣の職権によって与えられるものと理解するのであれば、法務大臣の裁決を「裁決」とみたとしても、在留特別許可を求める義務付け訴訟は直接型義務付け訴訟ということになる（在留特別許可を求める義務付け訴訟を申請型義務付け訴訟とする判決として、例えば東京地判平成20年2月29日判時2013号61頁があり、直接型義務付け訴訟とする判決として、例えば東京地判平成19年12月13日裁判所ウェブサイトがある）。

　また、これからなされる可能性のある退去強制の差止め訴訟（行訴法3条7項）も考えられる。この場合には、退去強制それ自体が事実行為であるから、差止め訴訟の対象になる行為といえるかどうか、問題となるが、これを肯定する余地はある（本書第2回【解説8】を参照）。しかし、差止め判決の拘束力により法務大臣が在留特別許可を付与しなければ、法的に在留できることにはならない。また、退去強制令書の発付の取消訴訟を提起して執行停止を求めることにより損害を回避することができるともいえるので、この訴訟の提起が認められるかについては議論の余地がある（行訴法37条の4第1項）。

　なお、法務大臣の裁決および主任審査官による退去強制令書の発付が処分性を有さず、行訴法上の裁決としての性格ももたないとすると、X₁は当事者訴訟（行訴法4条後段）によって在留し続ける地位の確認

を求めて出訴することになろう。

【解説 8】

　本件では、処分または裁決として捉えうる行為が連続して行われているとみることもできるから、法務大臣の裁決および主任審査官による退去強制令書の発付の取消訴訟を提起したり、退去強制の差止め訴訟を提起する場合、行訴法 10 条 2 項による違法主張の制限および違法性の承継が問題となりうる。以下、本件において考えられる訴訟形式ごとに、これらの問題について解説を加えておこう。

　第 1 に、入国審査官の認定および特別審理官の判定を処分としてまたは裁決として捉えた場合には、法務大臣の裁決の取消訴訟において違法性の承継の問題が生じうる（同様の問題は、退去強制令書の発付の取消訴訟、退去強制の差止め訴訟の場合も生じうる）。しかし、入国審査官の認定および特別審査官の判定では退去強制事由に該当するか否かの判断が行われているにすぎず、本件において X₁ はその判断について不服があるわけではない。したがって、違法性の承継について、本件では特に配慮する必要がない。また、法務大臣による裁決を行訴法上の裁決として捉える場合、X₁ は当該取消訴訟では裁決固有の瑕疵しか主張できないが（行訴法 10 条 2 項）、在留特別許可を付与する、しないについての判断は、入国審査官の認定および特別審理官の判定には判断事項として含まれていないので、在留特別許可を付与すべきであったのに付与しなかったという違法の主張は、裁決固有の瑕疵の主張となり、行訴法 10 条 2 項による違法主張の制限を受けない。また、もし法務大臣の裁決のうち、在留特別許可を与えないという部分の判断が当該裁決において初めてなされるということを理由にして、法務大臣の裁決のその部分を行訴法上の裁決ではなく処分であると解すれば、当該部分については、そもそも行訴法 10 条 2 項による違法主張の制限を受けないことになる。

　第 2 に、法務大臣の裁決を行訴法上の処分または裁決とみると、退去強制令書の発付またはその後の収容の取消訴訟、退去強制の差止め訴訟において、法務大臣が在留特別許可を付与すべきであったにもかかわらず付与しなかった点において裁決が違法である、と主張できるかどうか

問題となる。そのため、X₁としては、法務大臣の裁決の違法性が退去強制令書の発付、収容、退去強制に承継されると主張する必要がある（違法性の承継を認めるための基準については各自検討されよ）。

第3に、法務大臣による在留特別許可の付与を命じることを求めて、義務付け訴訟を提起する場合、それが直接型義務付け訴訟であろうと、申請型義務付け訴訟であろうと、上記第1と同様の理由から、違法性の承継の問題は生じない。また、条文上、行訴法10条2項による違法主張の制限は義務付け訴訟には及ばない（行訴法38条）。

第4に、法務大臣の裁決や退去強制令書の発付の処分性または裁決としての性格を否定して当事者訴訟で争う場合には（この場合、入国審査官の認定および特別審理官の判定も処分とはみないことになろう）、行訴法10条2項による違法主張の制限や違法性の承継は問題とならない。

【解説9】

【解説7】で指摘した法務大臣の裁決の取消訴訟、退去強制令書の発付の取消訴訟、在留特別許可の付与の義務付け訴訟、退去強制の差止め訴訟においては、いずれも法務大臣が在留特別許可を付与すべきであったにもかかわらず付与しなかったことを違法事由として主張することが有効である。既に【解説5】で指摘したとおり、この在留特別許可に関する法務大臣の裁決には広範な裁量が認められるものの、裁量権の逸脱濫用があれば、当該裁決は違法であるから（参照、行訴法30条、37条の2第5項、37条の3第5項）、X₁としては上記の訴訟の中で、法務大臣が在留特別許可を付与すべきであるにもかかわらず付与しないことが裁量権の逸脱濫用になると主張すればよい。本件の場合、資料（**2**）に示された国会審議における議論や、資料（**3**）に示された「出入国管理基本計画（第2次）」によって、当時、長期にわたる平穏な在留を在留特別許可の取得に有利な事実として評価するという黙示の基準が確立しており、この基準によれば在留特別許可を付与すべきであると主張することができる。もっとも、当該基準は内部的な基準であり、直ちに裁判所の判断基準とならない（法規ではない）のであるから、このような主張は、平等原則や、適正手続の原則などを拠り所としなければならない（参照、塩野・前掲書118〜119頁など）。平等原則等によって行政規則

に一定の拘束性を与える構成はこれまで最高裁によって採用されてこな
かったといえるが、2015年に、そうした考えをとっていると推測され
る最高裁判決が出された。すなわち、最三小判平成27年3月3日裁時
1623号6頁は、出入国管理の事案ではないものの、内部基準たる「処
分基準の定めと異なる取扱いをするならば、裁量権の行使における公正
かつ平等な取扱いの要請や基準の内容に係る相手方の信頼の保護等の観
点から、当該処分基準の定めと異なる取扱いをすることを相当と認める
べき特段の事情がない限り、そのような取扱いは裁量権の範囲の逸脱又
はその濫用に当たることとなるものと解され、この意味において、当該
行政庁の後行の処分における裁量権は当該処分基準に従って行使される
べきことがき束されており、……」と述べている。このような見方は出
入国管理の事案にも応用可能である。

　なお、上記の違法主張は、当事者訴訟で争う場合にも基本的に妥当す
るといってよいであろう。

［第6回］

地方公共団体による行政上の義務の司法的執行

［事案］

甲山県X市は、昭和46年以来、三次にわたる総合計画に基づき「自然とこころのゆたかな住宅都市」を基本目標として町づくりを進め【→解説1】、昭和57年7月には、当該基本目標を実施するため、「X市環境基本条例」を制定した。この条例は、環境に関する施策の基本となる事項を定めることにより、市民の快適かつ文化的な生活の確保に資することを目的とするものである。その後、昭和59年8月には、X市において、上記条例に基づき「X市パチンコ店等、ゲームセンター及びラブホテルの建築等に関する条例」（以下、「本件条例」という）が制定された。この条例に罰則規定は存在しない。

Yは、X市内に自己が所有する土地を利用して、パチンコ店を営むことを計画した。この土地は都市計画法上の市街化調整区域内にある【→解説2】。Yは、平成20年3月4日、X市長に対し、本件条例3条に基づき、パチンコ店の建築に必要となる市長の同意の申請をしたところ、市長は、同年3月10日、本件土地が都市計画法上の市街化調整区域に属することから、本件条例4条に基づき、Yからの申請を拒否した【→解説3】。それにもかかわらず、Yは建築主事に対してパチンコ店の建築確認の申請をしたが、同年5月12日、建築主事はYに対して建築確認を付与した。そこで、Yは、同年5月15日、本件土地においてパチンコ店建築の基礎工事に着手した。このことを知ったX市長は、同日、Yに対して本件条例8条に基づき建築工事続行禁止命令を発した【→解説4】。ところが、Yはその後も本件工事を続行している。X市は、建築工事続行禁止命令の実効性を確保するための法的手段について検討したが、適当な根拠法規が存在しないため、Yを被告として、本

083

件工事を続行してはならない旨の裁判を求める訴え（以下、「本件訴訟」という）を提起しようとしている。

　X市は、このような訴えを提起することに問題はないか、土田弁護士に相談をした。そこで、同弁護士は同じ法律事務所に所属する新米の大貫弁護士に本件に関する調査を行うよう指示した。その3日後、両弁護士の間で次のようなやりとりが行われた。

土田弁護士：本件は風営法（風俗営業等の規制及び業務の適正化等に関する法律）関連の事件ですが、同法の場所的規制について、何かわかったことはありますか。

大貫弁護士：風営法は昭和59年に抜本的な改正がなされ、それまで風営法の委任によって都道府県の条例により区々定められていた風俗営業の場所的規制が、政令に基準を設けることにより全国的に統一されました。現在のところ、同法には、風俗営業の場所的規制に関して、都道府県の条例に委任する旨の規定はありますが、市町村の条例に委任する旨の規定は存在しません。

土田弁護士：それでは、本件のパチンコ店建築予定地は、風営法および甲山県の風営法施行条例の規制対象地域になっているのでしょうか。

大貫弁護士：いいえ。ただし、本件のパチンコ店建築予定地は本件条例の規制対象地域になっています。

土田弁護士：つまり、本件条例は風営法や甲山県の風営法施行条例が規制対象地域としていない地域を規制対象地域にしているということですね。本件条例は、風営法のほかに、建築基準法など他の法令とも関係していますが、あなたは、さしあたり風営法および風営法施行令を念頭に置いて、X市が本件訴訟において主張すべき事項を検討しておいてください。

〈資料〉本件に関する法令

(1) 風俗営業等の規制及び業務の適正化等に関する法律（昭和23年7月10日法律第122号）（抜粋）

（目的）

第1条　この法律は、善良の風俗と清浄な風俗環境を保持し、及び少年の健全な育成に障害を及ぼす行為を防止するため、風俗営業……について、営業

時間、営業区域等を制限し、及び年少者をこれらの営業所に立ち入らせること等を規制するとともに、風俗営業の健全化に資するため、その業務の適正化を促進する等の措置を講ずることを目的とする。

（用語の意義）

第2条　この法律において「風俗営業」とは、次の各号のいずれかに該当する営業をいう。

一～六　（略）

七　まあじやん屋、ぱちんこ屋その他設備を設けて客に射幸心をそそるおそれのある遊技をさせる営業

八　（略）

2～11　（略）

（営業の許可）

第3条　風俗営業を営もうとする者は、風俗営業の種別……に応じて、営業所ごとに、当該営業所の所在地を管轄する都道府県公安委員会（以下「公安委員会」という。）の許可を受けなければならない。

2　（略）

（許可の基準）

第4条　（略）

2　公安委員会は、前条第1項の許可の申請に係る営業所につき次の各号のいずれかに該当する事由があるときは、許可をしてはならない。

一　（略）

二　営業所が、良好な風俗環境を保全するため特にその設置を制限する必要があるものとして政令で定める基準に従い都道府県の条例で定める地域内にあるとき。

三　（略）

3～4　（略）

(2) 風俗営業等の規制及び業務の適正化等に関する法律施行令（昭和59年11月7日政令319号）（抜粋）

（風俗営業の許可に係る営業制限地域の指定に関する条例の基準）

第6条　法第4条第2項第二号の政令で定める基準は、次のとおりとする。

一　風俗営業の営業所の設置を制限する地域……の指定は、次に掲げる地域内の地域について行うこと。

イ　住居が多数集合しており、住居以外の用途に供される土地が少ない地域（以下「住居集合地域」という。）

ロ　その他の地域のうち、学校その他の施設で学生等のその利用者の構成その他のその特性にかんがみ特にその周辺における良好な風俗環境を保全する必要がある施設として都道府県の条例で定めるものの周辺の地域

二　（略）

三　前二号の規定による制限地域の指定は、……良好な風俗環境を保全するため必要な最小限度のものであること。

(3) X市パチンコ店等、ゲームセンター及びラブホテルの建築等に関する条例（昭和59年8月1日条例第1号）（抜粋）

（目的）

第1条　この条例は、X市環境基本条例……の規定に基づき、市内におけるパチンコ店等、ゲームセンター及びラブホテルの建築等について必要な規制を行うことにより、良好な環境を確保することを目的とする。

（市長の同意）

第3条　市内において、パチンコ店等、ゲームセンター又は旅館（以下「指導対象施設」という。）の建築等をしようとする者は、あらかじめ市長の同意を得なければならない。

（場所に関する規制）

第4条　市長は、前条の規定により建築等の同意を求められた施設がパチンコ店等、ゲームセンター又はラブホテル（以下「規制対象施設」という。）に該当し、かつ、その位置が都市計画法……第7条第1項に規定する市街化調整区域であるとき、又は同法第8条第1項第1号に規定する商業地域以外の用途地域であるときは、同意をしないものとする。

（建築者等の管理責任）

第5条　規制対象施設の建築等をしようとする者又は当該施設の所有者若しくは管理者……は、外観、看板の意匠その他営業にともなうすべての行為が良好な環境を害することのないよう常に努めなければならない。

（市長の指導）

第6条　市長は、建築者等に対し、規制対象施設の建築等について、必要な指導を行うことができる。

（是正措置）

第8条　市長は、第3条の規定に違反して指導対象施設の建築等をしようとする者又は第6条に規定する市長の指導に従わない者に対し、建築等の中止、原状回復その他必要な措置を講じるよう命じることができる。

[設問]

1. X市は、本件訴訟の中で、本案前の主張として、何を主張すればよいか。考えうる相手方の主張に配慮して答えなさい【→解説5】。
2. X市は、本件訴訟の中で、本案上の主張として、何を主張すればよいか。考えうる相手方の主張に配慮して答えなさい【→解説6】。

はじめに———読解の指針

X市が訴訟提起に踏み切ろうとしている理由は、パチンコ店の建設について、Yが市長からの同意を得ず、さらに市長から建築工事続行禁止命令を受けているにもかかわらず、工事を続行しているためである。この市長による不同意および建築工事続行禁止命令の法的性格如何によって、本件訴訟における当事者の対応が異なるので、それぞれの法的性格について解説しておこう【→解説3】【→解説4】。また、本件条例の前提となっているX市の総合計画についても、当事者の主張に一定の影響を与える可能性があるので、言及する【→解説1】。そのほか、問題文では、都市計画法上の用語が登場するが（本件条例4条）、これらの個別法上の用語についても、簡単に説明しておこう【→解説2】。

ところで、本件は、行政主体が財産権の主体としてではなく、行政権の主体として行政上の義務の履行を求めて訴訟を提起しようとしている点に1つの特徴がある。このような訴訟には、私人が私人に対して義務の履行を求めて提起する訴訟とは異なり、本案前の問題として特殊な問

題がある【→解説5】。また、本件では条例に基づいて課された行政上の義務の履行が問題になっているが、条例は法令に違反してはならないから（憲法94条、地自法14条1項）、本件条例の適法性については、本案の問題として議論の対象になる【→解説6】。

　なお、本件訴訟については、その訴訟形式が問題となりうる。というのも、本件訴訟を民事訴訟として提起する可能性と行訴法4条の実質的当事者訴訟として提起する可能性があり、民事訴訟か行政訴訟かで適用される訴訟法規などが異なるからである（行訴法41条。管轄などの違いについては、各自、調べられよ）。ただ、本件の場合、訴訟形式の違いによって主張する論点が異なるわけではないので、訴訟形式について、それほど固執する必要はない。ちなみに、本件のモデルケースである宝塚市パチンコ条例事件（最三小判平成14年7月9日民集56巻6号1134頁）で提起された訴訟は、その事件番号からすると、行政事件として事務処理されている。

[解説]

【解説1】

　本件における第一次総合計画ないし第三次総合計画は、その名称から講学上の行政計画に該当することが推察できるが、実際に、そのように捉えることが許されるか否かは、行政計画の定義と本件総合計画の内容による。もっとも、本件総合計画が講学上の行政計画に該当するか否かは、本件の事案の解決にとって意味をもつとは考えにくいので、この問題については、さしあたり考えなくてよい。

　他方、仮に本件総合計画に法律によって法的拘束力が与えられ、同計画により、条例によってパチンコ店の建築を規制することが認められているとすれば、X市としては同計画も考慮に入れて法的主張を組み立てることができるであろう。つまり、本件条例の規制は、法律に基づいて策定された計画に従ってなされており、法律に基づく規制であるといえるから、本件条例の規制は国の法令に違反していない、と主張するこ

とが考えられる。しかし、本件の場合、問題文の中では第一次総合計画から第三次総合計画まで法律に基づいて作られたことを窺わせる事実は存在しないので、こうした主張の可能性を考慮する必要はない。

【解説2】

本件では、都市計画法上の市街化調整区域および用途地域という用語が出てくるが（本件条例4条）、これら個別法上の用語の理解は本件の事案の解決にあたって特に必要ない。本件では、パチンコ店建築予定地が市街化調整区域に該当すること、そして、建築予定地が市街化調整区域に該当する場合には、条例上、市長は同意しないこと、以上の2点が理解されていればよい。

もっとも、これらの個別法上の用語について基礎的な知識を得ていれば、当該事案についてより具体的なイメージを得ることができるであろうから、以下、簡単に解説しておこう。まず、都道府県は「市又は人口、就業者数その他の事項が政令で定める要件に該当する町村の中心の市街地を含み、かつ、自然的及び社会的条件並びに人口、土地利用、交通量その他国土交通省令で定める事項に関する現況及び推移を勘案して、一体の都市として総合的に整備し、開発し、及び保全する必要がある区域」を都市計画区域として定めることができる（都市計画法5条）。さらに、都市計画区域について、必要があるときは、市街化区域と市街化調整区域が定められる（同法7条1項）。このうち、市街化区域は「すでに市街地を形成している区域及びおおむね十年以内に優先的かつ計画的に市街化を図るべき区域」であり（同法7条2項）、市街化調整区域は「市街化を抑制すべき区域」である（同法7条3項）。前者の市街化区域においては開発許可がなされるが、後者の市街化調整区域においては原則としてなされない（都市計画法29条、33条、34条）。他方、用途地域とは、都市計画区域について都市計画に定められる第一種低層住居専用地域や商業地域などの12種の地域の総称である（同法8条1項1号）。この用途地域は原則として市街化調整区域においては定められない（同法13条1項7号）。また、用途地域ごとに、建設できる建築物に制約があり、建蔽率、容積率等にも違いがある（建築基準法48条、52条、53条等）。

089

【解説 3】

　本件の市長による不同意は、処分としての性格を有する、というのが一般的な見方であろう。本件条例は、市内でパチンコ店を建築するためには市長による同意が必要であるとし（本件条例 3 条）、この同意なくしてパチンコ店を建築しようとする者に対して、市長は建築の中止等の是正命令を発することができるとしている（本件条例 8 条）。このような規律からすると、本件条例は原則として市内におけるパチンコ店の建築を禁止し、市長による同意がある場合にのみ、当該禁止を解除する仕組みであると理解することができる。したがって、市長による同意それ自体およびこれと対をなす不同意も処分としてみることができる。ただし、この解釈によっては拒否決定（不同意）がどのような法効果をもたらすのか不明で、拒否決定の処分性を直接、論証できない。この点、本件条例が申請制度を採用していることからすれば、拒否決定を申請権への侵害と理解することができるから、その説明は一応可能である（本書第 1 回【解説 5】参照）。

　もっとも、市長による不同意を行政指導として捉える余地がないわけではない。というのも、同意を得なければパチンコ店を建築してはならないと文言上明確には定められていないし、本件条例にはそうした禁止に違反した場合の罰則規定もないからである（法が求める行動とは反対の行動に対して広義の制裁——刑事罰、損害賠償、無効、履行強制など——が用意されていない場合、義務はないと考える論者もいる。例えば、ケルゼン（尾吹善人訳）『法と国家の一般理論』〔木鐸社、1991 年〕119 頁以下）。しかし、こうした見方に対しては、①本件条例 1 条が「必要な規制を行うことにより、良好な環境を確保することを目的とする」と定めているにもかかわらず、重要な「規制」手段となりうる同意を行政指導として規定することは不自然である、②本件条例 6 条が同 3 条とは別に「規制対象施設の建築等について、必要な指導を行うことができる」と定めていることからすると、3 条に基づく行為（同意・不同意）は行政指導とは異なる法的性格を有している、③同意を求める行為に対する市長の回答を処分として捉えないのであれば、本件条例 3 条の同意を求める行為は申請ではなく、「届出」ということになるが（行手法 2 条 7 号、3 号参照）、本件条例 3 条の仕組みを「届出」とみるには

文言上、不自然である、④制裁の手段が設けられていることは、ある行為が処分であることを推論する1つの手がかりにはなるが、処分であることの不可欠の条件ではない、と主張できる。

【解説4】

　本件の市長による禁止命令は処分としての性格を有する、とみるのが一般的な見方であろう。しかし、市長による禁止命令を行政指導として捉える余地がないわけではない。というのも、禁止命令が義務を課しているか否か、文言上、明確ではないし、何よりも本件条例には禁止命令に違反した場合の罰則規定が存在せず、その他の有効な義務履行確保の手段もないからである（【解説3】の説明とも関わるが、条例による規律違反に対して条例の中で罰則規定がないのは、罰則規定を設けると、当該条例による規律の強度が増し、その分、法令に抵触する恐れが高まると一般にいえるので、それを回避したいという立法者の意思があるからであると指摘されることがある）。しかし、このような見方に対しては、①本件条例8条のように「命じることができる」といった文言が用いられた条文に基づいて行政機関が命令を発した場合、通常、その名宛人には義務が発生すると解してよい、②本件条例6条が同8条とは別に行政指導に関する規律を定めていることからすると、8条に基づく行為（禁止命令）は行政指導とは異なる法的性格を有している、③制裁の手段が設けられていることは、ある行為が処分であることを推論する1つの手がかりにすぎず、処分であることの不可欠の条件ではない、④禁止命令などによって課される不作為義務の履行確保の一般的手段は、現行法上用意されていないものの、義務履行確保の手段が欠如していたとしても、ある行政機関の行為を処分として捉えることは可能である、と指摘できよう。

【解説5】

　Ｙは、本案前の主張として、上述の宝塚市パチンコ条例事件最高裁判決に依拠して、本件訴訟が法律上の争訟に該当しない、と主張することが考えられる。すなわち、本件訴訟のように「国又は地方公共団体が専ら行政権の主体として国民に対して行政上の義務の履行を求める訴訟

091

は、法規の適用の適正ないし一般公益の保護を目的とするものであって、自己の権利利益の保護救済を目的とするものということはできないから、法律上の争訟として当然に裁判所の審判の対象となるものではなく、法律に特別の規定がある場合に限り、提起することが許される」ところ、これを認める特別の規定もないから、不適法というべきである、との主張である。このような主張の背景には、（少なくとも民事事件においては）司法権とは私人の権利利益の救済を目的とするものであるという理解がある（このような理解は歴史的にみれば、あながち不当なものでもない）。また、禁止命令が発せられたからといって直ちに国または地方公共団体がその名宛人に対して当該禁止命令の内容の実現を求める請求権を取得するわけではないということや、仮に行政主体が請求権を獲得するとして、その請求権を行政主体が民事訴訟で実現することができるとすると、およそ容認できない結果がもたらされることになるということも、上記の主張の背景にある（前掲最高裁平成14年判決の調査官解説である福井章代「判批」『最高裁判所判例解説——民事篇〈平成14年度〉〔下〕』531頁以下を参照）。

　このような主張に対してX市が行いうる反論は色々考えられるところであるが、さしあたり、ここでは次のような反論を挙げておこう。

　第1に、市長による禁止命令に不服を有するYが当該命令の取消しを求めて提起する訴訟は法律上の争訟に該当するということについて異論がないのに、禁止命令を発した行政主体の側から当該命令によって課した行政上の義務の履行を求めて提起する訴訟は法律上の争訟に該当しないというのは、解釈論として均衡がとれていない。

　第2に、本件訴訟において行政上の義務の履行を求める請求権の存在を肯定できるか否かは重要ではなく、端的に、本件訴訟は法律上の争訟、すなわち当事者間の具体的な権利義務ないし法律関係の存否に関する紛争であって、かつ、法令の適用により終局的に解決することができるものといえるか否かを問えばよい。そうした視角から考えれば、本件は、パチンコ店を建築してはならないというYの具体的な義務に関する紛争であって、条例の適用により当該紛争を終局的に解決することができるから、本件訴訟は法律上の争訟といえる。

　第3に、本件禁止命令によって課される不作為義務は代執行の対象と

なる義務ではないから行政代執行法に基づく代執行を行うことができないし、本件の場合、他に実効性確保のための特別な手段があるわけでもない。しかも、行政代執行法1条の一般的な理解によれば、地方公共団体が条例によって行政上の義務の履行を確保するための制度を創設することはできない。このような法状況の中で行政上の義務の履行を求める訴訟が許容されないとすると、義務履行確保の手段がないことになり、このことは法治主義に反する結果をもたらすことになる。

【解説6】

　Yは、禁止命令が単なる行政指導であるから、工事中止の義務を負っていないと主張することが考えられるが、これには、X市は【解説4】で示した①〜④に依拠して反論をすることが考えられる。

　また、Yは、本件条例が風営法に違反し、そのような違法な条例に基づいて行政上の義務が課されることはないということを主張することが考えられる。その場合、最高裁が徳島公安条例事件において示した判断基準に依拠するのが穏当であるが（最大判昭和50年9月10日刑集29巻8号489頁。徳島判決の判断基準については、各自、確認されよ）、次の2点については注意を要しよう。第1に、徳島判決によれば、法令と条例の「対象事項と規定文言」や、「趣旨、目的、内容及び効果」を総合的に比較検討しなくてはならないが、検討の順序としては、まず、規制の対象（規律事項）の重なりを尋ねて、しかるのちに、規制（規律）の目的、内容や効果の観点から総合的に比較検討すべきである（徳島判決も、そのような構成になっている）。なぜなら、規制目的や規制効果などを検討しようとすると、必然的に規制対象（規律事項）を吟味しなければならず、それならば、まず規制対象（規律事項）を検討したほうが効率的だからである。第2に、条例の規制（規律）の内容が規律目的との関係で合理的か否かの検討（比例原則に適合しているか否かの検討）は、条例と法令との抵触関係の問題とは別に、それ自体としても行うことができるが、法令は合理的な規律だけ（比例原則に適合する規律だけ）を許容していると解すれば、条例の規律内容の合理性についての検討を、条例が国の法令に抵触しているかどうかの判断の中で行うこともできる（例えば、飯盛町旅館業法事件の控訴審判決であ

093

る福岡高判昭和58年3月7日判時1083号58頁は、旅館業法よりも強度の規制を定めた町条例について、比例原則に反し、旅館業法の趣旨に反するとしている)。

　以上の諸点を踏まえた上で、以下、本件条例が風営法に違反するとのYの主張を考えてみよう。まず、規制の対象（規律事項）については、本件条例が建築禁止地区を規定することにより（本件条例4条）、実質的にはその営業禁止地区を規定しているから、営業規制をする風営法と規制の対象（規律事項）は実質的に重なり合う。次に、目的については、風営法および本件条例の目的規定（風営法1条、本件条例1条）ならびに本件条例の制定経過からすると、風営法1条が掲げる、「善良の風俗と清浄な風俗環境を保持し、及び少年の健全な育成に障害を及ぼす行為を防止する」という目的は、広く住宅、自然および文化教育環境の保持の一部であると考えられるので、風営法と本件条例の目的は、相当な部分で共通し、重なり合う。

　もっとも、法令の目的の把握の作法について確立した考えがあるわけではない。この困難な課題について結論をだすことは控え、本件に沿って、さしあたり、次のことを述べておきたい。風営法1条によれば、風営法は、①善良の風俗と清浄な風俗環境を保持し、及び②少年の健全な育成に障害を及ぼす行為を防止する目的のために、手段として、③風俗営業及び性風俗関連特殊営業等について、営業時間、営業区域等を制限し、及び年少者をこれらの営業所に立ち入らせること等を規制すること、④風俗営業の健全化に資する目的のために、手段として、⑤その業務の適正化を促進する等の措置を講ずる、としている。本件条例は、(1) 市内におけるパチンコ店等、ゲームセンター及びラブホテルの建築等について必要な規制という手段により、(2) 良好な環境を確保することを目的とするものである。①、②及び (2) のみを取り出して、目的の重なりを問うと、上のように、①と (2) は重なると言えそうである。しかし、このように手段、措置と切り離して、目的を問題にすると、法令の目的が極めてあいまいで広範なものとなる嫌いがあるように思われ、法令の目的については、目的達成のための手段、措置を前提とした、あるいは、とりこんだ形で定式化するのが妥当ではないか。そのような立場から、手段、措置（上の (1)）を取り込んで目的を定式化す

ると、条例はまさに「風俗環境の保持」を目的にすると言えるだろう。
とすれば風営法の目的（手段、措置を取り込んだ上での①の目的）と正
に重なるといえるのではないか。

　このように規制の対象（規律事項）および目的が重なり合う場合に
は、「国の法令が必ずしもその規定によって全国的に一律に同一内容の
規制を施す趣旨ではなく、それぞれの普通地方公共団体において、その
地方の実情に応じて、別段の規制を施すことを容認する趣旨」（徳島判
決）か否か、という観点から条例の適法性を検討すべきところ、本件の
場合は、①昭和59年の法改正により、従来都道府県の条例により区々
に定められていた風俗営業の場所的規制が、政令に基準を設けることに
より全国的に統一されたこと、②風営法4条2項2号の規定を受けて定
められた政令は条例で指定しうる地域の基準を規定し、「良好な風俗環
境を保全するため必要な最小限度のものであること」と規定しているこ
と（風営法施行令6条3号）、③風営法には、風俗営業の場所的規制に
関し、市町村の条例に委任する旨の規定は存在せず、風営法は、風俗営
業の場所的規制について全国的に一律に施行されるべき最高限度の規制
を定めたものといえる。そうすると、市町村が条例に基づいて、対象地
域および規制手段に関し、風営法よりもさらに強度の規制をすることは
できない。また、仮に百歩譲って市町村条例において強度の規制をする
ことができるとしても、本件条例4条によれば、市長は、市街化調整区
域であるとき、または都市計画法上の商業地域以外の用途地域において
は、パチンコ店建築について一律にこれを不同意とするとしており（本
件条例4条）、これは、例外がなく、極めて厳しい規制であって、風営
法が許容する合理的な規制の限度を超え、同法に抵触する（あるいは、
端的に比例原則に違反する）。

　以上のようなYの主張に対し、X市としては、次のように反論する
ことが考えられる。まず、規制の対象（規律事項）については、風営法
は営業を規制しているのに対し（風営法3条）、本件条例は建築を規制
しており（本件条例3条）、両者の規制の対象（規律事項）は異なる。
さらに、両者の規律の趣旨、目的、内容および効果について検討する
と、風営法は、善良の風俗と清浄な風俗環境の保持および少年の健全な
育成に影響を及ぼす行為を防止することに目的があると認められるの
に

対し、本件条例は市民の快適かつ文化的な生活の確保に資することを目的とする環境基本条例に基づき制定され、広く良好な環境の確保を目的としているから、両者の目的は異なっているし、両者の規律の内容や、効果などを比較検討しても、本件条例と風営法が矛盾抵触することはない。また、仮に、Yが主張するように、両者の規制の対象（規律事項）および目的が同一であるとしても、①昭和59年改正による場所的規制の統一は、それまでバラバラであった都道府県条例の規制を統一したにすぎず、そこには市町村条例まで含めた場所的規制の統一まで趣旨としていないこと、②場所的規制を都道府県条例によってのみ行うとすると、地域の実情に即したきめ細かな規制をすることができず、このことはかえって地域の特性等に応じて場所的規制を必要最小限にするよう要求している風営法施行令6条3号の趣旨を没却すること、③風営法上、場所的規制に関し市町村条例に委任する旨の規定は存在しないが、市町村条例で場所的規制をすることを禁止する規定も存在しないこと、以上の諸点から、風営法は、「その地方の実情に応じて、別段の規制を施すことを容認する趣旨であると解されるときは」（徳島判決）、本件条例は風営法と矛盾抵触しないと主張することができる。

　最後に、条例と法令の抵触関係の検討に対して1999年の地方自治法の大改正が与える影響について、指摘しておこう。地方自治法は、その第1条の2で、国と地方公共団体の役割分担および国の配慮義務について定めている。このような規定は、地方公共団体が「住民に身近な行政」、「地域における行政」に関して広い権限を有していることを推定させる。また、条例と法令の抵触関係は、徳島判決によれば、結局、国の法令の趣旨、目的に係るが、地方自治法第2条第11項～第13項の規定によれば、国の法令自体が、「地方自治の本旨に基づき、かつ、国と地方公共団体との適切な役割分担」を踏まえたものであること（これらは憲法原則である）が必要で、当該法令の解釈、運用もそれらを踏まえなくてはならない。そうすると、「地域における行政」を行うための必要かつ相当な規律を条例によって行うことを法令が認めていないと解釈することは難しい。このような観点からすると、条例による規制が当該「地域における行政」を行うために必要であったといえるか否かが、条例と法令の抵触関係を検討する際の重要な考慮事項となる。この点、最

高裁が、東郷町ラブホテル建築工事中止命令事件において、当該地方公共団体の地域性も考慮に入れて風営法の規制対象施設以外の施設を町条例で規制することを適法とした原審の判断を容認している点が注目される（最一小決平成19年3月1日判例集未登載）。

［第7回］

産業廃棄物処分業および産業廃棄物処理施設設置の許可申請書の受領拒否

［事案］

　甲山県乙川市内において産業廃棄物処理施設の設置を企図した X 社の代表者は、廃棄物の処理及び清掃に関する法律（以下、「廃掃法」という）14 条 6 項に基づく産業廃棄物処分業の許可および同法 15 条 1 項に基づく産業廃棄物処理施設設置の許可を得るため、まずは、それらの許可権者である甲山県知事を平成 19 年 4 月 17 日に訪問し、事業の概要を説明した。これに対し、知事は、「甲山県産業廃棄物処理施設の設置及び維持管理に関する指導要綱」（以下、「本件要綱」という。この要綱は法令に基づいて策定されたものではなく、甲山県が独自に策定したものである）に基づき【→解説 1】、X 社の代表者に対して、乙川市に事業計画を説明することおよび同市の内諾を得ることを指示した（本件要綱 3 条 4 項）【→解説 2】。これ以降、X 社の計画は地元住民の知るところとなり、平成 19 年 8 月までの間に、乙川市議会、乙川市長、乙川市地元自治会をはじめとして、甲山県議会、甲山県の諸市長村議会が X 社による事業計画に反対の意思を表明した。一方、X 社の代表者は、平成 19 年 9 月 4 日、甲山県知事のもとに事前協議書を持参し、本件要綱 4 条に基づく事前協議に入るよう要請したが、知事は、未だ住民の理解を得られていないことを理由に、事前協議書を参考資料として預かるにとどめ、事前協議には応じなかった【→解説 3】。その後、X 社の代表者は、複数回にわたり、知事に対し、事前協議に入るよう要請すると同時に、X 社がその都度用意した事前協議書を正式に受領するよう要請したが、知事はこれに応じようとせず、平成 20 年 3 月 18 日には、平成 19 年 9 月 4 日に提出されていた事前協議書を X 社に返戻した【→解説 3】。また、X 社の代表者は、知事への働きかけと並行して、複数回にわ

たり、乙川市の担当部署を訪問して、内諾を得ようとしたが、地域住民の反対があることを理由に、乙川市はX社の計画を認めようとしなかった。そこで、X社は、地元住民の理解を得るため、平成20年3月26日、事業説明会を開催したが、地元住民は集団で欠席し、誰一人として説明会に参加しなかった。その後、X社の代表者は、再び知事のもとを訪れ、事前協議書を正式に受領するとともに、事前協議に入るよう要請したが、知事はこれに応じず【→解説3】、乙川市にあっては、X社からのアポイントの求めも拒否した。

X社は、このような経緯からすると知事が事前協議に応じない方針であると考え、事前協議を断念し、直ちに産業廃棄物処分業の許可および産業廃棄物処理施設設置の許可の申請をすることにした。そこで、Xの代表者は、平成20年4月12日、知事のもとを訪れ、許可申請書を提出するとともに、X社としてはもはやこれ以上要綱に基づく指導には服従しないので直ちに許可申請書を受領してほしい旨の文書を提出した。これに対し、知事は、X社が地元住民の理解を得る努力を十分しているかどうか、その成果が得られたかどうか問題があるとして、許可申請書の受領を拒否した【→解説4】。

このような知事の対応に憤慨したX社は、法的手段をとるべく、土田弁護士に相談をした。同弁護士は同じ法律事務所に所属する新米の大貫弁護士に本件に関する調査を行うよう指示した。その3日後、両弁護士の間で次のようなやりとりが行われた。

土田弁護士：X社は廃掃法上の産業廃棄物処分業および産業廃棄物処理施設設置の各許可を得ようとしているわけですが、これらの許可については、あらかじめ標準処理期間が定められていたのでしょうか。

大貫弁護士：産業廃棄物処分業の許可については60日、産業廃棄物処理施設設置の許可については100日が標準処理期間として定められていました。今はもう平成20年10月ですよ。

土田弁護士：なるほど。ところで、本件では、知事は上記許可に係る申請書の受領を拒否していますが、廃掃法の中には、こうした行為について法的効果を付与する規定はありますか。

大貫弁護士：同法の中に、そのような規定はありません。

土田弁護士：そうすると、知事による申請書の受領拒否行為や返戻行為

は、法的観点から、どのように評価されることになるのでしょうか。あなたは、その点に注意しながら、X社が提起すべき訴訟と本案上の主張について検討しておいてください。なお、本件において許可要件が充足されていたか否かという点は問題となりますが、これについては私のほうで検討しておきますので、あなたは許可要件が充足されていたということを前提にして検討してください。

〈資料〉本件に関連する法令

(1) 廃棄物の処理及び清掃に関する法律（昭和45年12月25日法律第137号）（抜粋）

（一般廃棄物処理計画）

第6条　市町村は、当該市町村の区域内の一般廃棄物の処理に関する計画（以下「一般廃棄物処理計画」という。）を定めなければならない。

2〜4　（略）

（市町村の処理等）

第6条の2　市町村は、一般廃棄物処理計画に従つて、その区域内における一般廃棄物を生活環境の保全上支障が生じないうちに収集し、これを運搬し、及び処分……しなければならない。

2〜7　（略）

（一般廃棄物処理業）

第7条　（略）

2〜5　（略）

6　一般廃棄物の処分を業として行おうとする者は、当該業を行おうとする区域を管轄する市町村長の許可を受けなければならない。……

7〜9　（略）

10　市町村長は、第6項の許可の申請が次の各号に適合していると認めるときでなければ、同項の許可をしてはならない。

一　当該市町村による一般廃棄物の処分が困難であること。

二　その申請の内容が一般廃棄物処理計画に適合するものであること。

三〜四　（略）

11〜16　（略）

（事業者及び地方公共団体の処理）

第11条　事業者は、その産業廃棄物を自ら処理しなければならない。

2　市町村は、単独に又は共同して、一般廃棄物とあわせて処理することができる産業廃棄物その他市町村が処理することが必要であると認める産業廃棄物の処理をその事務として行なうことができる。

3　都道府県は、産業廃棄物の適正な処理を確保するために都道府県が処理することが必要であると認める産業廃棄物の処理をその事務として行うことができる。

（産業廃棄物処理業）

第14条　産業廃棄物……の収集又は運搬を業として行おうとする者は、当該業を行おうとする区域……を管轄する都道府県知事の許可を受けなければならない。（略）

2〜4　（略）

5　都道府県知事は、第1項の許可の申請が次の各号に適合していると認めるときでなければ、同項の許可をしてはならない。

一　（略）

二　申請者が次のいずれにも該当しないこと。

イ　（略）

ロ　……暴力団員でなくなつた日から五年を経過しない者……

ハ　営業に関し成年者と同一の行為能力を有しない未成年者でその法定代理人がイ又はロのいずれかに該当するもの

ニ　法人でその役員又は政令で定める使用人のうちにイ又はロのいずれかに該当する者のあるもの

ホ　個人で政令で定める使用人のうちにイ又はロのいずれかに該当する者のあるもの

ヘ　暴力団員等がその事業活動を支配する者

6　産業廃棄物の処分を業として行おうとする者は、当該業を行おうとする区域を管轄する都道府県知事の許可を受けなければならない。……

7〜9　（略）

10　都道府県知事は、第6項の許可の申請が次の各号に適合していると認めるときでなければ、同項の許可をしてはならない。

一　その事業の用に供する施設及び申請者の能力がその事業を的確に、かつ、継続して行うに足りるものとして環境省令で定める基準に適合するもの

であること。

二　申請者が第5項第二号イからへまでのいずれにも該当しないこと。

11〜17　（略）

（産業廃棄物処理施設）

第15条　産業廃棄物処理施設……を設置しようとする者は、当該産業廃棄物処理施設を設置しようとする地を管轄する都道府県知事の許可を受けなければならない。

2〜6　（略）

第15条の2　都道府県知事は、前条第1項の許可の申請が次の各号のいずれにも適合していると認めるときでなければ、同項の許可をしてはならない。

一　その産業廃棄物処理施設の設置に関する計画が環境省令で定める技術上の基準に適合していること。

二　その産業廃棄物処理施設の設置に関する計画及び維持管理に関する計画が当該産業廃棄物処理施設に係る周辺地域の生活環境の保全及び環境省令で定める周辺の施設について適正な配慮がなされたものであること。

三　申請者の能力がその産業廃棄物処理施設の設置に関する計画及び維持管理に関する計画に従つて当該産業廃棄物処理施設の設置及び維持管理を的確に、かつ、継続して行うに足りるものとして環境省令で定める基準に適合するものであること。

四　申請者が第14条第5項第二号イからへまでのいずれにも該当しないこと。

2〜5　（略）

(2)　甲山県行政手続条例（平成8年9月19日条例第12号）（抜粋）

（定義）

第2条　この条例において、次の各号に掲げる用語の意義は、当該各号に定めるところによる。

一　法令　法律、法律に基づく命令（告示を含む。）、条例及び規則……をいう。

二　条例等　条例及び規則をいう。

三　処分　行政庁の処分その他公権力の行使に当たる行為をいう。

四　申請　条例等に基づき、行政庁の許可、認可、免許その他の自己に対し何らかの利益を付与する処分（以下「許認可等」という。）を求める行為で

あって、当該行為に対して行政庁が諾否の応答をすべきこととされているものをいう。

五～六　（略）

七　行政指導　県の機関がその任務又は所掌事務の範囲内において一定の行政目的を実現するため特定の者に一定の作為又は不作為を求める指導、勧告、助言その他の行為であって処分に該当しないものをいう。

八　（略）

（適用除外）

第3条　次に掲げる処分及び行政指導については、次章から第四章までの規定（＊下記第31条の規定を含む）は、適用しない。

一～六　（略）

七　相反する利害を有する者の間の利害の調整を目的として法令の規定に基づいてされる裁定その他の処分（その双方を名あて人とするものに限る。）及び行政指導

八～十　（略）

（申請に関連する行政指導）

第31条　申請（法律及び法律に基づく命令（告示を含む。）に基づくものを含む。……）の取下げ又は内容の変更を求める行政指導にあっては、行政指導に携わる者は、申請をした者が当該行政指導に従う意思がない旨を明確に表明したにもかかわらず当該行政指導を継続すること等により当該申請をした者の権利の行使を妨げるようなことをしてはならない。

(3) 甲山県産業廃棄物処理施設の設置及び維持管理に関する指導要綱（抜粋）

（事業者等の責務）

第3条　事業者等は、産業廃棄物処理施設の設置等及び産業廃棄物の処理を行うに当っては、法その他関係法令で定める諸基準のほか、この要綱に定める諸基準を遵守しなければならない。

2～3　（略）

4　事業者等は、産業廃棄物処理施設の設置等に当っては、事前に関係市町村に計画の概要を説明するとともに、地域住民等に説明会を開催し、その理解を得るようにしなければならない。

5～6　（略）

（事前協議）

第4条　事業者等は、産業廃棄物処理施設の設置等を行おうとする場合には、……法第14条第6項……、法第15条第1項の規定による許可……の申請……を行おうとする前に、あらかじめ、産業廃棄物処理施設設置等事前協議書を知事に提出し、協議しなければならない。

[設問]

1. 産業廃棄物処分業および産業廃棄物処理施設設置の許可を得るために、X社は、どのような訴訟（行政事件訴訟法に定められているものに限る）を提起すればよいか【→解説5】。なお、本問において、仮の救済について検討する必要はない。
2. 上記1の訴訟の中で、X社は本案上の主張として、どのような主張をすればよいか【→解説6】。

はじめに———読解の指針

本件において、X社が許可を得られないでいるのは、知事がX社からの許可申請書を受領せず、返戻しているからである。そこで、まずは、このような知事による許可申請書の受領拒否行為あるいは返戻行為の法的性格を明らかにしておかなければならない【→解説4】。もっとも、本件では、知事による受領拒否行為および返戻行為は、許可申請の局面のみならず、その前段階である事前協議の申出の局面においても行われている。そこで、これらの受領拒否行為および返戻行為の法的性格についても明らかにしておこう【→解説3】。以上の異なる局面における知事の受領拒否行為および返戻行為は、X社が本件要綱に違反して地域住民の理解を得ていないこと、あるいは、本件要綱に基づく知事による、住民の理解を得ることを求める指示に従わないことを理由としている。そこで、本件要綱の法的性格【→解説1】および本件要綱に基づく知

104　第7回｜産業廃棄物処分業および産業廃棄物処理施設設置の許可申請書の受領拒否

事の指示の法的性格【→解説2】についても明らかにしておく。

そして、以上の諸点を踏まえることが、X社の許可取得に向けた訴訟形態【→解説5】および当該訴訟における本案上の主張【→解説6】を論じる前提となる。

[解説]

【解説1】

本件要綱は法規としての性格を有するであろうか。仮に本件要綱が法規としての性格を有するのであれば、X社としては、例えば本件要綱に定められた文言の解釈や本件における要件充足性を問題にして、自らの主張を展開することも考えられるようになるため、問題となる。この点、「要綱」という名称が付される規範は様々で（審議会設置要綱、補助金交付要綱などもある）、その法的性格を一律に論じることはできないが、本件要綱の場合、少なくとも法令に基づく要綱でないことは問題文から明らかであるから（法規の意味を含め、本書第4回【解説2】を参照）、法規としての性格を有しないものとして（本件要綱は一般的・抽象的内容をもっており、講学上の行政規則ということになる）、本件の検討を進めればよい（ただし、【解説3】を参照）。

なお、行政手続法の中には行政指導指針に関する規律があり（行手法2条8号ニ、36条）、各地方公共団体の行政手続条例の中にも同趣旨の規律があるが、要綱は、この行政指導指針の典型例の1つである。したがって、行政手続条例の中で行政指導指針に関し行政手続法と同趣旨の規律が置かれている場合には、当該要綱は公表されなければならない（参照、行手法36条）。

【解説2】

上述のとおり、本件要綱は法規としての性格をもたない。したがって、知事が本件要綱に基づきX社に対し一定の作為を求めたとしても、当該行為によってX社が義務を負うことはない。つまり、本件要

105

綱に基づいて行われる知事の行為は、行政指導としての性格を有する。

　行政指導については、行政手続法による規律があるが（行手法2条6号、32条〜36条）、本件の場合、同法の規律は及ばない。なぜなら、地方公共団体の機関がする行政指導については、同法の適用除外となっているからである（行手法3条3項）。もっとも、各地方公共団体の機関がする行政指導については、通常、当該地方公共団体で定められている行政手続条例の規律に服する。本件においても、甲山県行政手続条例が問題文の中で示されているから、知事の行政指導について違法事由を考える場合には、同条例の中の行政指導に関する規律に着目する必要がある。ただし、本件における知事による廃掃法上の許可は条例または規則を根拠として行われる処分ではないので、行政手続法上の申請に対する処分に関する手続規律は、本件にも適用されるということに注意する必要がある（行手法3条3項）。

　なお、本件における知事による行政指導は、X社と地元住民という「相反する利害を有する者の間の利害の調整を目的として」行われる行政指導であるから、甲山県行政手続条例3条7号（同趣旨の規定として行手法3条1項12号）により、同条例の適用除外となりそうである。しかし、知事による行政指導は要綱に基づくものであって、「法令の規定に基づいてされる」行政指導ではないので（同条例2条1号）、同条例の適用除外となることはない。

【解説3】

　本件において、知事はX社が用意した事前協議書を正式には受け取らず、事前協議に応じようとしていない。しかも、参考資料として預かった事前協議書を返戻している。知事によるこれらの一連の行為には、手続上の問題があるようにもみえる。しかし、一般に、行政機関の行為が法規性を有しない定めに基づいて行われる場合、当該行為に不満を有する国民が当該規範に違反することを理由に行政機関の行為の違法性を主張しても、それは認められない。したがって、X社が、本件要綱との関係で、事前協議の段階における知事の受領拒否行為および返戻行為の違法性を主張することは適切ではない。

　もっとも、たとえ行政機関の行為が法規性を有しない定めに基づいて

行われる場合であっても、合理的な理由なくして行政機関が当該規範に依拠しないことは、平等原則あるいは適正手続の原則に違反する（塩野宏『行政法Ⅰ〔第6版〕』〔有斐閣、2015年〕118〜119頁）。このような見地からすれば、X社としては、本件要綱を引き合いに出しつつ違法の主張をすることも考えられそうである。しかし、本件において、こうした主張は次の2点から妥当ではない。第1に、上記の構成は法規性を有しない定めの内容が法の許容する範囲にあって初めて有効に成立すると考えられるが（法の許容しない要綱の内容が、平等原則等を媒介として、合理的な理由がない限り国民と行政を拘束することは原則としてない）、本件要綱の内容（法定されていない事前協議を求めていること等）が法の許容する範囲にあるといえるか、疑問がある。第2に、上記の構成は行政機関に要綱を守らせたいときには有効であるが、本件は、そのような事案ではない。むしろ、本件においてX社は行政機関から要綱に従った行動を求められていることに不満をもっているのであり、行政機関が要綱に違反して行政活動を行っていることに不満をもっているわけではない。

【解説4】

　本件において、X社は法令に基づく申請を行っているが、知事は申請書の受け取りを拒否している。ここでは、このような知事による行為が処分といえるか否か、検討しておこう。この点をどのように解するかによって、X社が提起すべき訴訟形態が異なるからである。

　行政手続法7条は、形式上の要件を満たしていなくても、申請の到達によって行政庁の審査・応答義務が発生するとしており、申請書の受領拒否や返戻といった形での行政庁による審査の拒否を想定していない（このことは同法が原則として受理、不受理を認めていないことを意味する）。したがって、それらの審査拒否行為は、法令によって特別な規律が設けられている場合は別として、法的には意味のない行為であって、事実上の行為にすぎないというべきである。よって、受領拒否行為および返戻行為に処分性を認めないのが妥当である（もっとも、裁判例には、受理、不受理に処分性を認めるものがみられる）。本件の場合、弁護士の発言によれば、廃掃法は申請に対する行政庁の受領拒否行為お

107

および返戻行為について特別の定めを置いていないから（他の多くの法律
でもそうである）、知事による許可申請書の受領拒否行為や返戻行為は
処分性を有しないとみるのが妥当である。

　ただし、本件における受領拒否行為および返戻行為を処分としてみる
可能性は残されている。なぜなら、知事による受領拒否行為は「X社
が地元住民の理解を得る努力を十分しているかどうか、その成果が得ら
れたかどうか問題がある」としてなされているため、申請の前段階での
手順が踏まえられていないこと（申請の内容面に関わらないので、申請
の形式上の要件を具備していないという言い方ができる）を理由に拒否
処分をしたとみることができないわけではないからである（行手法7
条）。しかし、上記手順は本件要綱で定められていることであり、法の
定める形式上の要件とはいえない。したがって、受領拒否行為および返
戻行為を処分としてみることはできない。

　また、本件のように法令に基づくものではないにせよ、事前協議の制
度がある場合には、許可申請を行う前の段階で申請の実質的な審査が行
われていることが多いので、そうした事実が本件で与えられていれば、
知事による受領拒否行為および返戻行為を、実質審査をした上での拒否
処分として理解する余地もないわけではない。しかし、そもそも本件で
はそのような事実は与えられていないので、こうした可能性を検討する
必要はない。

【解説5】

　X社としては、申請を前提とする処分である産業廃棄物処理業の許
可および産業廃棄物処理施設設置の許可を得たいのであるから、知事が
各許可をすべき旨を命ずることを求めて、申請型義務付け訴訟（行訴法
3条6項2号）を提起するのが最も適切である。ただし、申請型義務付
け訴訟を提起する場合には、一定の抗告訴訟を併合提起しなければなら
ない（行訴法37条の3第3項）。既に【解説4】で解説したとおり、申
請書の受領拒否行為や返戻行為は処分としてみないのが適切であるか
ら、たとえ許可申請後に受領拒否行為や返戻行為が行われたとしても、
未だ申請に対する処分は何も行われていないことになる。つまり、そこ
には不作為状態があることになるから、申請型義務付け訴訟に併合提起

する訴訟は不作為の違法確認訴訟（行訴法3条5項）ということになる。不作為の違法確認訴訟は、「処分又は裁決についての申請をした者」に限り提起することができるが（行訴法37条）、当該申請は「法令に基づく申請」でなければならない（これを訴訟要件と捉えるか、本案勝訴要件と捉えるかは争いがある）。本件の場合、廃掃法が、そこでいう「法令」に該当し、実際にX社は申請をしているから、不作為の違法確認訴訟の提起が不適切であるということにはならない（仮に申請それ自体が不適法であったとしても、行政庁には申請拒否の決定をする義務があるといえるから、申請の適法・不適法にかかわらず、申請をした者は不作為の違法確認訴訟を適法に提起することができる）。

なお、【解説4】で示したような構成で許可申請書の受領拒否行為や返戻行為を拒否処分としてみるのであれば、X社としては、それらの行為の取消しを求めて取消訴訟（行訴法3条2項）を併合提起することになるが、本件の場合、その可能性を考えなくてもよいことは【解説4】で述べた。

【解説6】

上述のとおり、本件では、申請型義務付け訴訟と不作為の違法確認訴訟を提起することが妥当であるから、以下、それぞれの訴訟における本案上の主張について解説しておこう。

不作為の違法確認訴訟における中心的な本案勝訴要件は、「相当の期間内」に申請に対する処分が行われないことである。問題となるのは、そこでいう「相当の期間」の意味であるが、一般的には当該処分を行うのに通常必要とされる期間を指す。本件の場合、許可申請は平成20年4月12日であり、現在が平成20年10月であるとすると、既に半年もの間、許可申請が放置されていたことになる。そこで、X社としては、まず、これをもって相当の期間が経過していると主張することが考えられなければならない。ただし、このような主張を展開するにあたっては、以下の諸点に配慮する必要があるであろう。

第1に、主張・立証責任の観点からすると、原告側は、相当の期間が経過したということを述べる必要はなく、単に申請が行政庁の事務所に到達したということを述べればよい（ただし、実際は、原告側が相当の

109

期間が経過したということを述べるのが通例である）。これに対し、行政側は、相当の期間が経過していないということを正当化するための特段の事情（正当な理由）が存在することについて立証責任を負うと解される。このように立証責任の観点からはＸは相当の期間が経過していると主張する必要はないが、仮にこの点が争点になり、Ｘが主張をする際には、当該許可について行政手続法６条に基づき定められた標準処理期間（本件の場合、産業廃棄物処分業の許可については60日、産業廃棄物処理施設設置の許可については100日）を大幅に過ぎていることを主張していくことが考えられる。もっとも、標準処理期間（行手法６条）と「相当の期間」（行訴法３条５項）は連動するわけではないから、標準処理期間を徒過しているからといって直ちに違法であるとまではいえない。その意味では、不作為の違法確認訴訟における標準処理期間の徒過に関する主張は、裁判所が「相当の期間内」にあるかどうかを判断する際のあくまで１つの材料である。しかし重要な材料ではあるから、Ｘ社としては標準処理期間の徒過について主張する意味はある。

　第２に、上記の主張をする際には、甲山県行政手続条例31条の規定にも配慮する必要がある。同条によれば、相手方が行政指導に従う意思がない旨を明確に表明している場合には、行政指導を継続して処分を留保することはできない。逆にいえば、そうした意思を表明していなければ、相手方は行政指導に任意に協力・服従しているとみることができ、その間、行政庁が処分を留保することは違法ではない（最三小判昭和60年７月16日民集39巻５号989頁）。この60年判決においては、そうした意思が「真摯かつ明確に表明」されることが求められているが、これには社会的に首肯できるような客観的条件が備わっていることが必要であると解されている（前掲最判昭和60年判決の調査官解説である石川善則「判批」法曹時報41巻６号134頁）。これらのことを踏まえると、本件の場合、Ｘ社は当初、事業説明会を行うなど、行政指導に真摯に対応しようとしていたことが窺われるため、その段階での処分留保は必ずしも違法とはいえない。そして、こうした真摯な対応を経た上で、Ｘ社は平成20年４月12日に書面でもって行政指導に従う意思がない旨を表明しているから、Ｘ社としては、これをもって真摯かつ明確な意思表示が行われたと指摘し、本件における違法事由の主張を展開

する必要がある。

　第3に、本件のように、申請者が行政指導に不協力・不服従の意思を表明している場合に、なおも行政指導を行って処分を留保することが違法であるか否かの判断を、60年判決でいうところの「申請者が受ける不利益と行政指導の目的とする公益上の必要性とを比較衡量して、行政指導に対する建築主の不協力が社会通念上正義の観念に反するものといえるような特段の事情」が存在するか否かの判断に係らしめることが考えられる。しかし、主張・立証責任の観点からすれば、そのような特段の事情の存在は甲山県行政手続条例31条に対する例外事由に相当するから、特段の事情の存在を主張・立証すべき責任は行政側にあるといえよう。そうであれば、あえてX社の側から上記の論点を持ち出して自らの主張を展開する必要はない（もっとも、上記の論点が問題となった場合を想定して、本件で「申請者が受ける不利益」および「行政指導の目的とする公益上の必要性」に当てはまりそうな事実を摘示してみるとよい）。

　第4に、60年判決は国家賠償請求訴訟において示された違法性の判断枠組みであって、それが、本稿で問題としている不作為の違法確認訴訟においても妥当するか否かは問題となりうる。不作為の違法確認訴訟における違法性と国家賠償請求訴訟における違法性を同一のものと捉える立場（違法性一元説）からすれば、60年判決の判断枠組みは本件における不作為の違法確認訴訟にも妥当する。ここまでの説明は、この違法性一元説に立った説明であって、実際にX社がこの立場で自らの主張を構成する場合には、行政指導に従う意思がないことを真摯かつ明確に表明していることを主張する必要がある（この場合、行政側が「特段の事情」が存在することを主張・立証できなければ、処分の留保は違法となる。他方、仮にX社がそうした意思を表明していなければ、処分の留保は違法でないのだから、X社が不作為の違法確認訴訟で勝訴することはできない）。逆に、不作為の違法確認訴訟における違法性と国家賠償請求訴訟における違法性を区別する立場（違法性相対説）からすれば、60年判決の判断枠組みは本件における不作為の違法確認訴訟に妥当しないということになるが、その場合、いかなる判断枠組みでもって不作為の違法を判断することになるのか問題になる。この点、60年

111

判決では、①相手方が行政指導に任意に協力・服従しているのか否か、②処分を留保されたままでの行政指導には応じられないとの意思を真摯かつ明確に表明した場合に、なお「特段の事情」があるかどうかが違法性に関する重要な判断要素となっているが、違法性相対説に立つ場合には、(1)上記①および②の判断要素がともに不作為の違法確認訴訟に妥当しない、(2)上記①の要素は妥当するが、②の要素は妥当しない、(3)上記①の要素は妥当しないが、②の要素は妥当するという3つの可能性があることになる。甲山県行政手続条例31条は、相手方が行政指導に任意に協力・服従しているときに、処分を留保することは違法ではないとの立場に立っていると理解できるから、少なくとも①の要素は不作為の違法確認訴訟において考慮されるであろう。これに対し、②の要素は不作為の違法確認訴訟では考慮されず、不作為の違法を理由とする損害賠償請求訴訟においてのみ考慮されるとすることは不可能ではない（調査官解説によれば、60年判決は処分の留保の違法を阻却する事情として②を理解している）。なぜなら、不作為の違法確認訴訟は、不作為状態を解消し、中間的の解決をもたらすものなので、違法判断が重すぎるのは問題だからである。そうすると、違法性相対論の立場に立つ場合には、(2)の立場に立つのが穏当といえよう。これによれば、不作為の違法確認訴訟において、X社は、自らが行政指導に任意に協力・服従していたわけではないことを主張していけば十分であって、「特段の事情」の有無について配慮する必要はないし、仮に行政側が「特段の事情」が存在することを主張した場合には、上記(2)の立場に立って、そもそも当該論点が不作為の違法確認訴訟では争点にはならないことを主張していけばよいであろう。

　第5に、本件では行政庁が申請に対する審査を全くしていないと解することができるから、行政庁の行為が行政手続法7条の審査開始義務に反していると指摘することができるが、その点に関する違法の判断は、結局のところ、不作為の違法の判断に収斂されることになる。そのため、本件では、不作為の違法確認訴訟において、行政手続法7条違反を指摘する意味はない。

　次に、申請型義務付け訴訟における本案上の主張については、X社が求めている各許可に関して、法定要件が充足されている申請に対して

は許可すべきであるということを指摘した上で、X社からの申請が法定要件を充足していたと主張すればよいであろう（行訴法37条の3第5項における覊束行為と裁量行為の勝訴要件の違いにこだわる必要がないことについては、本書第1回【解説8】を参照）。ただ、法定要件を満たしても、なお、行政庁には許可するかしないかの裁量（効果裁量）の余地があると面倒である。そうした可能性を塞ぐためには、以下のような議論を立てることが有効である（以下にみるように、産業廃棄物処理業および産業廃棄物処理施設設置の許可の場合、要件裁量も否定できそうである）。すなわち、廃掃法は廃棄物を一般廃棄物と産業廃棄物に区別した上で、市町村が一般廃棄物処理の計画を定め、当該計画に従って市町村が一般廃棄物の収集・運搬・処分をすべきものとしている（6条1項、6条の2第1項）。しかも、一般廃棄物処理業の許可にあたっては、市町村が策定した廃棄物処理計画の枠内で許可されることになっており、さらに、「当該市町村による一般廃棄物の処分が困難であること」（7条10項）という許可要件が定められている。これらの点からすると、廃掃法は、一般廃棄物の収集・運搬・処分を私人の自由な経済的活動として捉えておらず、本来的には市町村が行うべき活動として捉えているといえよう。したがって、一般廃棄物の収集・運搬・処分業の許可は、かつての「特許」のように、本来的には国民に認められていない特別の地位を与えるものとして理解することができる。このような場合、一般に行政庁の裁量は幅広く認められる。これに対し、産業廃棄物の処理の場合、同様の規律は設けられておらず、原則として事業者が産業廃棄物を処理することとされ、地方公共団体は事業者による処理を補完するものとして規律されている（11条）。また、その許可要件（14条5項、10項）をみると、需要に供給が適合することを求める、いわゆる需給適合原則（例えば電気事業法5条1号は、「その電気事業の開始が一般の需要、一般電気事業の需要又は供給地点における需要に適合すること」と定めており、需給適合原則を定めている。ちなみに、この条項によって電気事業の地域独占がもたらされる）など、事業活動に対する積極的なコントロールをすることを意図した定めは存在せず、消極的な最低限度の参入規制を行う規定しかない。このような点からすると、廃掃法は産業廃棄物を処理する活動が基本的に民の活動であるという理解

を前提にしていると解され、そうである以上は当該活動に憲法上の経済活動の自由の保障が及ぶと解される。そうすると、産業廃棄物処理業の許可の仕組みは、本来的には国民が自由に行うことができる活動に対して例外的に制限を設けているといえ、産業廃棄物処理業の許可の要件の認定に関して、あるいは、許可要件を満たした場合に許可をするかしないかの判断に関して、裁量の余地は認められないといえよう。なお、産業廃棄物処理施設の設置許可についても、基本的に同様に理解することができよう（裁量の余地について判断するポイントについては、本書第5回【解説5】を参照）。

[第 8 回]

教育研究集会の開催を目的とした公立学校の施設の使用

[事案]

Xは、甲山県の公立小中学校等に勤務する教職員によって組織された地方公務員法上の職員団体であり、法人格を有している【→解説1】。Xが毎年度主催している教育研究集会には毎年1,500人ほどが出席し、そこでは教育現場において日々生起する教育実践上の問題点について、各教師ないし学校単位の研究や取組みの成果が発表、討議の上、集約され、その結果が教育現場に還元されてきた。他方で、教育研究集会は、職員団体であるXの基本方針に基づいて運営され、分科会のテーマにも、教職員の人事や勤務条件を取り上げるものがあり、Xの労働運動という側面もあった。

Xは、第58次甲山県教育研究集会を同県内の乙川市立中央中学校で平成20年11月15日（土）と翌16日（日）の2日間にわたって開催するため、同年9月10日、同校の校長に中学校の施設の使用許可を口頭で申し入れた【→解説2】。校長は、この申入れを同校の職員会議に諮ったところ、特段、異論が出なかったため、同年9月12日、Xに対し学校施設の使用を了承する旨の返答をした【→解説2】。その1週間後、乙川市教育委員会（以下、「市教委」という）の教育長は、Xから中央中学校の校長に対して学校施設の使用許可の申入れがあったことを知り、直ちに校長を呼び出してXによる学校施設の使用の許否について協議した。その結果、Xに中学校の施設の使用を認めた場合、過去の類似の事例に照らすと、右翼団体の街宣車が押しかけてきて周辺地域が騒然となり、周辺住民から苦情が寄せられるおそれがあるため、Xに中央中学校の学校施設を使用させることは控えるべきであるとの結論に達し、校長は、直ちにその旨をXに伝えた【→解説2】。この校長からの連

115

絡に不満をもったＸは、その後、市教委の担当者と面談するなどして交渉を続けたものの、納得のいく結論を得られなかったので、正式に中央中学校の学校施設の使用許可を得るため、同年10月27日に所定の手続に従って許可申請書を提出した。これに対し、市教委は、同年11月4日、市教委が制定した乙川市立学校施設使用規則（以下、「本件使用規則」という）【→解説3】に照らし、学校施設使用不許可決定をした【→解説4】。Ｘに対する学校施設使用不許可決定通知書には、不許可理由として、本件申請は乙川市立学校施設使用規則4条2号に該当するものの、中央中学校およびその周辺の学校や地域に混乱を招き、児童生徒に教育上悪影響を与え、学校教育に支障をきたすことが予想される（同規則5条3号）との記載があった。

　Ｘは、昭和26年から毎年継続して甲山県の公立の学校施設を会場として教育研究集会を開催してきたのであり、本件集会を除いて学校施設の使用が不許可になったことはこれまで1度もなかった。そこでＸは法的手段をとるべく、土田弁護士に相談をした。同弁護士は同じ法律事務所に所属する新米の大貫弁護士に本件に関する調査を行うよう指示した。その3日後の同年11月11日、両弁護士の間で次のようなやりとりが行われた。

土田弁護士：まず本件における法律関係について簡単に説明してもらえますか。

大貫弁護士：公立学校それ自体は地方自治法244条の公の施設に該当します。一般的な理解によれば、当該施設を設置目的に即して使用する場合には同条およびその関連規定に服しますが、目的外使用の場合はこれと異なります。つまり、公立学校の施設は地方自治法238条4項の行政財産に該当しますから、目的外使用の場合は同条およびその関連規定に服することになり、同法238条の4第7項に基づく許可が必要になります。

土田弁護士：本件の場合、その許可権者は誰になりますか。

大貫弁護士：地方教育行政の組織及び運営に関する法律21条2号により学校その他の教育機関の用に供する財産は教育委員会が管理するものとされているため、本件のような学校施設の場合、地方自治法238条の4第7項の許可は教育委員会が行うことになります。ちなみに、教育委

員会の目的外使用許可の権限を校長に委任する旨の規定はありませんでした。なお、本件に関する法令として学校施設の確保に関する政令があります。この政令は、いわゆるポツダム政令であって法律の効力を有します。その3条によれば、管理者が他の法令の規定に従って同意を与えれば、学校施設の目的外使用が許されます。そこでいう同意を与えるための「他の法令の規定」として、地方自治法238条の4第7項があるわけです。また、学校教育法137条は地方自治法の趣旨を学校施設の場合に敷衍したものです。本件使用規則も、これらの法令の規定を受けて、市教委が使用許可の方法、基準等を定めたものといえます。

土田弁護士：Xが受け取った不許可決定通知書をみると、学校教育に支障をきたすおそれがあることが不許可決定の理由になっていますが、この点について、何かわかったことはありますか。

大貫弁護士：私が調査したところによると、数年前、Xは教育研究集会を乙川市内のある公立中学校で開催しましたが、集会当日、右翼団体の街宣車が来て、スピーカーから大音量の音を流すなどの街宣活動を行ったため、周辺住民から学校関係者等に多くの苦情が寄せられました。この点に鑑みれば、今回も確かに抽象的には右翼団体による街宣活動のおそれはあったといえます。しかし、不許可決定が出された時点で、本件集会について右翼団体による具体的な妨害の動きがあったわけではありません。しかも、本件集会は土曜日と日曜日に開催されることになっていたため、生徒の登校は予定されていませんでした。

土田弁護士：Xは、中央中学校以外の場所で本件集会を開催することは考えていなかったのでしょうか。

大貫弁護士：本件集会では教科ごとの研究討議を行う分科会が開催される予定であり、各分科会では、実験台、作業台等の教育設備や実験器具、体育用具等、教科に関する教育用具や備品が必要になります。これらの備品がある学校施設を利用しなくては、分科会は開催できません。したがって、他の公共施設で本件集会を開催することは無理です。

土田弁護士：そもそも、本件集会の開催日まで、あと数日しかありませんので今から別の会場を探すということはおよそ考えられません。そこで、あなたは、Xが提起すべき訴訟とともに仮の救済についても、検

討してください。

〈資料〉本件に関する法令等

(1) 地方自治法（昭和22年4月17日法律第67号）（抜粋）

（行政財産の管理及び処分）

第238条の4　（略）

2～6　（略）

7　行政財産は、その用途又は目的を妨げない限度においてその使用を許可することができる。

8～9　（略）

（公の施設）

第244条　普通地方公共団体は、住民の福祉を増進する目的をもつてその利用に供するための施設（これを公の施設という。）を設けるものとする。

2　普通地方公共団体（……）は、正当な理由がない限り、住民が公の施設を利用することを拒んではならない。

3　普通地方公共団体は、住民が公の施設を利用することについて、不当な差別的取扱いをしてはならない。

(2) 地方教育行政の組織及び運営に関する法律（昭和31年6月30日法律第162号）（抜粋）

（教育委員会の職務権限）

第21条　教育委員会は、当該地方公共団体が処理する教育に関する事務で、次に掲げるものを管理し、及び執行する。

一　（略）

二　教育委員会の所管に属する学校その他の教育機関の用に供する財産……の管理に関すること。

三～十九　（略）

（学校等の管理）

第33条　教育委員会は、法令又は条例に違反しない限度において、その所管に属する学校その他の教育機関の施設、設備、組織編制、教育課程、教材の取扱その他学校その他の教育機関の管理運営の基本的事項について、必要な教育委員会規則を定めるものとする。……。

2　（略）

(3) 学校教育法（昭和22年3月31日法律第26号）（抜粋）

第137条　学校教育上支障のない限り、学校には、社会教育に関する施設を附置し、又は学校の施設を社会教育その他公共のために、利用させることができる。

(4) 学校施設の確保に関する政令（昭和24年2月1日政令第34号）（抜粋）

（この政令の目的）

第1条　この政令は、学校施設が学校教育の目的以外の目的に使用されることを防止し、もつて学校教育に必要な施設を確保することを目的とする。

（学校施設の使用禁止）

第3条　学校施設は、学校が学校教育の目的に使用する場合を除く外、使用してはならない。但し、左の各号の一に該当する場合は、この限りでない。

一　法律又は法律に基く命令の規定に基いて使用する場合

二　管理者……の同意を得て使用する場合

2　管理者……は、前項第二号の同意を与えるには、他の法令の規定に従わなければならない。

(5) 教育公務員特例法（昭和24年1月12日法律第1号）（抜粋）

（研修）

第21条　教育公務員は、その職責を遂行するために、絶えず研究と修養に努めなければならない。

2　教育公務員の任命権者は、教育公務員の研修について、それに要する施設、研修を奨励するための方途その他研修に関する計画を樹立し、その実施に努めなければならない。

（研修の機会）

第22条　教育公務員には、研修を受ける機会が与えられなければならない。

2　教員は、授業に支障のない限り、本属長の承認を受けて、勤務場所を離れて研修を行うことができる。

3　教育公務員は、任命権者の定めるところにより、現職のままで、長期にわたる研修を受けることができる。

(6) 乙川市立学校施設使用規則（昭和45年7月25日教委規則第5号）（抜粋）

第2条　学校施設を使用しようとする者は、使用日5日前までに学校施設使用許可申請書（以下「申請書」という。）を当該校長に提出し、乙川市教育

委員会（以下「委員会」という。）の許可を受けなければならない。……。

第3条　委員会は、前条の申請書に基づき、その許否を決定のうえ学校施設使用許可書を申請者に交付する。

第4条　学校施設は、次の各号の一に該当する場合に限り、その用途又は目的を妨げない限度において、使用を許可することができる。

一　当該施設を使用する者のために売店、その他厚生施設を設置するとき。

二　公の施設の普及宣伝その他の公共の目的のため、講演会又は研究会等の用に供するとき。

三～五　（略）

2　（略）

第5条　前条の規定にかかわらず、次の各号の一に該当するときは、施設の使用を許可しない。

一　施設管理上支障があるとき。

二　営利を目的とするとき。

三　その他教育委員会が、学校教育に支障があると認めるとき。

[設問]

1. Xが当初の予定通り本件集会を開催できるようにするためには、誰に対して、どのような訴訟（行政事件訴訟法に定められているものに限る）を提起するのが最も適切か。さらに、その訴訟の本案前の主張として、どのような主張をすればよいか【→解説5】。

2. Xが仮の救済を求めるには、どのような申立てを行い、何を主張すればよいか【→解説6】。ただし、仮の救済を求めるために提起することが前提となっている訴訟の本案に関連する要件については、事案に即した検討を行う必要はない。

3. 上記設問1の訴訟において、Xが本件処分の実体法上の違法を主張する場合、いかなる主張をすべきか【→解説7】。

はじめに──読解の指針

　Xが本件集会を開催できないのは、市教委が本件使用規則に照らして不許可決定をしたからである。そこで、本件使用規則および不許可決定の法的性格について、まず明らかにする必要がある【→解説3】【→解説4】。もっとも、この不許可決定が出る前に、Xは口頭で学校施設の使用を申し入れ、校長はこれを了承する旨の返答を行っている。このやりとりが法的観点からどのように評価されるのか、その後の校長による前言を翻す行為の法的性格とともに、明らかにしておく必要がある【→解説2】。なお、Xが地方公務員法上の職員団体であるということが本件集会の性格づけと結びつく可能性を否定できないので、以下では、地方公務員法上の職員団体についても、解説しておく【→解説1】。

　そして以上の諸点を踏まえることが、本件における最も適切な訴訟形態と当該訴訟における本案前の主張【→解説5】および本案上の主張【→解説7】ならびに仮の救済【→解説6】を論じる前提となる。

[解説]

【解説1】

　憲法28条は労働基本権について定めているが、一般職の地方公務員は一般の労働者と異なり、地方公務員法により労働基本権が部分的に制限されている。もっとも、地方公務員法52条1項は「職員がその勤務条件の維持改善を図ることを目的として組織する団体又はその連合体」を「職員団体」として認めているから、団結権については、一般職の地方公務員にも認められている。ただし、職員団体は結成されれば直ちに法人となるわけではなく、人事委員会または公平委員会の登録を受けた後、法人となる旨を申し出ることによって法人となる（職員団体等に対する法人格の付与に関する法律3条1項3号）。

　本件では、問題文の中にXが法人であることが明記されている。したがって、Xは権利義務の主体であり、訴訟法上、当事者能力を有す

るといえる（Xが当事者能力だけでなく、本件において当事者適格
〔原告適格〕を有するかという点については、【解説5】を参照）。

【解説2】

　本件において、①Xは校長に対し口頭で学校施設の使用許可を申し
入れ、②校長はこれを了承する旨の返答をし、③教育長との協議を終え
た後、Xに対し前言を翻す行為を行っている。それでは、これら3つ
の各行為は法的観点からどのように評価できるか。

　まず、Xの申入れは地方自治法238条の4第7項の許可を得るため
の申請として捉えることはできない。なぜなら、乙川市立学校施設使用
規則2条によれば、学校施設を使用しようとする者は学校施設使用許可
申請書を校長に提出しなければならないとされているところ、Xは口
頭で学校施設の使用を申し入れたにすぎないからである。

　次に、Xからの使用許可の申入れに対して校長が行った了承する旨
の返答は、地方自治法238条の4第7項の許可ではない。なぜなら、同
条項に基づく許可権者は市教委であって、校長ではないからである。ま
た、弁護士の会話からは、市教委から校長への権限の委任もないことが
読み取れる。したがって、無権限者の校長の行為は単なる事実上の行為
であって、校長から了承を得たからといって、Xは使用権を獲得した
わけではない。

　最後に、教育長との協議の後に表明された、学校施設の使用を認めな
い旨の校長による意思の表明も、事実上の行為である。上述したように
校長は許可権限をもっておらず、Xに使用権を与えることも剝奪する
こともできないのである。

　なお、校長の行為は、見方によっては、正式の許可申請をしないよう
求める行政指導として捉えることもできるが、こうした行政指導は禁止
されているわけではない。もっとも、仮に相手方が当該行政指導に従う
意思がない旨を表明したにもかかわらず、行政指導を続け、正式の許可
申請書を受け取らないなどの取扱いをすれば、違法な行政指導になろう
（本件のように地方公共団体の機関が行う行政指導の場合には、行手法
3条3項により同法は適用されないが、通常、各地方公共団体の行政手
続条例には行手法33条に相当する規定があるため、当該規定によって

規律されることになる)。

【解説3】

　本件において市教委は不許可の決定を行っているが、その根拠は地方自治法238条の4第7項である(行政財産〔本件の場合は学校施設〕の目的外使用許可の根拠は地方自治法238条の4第7項にある。学校教育法137条は地方自治法の当該規定を学校施設に関して敷衍したものといえる。したがって行手法3条3項により、本件不許可決定には行政手続法の適用がある)。本件使用規則は、その法的位置づけはともかく、当該許可の具体的基準を示したものといってよい(長や、教育委員会等の執行機関が定める「規則」は自治立法の一種で、講学上の「行政規則」を意味しているのではない。本書第3回【解説2】参照)。

　ところで、法治主義の観点からいえば、地方自治法238条の4第7項の許可の基準は地方自治法の中で明確にされるか、あるいは、個別具体的に許可基準の定立が教育委員会規則に委任されるべきであろう。しかし、実際には地方自治法は許可の基準に関して何ら要件を定めていないし(これを白地要件と呼ぶことがある)、同法には教育委員会規則への委任を認める個別具体的な規定もない。そのため本件使用規則は単なる行政規則であるとみることもできる。もっとも、本件使用規則が定めた内容は地方自治法において当然に予定されていることを表明したものであると捉えるならば、本件使用規則は違法ではないし、法的拘束力を承認することもできよう(ドイツには、不確定法概念の執行を容易にするために定められる規範具体化行政規則というものがあり、法の限界内で法規と同様の拘束力を認められている。簡略には、宮田三郎『行政法の基礎知識 (2)』〔信山社、2004年〕99頁以下)。

　このことは、いかなる条文に依拠して目的外使用許可の裁量を考えるべきかという論点とも連動する(【解説4】および【解説7】を参照)。

【解説4】

　市教委による不許可決定は処分としての性格を有するといってよいであろうか。本件不許可決定が行われたことによって権利義務関係の変動がもたらされたといえるか、必ずしも明らかではないし、さらに本件不

123

許可決定は使用契約の申込みに対する拒否行為として捉える余地もある
ため、問題となりうる。このうち前者の問題については、「申請権」に
対する規律があることをもって処分性を肯定すればよいだろう（本書第
1回【解説5】）。あるいは、許可等が何らかの権利自由を回復するもので
あれば、違法な拒否処分はこの権利自由を制約している（そういう規律
がある）といってもよいだろう。後者の問題については、許可権者が申
請者との交渉によってではなく、公益の管理者として自己の責任に基づ
いて一方的に判断を下すものであることを指摘できる。以上の見地に立
てば、本件の不許可決定は処分と捉えるのが妥当である。

　それでは、地方自治法238条の4第7項に基づく目的外使用許可に市
教委の裁量は認められるか。これをどのような条文に依拠して判断する
かによって、本案上の主張の仕方が本来は異なるため、問題となる。つ
まり、【解説7】で述べるように、一方で本件使用規則の規定に依拠する
ことなく、違法（裁量の逸脱・濫用）を主張する方法があり、他方で本
件使用規則の規定に依拠して違法を主張する方法があるのである。この
うち前者の場合には、目的外使用許可に関する裁量の有無・余地は本件
規則を参照せずに判断される。この場合、①学校施設の目的外使用を許
可する場合には、現場の事情に通じた行政機関の判断によらざるをえな
いこと、②地方自治法238条の4第7項は、明文の許可要件は規定せ
ず、また、「許可することができる」という文言になっていること、③
学校施設は本来学校教育の目的のために使用することが予定されてお
り、本来的に自由使用が予定されている道路や一般公衆の用に供するこ
とが予定されている会館等とは異なること、以上の諸点を根拠にして市
教委の判断に裁量を認めることが考えられる（要件裁量、効果裁量の有
無を判断するポイントは、本書第5回【解説5】を参照）。他方、後者の
場合、すなわち本件使用規則を参照して裁量の有無・余地を判断すると
どうなるかについては、【解説7】を参照のこと。

【解説5】

　設問では最も適切な手段が問われているが、最も適切といえるか否か
は、当該紛争において考えうる訴訟を提起した場合に獲得しうる勝訴判
決の効果（既判力、形成力、拘束力を主に考えればよい）が原告の要望

との関係でどの程度適合しているかという見地から、判断することになる。したがって、その判断に際しては、第1に、原告が勝訴した場合に、被告が判決に従わないことを想定する必要はない。つまり、給付判決であれば、被告がこれに従うと考えてよいし、確認判決であれば、被告が確認判決の内容に則って行動すると考えてよい。第2に、仮の権利保護が認められる可能性と関係させて本案訴訟を選択する必要はない。第3に、本案勝訴要件のハードルの高さ・低さは考慮しなければならないが、この点については、それほど厳格に考慮する必要はない（ただし、いずれについても実務においては別の考慮が必要である。例えば、勝訴の可能性は実務上最も重要な考慮事項であろうし、また、もし勝訴しても相手が従わない可能性がある場合には、目的を達成するための別の方法を考える必要がある）。

　以上の見地からすると、本件では、Xには予定通り本件集会を開催したいという要望があり、これを実現するためには市教委の許可が必要であるから、判決の効果として市教委の許可をもたらす訴訟が最も適切な訴訟ということになる。そのような訴訟は、いうまでもなく、申請型義務付け訴訟（行訴法3条6項2号）である。他方、取消訴訟も、勝訴すれば判決の拘束力によってXに許可が付与される可能性があるし、勝訴要件のハードルの高さを考慮すると、義務付け訴訟よりも取消訴訟のほうが原告の要望を実現しやすいともいえそうである。しかし、取消訴訟で勝訴してみても、必ず許可が付与されるわけではないし、上述したように、最も適切な法的手段を考える際に勝訴要件のハードルの高さをそれほど厳格に考慮する必要はない。また、後にみるように、申請型義務付け訴訟には不許可処分の取消訴訟を併合提起しなくてはならず、場合によっては取消訴訟について勝訴判決を得ることができる。このように考えると、本件において最も適切な法的手段は申請型義務付け訴訟であるといえよう。

　そこで、次に、この申請型義務付け訴訟の主要な訴訟要件について、解説しておこう。

　第1に、申請型義務付け訴訟は、「当該法令に基づく申請又は審査請求に対し相当の期間内に何らの処分又は裁決がされない」とき、あるいは「当該法令に基づく申請又は審査請求を却下し又は棄却する旨の処分

又は裁決がされた場合において、当該処分又は裁決が取り消されるべき
ものであり、又は無効若しくは不存在である」ときに提起することがで
きる（行訴法37条の3第1項）。この要件が充足されているということ
は併合提起する訴えに係る請求に理由があるということを意味するが、
それは本案勝訴要件として求められている事項でもある（行訴法37条
の3第5項）。したがって、上記の訴訟要件が充足されているか否かは
究極的には本案審理の中で明らかにされることであるから、事実に照ら
して明らかに充足されていない場合を除いて、上記の訴訟要件は充足さ
れているものとして検討を進めればよいであろう。このような見地から
すると、本件の場合、上記の訴訟要件が明らかに充足されていないとい
う事情は見当たらない。

　第2に、申請型義務付け訴訟は「法令に基づく申請又は審査請求をし
た者に限り、提起することができる」（行訴法37条の3第2項）。本件
ではXが法令に基づく申請をしていることは明らかであるから、この
訴訟要件も充足されているといえよう。

　第3に、申請型義務付け訴訟を提起する場合には、申請拒否処分の取
消訴訟や、不作為の違法確認訴訟等、一定の抗告訴訟を併合提起しなけ
ればならない（行訴法37条の3第3項）。本件では、市教委による不許
可処分の取消訴訟を併合提起することが必要になる。そこで、当該取消
訴訟の訴訟要件が問題となるが、処分性、原告適格、狭義の訴えの利
益、出訴期間、被告適格、不服申立て前置、裁判管轄といった取消訴訟
の訴訟要件のうち、本件で特に論じるべき項目はないといってよい。あ
えて言及するとすれば、処分性と原告適格であろうから、若干コメント
しておくと、処分性については【解説4】の記述が参考になるであろ
う。また、原告適格については、一般に申請拒否処分の相手方が取消訴
訟の原告適格を有することに異論はないものの、その理由については、
明確な説明がされていない。この点、許可等が申請者の自由を回復する
ものであれば、違法な拒否処分はこの自由を侵害することになるし、ま
た、申請拒否処分に裁量性がある場合には、申請者は申請権を与えられ
ている以上、適切な裁量によって許否の判断を受ける法的利益があるか
ら、違法な拒否処分は申請権を侵害することになる、との説明が参考に
なる（塩野宏『行政法II〔第5版補訂版〕』〔有斐閣、2013年〕126頁）。つ

まり、何らかの意味で原告は拒否処分によって法的利益を侵害されるから、当然に原告適格を有すると解するわけである。

　以上のようにして、申請型義務付け訴訟とそれに併合提起する取消訴訟が適法であるとすると、これらの訴訟は乙川市を被告として提起することになる。この点、確かに本件では乙川市教育委員会が行政庁として不許可処分を行っているものの、抗告訴訟における被告適格は原則として行政庁ではなく、行政主体が有するから、本件では乙川市が被告となる（行訴法11条1項1号、38条1項）。

　なお、本件の教育委員会のように、合議制の機関が行政庁として捉えられることもある。同種の行政庁として、そのほかにも、公安委員会、選挙管理委員会などが存在する。このように、地方公共団体には首長のほかにも行政庁は多数存在し、これらは地方自治法上、行政を執行する機関という意味で「執行機関」と呼ばれているが（講学上の「執行機関」とは異なるので注意が必要である）、いずれも普通地方公共団体に所属するため、それらの執行機関が抗告訴訟の被告になることはない。

【解説6】

　本件において、Xが仮の救済を求める場合には、仮の義務付け（行訴法37条の5）を申し立てるのが最も適切である。この点に関し、仮の救済手段としては執行停止の申立て（行訴法25条）もあるが、本件では適切ではない。なぜなら、たとえ裁判所によって不許可処分が執行停止されたとしても、不許可処分の効力がない状態になるだけのことであり、許可がある状態にはならず、また、行訴法33条2項の準用がないため、不許可処分の執行停止が認められたとしても、行政庁は改めて決定の趣旨に従って新たな決定をしなければならないわけではないからである。このようにみてくると、本件では、不許可処分の執行停止には申立ての利益が認められない。

　仮の義務付けが認められるには、①本案訴訟たる義務付け訴訟の提起と仮の義務付けの申立てがあること、②「義務付けの訴えに係る処分又は裁決がされないことにより生ずる償うことのできない損害を避けるため緊急の必要」があること、③「本案について理由があるとみえる」こと（以上の諸要件については行訴法37条の5第1項）、④「公共の福祉

127

に重大な影響を及ぼすおそれ」があるといえないこと（行訴法37条の
5第3項）、以上の諸要件が充足されている必要がある。このうち①の
要件については特に問題がない。③の要件については、設問文の中で
「仮の救済を求めるために提起することが前提となっている訴訟の本案
に関連する要件については、事案に即した判断を行う必要はない」とあ
るので、本件の検討にあたって具体的な当てはめを行う必要はない。し
たがって具体的な当てはめが求められるのは、上記②および④の要件で
ある。

　上記②の要件が充足されているということをXが主張する場合、以
下の諸点を指摘することが考えられる。第1に本件集会の開催まであと
数日しかないこと、第2に学校以外の他の施設では教育研究集会を開催
することが困難であること、第3に参加人数からすると本件集会は規模
が大きいといえるため、再度、日程調整して開催することは不可能であ
ること、第4に本案判決の確定前に許可が得られないと狭義の訴えの利
益がなくなること、である。

　次に、上記④の要件が充足されているということをXが主張する場
合、以下の諸点を指摘することが考えられる。第1に、過去の類似の事
例からすると、今回も抽象的には右翼団体による街宣活動のおそれはあ
ったものの、本件不許可決定の時点で本件集会について右翼団体による
具体的な妨害の動きがあったわけではないので、学校施設の使用を許可
したとしても、その学校施設周辺で騒じょう状態が生じたり、学校教育
施設として相応しくない混乱が生じたりする具体的なおそれは認められ
ない。第2に、本件集会の予定開催日は、休校日である土曜日と日曜日
であり、生徒の登校は予定されていなかったのであるから、仮に右翼団
体が妨害行動に出たとしても、生徒に対する影響は間接的である。な
お、上記④の要件は仮の義務付けを妨げる要件なので、原告側から積極
的に要件該当性について主張、立証する必要はない。

【解説7】

　本件使用不許可決定が違法であると主張する（つまり、本件使用不許
可決定には裁量権の逸脱・濫用があると主張する）方法には、2つの方
法が考えられる。1つは、本件使用規則の規定に依拠することなく、違

法を主張する方法であり、もう１つは本件使用規則の規定に依拠して違法を主張する方法である。本件のモデルケースである最高裁平成18年２月７日判決は、このうち前者の方法によって不許可決定の違法性を導き出している。以下、それぞれの方法について解説しておこう。

　まず、本件使用規則の規定に依拠することなく、違法を主張する方法であるが、既に【解説4】で解説したように、地方自治法238条の４第7項に基づく許可・不許可の判断には裁量が伴う。したがって、裁量権の逸脱・濫用が認められれば、本件不許可決定は違法である。裁量権の逸脱・濫用の類型には様々なタイプがあるが、本件では許可に際して様々な考慮事項がありそうなので、裁量統制の方法としては判断過程の過誤を指摘する方法が適切であろう。この方法は、許可・不許可の判断を行うにあたって、①何が考慮事項か（あるいは何が考慮事項でないか）という観点（＝「考慮すべき事項を考慮し、考慮すべきでない事項を考慮しなかったか」否かという観点）および、②考慮事項が適正に考慮されたかという観点（この中には、「考慮事項の重み付けが適正に行われたか」という観点と「考慮事項に関する事実の評価が適正に行われたか」という観点が含まれる）から、裁量権の逸脱・濫用の有無を判断する手法である（本書第4回【解説6】を参照）。このような手法に依拠すれば、まず、いかなる事項を考慮に入れるべきか、問題となるが、本件のモデルケースとなった最三小判平成18年２月７日民集60巻2号401頁は「許可申請に係る使用の日時、場所、目的及び態様、使用者の範囲、使用の必要性の程度、許可をするに当たっての支障又は許可をした場合の弊害若しくは影響の内容及び程度、代替施設確保の困難性など許可をしないことによる申請者側の不都合又は影響の内容及び程度等」を考慮事項として挙げている。したがって、本件においても、これらの事項が考慮されないで不許可決定が行われたとすれば、裁量権の逸脱・濫用といえそうである。もっとも、上記最高裁判決のような基準を構成するのは容易ではない。本件の場合、そこまで詳細な基準を立てなくても、①集会の目的の相当性、②許可をした場合の支障、③許可がなされなかった場合のＸの支障を考慮事項の基準とすれば十分である。その上で、例えば、①を十分考慮せず、②を重視しすぎで、③についての評価は合理性を欠くというような言い方をして違法の主張をすればよい（他の表

129

現も可能である。「②についての評価は合理性を欠く」など）。この点、上記最高裁判決は以下のように述べている。「本件中学校及びその周辺の学校や地域に混乱を招き、児童生徒に教育上悪影響を与え、学校教育に支障を来すことが予想されるとの理由で行われた本件不許可処分は、重視すべきでない考慮要素を重視するなど、考慮した事項に対する評価が明らかに合理性を欠いており、他方、当然考慮すべき事項を十分考慮しておらず、その結果、社会通念に照らし著しく妥当性を欠いたものということができる」。

　もっとも、以上のような違法主張の構成については問題がないわけではない。というのも、いかなる事項を考慮すべきか、また各事項をどの程度考慮すべきかの判断は何を基準にして決まるのか、必ずしも容易には導けないからである。恐らく、この問題については、問題となる保護法益や条文に密着して個々のケースに応じて判断するほかないであろうが、処分の違法を争う原告としては、とりあえず処分理由として示された事項を、考慮すべきでない事項あるいは重視すべきでない事項として捉えて、そこを起点として違法の主張を構想することが考えられてよいであろう。

　次に、本件使用規則の規定に依拠して違法を主張する方法であるが、本件使用規則に法的拘束力があることを前提にすると（本件使用規則を行政規則としての裁量基準として捉える余地もないわけではないが、その場合であっても、合理的な理由がない限り裁量基準に従って市教委は判断しなくてはならないとすれば、違法主張の構成に大差はないであろう）、本件使用規則に違反して不許可決定が行われたということがいえれば、それが違法の主張となる。

　本件では、本件使用規則4条2号に該当するとされているが、問題となるのは、本件使用規則5条該当性である。裁量の余地がどの部分にあるかは難問だが、5条各号の当てはめについて裁量の余地があるかどうか、同条1号から3号のそれぞれに当てはまらない場合であっても、教育委員会は許可をしないことができるかについて、議論の余地があろう。

　ともあれ、原告の立場からすると、本件使用規則5条各号に当たる場合にのみ許可しない、つまり、同条各号に当たらない場合には許可をしなくてはならないという解釈をして（効果裁量の否定。この際、教育公

務員特例法に基づく研修の権利性、信頼保護の見地などに依拠すること
が考えられる。これらの構成については、各自で検討してもらいた
い)、市教委が不許可決定の根拠にした本件使用規則5条3号をはじめ
として同条1号および2号にも本件が当たらないという主張をすること
が考えられる。この点、本件が2号に当たらないことは明らかであろ
う。他方、本件使用規則5条1号および3号の要件該当性の判断には恐
らく裁量の余地があるであろうが、学校施設の使用を許可した場合、そ
の学校施設周辺で騒じょう状態が生じたり、学校教育施設として相応し
くない混乱が生じたりする具体的なおそれは認められないこと、また、
本件集会は土曜日と日曜日に開催されることになっていたため、生徒の
登校は予定されていないことを考慮すれば(【解説6】)、本件使用規則5
条1号および3号に当たらないということは可能であろう。

［第9回］

指定医師の指定の取消し

［事案］

　Xは平成5年に医師免許を取得し（医師法2条）、平成13年に甲山県の無医村で個人病院を開業した。これ以降、Xは、甲山県医師会（昭和22年に甲山県知事によって許可された社団法人）に所属する医師として地域の産婦人科医療に従事した。Xは、開業当初、人工妊娠中絶の業務を行っていなかったが、人工妊娠中絶の希望を申し出る女性が少なくなかったため、指定医師の指定を受けるため、甲山県医師会に申請をした。その後、Xは平成15年10月1日に適法に指定医師の指定を受け（母体保護法14条1項）【→解説1】、1年につき数件のペースで人工妊娠中絶の業務を行った。

　20歳の未婚の女性Aは、平成18年2月16日に、初めてXの診察を受けた。その際にAは妊娠していることを告げられたが、Aは身寄りがなく、子どもを育てていくだけの経済的余裕が全くなかったため、人工妊娠中絶を希望する旨、申し出た。これに対しXはAに出産を勧めると同時に、産まれてきた赤ちゃんは不妊症に悩むB夫妻の子どもとして産まれたことにしてはどうか、と提案した。Aは、悩んだ末、この提案を受け入れた。それから数カ月後、Aは無事、元気な赤ちゃんを出産した。そして、その赤ちゃんは、Xが虚偽の出生証明書を発行したことで、B夫妻の間に産まれた子として法的にも扱われた。

　XはAの件で初めて実子あっせん行為を行ったが、その噂は瞬く間に全国に広がっていき、結局、Xは平成26年3月までの間に100件に及ぶ実子あっせん行為を行った。

　Xによる実子あっせん行為は、平成26年4月1日、甲山県医師会の会長の耳に入ることとなった。そこで、同会長は直ちに調査に乗り出し

132　第9回｜指定医師の指定の取消し

たところ、さしあたり X の実子あっせん行為のうち 1 件について裏付けをとることができた。そのため、同会長は甲山県医師会の緊急幹部会において、たとえ 1 件でも X の反倫理的行為が明らかであり、かつ、このような行為は明らかに A 県医師会の内部規程に反するのであるから、X にこれ以上指定医師としての資格を認めるべきではなく、一刻も早く X の指定医師の指定を取り消すべきであるとの意見を述べ、会議の参加者も全員一致でこれを支持した。そこで、甲山県医師会は、調査の結果、判明した 1 件につき、具体的な理由を提示して、X の指定医師の指定の取消しを行った【→解説 2】。この指定医師の指定の取消しは平成 26 年 8 月 1 日付けで行われている。

　他方で、厚生労働大臣は、所定の手続を経て、医師法に基づき、平成 26 年 11 月 1 日付けで、X に対して 6 カ月の医業停止命令を発した（医師法 7 条 2 項二号）【→解説 3】。

　X は、甲山県医師会および厚生労働大臣による一連の措置に困惑し、直ちに土田弁護士のもとを訪れた。土田弁護士は、一通り X の話を聞いた後、同じ事務所の大貫弁護士に調査を指示した。その 3 日後、両弁護士の間で次のような会話が交わされた。

土田弁護士：先日、X さんと面談しましたが、X さんは甲山県医師会および厚生労働大臣による今回の一連の措置に相当困惑しているようです。特に甲山県医師会による指定医師の指定の取消しは何の前ぶれもなく、突然、行われたので、大変、驚いたとおっしゃっていました。また、X さんは、今後も、従来通り、指定医師としての業務を行いたい、ともおっしゃっていました。そこで、厚生労働大臣による 6 カ月の医業停止命令については、取消訴訟を提起して争うことにしたいと考えています。

大貫弁護士：ただ、医業停止命令が取り消されたからといって、X さんは指定医師としての業務ができるようになるわけではないはずです。したがって、医業停止命令とは別に指定医師の指定の取消しについても争う必要があるように思います。

土田弁護士：そうですね。その場合、取消訴訟の利用が考えられるところですが【→解説 4】、そのためには、争いの対象となる行為が取消訴訟の対象になる行為でなければなりません。そこで、今回の指定の取消し

133

という行為が取消訴訟の対象になる旨の主張を構成してみてください。

大貫弁護士：わかりました。

土田弁護士：それから、指定の取消しを取消訴訟で争う場合、当該訴訟では、一体誰を被告にすればよいのかという点についても、行政事件訴訟法上の根拠条文とともに、はっきりさせておいてください。

大貫弁護士：わかりました。

土田弁護士：次に本案上の主張についてですが、一応、手続法と実体法の両面から検討してみる必要があるだろうと思います。いずれの観点からの検討であれ、問題となる行為の根拠法規や要件は確認しなければいけません。

大貫弁護士：その点に関して、指定医師の指定や、指定医師の指定の取消しの各要件については、母体保護法にはっきりと書かれていません。また、指定に際して、指定の取消権が留保される旨の意思表示はありませんでした【→解説5】。

土田弁護士：そうすると、全く何の根拠もなく、甲山県医師会は指定の取消しをしたということですか。

大貫弁護士：実際には、日本医師会が作成したガイドラインがありまして、これに即して都道府県医師会が指定医師の指定や、その取消しをすることになっているようです。その意味では、全く何の根拠もなかったわけではありません。

土田弁護士：私の調査によると、そのガイドラインは、法令の根拠に基づいて作成されたわけではありませんから、この点も踏まえて、本案上の主張を考えてみてください。

大貫弁護士：わかりました。

〈資料〉本件に関する法令

(**1**) 医師法（昭和 23 年 7 月 30 日法律第 201 号）（抜粋）

第 2 条　医師になろうとする者は、医師国家試験に合格し、厚生労働大臣の免許を受けなければならない。

第 4 条　次の各号のいずれかに該当する者には、免許を与えないことがある。

一～二　（略）

三　罰金以上の刑に処せられた者

四　前号に該当する者を除くほか、医事に関し犯罪又は不正の行為のあつた者

第7条　（略）

2　医師が第4条各号のいずれかに該当し、又は医師としての品位を損するような行為のあつたときは、厚生労働大臣は、次に掲げる処分をすることができる。

一　戒告

二　三年以内の医業の停止

三　免許の取消し

3～18　（略）

第17条　医師でなければ、医業をなしてはならない。

第20条　医師は、自ら診察しないで治療をし、若しくは診断書若しくは処方せんを交付し、自ら出産に立ち会わないで出生証明書若しくは死産証書を交付し、又は自ら検案をしないで検案書を交付してはならない。但し、診療中の患者が受診後24時間以内に死亡した場合に交付する死亡診断書については、この限りでない。

第32条　第7条第2項の規定により医業の停止を命ぜられた者で、当該停止を命ぜられた期間中に、医業を行つたものは、1年以下の懲役若しくは50万円以下の罰金に処し、又はこれを併科する。

第33条の2　次の各号のいずれかに該当する者は、50万円以下の罰金に処する。

一　……第20条から第22条まで……の規定に違反した者

二～三　（略）

(2)　母体保護法（昭和23年7月13日法律第156号）（全文）

＊以下、「削除」の表記は、すべて法律上削除されていることを意味するのであって、筆者による削除を意味しない。

第一章　総則

（この法律の目的）

第1条　この法律は、不妊手術及び人工妊娠中絶に関する事項を定めること等により、母性の生命健康を保護することを目的とする。

（定義）

第2条　この法律で不妊手術とは、生殖腺を除去することなしに、生殖を不

能にする手術で厚生労働省令をもつて定めるものをいう。

2　この法律で人工妊娠中絶とは、胎児が、母体外において、生命を保続することのできない時期に、人工的に、胎児及びその附属物を母体外に排出することをいう。

第二章　不妊手術

第3条　医師は、次の各号の一に該当する者に対して、本人の同意及び配偶者（届出をしていないが、事実上婚姻関係と同様な事情にある者を含む。以下同じ。）があるときはその同意を得て、不妊手術を行うことができる。ただし、未成年者については、この限りでない。

一　妊娠又は分娩が、母体の生命に危険を及ぼすおそれのあるもの

二　現に数人の子を有し、かつ、分娩ごとに、母体の健康度を著しく低下するおそれのあるもの

2　前項各号に掲げる場合には、その配偶者についても同項の規定による不妊手術を行うことができる。

3　第1項の同意は、配偶者が知れないとき又はその意思を表示することができないときは本人の同意だけで足りる。

第4〜13条　削除

第三章　母性保護

（医師の認定による人工妊娠中絶）

第14条　都道府県の区域を単位として設立された公益社団法人たる医師会の指定する医師（以下「指定医師」という。）は、次の各号の一に該当する者に対して、本人及び配偶者の同意を得て、人工妊娠中絶を行うことができる。

一　妊娠の継続又は分娩が身体的又は経済的理由により母体の健康を著しく害するおそれのあるもの

二　暴行若しくは脅迫によつて又は抵抗若しくは拒絶することができない間に姦淫されて妊娠したもの

2　前項の同意は、配偶者が知れないとき若しくはその意思を表示することができないとき又は妊娠後に配偶者がなくなつたときには本人の同意だけで足りる。

（受胎調節の実地指導）

第15条　（略）

第四章　削除

第16～19条　削除

第五章　削除

第20～24条　削除

第六章　届出、禁止その他

（届出）

第25条　医師又は指定医師は、第3条第1項又は第14条第1項の規定によつて不妊手術又は人工妊娠中絶を行つた場合は、その月中の手術の結果を取りまとめて翌月10日までに、理由を記して、都道府県知事に届け出なければならない。

（通知）

第26条　不妊手術を受けた者は、婚姻しようとするときは、その相手方に対して、不妊手術を受けた旨を通知しなければならない。

（秘密の保持）

第27条　不妊手術又は人工妊娠中絶の施行の事務に従事した者は、職務上知り得た人の秘密を、漏らしてはならない。その職を退いた後においても同様とする。

（禁止）

第28条　何人も、この法律の規定による場合の外、故なく、生殖を不能にすることを目的として手術又はレントゲン照射を行つてはならない。

第七章　罰則

（第15条第1項違反）

第29条　第15条第1項の規定に違反した者は、50万円以下の罰金に処する。

第30～31条　削除

（第25条違反）

第32条　第25条の規定に違反して、届出をせず又は虚偽の届出をした者は、これを10万円以下の罰金に処する。

（第27条違反）

第33条　第27条の規定に違反して、故なく、人の秘密を漏らした者は、これを6月以下の懲役又は30万円以下の罰金に処する。

（第28条違反）

137

第34条　第28条の規定に違反した者は、これを1年以下の懲役又は50万円以下の罰金に処する。そのために、人を死に至らしめたときは、3年以下の懲役に処する。

【設問】

1. Xは、指定医師の指定の取消しが取消訴訟（以下、「本件取消訴訟」という）の対象になるということを指摘するために、いかなる主張をすべきか【→解説6】。
2. Xは、本件取消訴訟において、誰を被告にすべきか。理由とともに答えなさい【→解説7】。
3. Xは、本件取消訴訟において、手続法の観点から、いかなる本案上の主張をすべきか【→解説8】。
4. Xは、本件取消訴訟において、実体法の観点から、いかなる本案上の主張をすべきか【→解説9】。

はじめに───読解の指針

　本件では、Xが指定医師の指定の取消しをされたために、指定医師としての業務を行うことができなくなってしまった。そこで、まずは、この指定医師の指定の取消しがいかなる法的性格を有するのか、明らかにする必要がある【→解説2】。もっとも、指定医師の指定の取消しという行為は、指定医師の指定と対をなす行為であるため、指定の法的性格を明らかにすることが指定の取消しの法的性格を明らかにすることにもつながる可能性がある。そこで、指定医師の指定の法的性格についても明らかにしておこう【→解説1】。また、この指定に際して取消権が留保されていたか否かということが、弁護士の会話の中で話題になっている。そこで、この取消権の留保についても解説しておこう【→解説5】。そのほか、本件では、Xが不満をもつ原因となった行為として厚生労

働大臣による医業停止命令がある。そこで、その法的性格を明らかにするとともに、一応、医師会による指定取消しとの関係を確認しておきたい【→解説3】。さらに本件では、Xの要望に応えるために、指定取消しの取消訴訟を提起することが前提にされているが、なぜ取消訴訟の提起が適切と考えられるのか、明らかにしておきたい【→解説4】。

そして以上の諸点を踏まえることによって、本件取消訴訟における本案前の主張【→解説6】【→解説7】および本案上の主張【→解説8】【→解説9】を適切に検討することができよう。

なお、本問は、いわゆる菊田医師事件を題材にしている。この事件については、最高裁が昭和63年6月17日に判決を下しているから（判時1289号39頁）、本問の検討に際しては同判決が参考になろう。しかし、事件そのものに関連する法状況は、この間に大きく変化した。すなわち、事件当時に存在した優生保護法が廃止され、新たに母体保護法が制定された。また、この間に行政手続法が制定され、さらに行政事件訴訟法も大きく改正された。各設問に対する解答は、これらの法状況の変化に対応したものでなければならない。

[解説]

【解説 1】

指定医師の指定という行為は、いかなる法的性格を有するか。とりわけ、行政事件訴訟法上の処分といえるか、問題となる。

この点、行政事件訴訟法における処分とは、「公権力の主体たる国または公共団体が行う行為のうち、その行為によって、直接国民の権利義務を形成しまたはその範囲を確定することが法律上認められているもの」（最一小判昭和39年10月29日民集18巻8号1809頁）という解釈が定着している。この公式は、公権力性、直接性（具体性）、外部性、法効果性を内容としているので、指定医師の指定がこの4つの要素を有しているか否か、検討してみることにしよう。

まず、刑法214条は、業務上堕胎罪について規定している。この条文

によれば、たとえ医師であったとしても、人工妊娠中絶の業務を行うと刑事罰に処せられる。したがって、医師であっても、人工妊娠中絶を行うことのできる法的地位にはないということがいえる。しかし、指定医師の指定を受けると、その医師が行う人工妊娠中絶は一定の範囲で合法とされ、違法性が阻却される（母体保護法14条1項）。つまり、医師は、医師会による指定という行為によって、合法的に人工妊娠中絶を行うことのできる法的地位を獲得する。以上からすれば、指定医師の指定が法効果性の要件を充足することは肯定されよう。また、このような指定医師の指定の効果の重大性に鑑みれば、国民との交渉を前提として指定がなされる、と考えるのは適切ではないであろう。その意味で、指定するか否かは、医師会が一方的に決するといってよいから、指定医師の指定には公権力性も認められよう。さらに、指定医師の指定が外部性を有すること、具体性を有することについて異論はないであろう。

　以上からすれば、指定医師の指定は行政事件訴訟法上の処分とみてよい。

　なお、このように指定医師の指定を行政事件訴訟法上の処分とみるのであれば、当該行為は同時に行政手続法上の処分であると理解するのが素直な解釈といえよう。そして、指定医師の指定を求めれば、それに対して都道府県医師会には応答義務があるものと解されるので（行手法2条3号）、指定医師の指定は行政手続法における「申請に対する処分」といえよう。

【解説2】

　指定医師の指定が処分であるとすると、その取消しは、講学上の「撤回」に該当するのか、あるいは「取消し」に該当するのか、ということが問題になる。この点、本問における指定の取消しは、講学上の「撤回」に該当するといえる。なぜなら、指定医師の指定それ自体は適法に行われており、その後に、実子あっせん行為という不正行為が行われたこと（＝後発的事情）によって指定の効果が奪われているからである。したがって、指定の取消しは過去に遡って指定の効果を奪うのではなく、将来に向かって指定の効果を奪う行為である。

　また、後述するとおり、指定医師の指定の取消しは行政事件訴訟法上

140　第9回│指定医師の指定の取消し

の処分であると解することができるのであるが、そうだとすれば、当該
行為は同時に行政手続法上の処分であると解するのが素直な解釈であろ
う。そうすると、指定医師の指定の取消しは、行政手続法上の「不利益
処分」に該当し、同法の適用を受けるといえそうである。ただし、この
点については、同法の「不利益処分」の定義との関係で、次の2点を指
摘しておきたい。

　第1に、指定医師の指定の取消しは行政手続法2条4号でいう「権利
を制限する処分」に該当することになろうが、本件では、狭い意味での
「権利」が問題となっているのではなく、人工妊娠中絶を合法的に行い
うる「法的地位」が問題となっている。そのため、同号の「権利」には
該当しないのではないかとの疑義が生じるが、同号の「権利」には法律
上保護された利益も含まれると解され、これが現在の一般的な理解にな
っている。そうであれば、本件で問題となっている法的地位も同号の
「権利」に含めて考えることが許されよう。

　第2に、指定医師の指定の取消しが行政手続法上の「不利益処分」で
あるという場合、同法2条4号が「法令に基づき」という要件を課して
いることとの関係が問題となる。すなわち、指定医師の指定について
は、母体保護法14条1項に根拠があるといいうるが、その取消しにつ
いては、同法上、明文の根拠はない。したがって、このことを理由にし
て、指定の取消しは「法令に基づき」行われたものではないので、行政
手続法の「不利益処分」ではなく、同法の適用はない、との指摘があり
うる。仮に、このような指摘にもかかわらず、指定医師の指定の取消し
に行政手続法が適用される旨、主張するのであれば、その考えうる構成
は次の3つであろう。第1は、指定医師の指定について定めた母体保護
法14条1項をもって指定の取消しの法令上の根拠とみる見方である。
すなわち、立法者が法律関係を新たに形成する行為について法律の中で
授権規定を設けている以上、その法律関係を消滅させる行為についても
あらかじめ想定しているはずであると解釈して、法律上の授権規定をも
って、取消しの根拠規定とみなす。このような解釈によれば、指定の取
消しも「法令に基づき」行われた行為であるといえ、行政手続法が適用
されることについて支障はない、といえる。第2は、指定医師の指定は
行政手続法上の「申請に対する処分」に該当し、同法の適用があるので

141

あるから、これと対をなす指定の取消しにも同法の適用はある、と解釈する余地がある。もっとも、この立場によるときは、行政手続法の適用があることを指摘することはできても、結局、指定の取消しがはたして、またいかなる「法令に基づき」行われたのかという問題は残されたままである。第3は、行政手続法の「法令に基づき」という用語を、処分が法律に基づいて行われなければならないという法治主義の要請を表現するための用語として理解するのではなく、処分が法令の執行行為として具体的な法効果を発生させるものであることを意味する用語として理解したうえで（室井力・芝池義一・浜川清『行政手続法・行政不服審査法〔第2版〕』27頁）、本件処分が同法でいう不利益処分に該当するという構成である。すなわち、のちにみるように（【解説6】を参照）、法の体系的理解からすると、指定処分の取消しも処分であるといえるから、この処分が母体保護法の執行行為として具体的な法効果を発生させることを予定されていると理解することで、「法令に基づき」という要件を充足していると考えるのである。

　なお、以上の3つの構成のうち、第2および第3の構成は、あくまで行政手続法2条4号に関して展開される構成であって、本案上の主張における実体法の見地からの指摘（法律の根拠を欠いているが故に違法）とは切り離して捉えるべきである。これに対して、第1の構成の場合は、このような切り離しは不要である。

【解説3】

　医業停止命令が、講学上の行政行為であると同時に、行政事件訴訟法上の処分であるということについて、異論はないであろう。本問では、医師会が行った指定取消しが問題とされているのであって、当該行為とは全く別個の行為である医業停止命令が問題となっているわけではないので、各設問を検討する上で、厚生労働大臣による医業停止命令は、さしあたり無視してよい。

　もっとも、指定取消しを先行行為、医業停止命令を後行行為として捉えると、いわゆる「違法性の承継」の問題が生じるようにもみえる。しかし、両者は相互に独立し、先決関係にあるわけではない（＝医師会による適法な指定取消しが医業停止命令の法律要件になっているわけでは

ない）から、違法性の承継を認める前提がない。したがって、指定取消しの違法性は、指定取消しの取消訴訟の中で主張することであって、医業停止命令の取消訴訟の中で主張することはできない。

【解説 4】

　弁護士の会話では、Ｘが指定医師としての業務を行うことができるようにするために、指定取消しの取消訴訟を提起することが考えられる旨、指摘されている。それでは、なぜ当該取消訴訟が適切な訴訟形態として考えられるのであろうか。

　この点、当該取消訴訟で勝訴できれば、Ｘの要望通り、直ちに指定医師としての業務を行うことができるようになる、ということを指摘できる。すなわち、取消訴訟において勝訴すると（＝取消判決が出されると）、当該処分は過去に遡って効力を奪われる（これを取消判決の形成力という）。そうすると、指定取消しがなかった状態になるから、指定医師としての法的地位が復活することになる。したがって、Ｘとしては改めて甲山県医師会から指定医師としての指定を受けなくても、医業停止命令の期間が過ぎれば、指定医師としての業務をできるようになる。そうであれば、Ｘが提起する訴訟として、指定取消しの取消訴訟は、Ｘの要望を実現しうる訴訟として、適切な訴訟といえよう。

　もっとも、Ｘの要望を実現しうる訴訟は、それが適切か否かはともかく、ほかにもいくつか考えられる。

　例えば、指定取消しが処分であるとすると、指定取消しを職権によって取り消してもらうことを求めて、直接型義務付け訴訟（行訴法 3 条 6 項 1 号）を提起することが考えられる。しかし、直接型義務付け訴訟は、「他に適当な方法がないときに限り」提起することができる（行訴法 37 条の 2 第 1 項）。本件の場合、上述したように、指定取消しの取消訴訟という適当な方法があるから、この行政事件訴訟法上の訴訟要件を充足しない。したがって、指定取消しを職権によって取り消してもらうことを求めて、直接型義務付け訴訟を提起しても、不適法な訴えとして、却下されることになり、適切ではない。

　また、再び指定医師の指定をしてもらうことを求めて、義務付け訴訟を提起することが考えられる。指定医師の指定は、申請を前提にした処

143

分であると解されるので、義務付け訴訟を提起するとすれば、申請型義務付け訴訟（行訴法3条6項2号）であろう。しかし、申請型義務付け訴訟は、申請をした者に限り、提起することができる（行訴法37条の3第2項）。本件の場合、確かにXは1度申請を行っているが、この申請に対する応答は既に行われている（平成15年10月1日付けの指定）。したがって、再度の指定医師の指定を求めるのであれば、改めて申請を行わなければならないが、その申請は行われていない。そうすると、本件で申請型義務付け訴訟を提起してみても、不適法な訴えとして却下されることになり、適切ではない。

　さらに、指定取消しが違法であることの確認を求めて実質的当事者訴訟（行訴法4条後段）を提起することも考えられなくはない。しかし、取消訴訟の排他的所管の原則によって、このような訴訟は不適切な訴訟として退けられよう。あるいは、当該訴訟は、指定取消しという公権力の行使に関する不服を内容としており、実質的に無名抗告訴訟になるから、法定抗告訴訟（本件の場合、指定取消しの取消訴訟）との関係で補充性の要件を充足せず、不適法という考えもあるだろう。

　以上のように検討してみると、本件では、指定取消しの取消訴訟が適切であるといえる。

【解説5】

　弁護士の会話の中で、取消権の留保とされているが、そこでいう取消権は、上述の【解説2】から明らかなように、講学上の撤回権を意味する。

　本件とは異なり、処分に際して、当該処分の撤回権が留保される旨の意思表示がされることがある。これは、従来、「撤回権の留保」と呼ばれ、附款の一種として説明されてきた。このような附款がある場合には、そのことを理由に、法律の根拠なくして撤回を行うことができる旨、主張されることがある。したがって、本件のように、撤回権の明示の法的根拠が見当たらない事案では、処分に際して撤回権の留保があったか否かを確認する作業が必要になろう。

【解説6】

行政事件訴訟法上、取消訴訟の対象になる行為は、「行政庁の処分その他公権力の行使に当たる行為」とされている（行訴法3条2項）。そこで、Xとしては、指定の取消しがこれに該当する旨、主張しなければならない。

ところで、確立した最高裁判例によれば、「処分」とは「公権力の主体たる国または公共団体が行う行為のうち、その行為によって、直接国民の権利義務を形成しまたはその範囲を確定することが法律上認められているもの」とされている。そのため、指定取消しが処分であることを指摘するためには、この定義に含まれた要件がすべて充足されていることを指摘していかなければならない。以下、順に検討することにしよう。

第1に、上記の定義では、「公権力の主体たる国または公共団体」という要件が含まれている。ところが指定医師の指定の取消しを行ったのは、国ではないから、それにもかかわらず、この要件充足性を肯定しようとすれば、甲山県医師会が「公共団体」に該当する旨、主張しなければならないようにみえる。しかし、当該要件で重要なのは「国または公共団体」の部分ではなく「公権力」という部分である。したがって、当該行為に公権力性が伴っているか否かが重要なポイントになる（私人であっても、公権力を付与されることはあり、その限りにおいて当該私人も「公権力の主体」である）。そこで、指定の取消しが公権力性を伴っているか否か、検討する必要があるが、指定の取消しの場合、明示的な法律上の根拠がない。そうすると、法律上の根拠も存在しないのに、公権力性が認められることはない、と指摘できる。同様のことは、法効果性についてもいえ、法律上の根拠も存在しないのに、法効果性が認められることはない、といえる（ただし、【解説2】で指摘したように、指定の授権規定をもって指定の取消しの法的根拠と捉えるのであれば、指定の取消しの公権力性や法効果性を肯定することは、不可能ではない）。

このようにみてくると、上記の判例による公式に従って、指定の取消しの法的性格を検討しても、疑義が生じる。そこで、このような場合には、やや視点を変えて、母体保護法の仕組み全体から検討してみる。そうすると、既に【解説1】で指摘したように、指定医師の指定は処分であるといえる。指定医師の指定と対をなすのが、指定の取消しであるか

145

ら、一方が処分であれば、他方も処分であると解するのが法の体系的解釈といえる。つまり法律関係を形成する入口の部分の行為が処分であれば、出口の部分の行為も処分であると解せる。このような見地からすれば、指定の取消しも取消訴訟の対象となると解することができよう（同旨、菊田医師事件の第一審判決である仙台地判昭和 57 年 3 月 30 日行集 33 巻 3 号 692 頁）。

【解説 7】

平成 16 年の行政事件訴訟法の改正により、取消訴訟の被告適格は原則として行政庁から行政主体へと変更された（行訴法 11 条 1 項）。しかし、処分または裁決をした行政庁が国または公共団体に所属しない場合には、取消訴訟は、当該行政庁を被告として提起しなければならない（行訴法 11 条 2 項）。

本件の場合、既述したように、指定医師の取消しという行為には処分性が認められ、さらに、このような処分性を有する行為を行う権限をもつ者が「行政庁」である。本件では、指定医師の取消しは甲山県医師会によって行われているので、甲山県医師会が行政庁となる。この点、甲山県医師会は法人格を有する団体であるが、このことは行政庁と解する障害にはならない。

次に、甲山県医師会は独立した法人格を有し、国または公共団体に所属しない。その結果、行政事件訴訟法 11 条 2 項により、指定取消しの取消訴訟では甲山県医師会が被告適格を有することになる。

【解説 8】

本問における指定の取消しに行政手続法の「不利益処分」に関する諸規定が適用されるとすると（参照、【解説 2】）、指定の取消しに際しては、原則として聴聞が行われなければならない（行手法 13 条 1 項 1 号）。この点、問題文では指定の取消しが「何の前ぶれもなく、突然、行われた」とされているので、本件では聴聞が行われていないということが読み取れる。そこで、X としては、この行政手続法違反の措置を手続法上の違法として主張することが考えられる。

ただし、行政手続法 3 条、4 条によって適用除外とされている場合お

よび個別法によって適用除外とされている場合には、行政手続法は適用されないので、一応、確認しておくと、本件は、このような適用除外の事例ではない（医師会は地方公共団体の機関ではないから、医師会の行う処分が行政手続法3条3項により適用除外になることもない）。また、行政手続法が適用される場合であっても行政手続法13条2項が掲げる一定の例外的な場合には、聴聞または弁明の機会の付与が行われなくても違法とはいえないが、本問では、そのような例外的な事情は見当たらない。そうすると、本件は、行政手続法の規律に従い、聴聞または弁明の機会の付与が行われなければならない事案であったといえる。

　もっとも、行政手続法上、同法違反の不利益処分をどのように法的に取り扱うかについては、特段、定めがない。この点、行政手続法違反の処分について、直ちにその効力を否認することは、行政経済の見地からして問題がないわけではない。なぜなら、実体法上、処分が適法である場合には、手続違法を理由にして当該処分の効力を否認し、再度、適法な手続に従い処分を行ってみても、同じ内容の処分が下されうるからである。そこで、手続違法の処分をどのように法的に取り扱うか、問題となる。この点、行政手続の類型は様々であって、その違法類型も様々であるから、事案ごとに個別に考察する必要があるといえよう。ただし、聴聞を行うべきであるにもかかわらず、一切、聴聞を行わなかったというような場合は、重大な手続法違反があった事案と解されるので、聴聞を行わなかったことが結果に影響を及ぼしたか否かとは無関係に、直ちに取消事由になると解されるし、このような見方について、今日、異論はない。そうすると、本件は聴聞が行われるべきであるのに、それが行われなかった事案であるから、Xとしては、聴聞の欠如という行政手続法上の違反が重大な違法であって、取消事由になる旨、主張すればよいと考えられる。

【解説9】
　Xが実体法の見地から本案上の主張を展開する場合、複数の構成がありうる。以下、類型ごとに整理しておく。

(1)　指定取消しの法的根拠に着目した違法主張（一段構えの構成）

147

本件では指定の取消しについて定めた法律上の明文規定は存在しない。さらに、指定の要件も、また、指定の取消しの要件も、法律上、明示されていない。この点、日本医師会が作成したガイドラインが実質的に指定および指定の取消しの要件を定めているものの、同ガイドラインは法令の根拠に基づいて定められたわけではないから、同ガイドラインを指定の取消しの法的根拠とみることもできないし、また、指定や指定の取消しに関する法定要件を定めたものとみることもできない。そこで、Ｘとしては、このように法律上、明文の根拠もなく、甲山県医師会が指定の取消しを行ったという点に着目して、違法の主張をすることが考えられる。もっとも、この場合であっても、判例や学説を参照すると、さらに以下の(ア)〜(ウ)の構成が考えられよう。

　(ア)菊田医師事件における最高裁判決は、「被上告人医師会が……指定医師の指定をしたのちに、上告人〔医師〕が法秩序遵守等の面において指定医師としての適格性を欠くことが明らかとなり、上告人に対する指定を存続させることが公益に適合しない状態が生じたというべきところ、実子あっせん行為のもつ右のような法的問題点、指定医師の指定の性質等に照らすと、指定医師の指定の撤回によって上告人の被る不利益を考慮しても、なおそれを撤回すべき公益上の必要性が高いと認められるから、法令上その撤回について直接明文の規定がなくとも、指定医師の指定の権限を付与されている被上告人医師会は、その権限において上告人に対する右指定を撤回することができる」と述べている。

　このような判断枠組みを参考にすると、本件において、Ｘは次のように主張することが考えうる。すなわち、調査の結果、判明したのは１件のみの実子あっせん行為であって指定医師としての適格性を欠くことが必ずしも明らかであるとはいえないし、実子あっせん行為のもつ法的問題点や、指定医師の指定の性質等に照らしても、指定医師の指定の撤回によってＸの被る不利益を考慮すると、なおそれを取り消すべき公益上の必要性が高いとはいえない。したがって、法令上、撤回権に関する明文規定がない本件では、撤回は認められない。それにもかかわらず、指定の取消しという形で撤回が行われたのであるから、当該行為は違法である。

　(イ)学説の中には、許可・認可等の処分によって生じた法律状態が社会

的に有害な結果をもたらすおそれを生じたときは当該処分の撤回に法律の根拠は不要であるが、例えば制裁目的で処分を撤回するときは法律の根拠が必要であるとするものがある（今村成和『行政法入門〔第9版〕』〔有斐閣、2012年〕107頁以下）。

　これを参考にすると、本件は制裁を目的にして指定の取消しが行われているから、法律の根拠がなければ、撤回は行うことができないはずであるが、実際には指定の取消しという形で撤回が行われたので、違法であると主張することが考えうる。

　㈢また、学説の中には、比例原則や、法治主義の要請から、原則として撤回には法律の根拠が必要であるが、例外的に「撤回についての相手方の同意や原行為の附款における撤回権の留保がある場合」や「行政行為の要件事実とくに基幹的なそれが事後的に消滅した場合」は撤回に法律の根拠が不要であるとする立場がある（芝池義一『行政法総論講義〔第4版補訂版〕』〔有斐閣、2006年〕179頁）。

　これを参考にすると、本件においても、Xの同意がなかったことや、撤回権の留保が付されていなかったこと、さらには指定医師の指定の基幹的要件事実が消滅したわけではないことを指摘し、本件は、原則通り、法律の根拠がなければ指定の取消しはできない事案であったとして、違法の主張をすることが考えられよう。

　もっとも、この主張を展開する際には、指定医師の指定の基幹的要件事実が消滅したわけではない旨の指摘を首尾よくできるかは問題となりうる。というのも、本件の場合、指定医師の指定の要件は法律上明文で規定されていないために、何が基幹的要件といえるかもはっきりしないからである。しかし、法律要件が明文で書かれていないからといって、指定医師の指定の要件はない、つまり、行政が自由に判断してよいとはならない。少なくとも、指定医師として適格であることは要件として予定されているといえよう。問題はその適格性はいかなる内容のものかである。この点、母体保護法は「母性の生命健康を保護すること」という目的をもっているので、このような目的からする適格性のみが問われると考える余地がある。そう考えると、指定医師は母性の生命健康を保護することができるような医学的な技量をもっていることが適格性の内容となると考える余地がある。こうして医師としての技術とは関係がない

149

事情が指定医師の指定の基幹的要件として含まれることはない、といえよう。そうすると、実子あっせん行為を行うことは、法秩序を乱す行為であるとはいえるものの、そのことは母性の生命健康を害するわけではなく、また、医学的技量がないことを意味するわけでもなく、たとえXが実子あっせん行為を行っていたとしても、それによって指定医師の指定の基幹的要件事実が消滅したとはいえないであろう（ただし、医師法は欠格事由として罰金以上の刑に処せられたことを挙げており、法秩序遵守を医師の要件として規定している。そうすると、指定の前提となっている医師の資格について法秩序遵守に関する適格性が求められているのであるから、指定にあたっても、法秩序遵守に関する適格性を求めることは可能である、との反論はありえよう）。

(2)　裁量権の逸脱・濫用としての違法主張（一段構えの構成）

　前述のように、指定の取消しについて明示の要件はないから、「どんな場合に」取消しが「できるか」について裁量の余地を認めることができる。したがって、本件を裁量権の逸脱・濫用の枠組みで違法事由を論じることもできる。このように、指定の取消しに関して裁量の余地があることに着目すれば、従来の議論の中で指摘されてきた、明文の根拠がない撤回が適法となる場合の諸要件は、撤回が裁量の範囲内に収まっていると評価できる場合の諸要件（＝つまり、裁量権の逸脱・濫用に該当しない場合の諸要件）として捉え直すこともできよう。

　このような観点からすれば、例えば菊田医師事件の最高裁判例につき、ある論者が行っている批判、すなわち「実子あっせん行為が医師としての職業倫理に反するとか、法秩序遵守義務違反があったことに対しては、医師法に基づく制裁をすればよいので……、明文の規定がないのにこのような制裁的処分を行うことには疑問がある」（今村・前掲書108頁）との批判は、裁量権の逸脱・濫用の観点からの批判として捉えることもできよう。そして、このような見方も加味すれば、指定の取消しにあたっては「母性の生命健康を保護すること」（母体保護法1条）という観点から問題となる事実しか考慮できないはずなのに、そのような事実に当たらない実子あっせん行為を考慮に入れて、制裁を科す目的で指定の取消しを行ったことは、他事考慮に当たり、裁量権の逸脱・濫用で

あって、違法である、と主張することも考えられよう。

　また、1件のみの実子あっせん行為を理由に指定の取消しを行うことは、比例原則違反であって、裁量権の逸脱・濫用であり、違法である、と主張することも考えられよう。

(3)　折衷的な違法主張（二段構えの構成）

　以上の上記(1)および(2)のほかに、両者を組み合わせた違法主張も考えうる。すなわち、法律の明示の根拠なくして撤回ができる場合をまず検討して、法律の根拠なくしても撤回可能な事例であることを確認した後に、他事考慮や比例原則等の観点から、裁量権の逸脱・濫用を論じる構成である。例えば、判例の立場に依拠して、明文の規定がなくても指定の取消しを行うことは可能であるものの、本件は、1件のみの実子あっせん行為が問題となっており、これを理由として指定の取消しを行うことは比例原則に違反し、裁量権の逸脱・濫用に当たり、違法である、と主張することが考えられる。

［第10回］
在外被爆者の法的地位

［事案］

　昭和2年に甲山市で出生したXは、昭和18年から国により強制的に長崎市の兵器製作所の工場で鍛造の仕事に従事させられ、昭和20年8月9日、長崎市に投下された原子爆弾によって被爆した。Xは、同年11月中旬には韓国に渡り、以来、現在に至るまで同国内に居住し続けている。

　Xは、平成6年7月1日、治療のために来日し、その直後、長崎市長に対し、原子爆弾被爆者の医療等に関する法律（以下、「原爆医療法」という）3条1項に基づいて被爆者健康手帳の交付を申請した。Xは、同年7月4日、同市長から、同法2条1号に該当するとして被爆者健康手帳の交付を受けた【→解説1】。さらに、Xは同市長に対し、原子爆弾被爆者に対する特別措置に関する法律（以下、「原爆特別措置法」という）5条の健康管理手当の支給を申請した。これに対し、同市長は、同年7月27日、同法5条2項に基づき、Xが受給資格要件に該当すると認定した上で、平成6年8月から平成9年7月までの健康管理手当の支給期間を定め、これを文書で通知した（以下、「本件支給認定」という）【→解説2】。その後、同市長は、平成6年8月12日に、支給月額を法定額の3万1,860円、支給日を毎月24日、入金先をXが指定した銀行の普通預金口座とする旨記載した健康管理手当証書を交付し【→解説3】、平成6年8月から同年10月にかけて所定の日に所定の金額をXの普通預金口座に振り込んだ。

　Xは、平成6年9月下旬、韓国に帰国した。このことを知った長崎市長は、厚生省公衆衛生局長から発せられた402号通知（後掲の〈資料〉(4) を参照）【→解説4】に基づき、Xが日本国の領域を越えて居住

152　第10回｜在外被爆者の法的地位

地を移したため失権したと判断して、Xに対する同年11月分以降の健康管理手当の支給を打ち切った（以下、「本件支給打切り」という）【→解説5】。Xは、平成9年2月頃、Xが入金先として指定していた銀行に電話で問い合わせて、初めて健康管理手当の支給が打ち切られていることを知った。そこで、Xは、平成9年4月30日に来日して、同年5月1日、長崎市長に対し、健康管理手当の支給打切りの理由を質したところ、同市長から、402号通知を理由として支給を打ち切った旨の回答を受けた。その内容は同年5月9日付けのXへの文書で明らかにされている。Xは、このような回答に納得をすることができなかったものの、原子爆弾被爆者に対する援護に関する法律（以下、「被爆者援護法」という）に基づき、被爆者健康手帳の交付と健康管理手当の支給を新たに申請し、同市長から被爆者健康手帳の交付を受けた上、同年5月分の健康管理手当として法定額の3万3,530円を受け取った。

〈資料〉本件に関する法令等

(1) 昭和32年に制定された原爆医療法は「広島市及び長崎市に投下された原子爆弾の被爆者が今なお置かれている健康上の特別の状態にかんがみ、国が被爆者に対し健康診断及び医療を行うことにより、その健康の保持及び向上をはかることを目的とする。」（1条）。

　同法によれば、被爆者健康手帳の交付を受けようとする者は、その居住地の都道府県知事（その居住地が広島市または長崎市であるときは当該市の長）に申請しなければならず（3条1項）、当該申請につき、都道府県知事（その居住地が広島市または長崎市であるときは当該市の長）は「原子爆弾が投下された際当時の広島市若しくは長崎市の区域内又は政令で定めるこれらに隣接する区域内にあった者」（2条1号）などの要件のうち、いずれか1つに該当すると認めたときは、その者に被爆者健康手帳の交付をするものとされている（3条2項）。この被爆者健康手帳の交付を受けた者は同法上の「被爆者」とされ（2条）、その「被爆者」に対して厚生大臣は毎年健康診断を行うほか（4条）、必要な医療の給付またはこれに代わる医療費の支給を行うものとされている（7条1項、14条1項）。

(2) 昭和43年に制定された原爆特別措置法（以下、同法と原爆医療法を一括するときは「原爆二法」という）は、「広島市及び長崎市に投下された原

子爆弾の被爆者であって、原子爆弾の傷害作用の影響を受け、今なお特別の状態にあるものに対し、医療特別手当の支給等の措置を講ずることにより、その福祉を図ることを目的とする。」（1条）。

　同法によれば、都道府県知事（広島市または長崎市については市長）は「被爆者であって、造血機能障害、肝臓機能障害その他の厚生省令で定める障害を伴う疾病（原子爆弾の放射能の影響によるものでないことが明らかであるものを除く）にかかっているものに対し、健康管理手当を支給する」こととなっているが（5条1項）、この健康管理手当の支給を受けようとする者は、自らが「造血機能障害、肝臓機能障害その他の厚生省令で定める障害を伴う疾病（原子爆弾の放射能の影響によるものでないことが明らかであるものを除く）にかかっているもの」であることについて都道府県知事（広島市または長崎市については市長）の認定を受けなければならない（5条2項）。また、同法によれば、都道府県知事（広島市または長崎市については市長）は、当該認定を行う際に上記の疾病が継続すると認められる期間を定めるものとされている（5条3項）。

(3) 原爆二法において国籍による適用制限の規定は存在せず、外国人被爆者にも適用があるものと一般に解されていた。また、原爆二法において日本国を出国した者が健康管理手当の受給権を失うか否かについて、直接定めた明文規定は存在しない。

(4) 昭和49年7月22日、厚生省公衆衛生局長は、各都道府県知事、広島市長および長崎市長に対して、「原子爆弾被爆者の医療等に関する法律及び原子爆弾被爆者に対する特別措置に関する法律の一部を改正する法律等の施行について」と題する通知（402号通知）を発し、そこでは、「特別手当受給権者は、死亡により失権するほか、同法（原爆特別措置法）は日本国内に居住関係を有する被爆者に適用されるものであるので、日本国の領域を越えて居住地を移した被爆者には同法の適用がないものと解されるものであり、従ってこの場合も特別手当は失権の取扱いになる」とされ、行政実務上、健康管理手当に関する事務もこれに従って処理されてきた。

(5) 平成6年に制定された被爆者援護法（同法と原爆二法を一括するときは「原爆三法」という）は、それまでの原爆二法を一本化した法律である。同法の前文では「国の責任において、原子爆弾の投下の結果として生じた放射能に起因する健康被害が他の戦争被害とは異なる特殊の被害であることにか

んがみ、高齢化の進行している被爆者に対する保健、医療及び福祉にわたる総合的な援護対策を講じ、あわせて、国として原子爆弾による死没者の尊い犠牲を銘記するため、この法律を制定する。」と記されている。

なお、同法の附則4条2項により、同法の施行日（平成7年7月1日）前に原爆医療法3条によって交付された被爆者健康手帳は、被爆者援護法によって交付された被爆者健康手帳とみなされ、また、附則11条1項により、被爆者援護法の施行の際、現に原爆特別措置法に基づいて健康管理手当等に関する認定を受けている者は被爆者援護法に基づく同様の認定を受けた者とみなされ、さらに、附則13条により、平成7年6月分以前の月分の原爆特別措置法による健康管理手当等の支給については従前の例によるものとされた。

そして、被爆者援護法も原爆二法と同様に外国人被爆者にも適用され、この点では原爆二法と同様の運用がなされている。

(6) 平成11年に大きく改正される前の地方自治法によれば、原爆特別措置法または被爆者援護法の規定に基づいて都道府県知事が健康管理手当等を支給する事務は、国の機関委任事務とされていた。この国の機関委任事務については、普通地方公共団体の長は当該事務を処理する限りにおいて国の下級行政機関として捉えられていた。

(7) 原爆三法以外にも、各種手当の支給について定めた法律は複数存在する。例えば、児童手当法は児童手当について定めているが、同法では日本国内に住所を有することが児童手当の支給要件とされている。同様に、日本国内に住所を有することを各種手当の支給要件としているものに児童扶養手当法および特別児童扶養手当等の支給に関する法律がある。また、戦傷病者特別措置法は療養手当の支給について定めているが、同法では国籍要件が設けられているため、療養手当を受給することができるのは日本国籍を有する者に限定されている。

[設問]

1. 平成6年11月分から平成9年4月分までの健康管理手当が未

支給であることに不服であるＸは、どのような訴訟（行政事件訴訟法に定められているものに限る）を提起して救済を求めることが妥当であると考えられるか【→解説6】。なお、本問において、仮の救済について検討する必要はない。

2. 上記1の訴訟において、日本国から出国したことによりＸが健康管理手当の受給権を失ったとする主張に反論するため、Ｘは本案上の主張としてどのような主張を展開するのが妥当であると考えられるか【→解説7】。

はじめに───読解の指針

　本件において、Ｘが不服を有することになった原因はＸへの健康管理手当の支給が打ち切られたことにある。そのため、本問の解答を考える際には、まず本件支給打切りに着目することになろう【→解説5】。それでは、なぜ、本件支給打切りが行われたのか。この点、問題文によれば、それは402号通知が発せられたからであると指摘できる。そうすると、本問の解答を考える際には、402号通知にも着目しなければならない【→解説4】。

　なお、仮にＸには健康管理手当を支給される法的地位がそもそもなかったとしたら、たとえＸが正式の手続に基づいて不服を表明したとしても、およそＸの主張は認められない。そうなると、Ｘが健康管理手当を支給される法的地位を有していたか否かの見極めが必要になるといえよう。この点、国民が法的地位を有するようになるのは、法律それ自体による場合と法律に基づく行政機関の行為による場合および行政主体と国民の合意による場合の3通りがある。問題文および資料からすると、本件は、このうち第2の場合に該当するといえそうである。そこで、本問の解答を行う際には、Ｘの法的地位を創出している可能性のある行為、すなわち、被爆者健康手帳の交付【→解説1】、本件支給認定【→解説2】、健康管理手当証書の交付【→解説3】に着目し、関係法令の規定を確認しながら、Ｘの健康管理手当を支給される法的地位がはたしてまたいかなる行為によって創出されたのか、考えてみる必要がある。

そして、以上の諸点を踏まえることが、本件における適切な訴訟形態
【→解説6】および本案上の主張【→解説7】を論じる前提となる。

[解説]

【解説1】

　被爆者健康手帳の交付によって、Ｘははたしてまたいかなる法的地
位を獲得したといえるのか。この点、〈資料〉(**1**) からは、Ｘが被爆者
健康手帳の交付を受けることによって、都道府県知事による毎年の健康
診断を受ける法的地位および一定の場合に医療の給付または医療費の支
給を受ける法的地位を獲得するということを読み取ることができる。こ
のようにＸは被爆者健康手帳の交付を受けることによって、一定の法
的地位を獲得するといえるが（被爆者健康手帳の交付はその意味で処分
といえる）、その中に本件で問題となる健康管理手当の支給を受ける法
的地位は含まれていないということを、まず、押さえるべきである。
　なお、被爆者健康手帳の交付は、伝統的な行政法学でいうところの公
証行為（＝特定の事実または法律関係の存否を公に証明する行為）に該
当する。しかし、本問の解答を行う上で、このことを指摘する必要はな
い。なぜなら、被爆者健康手帳の交付行為についての検討では、当該交
付行為によってＸに健康管理手当を支給される法的地位が発生したの
か否かという点さえ確認できれば十分だからである。それ以上に当該行
為の法的性質について検討することは、本問の解答を行うために必要な
思考過程ではない。

【解説2】

　本件支給認定によって、Ｘははたしてまたいかなる法的地位を獲得
したといえるのか。この点、問題文および〈資料〉(**2**) からは、Ｘが健
康管理手当の支給を受ける法的地位を獲得したことが明らかに読み取れ
る。また、本件支給認定は、問題文によれば、文書によって通知されて
いることから、当該行為の成立とともに、その効力の発生を肯定できる

157

（行政行為の効力が相手方に発生するためには、意思表示の一般原則に従い、行政行為が相手方に到達しなければならない）。

　なお、本件支給認定は行政行為であって、抗告訴訟の対象となる。資料の中で言及はないが、原爆特別措置法16条「広島市又は長崎市の長が行う医療特別手当等の支給に関する処分についての審査請求の裁決に不服がある者は、厚生大臣に対して再審査請求をすることができる」との規定からも、このことは指摘できよう。この点は処分性を肯定するときの1つの手がかりとなる。

【解説3】

　上述したところから明らかなように、Xの健康管理手当の支給を受ける法的地位は本件支給認定によって発生している。本問の検討に際しては、この点を確認できれば、さしあたり十分であるが、ここでは、念のため、その後に続く健康管理手当証書の交付についても検討しておこう。

　本件の場合、健康管理手当証書の交付前に健康管理手当の支給認定が行われ、これによって健康管理手当の支給を受ける法的地位が獲得されているから、健康管理手当証書の交付によって新たに健康管理手当の支給を受ける法的地位が獲得されるわけではない。また、健康管理手当の支給認定の通知も既に行われているから、健康管理手当証書の交付が通知の意味をもつわけでもない（許可書、証書等の交付は一般に「通知」の意味をもち、単なる事実上の行為であることが多いが、それも場合によるのであって、交付が処分性を有することもある。【解説1】の被爆者健康手帳の交付）。健康管理手当証書の交付はこの場合、健康管理手当の支給を受ける法的地位を有していることを証明する行為だということになる。

　この点に関し、問題文からは健康管理手当証書に金額、支給日、振込先が記載されているということがわかるが、このうち金額の部分については、通常、健康管理手当の受給者は健康管理手当証書に記載されて初めて知ることになるので、この部分に支給額に関する新たな権利の発生を看取できる、ともいえそうである。しかし、問題文中の「法定額」という言葉から明らかなとおり、その金額は市長によって決定されるわけ

158　第10回│在外被爆者の法的地位

ではなく、法令によって自動的に決定される。この点に鑑みれば、やはり健康管理手当証書の交付それ自体は権利義務関係を変動させない行為であるとみるほかない。

【解説4】

　本件で発せられている402号通知は通達である。ここで通達とは、上級行政機関が下級行政機関に対して発する権限行使に関する命令を指す。通達に関するこのような理解を前提にすると、402号通知を発した厚生省公衆衛生局長が上級行政機関であり、同通知の名宛人とされている都道府県知事らは下級行政機関ということになる。国と地方公共団体の関係が対等・平等であるとする現在の地方自治法の基本理念からすると、このような理解は不当であるともいいうる。しかし、〈資料〉(**6**) によれば、平成11年の改正よりも前の地方自治法の下では健康管理手当等を支給する都道府県知事は、その限りにおいて、地方公共団体の機関ではなく、国の下級行政機関として扱われていた。そのため、402号通知を通達として捉える余地はある。なお、402号通知は、その内容から明らかなとおり、法律の解釈を示している。したがって、同通知は、いわゆる解釈通達であるといえる。

　以上のように402号通知が通達であるということになると、たとえそれが法律の解釈を内容とするものであったとしても、原則として、国民はその内容に拘束されないし、同通知は裁判規範になりえない。しかし、冒頭で指摘したとおり、この通知の存在が本件支給打切りに大きな影響を及ぼしている点に鑑みれば、一応、同通知を何らかの方法で争うことも検討されてよい（この点については【解説6】を参照）。

【解説5】

　市長が行った本件支給打切りは、いかなる法的性格を有する行為か。この点を明らかにすることは、提起すべき訴訟の選択に際して重要な意味をもつ。

　ところで、本件支給打切りに着目すると、そこにはXの法的地位それ自体を直接奪う市長の行為があるようにみえるが、はたしてそのように捉えることは適切であろうか。この点、本件支給打切りが行われた理

159

由は402号通知の存在に求めることができるが、同通知は既に明らかにしたように法律の解釈を示すものである（これが正しいかどうかは別に問題になる）。そして、同通知による法律の解釈を前提にして、行政庁は「日本国の領域を越えて居住地を移した」という要件が充足されることによって自動的に健康管理手当を受給するXの法的地位が失われるとの態度をとっていることがわかる。この事実と、支給認定を取り消すための処分を行う根拠規定があることを示す事実は問題文に与えられていないことから、法律それ自体が処分を媒介させることなく、受給者の法的地位を消滅させる仕組みを採用していると理解することが一応可能である。

　しかしながら、このように法律の仕組みに関する解釈論を展開しなくても、本件の場合は、問題文をみる限り、行政庁が支給の打切りを決定したということ（＝効果意思をもって打ち切ったということ）、そのことをXに通知したという事実は示されていないため、処分と評価しうる外形が全くなく、処分は存在しないと結論づけることができる。Xが出国することによって自動的に受給資格は失われたのであって、行政庁の行為によって資格が失われたわけではないとみてよいのである（法律の適用として、行政庁は事実上給付をやめたと理解できるのである）。このように本件が処分の不存在の事案であることがわかれば、たとえ、法律の解釈から撤回行為（それ自体が処分である）が法律の明文の根拠なくして認められるとしても、本件では処分と評価しうる外形が全くないのだから、本件支給打切りが処分とみなされることはない。なお、救済の必要性から打切り処分があると構成する人はいるかもしれないが、救済という観点からいえば、後述のように、処分があると構成しなくても争えることに注意したい。

【解説6】

　設問1の記述によれば、Xは健康管理手当が未支給であることに不満があるとのことであるから、健康管理手当が支給されれば、Xの不満は解消されることになろう。それでは、Xの健康管理手当が支給されるようにするためには、どのような訴訟を提起すればよいのであろうか。

この点、Xの要求を端的に実現する適切な手段として、健康管理手当の支給を求めて提起する給付訴訟が考えられる。既に【解説2】で指摘したとおり、健康管理手当を受給するXの法的地位は処分によって発生しているから、この訴訟は「公法上の法律関係に関する訴訟」（行訴法4条後段）として捉えることができる（実質的当事者訴訟）。

　また、同じく実質的当事者訴訟として、健康管理手当の支給を受ける法的地位の確認の訴えも、Xの要求を実現する適切な手段として考えられよう。ただし、上記の給付訴訟のほうがより直截な手段であるとして、確認の利益を否定される可能性がないわけではない。

　さらに、本件支給打切りの根拠となった402号通知それ自体の違法確認または無効確認の訴えを実質的当事者訴訟として提起することも考えられよう。この点、通知それ自体の違法確認または無効確認の訴えは抗告訴訟だという人がいるかもしれない。しかし、通知それ自体は通達にすぎず、国民の権利義務に何ら変動を及ぼさない。したがって、公権力の行使とはいえないであろうから、通知それ自体の違法確認または無効確認の訴えを「公権力の行使に関する不服の訴訟」である抗告訴訟（行訴法3条1項）として捉えることは不適切であろう。なお、健康管理手当の支給打切りが行われる前に実質的当事者訴訟として通知それ自体の違法確認または無効確認の訴えを提起すると、健康管理手当の支給打切りについて具体的な不安がないとして、紛争の成熟性が否定され、結果として、確認の利益がないと判断される可能性がある。しかし、本件の場合、現に健康管理手当の支給が行われていないというXの具体的な不利益を指摘できるため、確認の利益は肯定される余地がある。ただし、既に指摘したように、本問では健康管理手当の支給を求めて提起する給付訴訟（実質的当事者訴訟）が可能であるから、通知それ自体の違法確認または無効確認の訴えは、確認訴訟の補充性の観点から確認の利益が否定され、不適法とされる可能性がある。

　以上のほか、Xの要求を実現するための手段として複数の訴訟形態が考えられるが、いずれも本件では不適切である。以下、その理由とともに解説しておこう。

　第1に、本件支給打切りの取消しまたは無効等確認の訴え（行訴法3条2項、4項）はどうか。これらの訴えが適法であるためには本件支給

161

打切りに処分性が認められなければならないが、上記【解説5】で示したとおり、本件支給打切りに処分性は認められない。したがって、これらの訴えは不適切である。

第2に、本件支給打切りによって支給されるべき健康管理手当が支給されていない点に着目して、不作為の違法確認の訴え（行訴法3条5項）を提起することはどうか。この訴えが適法であるためには法令に基づく申請に対し何の処分も行われていない状態がなければならないが、本件ではそのような状態はない。そもそも、健康管理手当の支給または不支給それ自体は受給資格者の権利義務関係に何ら影響を及ぼさず、処分ではない。この点、仮にXに健康管理手当を受給する法的地位が認められるとすれば、その地位は健康管理手当の支給それ自体によって発生するのではなく、Xに対する支給認定によって発生する（【解説2】を参照）。また、仮に本件において、Xにそれまで認められていた健康管理手当を受給する法的地位が認められなくなるとしたら、その法的地位の変動は健康管理手当の不支給それ自体によってではなく、法それ自体によってもたらされる（【解説5】を参照）。このように、健康管理手当の支給または不支給それ自体は相手方の法的地位に影響を及ぼさないので、処分ではない。したがって、不作為の違法確認訴訟は不適切である。

第3に、健康管理手当の支給の義務付けを求めて提起する義務付けの訴え（行訟法3条6項）はどうか。この訴えが適法であるためには健康管理手当の支給それ自体が処分でなければならないが、上述したように、健康管理手当の支給それ自体は処分ではない。したがって、義務付けの訴えは不適切である。

【解説7】

本件において、Xが健康管理手当を受給できないでいるのは、行政の側が「法律上当然に支給打切りとなる」という態度をとっているからである。そのため、Xとしては「行政側は法律の誤った解釈をしており、支給打切りという事態は法律上当然に発生しない」と主張することになる。本件で、そのような主張を展開する際に大きな争点となるのは、日本国からの出国により健康管理手当の受給権が失われるか否かという点である。設問2は、この解釈問題について、受給権が失われない

とする立場から、その根拠の提示を求めているといってよい。

　ところで、制定法の意味を確定する場合に、⑺制定時における法律の意味内容を探求するのか、⑷現在において与えられるべき意味内容を探求するのか、⑼2つの解釈方法を組み合わせるのか（広中俊雄『民法解釈方法に関する十二講』〔有斐閣、1997年〕4頁）は根本的な問題である（広中教授は、⑺を出発点とする、2つの解釈の適切な組み合わせを提案する。広中・十二講22〜24頁、同『新版民法綱要第一巻総論』〔創文社、2006年〕64〜65頁）。この点、行政法では一般に、現在において与えられるべき制定法の意味内容が争点にならない限り、制定過程まで遡った検討はされないようにみえる。もっとも、本件では法律の意味内容が大きな争点となっており、この点に鑑みれば、制定過程まで遡った検討が必要になる事例といえよう。そこで、以下、そのような解釈の方針も考慮に入れつつ、本件において考えうる一般的な解釈の視点を示し、適宜、そこに含まれている問題についても簡単に言及しておくことにしよう（条文の解釈の際の一般的方法については、本書第12回【解説7】を参照）。

　第1に、問題となっている法令の明文規定に着目して一定の結論を導出することが考えられる。本件の場合、〈資料〉⑶によれば、少なくとも、日本国からの出国により健康管理手当の受給権が失われることを定めた明文規定は存在しない。そのため、日本国からの出国によって健康管理手当の受給権は失われないという解釈をとる余地はある。

　第2に、他の類似の法制度との比較を通じて一定の結論を導出することが考えられる。本問の場合、〈資料〉⑺から明らかなとおり、児童手当法、児童扶養手当法、特別児童扶養手当等の支給に関する法律は、日本国内に住所を有することを各種手当の支給要件とする旨、定めている。仮に立法者が健康管理手当の受給権を国内居住者にのみ認めることを意図していたのであれば、これら他の類似の法制度と同様、明文でそのことを定めたであろう。ところが、本件の場合、〈資料〉⑶によれば、そのような明文規定は置かれていないのであって、このことは、立法者が健康管理手当の受給権を在外被爆者にも認める意図を有していたことの証左であると指摘できる。なお、裁判所は、原爆三法が、戦傷病者特別援護法等と異なり、あえて国籍要件を定めず、内外国人を問うこ

163

となく援護の対象者としている点（〈資料〉(3)(5)(7)をみよ）に着目し、このことを根拠にして在外被爆者の健康管理手当の受給権を肯定している。このような見方をXの本案上の主張として展開することは、考えられてよいであろう。もっとも、他の法律で国籍要件を定めていないことから直ちに在外被爆者の健康管理手当の受給権を肯定しうるのか、問題とする余地がないわけではない。

　第3に、立法趣旨の検討を通じて一定の結論を導出することが考えられる。この点、〈資料〉(1)(2)(5)に記された原爆二法の目的規定および被爆者援護法の前文を根拠にして、原爆三法の根底には国家補償的配慮があるものと解されており（最一小判昭和53年3月30日民集32巻2号435頁。ここでいう「国家補償」とは、国家の行為によって生じた損害については、その結果にもとづいて救済することを指すもののようである）、最高裁判所は、このことから在外被爆者の健康管理手当の受給権を肯定している原審の判断に異論を唱えていない（最三小判平成18年6月13日民集60巻5号1910頁）。もっとも原爆三法の根底に国家補償的配慮があるとしても、そのことから直ちに在外被爆者の健康管理手当の受給権を肯定できるのか、疑問の余地がないわけではない。

　なお、以上の論拠は、法が健康管理手当の受給権を在外被爆者にも認めていると解釈するためのものであるが、いずれも決定力に欠けるきらいがないわけではない。むしろ、着眼点を同じくしながら、全く別の結論を導き出す余地がある。そのような法解釈の方法およびその妥当性については、読者の皆さんの検討に委ねたい。

164　第10回｜在外被爆者の法的地位

[第 11 回]

公害防止協定に基づく一部事務組合の情報開示

[事案]

　甲山県下の丙森地域では、既存の一般廃棄物最終処分場が 10 年以内に飽和状態になるため、丙森地域内の乙川町および同町の周辺の市および町からなる一部事務組合である丙森地域廃棄物広域処分組合（以下、「処分組合」という）【→解説 1】は、乙川町市ヶ谷地区を新たな処分場（以下、「本件処分場」という）の候補地として選定した。

　乙川町には 28 の任意加入の自治会があり【→解説 2】、市ヶ谷地区を管掌しているのは第三自治会である。そのため、処分組合は、第三自治会に対し、平成 10 年 11 月 7 日に本件処分場の設置を申し入れた。これに対して、第三自治会は、会員から本件処分場の設置による地下水の汚染、河川の汚濁、交通公害等に対する懸念が指摘されたものの、最終的には処分組合からの申入れを受け入れることとし、平成 11 年 3 月 30 日、処分組合に対し、環境保全に万全を期すことを条件に、本件処分場の設置に基本的に同意した。その後、処分組合は、同年 12 月 28 日、乙川町との間で、環境保全に最大限の努力を払う旨を内容とする基本協定を締結し、次いで平成 12 年 7 月 9 日には、第三自治会との間に「乙川町市ヶ谷廃棄物広域処分場に係る公害防止協定」（以下、「第三協定」という）を締結した。さらに処分組合は、平成 13 年 12 月 19 日、第三自治会との間で抽象的な条項に止まっていた第三協定に具体的な内容を与える公害防止細目協定（以下、「第三細目協定」という）を締結した【→解説 3】。

　一方、第九自治会が管掌する地区には本件処分場への資材の搬入道路や覆土材に使用する残土置き場を設置することが計画されていたため、処分組合は第九自治会に対して、その旨を申し入れた。これに対し、第

165

九自治会は処分組合との間に公害防止協定を締結することを条件に、処分組合からの申入れを受け入れた。そして、平成12年7月12日、第九自治会と処分組合との間で第三協定に倣って作成された公害防止協定（以下、「第九協定」という）が締結された。さらに、平成14年2月9日には、抽象的な条項に止まっている第九協定に具体的な内容を与える公害防止細目協定（以下、「第九細目協定」という）が両者の間で締結された【→解説3】。

その後、本件処分場は所定の手続を経て設置された。本件処分場は、いわゆる管理型の一般廃棄物最終処分場であり、底面に厚さ1.5ミリメートルのゴムシートを敷いて、廃棄物に降り注ぐ雨水が地下に浸透するのを防ぐ構造になっていた。しかし、本件処分場に廃棄物が運びこまれるようになってから、本件処分場の周辺地区から湧き出てくる水の色が茶褐色に濁るようになったため、周辺住民は本件処分場から汚水が漏れているのではないかとの疑いをもつようになった。そこで、第九自治会に所属し、処分場近くに居住するXは、処分組合に対して、本件処分場の地下水の水質検査に関する資料（以下、「本件資料」という）の閲覧および謄写を求めた。ところが、処分組合はこれを拒否した【→解説4】。

このような対応に不満をもったXは、法的手段をとるため、土田弁護士に相談をした。同弁護士は同じ法律事務所に所属する新米の大貫弁護士に本件に関する調査を行うよう指示した。その3日後の平成20年12月10日、両弁護士の間で次のようなやりとりが行われた。

土田弁護士：乙川町をはじめとする丙森地域の市町や甲山県には情報公開条例があるはずですが、それらの条例で処分組合が保有する文書等は開示請求の対象になっていますか。

大貫弁護士：いいえ。どの自治体の情報公開条例においても、処分組合が情報公開の可否を決定する機関とはされていません。ですから、処分組合が保有する文書等は、直ちには情報公開条例に基づく開示請求の対象になりません。

土田弁護士：そうなると、情報公開条例に基づいて処分組合に本件資料の閲覧・謄写を求めることはできないということになりそうですね【→解説5】。だとすれば、公害防止協定およびその細目協定に基づく閲覧・謄写請求を考えるほかありません。本件の場合、第三協定、第三細目協

定、第九協定、第九細目協定がありますが、それらの内容について、簡単に説明してもらえますか。

大貫弁護士：第三協定と第九協定では、いずれも「乙（処分組合）が甲（乙川町）の地域内に市ヶ谷廃棄物処分場を設置するにあたり、公害を防止し地域住民の生命財産を確保するために、地下水汚染、交通公害、洪水、土砂流出等自然環境と生活環境の保全に支障を生じさせないことを目的」にすることが定められており、当事者の名前や協定締結年月日など形式的な部分を除けば、その内容は全く同じです。これに対し、第三細目協定と第九細目協定は内容が微妙に異なります。第三細目協定では、処分組合が第三自治会に報告すべき事項として、本件処分場の地下水の検査結果があがっていますが、第九細目協定では、本件処分場の地下水の検査結果が報告事項の対象から除外されています。これは、第九自治会の管掌地区における問題の中心が本件処分場への搬入道路、残土置き場に関係するものだったからです。

土田弁護士：その地下水の検査結果というのは、膨大なデータなのですか。

大貫弁護士：複数の項目について検査を行うため、データ量は非常に多いはずです。そのため、検査結果の数値は表にしてまとめられていると思います。

土田弁護士：仮にXさんが本件資料の閲覧・謄写請求をするとしたら、第三協定または第九協定の12条4号に基づくことになると思いますが、そこでいう「周辺住民」や「資料」について協定あるいは細目協定の中で何か定めはありますか。

大貫弁護士：いいえ、一切ありません。

土田弁護士：ところで公害防止協定およびその細目協定を締結した第三自治会および第九自治会は地方自治法上の地縁による団体ですが【→解説6】、いずれも市町村長による認可を受けているのでしょうか。

大貫弁護士：はい。したがって、いずれも法人格を有しているといえます。

土田弁護士：それでは、以上のことも踏まえて、あなたは、どのような訴訟を提起すれば、Xさんが本件資料を閲覧および謄写できるようになるか、考えておいてください。また、Xさんの仮の救済について

も、一応、考えておいてください。なお、住民訴訟の提起については、別途、特別な考察が必要ですから、今回は除いて考えてください。

〈資料〉本件に関する法令等

(1) 地方自治法（昭和 22 年 4 月 17 日法律第 67 号）（抜粋）

第 1 条の 3　地方公共団体は、普通地方公共団体及び特別地方公共団体とする。

2　普通地方公共団体は、都道府県及び市町村とする。

3　特別地方公共団体は、特別区、地方公共団体の組合及び財産区とする。

第 2 条　地方公共団体は、法人とする。

2～17　（略）

第 260 条の 2　町又は字の区域その他市町村内の一定の区域に住所を有する者の地縁に基づいて形成された団体（以下本条において「地縁による団体」という。）は、地域的な共同活動のための不動産又は不動産に関する権利等を保有するため市町村長の認可を受けたときは、その規約に定める目的の範囲内において、権利を有し、義務を負う。

2～17　（略）

第 284 条　地方公共団体の組合は、一部事務組合及び広域連合とする。

2～4　（略）

(2) 乙川町市ヶ谷廃棄物広域処分場に係る公害防止協定（抜粋）

＊以下の文言中、甲は乙川町、乙は処分組合、丙は第三自治会（第三協定の場合）または第九自治会（第九協定の場合）を指す。

第 12 条　乙は、甲が指名する甲の職員、甲又は丙が委嘱する監視員並びに丙の住民（以下「監視員等」という。）が監視等の必要のため処分場内に立入る場合、誠意をもって対応し、次の事項を遵守しなければならない。ただし、監視員等の範囲は、甲又は丙があらかじめ乙に報告するものとする。

(1)　乙は、監視員等に対して、処分場の造成工事開始から、廃棄物の埋立開始、完了、閉鎖までの間随時、必要に応じて乙の所有する資料を閲覧させなければならない。又、監視員等から廃棄物その他の試料の採取又は資料の提供の要求があったときは、それに応じなければならない。

(2)　乙は、公害の防止、処分場の設備等に関する重要な変更及び改善、本協定書違反時の措置等について、甲及び丙から要求があったときは、誠意をも

って協議しなければならない。

(3) 乙は、処分場の監視に係る経費の全部又は一部を必要に応じて負担しなければならない。

(4) 乙は、処分場に関する資料の閲覧等について、周辺住民から要求があったときは、甲を通じて資料の閲覧又は提供を行わなければならない。

[設問]

1. 本件資料の閲覧および謄写をするために訴訟を提起するとして、Xは、仮の救済（行政事件訴訟法上の仮の救済に限らない）として、いかなる申立てをすることが考えられるか【→解説7】。ただし、仮の救済を求める際に本案に関連する要件として問題となる事項については、事案に即した検討を行う必要はない。

2. Xは、本件資料を閲覧および謄写することができるようにするために、いかなる訴訟（行政事件訴訟法上の訴訟に限らない）を提起すべきか【→解説8】。

3. 上記設問2の訴訟において、Xは、本案上の主張として、いかなる主張をすべきか【→解説9】。

はじめに———読解の指針

本件においてXは処分組合が本件資料の閲覧・謄写請求を拒否したことに不満を抱いている。そこで、当該拒否行為の法的性格を明らかにしておこう【→解説4】。次に、Xが処分組合に本件資料の閲覧・謄写をさせてもらうことができる前提として、Xには処分組合に対する閲覧・謄写請求権が認められなければならない。その根拠としてまず考えられるのは、本件公害防止協定であるから、当該協定を法的観点から分析しておく必要がある【→解説3】。また、本件公害防止協定の締結主体が法人格を有するかということも、一応確認しておこう【→解説1】【→

169

解説 2】【→解説 6】。なお、Xの閲覧・謄写請求権の有無を考える際には、地方公共団体における情報公開条例も視野に入れて、公害防止協定に基づく閲覧・謄写請求の位置づけを押さえておく必要があろう【→解説 5】。

そして、以上の諸点を踏まえることが、Xの仮の救済方法【→解説 7】およびXが提起すべき訴訟と当該訴訟におけるXの本案上の主張を考える際の前提となる【→解説 8】【→解説 9】。

[解説]

【解説 1】

地方自治法上、一部事務組合は地方公共団体の組合であり（地自法284条）、地方公共団体の組合は特別地方公共団体であって法人格を有する（地自法 1 条の 3、2 条）。したがって、一部事務組合は法人であるから、契約の締結主体となりうるし、訴訟上、当事者能力を有する。このことを踏まえれば、一部事務組合の法主体性に着目して、本件協定の効力や本件協定に基づく訴訟を提起する場合の訴えの適法性（特に被告適格性）について悩む必要はない。

なお、一部事務組合は、行政事務の効率的な処理を目的にしてその設立が認められたものであり、周辺市町村が消防事務や、本件のように、ごみ処理事務を共同で行うために一部事務組合を設立することが多い。

【解説 2】

自治会（町内会）は、住民相互の親睦、居住環境の改善、福祉の増進、集会施設の維持・管理、自治活動などを目的として住民によって任意に設立される団体である。戦前の町内会は、市町村長の事務を補助執行するものとして位置づけられていたが、現在でも、自治体からの委任によって自治体広報紙を配付するなど、行政の補助的役割を果たしている場合がある。この点に着目して、例えば遠藤博也教授は、町内会を、社会管理機能——遠藤教授によればこれが行政——を担う、非定型的な

行政組織の1つとして把握している（遠藤博也『行政法Ⅱ』〔青林書院新社、1981年〕97頁）。

　通常、自治会（町内会）は権利能力なき社団であって、法人格を有しないが、法人格を獲得する方法はある（【解説6】を参照）。

【解説3】

　いわゆる公害防止協定は、公害の防止または公害発生後の事後処理を目的にした関係者間での合意を指し、地方公共団体と事業者の間で締結されることもあれば、事業者と住民（または住民団体）の間で締結されることもある。この公害防止協定について、これまで問題とされてきたのは、その法的性格である。第1説は公害防止協定を紳士協定として捉え、契約上の拘束力を認めない。第2説は公害防止協定を民事上の契約として捉え、契約上の拘束力を認める。第3説は公害防止協定を公法契約（あるいは行政契約）として捉え、契約上の拘束力を認める。このように公害防止協定の法的性格をめぐっては複数の見方があるが、近年は、公害防止協定の法的性格を一律に論じることは妥当ではなく、個別の条項ごとに、その法的性格を捉えようとする立場が主流である。

　それでは、公害防止協定の個別条項は、どのような手順で分析されるべきか。その法的性格を分析する際の方法が問題となる。この点、まずは、①各当事者が法的義務付けの意思を有していたといえるか否かという観点から分析すべきであろう。その際には、当該条項の文言は当事者の意思を判定する上で重要な要素になる。例えば抽象的な文言が用いられ、その内容が具体的になっていない場合は、各当事者に法的義務付けの意思がなかった可能性があり、そうであるならば、当該条項は紳士協定としての性格を有すると解することになろう（紳士協定という語は、当事者に、ある条項について法的に相互に義務付ける意思がない場合に使われるべきであろう）。逆に、法的義務付けの意思が確認できた場合には、次に、②当該条項が有効か、無効かという観点から分析すべきであろう。例えば私人間で合意によって設定することができる権利や義務が当該条項の内容になっている場合には、当該条項は有効であると解されるが、法律によってのみ創設しうる権利や義務が当該条項の内容になっている場合には、当該条項は無効と解される（森田寛二「行政契約・

171

協定方式の問題点」成田頼明編『行政法の争点〔新版〕』〔有斐閣、1990年〕84頁以下）。

　例えば、公害防止協定において行政の立入調査権を定めた条項があったとして、この条項に関して、法的に相互に義務付ける意思が当事者間にあれば、それは、当事者を法的に拘束する契約条項である。こうした意思がない場合には紳士協定である。契約的条項であるとしても、さらに、その有効・無効は別に問題となる。立入調査権は、私人間でも同様に合意によって設定することのできる義務とみてよく、法律によってしか創設できないものとは解されないから、行政と私人との間で行政の立入調査権を合意によって定める条項は無効とはいえないであろう。従来、契約条項の有効・無効の議論によって条項そのものが紳士協定かどうかを決定したり、法的に相互に義務付ける意思が当事者間にないので、ある条項は無効である、というような議論がなされたきらいがある。①②を区別することが議論を明晰にするであろう。

　ただし、以下の点には注意を要する。第1に、契約条項の有効・無効をどのように判断するかについては、議論すべきことが多く残されている。例えば、経済的自由権の規制は契約によってもできるが、精神的自由権の規制は契約によってはできないという議論は、条項の有効・無効に関わる議論であるが、はたしてこのような結論を出してよいかは議論の余地があろう。第2に、当事者間に法的に相互に義務付ける意思があったとしても、その内容からみて無効となる条項であった場合、どのような内容の義務付けの意思があったかを探索する際に、法的に相互に義務付ける意思の内容が無効とは解されない内容で定式化されることはありうる。例えば、罰金を科すという条項があったとしても（国家が刑罰権を独占しているため、当該条項は無効である）、損害賠償の予約を定めた規定として理解することはできる。第3に、公害防止協定全体について、公法契約あるいは私法契約と性格づける場合には、そうした性格づけをどのような目的で行うかを明確にしなくてはならない。仮に訴訟形式の判別を目的としてそうした全体的性格づけを行うのであれば、【解説8】で後述するように、そうした作業は無意味である。

　そこで、以上の諸点を踏まえて、本件で問題となる第三協定および第九協定の12条4号を検討してみると、まず、当該条項の文言や、処分

組合と自治会の間の交渉経過からして、各当事者が法的義務付けの意思を有していたということは指摘できよう。したがって当該条項を紳士協定として捉える見方は妥当ではない。さらに、当該条項が定める閲覧・謄写に関する権利および義務は、私人が他の私人と契約によって設定することができ（【解説8】を参照）、特に法律によって創設されなければならないものではないから、当該条項は有効である（本件のモデルケースである東京都日の出町谷戸沢処分場事件の東京地八王子支判平成8年2月21日判タ908号149頁、東京高判平成9年8月6日判タ960号85頁においても、本件と同様の公害防止協定の条項に契約上の拘束力を認めるか否かについて、特に争われていない）。

なお、本件では公害防止協定のほかに公害防止細目協定も締結されているが、両者は一体となって当事者間の権利義務を定めていると解するのが妥当であろう。

【解説4】

本件資料の閲覧・謄写請求に対する処分組合の拒否行為は、処分といえるであろうか。この点をどのように解するかによって、Xが提起すべき訴訟が異なるので、問題となる。仮に処分組合の拒否行為が情報公開条例に基づく不開示決定であるとすれば、当該行為に処分性は認められよう。しかし、本件では、そのような事実は与えられていない（【解説5】を参照）。そもそも、本件における処分組合の拒否行為は法律に基づくものではなく、処分ではない。したがって、処分組合の拒否行為を抗告訴訟によって争うことは不適切である。

【解説5】

「行政機関の保有する情報の公開に関する法律」は国の行政機関が保有する行政文書を対象にしているにすぎないから（行情法2条）、同法に基づいて地方公共団体が保有する行政文書の開示を求めても、認められない。むしろ、同法は、「地方公共団体は、この法律の趣旨にのっとり、その保有する情報の公開に関し必要な施策を策定し、及びこれを実施するよう努めなければならない」（行情法25条）と定めており、これを受けて都道府県および市町村は自らが保有する行政文書の開示につい

173

て情報公開条例を制定し、対応してきた。ところが、本件の処分組合の
ような一部事務組合は、一般に、都道府県および市町村の情報公開条例
において開示の可否を決定する機関になっていない。

　本件の場合も、弁護士の指摘から明らかなように、一部事務組合は、
乙川町等の情報公開条例において開示を実施する機関となっていない。
そのため、Ｘは情報公開条例に基づいて本件資料の閲覧等を求めるこ
とはできない。Ｘとしては、公害防止協定および細目協定に基づく閲
覧・謄写請求を考えるほかないであろう。

　なお、本件において、乙川町に本件資料あるいはこれに準じる文書が
あり（一部事務組合の文書が当該組合を構成する地方公共団体に存在
し、その文書が開示請求の対象となる文書であることはありうる）、か
つ、同町に情報公開条例が存在する場合には、Ｘは乙川町（正確に
は、乙川町の情報公開条例において情報公開の可否を決定する機関）に
情報公開条例に基づく開示請求をすることも考えられる。しかし、本件
では、乙川町が本件資料あるいはこれに準じる文書を保有していたか否
かという点に関する事実は与えられていない。したがって、Ｘとして
は乙川町に対してではなく、処分組合に対して、本件資料の閲覧・謄写
を求めることが考えられなければならない。

【解説6】

　地方自治法上、地縁による団体とは、「町又は字の区域その他市町村
内の一定の区域に住所を有する者の地縁に基づいて形成された団体」の
ことを指すが、このような地縁による団体は、市町村長の認可を受ける
ことによって、法人格を取得する（地自法260条の2第1項）。本件の
場合、弁護士の会話から第三自治会および第九自治会ともに市町村長の
認可を受けていることが明らかである。したがって、本件公害防止協定
が契約であると解する場合であっても（【解説3】を参照）、両自治会の
法主体性から当該協定の効力が問題視されることはないといえよう。

【解説7】

　処分組合による拒否行為が処分であるとすれば、行訴法上の仮の救済
（仮の義務付け）が考えられるが、上述したように処分組合による拒否

行為は処分ではない。したがって、Xは、仮の救済として、処分組合に対し、本件資料を閲覧させ、謄写させることを内容とする仮処分（仮の地位を定める仮処分）の申立てをすることが考えられる。この申立てが認められるためには、①争いのある権利関係の存在と②保全の必要性が認められなければならない（民事保全法23条2項）。このうち①については、設問1の但書以下で限定が付されているから、本案に関連する要件の問題として論じることになる（【解説9】を参照）。仮に本案レベルでの検討の結果、Xに本件資料の閲覧・謄写請求権がないという結論に至れば、仮の救済レベルでは「被保全権利がない」と表現することになる。他方、②の要件については、処分組合が本件資料の隠滅、改ざん等を行う危険性があることを指摘すればよいであろう。これとは別に、例えば、地下水が汚染されて原告の生命健康に被害が生ずるおそれがあるということを指摘するのは適切ではない。なぜなら、本件では文書の閲覧・謄写を求める本案訴訟が前提となっている以上、閲覧謄写請求権が「争いある権利関係」の対象であり、「著しい損害又は急迫の危険」もそうした被保全権利との関係で述べる必要があるからである（地下水が汚染されて原告の生命健康に被害が生ずるおそれは、例えば被保全権利を人格権に基づく差止め請求権として生活妨害の差止めを求める場合に、その仮処分を求める中で援用されるものであろう）。

　そのほか、本件における仮の救済としては、民事保全法23条1項に基づいて、例えば、本件資料の隠滅、改ざんを禁止する仮処分（係争物に関する仮処分）を求めることも考えうる。このような仮処分は、原状を維持し、閲覧・謄写請求権の強制執行を保全する目的をもっているから、Xの仮の救済手段としては有効である。しかし、設問では、本件文書の閲覧・謄写を求める本案訴訟を前提としており、この点を考慮すれば、本件資料を閲覧させ、謄写させることを内容とする、同条2項に基づく仮処分のほうが、より適切といえよう。もっとも、設問のような限定がなければ、同条2項よりも1項のほうが要件が緩和されているから、仮の救済の実現可能性という観点からすると、同条1項による仮処分を求めたほうが適切であるといえよう。

　なお、本件資料を閲覧させ、謄写させる行為が処分に該当すれば、行政事件訴訟法44条により、Xは民事保全法上の仮処分を求めることが

175

できない。しかし、本件資料を閲覧させ、謄写させる行為は、事実上の
行為であり、特に処分性を認めるべき理由はなく（例えば除却命令を前
提にして行われる代執行のように、処分を前提にして行われる事実行為
については、処分性を認めるということも考えられなくはないが、本件
は処分を前提にしていないため、そのような考え方が妥当する余地はな
い）、民事保全法上の仮処分が否定されることはないといってよい。

【解説8】

　本件において、Xは、処分組合を被告にして、本件資料を閲覧およ
び謄写させることを内容とする給付訴訟を提起することが考えられる。
問題となるのは、その訴訟形式であり、さしあたり民事訴訟としての給
付訴訟と公法上の当事者訴訟（行訴法4条後段）としての給付訴訟が考
えられる。この点、Xと処分組合の関係を全体として公法上の法律関
係とみれば、適切な訴訟形態は当事者訴訟になるが、Xと処分組合の
関係を全体として公法上の法律関係とみなければ、適切な訴訟形態は民
事訴訟になると考えるのが普通であろう。しかし、この局面では、この
ようにXと処分組合の法律関係を全体的に性格づける必要はない。民
事訴訟と公法上の当事者訴訟を判別する際の法律関係の性質の決定は、
どのような請求を立てて訴訟を提起するかということを念頭に置いて、
問題となる局面ごとに行えばよいのであって、特定の当事者間の法律関
係全体の性質を明らかにする必要はない。このような観点からすると、
本件の場合も、協定によって成立する法律関係全体を性格づける必要は
ない。本件では、Xが本件資料の閲覧・謄写請求を立てて訴訟を提起
することが考えられるわけであるから、当該請求に係る法律関係のみに
着目して、その性格づけを行えばよい。

　もっとも、このような観点から本件を分析するにせよ、個別の法律関
係の性格づけをどのようにして行うかはやはり問題となる。この点、学
説および判例では、法律関係の性質を決定づける明確な基準は示されて
いない。しかし、問題となる法律関係が、従来、私法上の法律関係（権
利義務関係）として捉えられてきたものと同質であれば、当該法律関係
を私法上の法律関係として捉えることに大きな異論はないであろう（と
いうのも、こうした性質の違いこそが、特定の法律関係について特別の

176　第11回｜公害防止協定に基づく一部事務組合の情報開示

取扱い——特別の法理の適用や、特別の訴訟形式によって取り扱うこと——をするか否かを検討するにあたって、重要な根拠となってきたからである）。このような観点からすると、第三協定および第九協定の12条4号によって形成される資料の閲覧・謄写をめぐる法律関係は、私人が他の私人と私法上の契約によって設けることができるものであるといえるので（【解説3】を参照）、こうした理解を前提にすれば、本件資料を閲覧および謄写させることを請求内容とする給付訴訟は、私法上の法律関係に関する訴訟、すなわち民事訴訟として性格づけるのが適切であろう（ただし、上記の給付訴訟を当事者訴訟として性格づけたとしても、当該訴訟に適用される行政事件訴訟法の規定は、それほど多くはないため〔参照、行訴法39〜41条〕、民事訴訟と比べて大きな差はない。しかも、本来、訴訟形式の問題は、裁判所の適切な釈明権の行使により、適切に整理されるべき問題である）。

　そのほか、Xが提起する訴訟として、閲覧・謄写請求に対する処分組合の拒否行為の取消訴訟（行訴法3条2項）も考えうるが、既に【解説4】で指摘したとおり、当該行為は処分ではないので、取消訴訟は不適切である。また、処分組合が閲覧・謄写決定をすべき旨を命ずることを求める義務付け訴訟（行訴法3条6項）も、当該決定行為に処分性が認められないため、不適切である。

【解説9】

　【解説8】で指摘した給付訴訟が民事訴訟として提起されようが、公法上の当事者訴訟として提起されようが、当該訴訟の本案においては、Xに閲覧・謄写請求権が認められるか否かが最も大きな問題となる。この点、Xとしては、第三協定および第三細目協定に基づいて閲覧・謄写請求が認められると主張すること、および、第九協定および第九細目協定に基づいて閲覧・謄写請求が認められると主張することが考えられる。しかし、Xは当然には閲覧・謄写請求権が認められるわけではない。なぜなら、Xは協定および細目協定を根拠にして本件資料の閲覧・謄写請求をすることになるが、その根拠となる協定および細目協定を締結したのはXではなく、第三自治会および第九自治会であって、Xは契約当事者とはいえないからである。しかし、以下で指摘すると

177

おり、本件各協定および各細目協定が「第三者のためにする契約」（民法537条）であると理解して、Xに請求権を承認することは不可能ではない。

　まず、Xが第三協定および第三細目協定に基づいて本件資料の閲覧・謄写請求権を主張する場合はどうか。この場合、第三協定12条4号は「周辺住民」に資料の閲覧または提供の請求権という権利を取得させているといえるから、第三協定の同条項部分は「周辺住民」を第三者とする、第三者のためにする契約であると解するのである（Xは第九自治会の構成員であるから、第三協定の当事者でないことは明白である）。このような構成によるときは、さらにXが「周辺住民」に該当するということを主張する必要があるが、そのためには、①第三協定および第三細目協定では「周辺住民」の定義に関する定めがないので（この点は弁護士の指摘から明らかである）、処分場が操業することにより環境上の影響を被るおそれのある者として、Xを「周辺住民」に含めて考える余地があること、②第三協定の目的からは、当該協定が第三自治会の区域内ではなく、乙川町の区域内に本件処分場を設置するにあたっての協定であることを読み取ることができること、③本件処分場周辺の地下水が汚染されているか否かについては、第三自治会構成員だけでなく、本件処分場を受け入れた乙川町民全体が重大な利害関係を有すること、等を指摘することが考えられよう（同旨、前掲東京地八王子支判平成8年2月21日、東京地決平成7年9月4日判時1555号85頁。これに対し、東京高決平成9年6月23日判タ941号298頁は公害防止協定が第三者のためにする契約であることを否定している）。

　次に、第九協定および第九細目協定に基づいて閲覧・謄写請求権を主張する場合も、Xは第九協定および第九細目協定を「第三者のためにする契約」と構成することができる（Xは第九自治会の構成員であるが、第九協定を締結したのは第九自治会であるから、Xは当該協定との関係ではやはり第三者である）。この場合、Xは第九自治会の構成員であるから、上述のような「周辺住民」該当性については問題とならない可能性がある（協定12条本文は「丙の住民」〔第九自治会構成員〕という語を用いているのに対して、同条4号は「周辺住民」という語を用いているから、後者は自治会員で処分場周辺に居住する者と解すること

ができる）。むしろ、問題となるのは、第九細目協定が本件資料を報告事項の対象から除外しているために、第九協定12条4号の「資料」に本件資料が含まれるのかという点である。この点、Xとしては、同条項の「資料」について何の限定も付されていないこと、また、報告義務の対象となる資料と閲覧謄写請求の対象となる資料はその範囲を必ずしも同じに解する必要はないことを主張することが考えられよう。

［第12回］

保育園の入園拒否

[事案]

　Aは、平成16年9月29日、Xの長女として甲川市で出生した。A
は、生まれつき気管の入口の組織が弱かったため、平成17年11月27
日、気管切開手術を受け、以後、空気の通り道を確保するために、カニ
ューレと呼ばれるパイプ状の医療器具を常時のどに装着し挿入してい
る。また、Aの父親であるXは、自宅から8キロ離れたところで印刷
工場を営んでおり、Aの母親は夫が営む印刷工場を手伝うかたわら、
介護を必要とするXの両親および自分の両親を世話していた。

　Aは、平成19年6月1日から平成23年3月31日までの期間、児童
福祉法（以下、「法」という）上の肢体不自由児施設である甲川市立中
央学園に入園することが承諾されたため、平成19年6月1日から同学
園に通園していた。中央学園に入学する直前の平成19年5月には、A
は歩行障がい、呼吸機器機能障がいを有し、障がいの程度が最も重いこ
とを示す1級の身体障がい者手帳を有していた。しかし、その後、A
の体調は徐々に良くなり、平成20年2月4日には、身体障がい者手帳
は障がいの程度が中度であることを示す4級になっていた。そこで、X
は、中央学園の関係者から、Aの兄や妹が通う保育園にAを入園させ
てみてはどうかとの助言を受けたこともあって、平成20年3月2日、
甲川市長から法第32条3項に基づき保育の実施に関する権限の委任を
受けていた甲川市福祉事務所長（以下、「福祉事務所長」という）に対
し【→解説1】、平成20年度保育園入園申込書を提出して、入園の申込
みをした（法第24条第2項、甲川市保育の実施に関する条例施行規則
〔以下、「条例施行規則」という〕第4条）。ところが、福祉事務所長
は、Xに対し、平成20年3月8日午前、Aが障がい児であることを理

180　第12回｜保育園の入園拒否

由に申込書それ自体を受理しない旨を電話で通告し、同日午後、入園申込書一式をXに直接返却した【→解説2】。Xは、これ以後も、Aを保育園に入園させようと福祉事務所長や甲川市と折衝するなどし、平成21年1月20日には、再度、福祉事務所長に対し、平成21年度の保育園入園申込みを行った。しかし、福祉事務所長は、Xに対し、平成21年2月23日、Aの入園を不承諾とする旨の決定をし、これを通知した（条例施行規則第5条第1項、第6条第2項）【→解説3】。その通知書には不承諾の理由として「児童福祉法第24条による。」と記載されているにすぎなかった【→解説4】。

　この通知を受けたXは、このままではAを保育園に通園させることができないと考え、平成21年3月25日、土田弁護士に相談をした。土田弁護士は同じ法テラス市ヶ谷法律事務所に所属する新米の大貫弁護士に調査を指示した。その3日後、両弁護士の間で次のような会話が交わされた。

土田弁護士：本件は児童福祉法に関する事件ですが、同法における保育の実施に関する法律関係は、どのように理解されていますか。

大貫弁護士：児童福祉法は平成9年に改正されています。改正前の同法24条は「市町村は、政令で定める基準に従い条例で定めるところにより、保護者の労働又は疾病等の事由により、その監護すべき乳児、幼児又は第39条第2項に規定する児童の保育に欠けるところがあると認めるときは、それらの児童を保育所に入所させて保育する措置を採らなければならない。ただし、付近に保育所がない等やむを得ない事由があるときは、その他の適切な保護を加えなければならない」と定めていました。実際には、保護者から市町村（福祉事務所）に入所の申込みが行われ、入所を希望する保育所の聴取りも行われていたようですが、同法24条に関しては、市町村が「措置」という処分によって保育所に児童を入所させるものと理解されていました。しかし、平成9年の改正を経た現行法の下では、保育の実施に関する法律関係は、保護者による保育実施の申込みと、これに対する市町村の応諾によって成立する利用契約関係であるという見解が示されています。

土田弁護士：今回は行政事件訴訟法上の抗告訴訟で争うことを考えていましたが、そのような見解があるとなると、抗告訴訟を利用する場合は

一定の配慮が必要になりそうですね。それから、本件の保育園は地方自治法244条以下の公の施設に該当しますが、同法の規律については、さしあたり度外視しておくことにしましょう。ところで、平成20年2月の時点でAの状況は、どのようなものでしたか。

大貫弁護士：Aは、カニューレをのどに装着して挿入しているため、気管内にたまるたん等を定期的に除去する必要があり、1時間に1回程度の間隔で、1回につきおよそ1分程度、吸引器を用いてたん等を吸引する必要がありましたが、この点を除けば、障がいのない児童とほとんど変わらない身体的機能を有するようになっていました。

土田弁護士：医師の見解についてはどうですか。

大貫弁護士：Aが中央学園に入園する際の資料であった平成19年5月15日付け療育意見書（Aの2歳8か月当時）において指摘されたような、四肢機能障がいや筋力向上のトレーニングの必要性、生活面での一部介助の必要性、肢体不自由児施設での療育の相当性、療育見込期間については、その後の診断書、診療情報提供書等では見当たりません。それどころか、医師は、Aの精神的発達、運動発達に問題がなくなったため、Aを普通保育園に入園させ、障がいのない児童と集団生活をさせたほうがよい、と勧めています。また、Aは、成長に伴い既に鼻と口からの呼吸も一部可能となっており、今後、成長に伴って完全な自己呼吸が可能となり、カニューレの装着が不要となる可能性もあるとされています。さらに、たん等の吸引に関しても、吸引行為には各種の危険が伴うものの、いずれも回避可能であるか、あるいは、その事故が起こる可能性が極めて低いものであり、Aのような症状の安定した健康状態に近い患者の場合には、医療に関する知識を有する看護師であれば、安全かつ有効に行うことができるものであって、殊にAの場合にあっては、医師による保育園職員への指導や緊急時の対応も可能とのことです。ちなみに、Xが希望する保育園には、看護師1名が配置されていたため、そのような対応は十分可能であったといってよいと思います。

土田弁護士：ただ、その1名の看護師がAにつきっきりになるようなことがあると、他の児童に配慮が行き届かなくなる可能性があります。それでは市としても困るでしょう。

大貫弁護士：Aに特別な世話としては、1時間に1回、1分程度行われ

るたん等の吸引行為があるだけですから、看護師がAにつきっきりに
なる必要はないといえます。

土田弁護士：それでは、あなたは以上のことを踏まえて、提起すべき訴
訟と当該訴訟の中で主張すべき本案上の主張について、考えておいてく
ださい。

〈資料〉本件に関する法令等

(1) 児童福祉法（昭和22年12月12日法律第164号）（抜粋）

第1条　すべて国民は、児童が心身ともに健やかに生まれ、且つ、育成され
るよう努めなければならない。

2　すべて児童は、ひとしくその生活を保障され、愛護されなければならな
い。

第2条　国及び地方公共団体は、児童の保護者とともに、児童を心身ともに
健やかに育成する責任を負う。

第3条　前二条に規定するところは、児童の福祉を保障するための原理であ
り、この原理は、すべて児童に関する法令の施行にあたつて、常に尊重され
なければならない。

第4条　この法律で、児童とは、満18歳に満たない者をいい、児童を左の
ように分ける。

一〜三　（略）

2　この法律で、障害児とは、身体に障害のある児童又は知的障害のある児
童をいう。

第6条　この法律で、保護者とは、親権を行う者、未成年後見人その他の者
で、児童を現に監護する者をいう。

第24条　市町村は、保護者の労働又は疾病その他の政令で定める基準に従
い条例で定める事由により、その監護すべき乳児、幼児〔満一歳から小学校
就学の始期に到達するまでの者〕……又は第39条第2項に規定する児童の
保育に欠けるところがある場合において、保護者から申込みがあつたとき
は、それらの児童を保育所において保育しなければならない。ただし、付近
に保育所がない等やむを得ない事由があるときは、その他の適切な保護をし
なければならない。

2　前項に規定する児童について保育所における保育を行うこと（以下「保

育の実施」という。）を希望する保護者は、厚生労働省令の定めるところにより、入所を希望する保育所その他厚生労働省令の定める事項を記載した申込書を市町村に提出しなければならない。……。

3〜5　（略）

第32条　（略）

2　（略）

3　市町村長は、保育の実施の権限及び第24条第1項ただし書に規定する保護の権限の全部又は一部を、その管理する福祉事務所の長又は当該市町村に置かれる教育委員会に委任することができる。

第33条の4　都道府県知事、市町村長、福祉事務所長又は児童相談所長は、次の各号に掲げる措置又は保育の実施等を解除する場合には、あらかじめ、当該各号に定める者に対し、当該措置又は保育の実施等の解除の理由について説明するとともに、その意見を聴かなければならない。……

一〜二　（略）

三　母子保護の実施及び保育の実施　当該母子保護の実施又は保育の実施に係る児童の保護者

四　（略）

第33条の5　……保育の実施等の解除については、行政手続法第三章（第12条及び第14条を除く。）の規定は、適用しない。

(2)　児童福祉法施行令（昭和23年3月31日政令第74号）（抜粋）

＊この政令において「法」とは、児童福祉法を指す。

第27条　法第24条第1項の規定による保育の実施は、児童の保護者のいずれもが次の各号のいずれかに該当することにより当該児童を保育することができないと認められる場合であつて、かつ、同居の親族その他の者が当該児童を保育することができないと認められる場合に行うものとする。

一　昼間労働することを常態としていること。

二〜三　（略）

四　同居の親族を常時介護していること。

五〜六　（略）

(3)　甲川市保育の実施に関する条例（平成17年甲川市条例第12号）（抜粋）
　　【→解説5】

（保育の実施基準）

第2条　保育の実施は、児童の保護者のいずれもが次の各号のいずれかに該当することにより、当該児童を保育することができないと認められる場合であつて、かつ、同居の親族その他の者が当該児童を保育することができないと認められた場合に行うものとする。

(1)　居宅外で労働することを常態としていること。

(2)　居宅内で当該児童と離れて日常の家事以外の労働を常態としていること。

(3)〜(4)　（略）

(5)　長期にわたり疾病の状態にあり、又は精神若しくは身体に障害を有する同居の親族を常時介護していること。

(6)〜(7)　（略）

（申込手続等）

第4条　この条例に定めるもののほか、申込手続その他保育の実施に関し必要な事項は、規則で定める。

(4) 甲川市保育の実施に関する条例施行規則（平成17年1月10日規則第11号）（抜粋）【→解説5】

（趣旨）

第1条　この規則は、保育の実施に関する条例（平成17年甲川市条例第12号。……。）の施行に関し必要な事項を定めるものとする。

（保育の実施の申込み）

第4条　児童の保護者は、保育の実施を希望するときは、保育園入園申込書……に次に掲げる書類を添えて、福祉事務所長（以下、「所長」という。）に提出しなければならない。

(1)〜(3)　（略）

（保育の実施の承諾等）

第5条　所長は、前条に規定する申込みがあった場合は、……保育の実施を希望する保育園の欠員状況その他必要な事項を勘案して、保育の実施の承諾の可否を決定するものとする。

2〜5　（略）

（承諾等の通知）

第6条　所長は、前条第1項の規定により保育の実施を承諾した場合は、……保護者には保育園入園（変更）承諾通知書……により、保育の実施を行う月の前月までに通知するものとする。

2　所長は、前条第1項の規定により保育の実施を承諾しなかった場合は、保育園入園（変更）不承諾通知書……により、保護者に通知するものとする。

[設問]

1.　Xは、Aが保育園に入園できるようにするために、いかなる法的手段（行政事件訴訟法上の抗告訴訟に限る）をとればよいか【→解説6】。なお、本設問において、仮の救済を論じる必要はない。
2.　上記1の法的手段において、Xは本案上の主張として何を主張すればよいか【→解説7】。

はじめに───読解の指針

　本件においてAが保育園に入園できない状態にあるのは、市長から権限の委任を受けた福祉事務所長が保護者からの申請を受理しなかったり、不承諾としたからである。そこで、まずは市長から権限の委任を受けるということが法的にいかなる意味をもつのかということを明らかにした上で【→解説1】、福祉事務所長がとった2つの対応、すなわち申請の不受理と不承諾決定に着目して、当該行為の法的性格や、当該行為と手続法の関係について明らかにしておきたい【→解説2】【→解説3】【→解説4】。また、本件では、地方公共団体の条例や規則が、法律の定める処分要件や処分に関する形式的事項について規定している。これらの規定の法的性格をどのように理解するかによって、本案上の主張の仕方が異なってくるため、それらの法的性格を確認しておこう【→解説5】。

　そして、以上の諸点を踏まえることが、本件における最も適切な訴訟形態【→解説6】および本案上の主張【→解説7】を論じる前提となる。

　なお、本事例は、東京地判平成18年10月25日判時1956号62頁の事案をモデルにしているが、当該判決が前提とした児童福祉法は、その

186　第12回｜保育園の入園拒否

後、平成24年に大きく改正されている（平成20年にも児童福祉法24条但書が改正されている）。旧法をもとにした事例および解説であっても、本事例の意義は損なわれないと考えたため、ここでの記述は本書初版の記述と同様、旧法を前提にしたものになっているが、一応、解説の最後で児童福祉法の平成24年改正について簡単に説明しておくことにしよう【→解説8】。

[解説]

【解説1】

権限の委任とは、ある行政機関に付与された権限を別の行政機関に移すことをいう。受任機関が自己の名と責任において当該権限を行使する点で権限の代理とは異なる。児童福祉法上、保育の実施を行うのは市町村とされているが（法24条）、市町村長は保育の実施に関する権限を委任することができる（法32条3項）。本件では、この権限の委任を前提にして（委任されているとの情報は問題文で与えられている。本件のような場合、一般に、長の規則によって委任する旨が規定されている）、条例施行規則5条において、福祉事務所長が保育園の入園の可否について決定することになっていると解することができる。

【解説2】

本件における福祉事務所長による不受理は、手続の見地から問題となる。

ところで、行政機関の行為を手続的見地から検討する場合、まずは適用法規を確定する必要がある。そのための手順として、以下の①〜④が考えられる。①行政手続法および一般的な行政手続条例は処分、行政指導、届出、命令を対象にして手続規律を定めているため、個別の事案において問題となる行為がこれらの行為のうち、どれに該当するか、明らかにする。②仮に、これらの行為のいずれにも該当しないのであれば（例えば計画など）、個別法で手続的規律があるかどうかを確認し、その

187

ような規律があれば、当該規律に照らして事案を分析する。③逆に、上記の行為のいずれかに該当するのであれば、一般法である行政手続法あるいは行政手続条例の適用が考えられる。行政手続法と行政手続条例の適用関係については行政手続法3条3項が定めている（正確にいうと、同項は行政手続法の適用除外を規定しているのみであるが、適用除外された部分については、一般に各地方公共団体の行政手続条例が適用になる）。それによれば、㋐処分や届出については、根拠規定によって適用法規が決まる。すなわち、法律や法律に基づく命令（告示を含む）に根拠を有する処分や届出については、行政手続法の適用があるものの、条例や執行機関の規則（規程を含む）に根拠を有する処分や届出については、行政手続法の適用がない。これに対し、㋑行政指導および命令等を定める行為については、当該行為を行う機関（組織）によって適用法規が決まる。すなわち、国の機関が行う行政指導、国の機関が命令等を定める行為には行政手続法の適用があるものの、地方公共団体の機関が行う行政指導、地方公共団体の機関が命令等を定める行為には行政手続法の適用がない。以上の理解を前提にして、個別の事案において問題となっている行為により、根拠法規に着目するか、行為の主体に着目して、行政手続法が適用される事案か、行政手続条例が適用される事案かを判断する。④行政手続法または行政手続条例が適用されるようにみえる場合であっても、行政手続法、行政手続条例または個別法で、行政手続法・行政手続条例の規律が適用除外とされていたり（行手法であれば3条、4条が重要。3条3項はすでに上で考慮した）、個別法で特別の手続規定が設けられていることがあるので、そのような場合に該当しないか、確認する（行政手続法上の特別な適用除外として同法13条2項や、39条4項もあるので、注意を要する）。

　以上を踏まえて手続的見地から本件を分析することにしよう。まず福祉事務所長による入園の承諾・不承諾の決定は処分と解するのが妥当であり（上記①の手順。【解説3】を参照）、その根拠は法律にある（上記③の手順）。そうすると、行政手続法の適用が考えられるが、本問では、児童福祉法等の個別法令に行政手続法の適用除外に関する規定があるという情報は与えられていないし、行政手続法の適用除外規定（行手法3条、4条）に該当するという事実も与えられていない（上記④の手

順）。したがって、本件では行政手続法の適用があり、同法の見地から
手続違反を問題にすることができる。そこで行政手続法に照らして福祉
事務所長による不受理を検討すると、入園の承諾・不承諾の決定は同法
でいう「申請に対する処分」とみることができるから、そのような行為
を規律している条文（行手法5条〜11条）を参照することになる。こ
のような手順を踏めば、福祉事務所長による不受理は行政手続法7条に
違反するといえるので、Xはこの点を違法事由として主張することが
考えられる（ただし、この違法事由は、平成21年2月23日に行われた
保育園入園不承諾決定の違法事由にはならないことに注意する必要があ
る）。

【解説3】

　本件の関係法令によれば、福祉事務所長が保護者からの入園申込みを
承諾するか否かによって、児童が保育園に入園できるかどうかが決まる
（条例施行規則4条から6条）。本件の場合、福祉事務所長はXからの
入園申込みを承諾しない旨の決定を行っているため、Aの入園を希望
するXは当該行為を対象にして訴訟を提起することが考えられるが
（【解説6】を参照）、本件では抗告訴訟を提起することが前提とされてい
るため、福祉事務所長による入園不承諾決定が処分であるといえなけれ
ばならない（行訴法3条1項）。それでは、当該不承諾決定は処分とい
えるであろうか。

　最高裁によれば、行政庁の処分とは「公権力の主体たる国または公共
団体が行う行為のうち、その行為によって、直接国民の権利義務を形成
しまたはその範囲を確定することが法律上認められているもの」である
（最一小判昭和39年10月29日民集18巻8号1809頁）。この定義は旧
行政事件訴訟特例法の解釈として行われたものであるが、現行行訴法3
条2項の「行政庁の処分その他公権力の行使に当たる行為」の「行政庁
の処分」の説明としても妥当する。実際、最高裁は現行法の下でもこの
定義を引用して、問題となる行為の処分性を判定している（ただし、最
高裁は処分性を認める場合であっても「行政庁の処分」か「その他公権
力の行使に当たる行為」のいずれに当たるか明らかにしているわけでは
ない）。上記の最高裁による判示からは、一般に、処分の要件として、

189

「具体性（直接性）」、「外部性」、「法効果性」、「公権力性」が導かれている。そのため、ある行為が処分か否かは、まずは、個別の法律に即して、これら４つの要件が充足されているか否かという観点から判定される（以下、これを「解釈作法Ⅰ」とする）。他方で、次のような判定手法も示されることがある（以下、これを「解釈作法Ⅱ」とする）。①個別の法律の文言に着目する（例えば、「命ずることができる」といった文言が使われている場合は、処分性が肯定されやすい）。②個別の法律によって、行政不服申立ての対象とされているかどうかに着目する。③個別の法律によって、制裁の仕組みが整えられているかどうかに着目する（例えば、制裁としての公表が定められている場合には、それを理由に処分性が肯定される可能性がある）。④個別の法律によって、問題となっている行為の前段階に聴聞等の手続の仕組みが整備されているかどうかに着目する。⑤法の仕組みを考慮に入れる（例えば、行政庁の行為に従わない場合に、改めて同一内容の行為または不作為を求める命令をすることができることとされている「指示」は、法の仕組みからいって処分とみることができる）。⑥取消判決の第三者効を及ぼすことによって紛争を解決したほうがよい事案かどうかに着目する（参照、最一小判平成21年11月26日判時2063号３頁）。⑦救済の必要性を考慮する。このうち②③④は処分であることを示す間接事実的なものを発見することによって処分性を認定しようとする手法であり、⑥⑦は、上記の処分に関する４つの要件が処分について実体法的観点から分析を行うものであるに対して、それとは異なる争訟法的観点から処分性を認定しようとする手法である。つまり、②③④⑥⑦の手法は、解釈作法Ⅰの判断手法と次元を異にしており、②③④⑥⑦の手法によって処分性が肯定されたとしても、処分に関する４つの実体法上の要件が必ずしも充足されるとは限らない。これに対し、①および⑤の手法は、解釈作法Ⅰに依拠して処分性の有無を判定する際に用いられる。処分性の有無が法の解釈によって決まることに鑑みれば、法律の文言や法の仕組みに着目することは当然であるともいえよう。このように解釈作法ⅠとⅡの関係をめぐっては注意が必要であるが、従来の最高裁の立場を前提とする限り、処分性判定の本道は解釈作法Ⅰであるといえる。したがって、個別の事案分析にあたっては、まず法律の文言や法の仕組みに着目し（解釈作法Ⅱの①

および⑤)、処分に関する4つの要件ごとに(解釈作法I)、問題となる行為を分析することが重要である(ただし、これらの要件の充足性をフルセットで論じる必要はなく、問題になりうるところを集中的に議論すればよい)。これに対し、解釈作法IIの②③④⑥⑦は、解釈作法Iによっては処分か否かがはっきりしない場合に、あくまで補助的に用いる手法として位置づけられよう。

以上の理解を前提にして、本件の不承諾決定を分析してみることにしよう。本件の関連法令によれば、保護者からの個別の申込みに対する福祉事務所長の承諾・不承諾によって、具体的に保育園へ入園できるかどうかが決まる。したがって、本件では、処分の4つの要件のうち「具体性(直接性)」、「外部性」、「法効果性」が充たされるということについて問題はない。問題となるのは、「公権力性」である。というのも、保護者からの個別の申込みは契約締結の申込みであり、これに対する福祉事務所長による承諾は契約締結の承諾であるとみることが当然に不可能というわけではないからである。しかしながら、弁護士の会話にあるように、改正前の規定と比較して現行児童福祉法第24条の文言をみれば、処分によって保護が開始されると解されていた旧条文と現在の条文との間には大きな差がないということがわかる。同条は「保護者から申込みがあつたときは」と定めており、確かに契約締結の申込みのようにもみえるが、処分の前提としての申請とみることも可能である。また、一定の条件に該当すれば、市町村には「保育の実施」をしないという選択肢がないということからすれば(【解説7】を参照)、保護者と市町村の関係が申込みと承諾によって成立する関係と理解するのは困難ともいえる。さらに、上述した解釈作法IIの補助的手法も意識すると、次のような指摘をすることもできる(確実に処分と言えるものから出発し、法のしくみ、体系的理解をてことした解釈)。すなわち、児童福祉法33条の4は、保育の実施を解除する場合には「意見を聴かなければならない」としており、このような規定からは、立法者が保育の実施の解除を行手法上の不利益処分と同視しているということがいえるため、保育の実施の解除は処分とみることができる。しかも、児童福祉法33条の5は、保育の実施の解除には行手法上の不利益処分に関する規定を、一部を除き、適用しないと定めている。このような規定は、立法者が保育の

191

実施の解除を不利益処分として捉えていたからこそ、設けられたとみることができる。そして、保育の実施に関する法律関係において、保育の実施の解除を当該法律関係の出口（＝消滅）として捉えれば、保育の実施の承諾（「入園承諾」と同じ意味である。なお、「保育の実施」自体は保育という事実行為とみざるをえないから、それを行うことを決める法的行為は別に想定しなければならない）は入口（＝成立）として捉えるのが妥当であり、出口の行為が処分と認められるのであれば、入口の行為も処分と認めるのが、児童福祉法の体系的な理解といえる（ちなみに、本件のモデルケースである東大和市保育園入園不承諾事件の東京地決平成 18 年 1 月 25 日判時 1931 号 10 頁および東京地判平成 18 年 10 月 25 日判時 1956 号 62 頁では、なぜ福祉事務所長による承諾・不承諾が処分性を有するのかという点について、判示されていない）。

【解説 4】

　本件では行政手続法の適用があるため（【解説 2】を参照）、福祉事務所長は同法 8 条に基づき不承諾の理由を示さなければならない。ところが、本件の通知書に記載された理由は、「児童福祉法第 24 条による。」というものであった。したがって、本件は行政手続法 8 条に違反する（本書第 1 回【解説 6】を参照）。もっとも、この違法事由が本案上の主張として十分か否かは、考えうる訴訟形態ごとに改めて検討する必要がある（【解説 7】を参照）。

【解説 5】

　甲川市保育の実施に関する条例 2 条は、保育実施の可否を決定するための基準を設けているが、当該基準は児童福祉法 24 条 1 項の委任を受けて制定されたものとみることができる。なぜなら、同条項は、「市町村は、保護者の労働又は疾病その他の政令で定める基準に従い条例で定める事由により、……児童を保育所において保育しなければならない」と定めているからである。このように法律の委任に基づいて制定される条例を一般に「委任条例」という。このような条例が法規たる性格を有することはいうまでもない。

　他方、甲川市保育の実施に関する条例施行規則は、その第 1 条からも

明らかなとおり、本件条例 4 条の規定を受けて制定されたものであるから、本件条例と同様に、法規たる性格を有しているとみてよいであろう。なお、本件条例施行規則は、法律を実施・執行するために必要な具体的・技術的細目（典型的には届出書の様式や申請書の記載事項など）について定めており、講学上の執行命令で定められるのに相応しい内容を有している。つまり、執行命令で定めうる内容が規則という形式で定められているといえる。本件条例の 4 条の概括的授権の仕方もそのことを裏付けるといってよいであろう（法規命令の下位分類たる「執行命令」は「委任命令」とは異なり、概括的な授権で足りるとされている）。

【解説 6】

　本件において、A が保育園に入園できないでいるのは、福祉事務所長が入園申込みに対する承諾をしていないからである。入園申込みに対する承諾・不承諾は申請に対する処分として捉えることができるから（【解説 3】を参照）、A が保育園に入園できるようにするためには、福祉事務所長が入園申込みに対して承諾をすべき旨を命ずることを求める訴訟、すなわち申請型義務付け訴訟（行訴法 3 条 6 項 2 号）を提起することが考えられる。

　この申請型義務付け訴訟については、いかなる訴訟を併合提起すべきかが問題となる。本件の場合、行政機関による行為の中で問題となりそうな行為は、①平成 20 年 3 月 8 日の関係書類の不受理および返却、②平成 21 年 2 月 23 日の入園不承諾決定である。このうち①の行為は事実上の行為であって、当該行為によって申請に対する応答がされているわけではないと捉えると、そこには不作為状態を看取できるので、これを不作為の違法確認訴訟で争うということが考えられなくはない。しかし、既に②の行為が行われていることを考慮すると、①の行為に着目して不作為の違法確認訴訟を提起することは適切ではない（むろん、処分性を有しない①の行為を対象にして取消訴訟を提起することも適切ではない）。というのも、A が現に保育園に入園できないまま現在に至っているのであるから、A が保育園に入園できるようにするには、今後、入園の承諾が行われればよく、そのためには②の行為を争えば充分だからである（もちろん、①の行為が違法であって、そのことにより損害を

193

被ったと主張して国家賠償請求訴訟を提起するのであれば、話は別である）。

　以上のことを踏まえると、本件では、②の行為を対象にして取消訴訟か、無効等確認訴訟を併合して、申請型義務付け訴訟を提起することになるが、本件は取消訴訟の出訴期間（行訴法14条1項）を徒過しているわけではないので、②の行為を対象にした取消訴訟を併合提起することが適切である。

【解説7】

　【解説6】で指摘したように、本件においては、取消訴訟を併合して申請型義務付け訴訟を提起することが適切であるが、両訴訟における主張内容は同一ではない。しかし、「特定の処分がされるべきであったのに、当該処分がされなかった」ということを指摘できれば（義務付け訴訟の本案における主張を指摘できれば）、取消訴訟における違法事由も指摘したことになる（本書第1回【解説8】を参照）。このような見地からすれば、本件の場合は「入園承諾処分がされるべきであったのに、当該処分がされなかった」ということを主張すれば十分であるといえよう。

　このような主張は、原則として個別行政法規の条文をもとに行われなければならないので、条文解釈の問題が生じることになる。この点、個別行政法規の条文の解釈について確立した方法があるわけではないが、ここで、大方の賛同を得られるであろう一般的な方法を確認しておこう（なお、ここで確認する内容は、後述のように裁量の有無を判断する場合にも妥当しよう）。①まずは問題となっている条文そのものに着目し、その法的意味を探る。②次に、問題となっている条文を含んでいる個別行政法規の中の他の条文にも目を向け、全体の仕組みがどうなっているか、また、その全体の仕組みの中で問題となっている条文がどのように位置づけられているか、探る。③さらに、法令の目的・趣旨を定めている規定（目的規定、趣旨規定）や解釈規定にも目を向ける（解釈規定とは、地方自治法2条12項のような、法律の解釈の指針を示す規定をいう）。④また、必要に応じて、他の関連する法令にも目を向け、問題となっている個別条文や、当該条文を含む個別行政法規が全法体系の中でどのような位置づけがされているかを探る（ただし、ここまでの作

194　第12回｜保育園の入園拒否

業を行うことはそれほど多くない）。⑤必要に応じて、適用対象と目される事実へと視線を向け、事実から法の解釈へと向かう。

　さて、本件において、「入園承諾処分がされるべきであったのに、当該処分がされなかった」という主張を具体的に展開する場合には、入園申込みに対する承諾・不承諾の決定に裁量が認められるか否か、認められるとして、いかなる部分に裁量が認められるかということを明らかにするのが適切である。なぜなら、これらの点をどのように理解するかによって、原告の主張の組み立て方が異なるからである。例えば、効果裁量の余地がある場合には、原告は、それにもかかわらず、一定の処分をしなければならないという点を主張することになるのに対して、効果裁量の余地がなく、要件裁量の余地があるだけの場合には、要件の当てはめについて集中して主張すればよいということになる。そこで、まずは裁量の有無について判断する必要があるが、一般に裁量の余地があるか否かの判断は、⑴法令の規定の仕方、⑵行政機関が行う処分の法的性質、⑶行政機関が行う判断の性質といった要素を総合的に考慮して決定される（本書第5回【解説5】を参照）。このような見方を念頭に置くと、児童福祉法1条1項や、同法2条が、児童の健やかなる育成の重要性を強調すると同時に、保育の実施を強く保障していることからすれば、同法は、同法24条1項本文に該当し、かつ、同法24条1項但書に該当しない限り、市町村は保育の実施をしなくてはならない、との趣旨を有しているといえよう（⑵の観点。効果裁量の否定）。このことは、同法24条1項本文が「保育しなければならない」となっていることによっても根拠づけられる（⑴の観点）。また、同項本文については政令および条例によってさらに基準が具体化されることが予定されており、当てはめについて裁量の余地はないとみてよい（⑴の観点）。これに対し、同法24条1項但書の該当性については、裁量の余地はあるとみてよいであろう。なぜなら、その文言からして、同条項の但書は、原則（＝児童の保育に欠けるところのある保護者から申込みがあったときに、保育所における保育を行うという原則）に対する例外を判断する条項であって（⑴の観点）、例外に当てはまるか否かは個別の事情を勘案して判断せざるをえず、その意味で本質的に裁量の余地を予定しているといえるからである（⑶の観点。要件裁量の肯定）。

以上のことを踏まえると、本件において「入園承諾処分がされるべきであったのに、当該処分がされなかった」ということを指摘するためには、第1に児童福祉法24条1項本文所定の入所要件を充足していること、第2に同法24条1項但書の「やむを得ない事由」が存在しないことを指摘すればよいであろう。このうち前者に関しては、児童福祉法24条1項、児童福祉法施行令27条、甲川市保育の実施に関する条例2条を引合いに出しながら、問題文の冒頭の段落に示してある事実を指摘し、本件において入所要件が充足されていることを指摘すればよい。次に、後者に関しては、児童福祉法24条1項但書該当性の判断に裁量が伴うものの、与えられた事実から法24条1項但書の「やむを得ない事由」が存在しないことを指摘すればよい（裁量の余地があるからといって、指摘できることは、目的違反、動機の不正、平等原則違反、比例原則違反、判断過程の過誤に限られるわけではない）。この点、「障がいのある児童であっても、その障がいの程度および内容に照らし、保育所に通う障がいのない児童と身体的、精神的状態および発育の点で同視することができ、保育所での保育が可能な場合」には、「やむを得ない事由」は存在しないと解釈すべきであるとすれば（前掲東京地決平成18年1月25日も同旨。この解釈は、事実から遡って行われているとみることができよう。上述の条文の解釈作法⑤）、本件は正にそうした事情があるといえるだろう。そして、上の第1、第2について立証が成功すれば、「一定の処分がされるべきであったのに、当該処分がされなかった」という意味で、裁量権の逸脱・濫用があったといえる（ここでいう裁量権の逸脱・濫用は、裁量を伴う規制権限の不行使が違法になる場合——違法の構成としては裁量権零収縮論と消極的濫用論が代表的なものである——と基本的に同様の意味である）。

　そうすると、結局、問題となるのは、Aが「保育所に通う障がいのない児童と身体的、精神的状態および発育の点で同視することができ」るかどうか、である。原告としては、同視できるということを指摘しなければならないから、問題文の中から、同視できるといえるための事実を指摘する必要がある。この点については、①平成18年当時は、種々の機能障がい等を有していたものの、成長につれてこれが改善され、本件各処分当時は、呼吸の点を除いては、精神的機能、身体機能等に特段

の障がいはないこと、②近い将来、カニューレの不要な児童として生活する可能性があること、③医師が、Aについて障がいのない児童との集団保育を望ましいとしていること、④たん等の吸引については、医師の適切な指導を受けた看護師等が行えば、吸引に伴う危険は回避できること、を指摘できよう。

【解説8】

児童福祉法は、平成24年8月22日法律第67号によって改正された。そこで、まずは新たな児童福祉法の条文および関連法令の条文を確認しておく。

○（新）児童福祉法（昭和22年12月12日法律第164号）
第24条　市町村は、この法律及び子ども・子育て支援法の定めるところにより、保護者の労働又は疾病その他の事由により、その監護すべき乳児、幼児その他の児童について保育を必要とする場合において、次項に定めるところによるほか、当該児童を保育所……において保育しなければならない。
2〜7　（略）
○子ども・子育て支援法（平成24年8月22日法律第65号）
（支給要件）
第19条　子どものための教育・保育給付は、次に掲げる小学校就学前子どもの保護者に対し、その小学校就学前子どもの……特定教育・保育、……特別利用保育、……特別利用教育、……特定地域型保育又は……特例保育の利用について行う。
一　（略）
二　満3歳以上の小学校就学前子どもであって、保護者の労働又は疾病その他の内閣府令で定める事由により家庭において必要な保育を受けることが困難であるもの
三　満3歳未満の小学校就学前子どもであって、前号の内閣府令で定める事由により家庭において必要な保育を受けることが困難であるもの
2　（略）
（市町村の認定等）
第20条　前条第1項各号に掲げる小学校就学前子どもの保護者は、子ども

のための教育・保育給付を受けようとするときは、内閣府令で定めるところにより、市町村に対し、その小学校就学前子どもごとに、子どものための教育・保育給付を受ける資格を有すること及びその該当する同項各号に掲げる小学校就学前子どもの区分についての認定を申請し、その認定を受けなければならない。

2　（略）

3　市町村は、第1項の規定による申請があった場合において、当該申請に係る小学校就学前子どもが前条第1項第二号又は第三号に掲げる小学校就学前子どもに該当すると認めるときは、政令で定めるところにより、当該小学校就学前子どもに係る保育必要量……の認定を行うものとする。

4　市町村は、第1項及び前項の認定（以下「支給認定」という。）を行ったときは、その結果を当該支給認定に係る保護者（以下「支給認定保護者」という。）に通知しなければならない。……。

5〜7　（略）

○子ども・子育て支援法施行規則（平成26年6月9日内閣府令第44号）

（法第19条第1項第二号の内閣府令で定める事由）

第1条　子ども・子育て支援法（以下「法」という。）第19条第1項第二号の内閣府令で定める事由は、小学校就学前子どもの保護者のいずれもが次の各号のいずれかに該当することとする。

一　1月において、48時間から64時間までの範囲内で月を単位に市町村が定める時間以上労働することを常態とすること。

二　妊娠中であるか又は出産後間がないこと。

三　疾病にかかり、若しくは負傷し、又は精神若しくは身体に障害を有していること。

四　同居の親族……を常時介護又は看護していること。

五　震災、風水害、火災その他の災害の復旧に当たっていること。

六　求職活動（起業の準備を含む。）を継続的に行っていること。

七〜十　（略）

　この新たな法の仕組みの大きな特徴は、支給認定の申請と保育所の利用の申込みを分離した点にある。すなわち、保育所での保育を希望する保護者は、まず支給認定（①教育・保育給付を受ける資格を有すること

の認定、②子どもの区分についての認定、③保育必要量の認定）の申請を行わなければならない（子ども・子育て支援法 20 条 1 項、3 項、4 項、このうち①＝「保育の必要性の認定」と③が重要である）。この支給認定の申請に対する判断は、その条文からしても、明らかに処分である。したがって、支給認定がされなかったり、違法な支給認定がなされた場合には、これを抗告訴訟（申請型義務付け訴訟など）によって争うことになる。他方、適法な支給認定がされれば、保護者は市町村に保育所の利用を申し込むことになる（ただし、実際には、保育所の利用申込みは支給認定の申請と同時に行われる）。この申込みは契約の申込みと解されている。支給認定がされているにもかかわらず、保育所利用の申込みを拒否された場合には、保護者は契約の申込みに対する承諾の意思表示を求める訴訟を提起することになろう。このように、新たな法の仕組みによれば、実際に保育所の利用に至るまでに処分の方式と契約の方式の両方が用いられる。

　これに対して、旧法では、公立保育所の場合、保育に欠けることの認定（つまり、「保育の必要性の認定」）を前提として、児童福祉法 24 条に基づいて保育の実施の承諾（処分）がなされることになっており、新法のような処分方式と契約方式を分離し、両者を併用する方式をとっていない。この点に新法と旧法の大きな違いがある。なお、私立保育所の場合には、旧法でも、児童福祉法 24 条に基づいて保育の実施の承諾（処分）を行った後に市町村が、ある児童等を保育させるために保育委託契約を私立保育所と結ぶことになっていた。そのため、私立保育所の場合には、公立保育所の場合ほど、新法と旧法の間で両者の差が顕著に現れることはない。

[第13回]

警察官がナイフの一時保管を怠ったことによる県の損害賠償責任

[事案]

　刑務所を出所したばかりのAは、2009年1月25日、夕方から駅前の居酒屋で相当量飲酒し、午後10時頃、十数軒の飲み屋が立ち並ぶ中央横丁にあるスナックMに入った。Aはスナックに入るやいなや、腹巻から刃体の長さ7.5センチメートルの飛び出しナイフ（以下、「本件ナイフ」という）を取り出し、これを振り回して「刺されたいか」などと怒鳴り、店員や客を脅かした。Aの行為に困り果てた支配人のXはAから本件ナイフを取り上げ、同日午後11時10分頃、スナックMから約150メートル離れた交番にAを連行し、勤務していた警察官B（巡査）に本件ナイフとともにAを引き渡した。Xから簡単に事情を聞いた警察官Bは、本件ナイフが鋭利な飛び出しナイフであることを確認した上で、Aに対して、本籍、住所、氏名について質問し、これを確認した後、さらにナイフ所持の目的とスナックMでの行動について質問した【→解説1】。これに対し、相当の酩酊状態にあったAは、反抗的な態度で、ナイフは果物の皮を剥くために持っていたのであり、スナックMではナイフを開かず、カウンターに置いていただけだと回答した。さらに、警察官Bは県警察本部にAの前科および指名手配の有無を照会したが、Aが粗暴犯19犯を含む前科23犯であることは明らかにならなかった。しかも、警察官Bは、Aが眉や首に入れ墨をしていたにもかかわらず、Aに前科の有無を尋ねることをしなかった。結局、警察官Bは、近くの大学で発生した内ゲバ（一般に新左翼党派間における暴力を使用した党派闘争を指すゲバ＝ゲバルト＝Gewalt〔ドイツ語で権力、暴力の意味〕）の対応に追われていたため、スナックMにおけるAの具体的行動についてXに確認することもなく、また、銃

砲刀剣類所持等取締法（以下、「銃刀法」という）24条の2第2項に基づいて本件ナイフを一時保管することもなく【→解説2】、1月26日午前0時頃、酩酊するAに本件ナイフを持たせて帰宅させた。ところが、Aは交番を出た後、再びスナックMに戻り、Xに対して自分を交番に連れていったことについて文句を言った。これをスナックMのカウンター内で聞いていたXの兄は憤慨し、Aを店外に連れ出し、暴行を加えた【→解説3】。これによってAは傷害を負ったものの、午前0時40分頃、再びスナックMに戻り、飲酒を続けた。その後、午前1時頃になってXがAに対し「閉店であるから出て行ってくれ」と言った際に、Aは持っていた本件ナイフでXの胸部および顔面を切り付けた。

　これによって重度の後遺障害を負うことになったXは、治療費代等の支払いを求めて提訴するため、土田弁護士に相談をした。土田弁護士は同じ法律事務所に所属する新米の大貫弁護士に本件の調査を指示した。その3日後、2人の間で次のような会話が交わされた。

土田弁護士：Xさんは損害賠償請求をしようとしていますが、Aには全くといっていいほど財産がありません。そのため、今回は県を被告にする予定です【→解説4】。

大貫弁護士：今回の訴訟は国家賠償法1条1項に基づくことになると思いますが、本件の場合、同条項の要件の中で大きな問題になるのは違法性の要件だと思います。

土田弁護士：そうですね。では、何を違法事由として主張することが考えられるでしょうか。

大貫弁護士：本件におけるAの行為は銃刀法31条の18の罪および刑法222条の脅迫罪に該当すると考えられるため、XさんがAを交番に連行したときに、警察官はAを逮捕することもできたはずです。したがって、Aを逮捕すべきであったのに、逮捕しなかったという点に違法性を見出すことができるのではないかと思います。

土田弁護士：その違法主張では、恐らく裁判所はXさんからの損害賠償請求を認めてくれないでしょう【→解説5】。むしろ、本件は、XさんからAのナイフが警察官に提出されていたわけですから【→解説6】、警察官がナイフを一時保管しなかったという点に着目し、これを違法事由として主張したほうがよいでしょう。この場合、相手方は、どのよう

201

に主張して請求の棄却を求めてくると予想できますか。

大貫弁護士：恐らく、相手方は、銃刀法 24 条の 2 第 2 項が「〜することができる」と定めているため、ナイフの一時保管をするか否かは警察官の自由裁量に委ねられており、一時保管をしなかったことは違法ではない、と主張してくると思います【→解説 7】。

土田弁護士：ナイフの一時保管をするか否かについて、効果裁量が認められるということですね。本件の場合、要件裁量も認められそうですが、議論を整理するため、あなたは、さしあたり効果裁量のみが認められるという前提で検討してみてください。そのほかに相手方からの主張は考えられますか。

大貫弁護士：反射的利益論に依拠した主張が考えられます。つまり、銃刀法 24 条の 2 第 2 項に基づく一時保管の権限は公の利益を保護するために認められたものであって、特定の個人の利益を保護するために認められたものではないから、仮に当該権限が行使されていれば享受できたであろう利益が当該権限の不行使により享受できないとしても、そこでは X さんの反射的利益が侵害されているにすぎず、そうである以上は県の賠償責任は成立しないという主張です。

土田弁護士：一口に反射的利益論といっても、その使われ方は様々です。あなたは、県が反射的利益論をどのように展開させて自らの賠償責任を否定するのかという点にも配慮して、こちら側の主張を整理しておいてください。

〈資料〉本件に関する法令等

(1) 警察法（昭和 29 年 6 月 8 日法律第 162 号）（抜粋）

（警察の責務）

第 2 条　警察は、個人の生命、身体及び財産の保護に任じ、犯罪の予防、鎮圧及び捜査、被疑者の逮捕、交通の取締その他公共の安全と秩序の維持に当ることをもつてその責務とする。

2　（略）

(2) 警察官職務執行法（昭和 23 年 7 月 12 日法律第 136 号）（抜粋）

（質問）

第 2 条　警察官は、異常な挙動その他周囲の事情から合理的に判断して何ら

かの犯罪を犯し、若しくは犯そうとしていると疑うに足りる相当な理由のある者又は既に行われた犯罪について、若しくは犯罪が行われようとしていることについて知つていると認められる者を停止させて質問することができる。

2 その場で前項の質問をすることが本人に対して不利であり、又は交通の妨害になると認められる場合においては、質問するため、その者に附近の警察署、派出所又は駐在所に同行することを求めることができる。

3〜4 （略）

(3) 銃砲刀剣類所持等取締法（昭和 33 年 3 月 10 日法律第 6 号）（抜粋）

（定義）

第 2 条 （略）

2 この法律において「刀剣類」とは、刃渡 15 センチメートル以上の刀、やり及びなぎなた、刃渡り 5.5 センチメートル以上の剣、あいくち並びに 45 度以上に自動的に開刃する装置を有する飛出しナイフ（……）をいう。

（刃体の長さが 6 センチメートルをこえる刃物の携帯の禁止）

第 22 条 何人も、業務その他正当な理由による場合を除いては、内閣府令で定めるところにより計つた刃体の長さが 6 センチメートルをこえる刃物を携帯してはならない。……。

第 24 条の 2 警察官は、銃砲刀剣類等を携帯し、又は運搬していると疑うに足りる相当な理由のある者が、異常な挙動その他周囲の事情から合理的に判断して他人の生命又は身体に危害を及ぼすおそれがあると認められる場合においては、銃砲刀剣類等であると疑われる物を提示させ、又はそれが隠されていると疑われる物を開示させて調べることができる。

2 警察官は、銃砲刀剣類等を携帯し、又は運搬している者が、異常な挙動その他周囲の事情から合理的に判断して他人の生命又は身体に危害を及ぼすおそれがあると認められる場合において、その危害を防止するため必要があるときは、これを提出させて一時保管することができる。

3〜11 （略）

第 31 条の 18 次の各号のいずれかに該当する者は、2 年以下の懲役又は 30 万円以下の罰金に処する。

一〜二 （略）

三 第 22 条の規定に違反した者

[設問]

1. X は、警察官がナイフを一時保管しなかったことが違法である
   として、国家賠償法 1 条 1 項に基づいて、県に対し損害賠償請
   求訴訟を提起しようとしている。当該訴訟において、県が裁量論
   に依拠して X からの請求を棄却するよう求めてきた場合、X は
   どのような主張をすべきか【→解説 8】。
2. 上記 1 の訴訟において、県が反射的利益論を主張して X からの
   請求を棄却するよう求めてきた場合、X はどのような主張をすべ
   きか【→解説 9】。

はじめに───読解の指針

　本件では、国家賠償法 1 条 1 項に基づく損害賠償責任を追及すること
が目的となっている。したがって、原告側弁護士としては、同条項の法
律要件が充足されていることを主張していく必要がある。本件の場合、
既に問題文の中で検討の重点が絞りこまれているが【→解説 7】【→解説
8】【→解説 9】、一応、「公権力の行使」の要件該当性について検討して
おこう【→解説 2】。また、本件では、被告を県にすることが前提とされ
ているが、その妥当性について、確認しておきたい【→解説 4】。さら
に、X からの請求が成立するためには原因行為と結果の間に因果関係
がなければならないが、本件の事実を前提にすると、この点が問題とな
る【→解説 3】【→解説 9】。

　なお、本件では、警察官による一時保管の懈怠が違法事由として考え
られている。そこで、当該行為をめぐる法的問題とともに【→解説 6】、
それ以外の警察官の作為・不作為についても、違法事由となりえない
か、検討しておくことにする【→解説 1】【→解説 5】。

［解説］

【解説 1】

　警察官の職務質問は、一般に警察官職務執行法 2 条 1 項に基づいて行われ、行政法の分野において当該警察作用は講学上の行政調査として位置づけられ、論じられている（警察法 2 条では警察の責務として行政上の目的を有する行政警察作用と司法上の目的を有する司法警察作用がともに定められており、警察官の行為が当然に行政警察作用であるわけではない。この観点からすると、警察官による質問をすべて行政調査として位置づけることには問題がある）。また、警察官による職務質問に答えなくても刑罰を科せられず、国民は警察官から職務質問をされたからといって、質問に回答すべき法的義務を負うわけではない。もっとも、警察官は相手方が質問に答えない場合には相手方を説得することも許されるが、その説得が相手方の意思を制圧するような態様に及ぶことは許されない（例えば、警察制度研究会編『注解警察官職務執行法』〔立花書房、2005 年〕47〜49 頁）。

　本件の場合、与えられた事実からは、警察官 B が相手方の意思を制圧して質問に対する回答を得たとはいえず、警察官 B の職務質問に違法性は認められない。

【解説 2】

　本件では、国家賠償法 1 条 1 項に基づいて損害賠償請求をすることが前提とされているが、当該請求が認められるためには銃刀法 24 条の 2 第 2 項に基づくナイフの一時保管が国家賠償法 1 条 1 項にいう「公権力の行使」に該当しなければならない。この点、国家賠償法 1 条 1 項の「公権力の行使」は、判例上、私経済作用および営造物の設置管理作用を除くすべての行政作用と理解されており（広義説）、行政事件訴訟法 3 条 1 項の「公権力の行使」よりも広い意味内容を有するものとして理解されている。このことを前提にすれば、銃刀法 24 条の 2 第 2 項に基づく一時保管が私経済作用でもなければ、営造物の設置管理作用でもないということは明らかであるから、ナイフの一時保管は国家賠償法 1 条

205

1項の「公権力の行使」に該当するといえよう。また、同条項の「公権力の行使」には作為のみならず、不作為も含まれることについて、異論はない。以上のことを踏まえれば、本件において両弁護士が「公権力の行使」該当性について特に問題視していないことは、決して不自然なことではない。

　なお、銃刀法24条の2第2項によれば、通常、①警察官による「提出させ」る行為があり、その次に、②一時保管が行われる。本件ではXがAからナイフを取り上げ、これを警察官に直接渡したことから、①の行為は特に問題にならないものの、あえてその法的性格を明らかにするとすれば、①の行為は事実上の行為であろう。なぜなら、銃刀法24条の2第2項の文言が「提出を命じて」などの法的効果を窺わせる文言になっておらず、単に「提出させて」となっているにすぎないからである。加えて、①の行為と②の行為が連続して即時に行われなければ意味がないことに鑑みると、法が①の行為で義務を課し、相手の自発的な履行を待ってから、②の行為が行われることを予定しているとは考えにくい。他方、②の一時保管も事実上の行為であるといってよい（ナイフの一時保管のように、意思等の表明として行われない事実上の行為については、ときとして、実力による抵抗をしないという意味での国民の受忍義務が予定されていると解されることがあるが、一般に、これを事実上の行為の効果とは捉えない）。このように①および②の行為は事実上の行為であるが、一時保管を行政争訟で争うならばともかく（例えば、事実行為である一時保管の取消訴訟などが考えられなくはない。この場合、当該事実行為は、相手方の合意なくして権利・自由に対する制約をもたらしているという意味で権力性を有しているといえるし、当該事実行為〔一時保管行為〕は継続して行われている。したがって、当該事実行為は継続的権力的事実行為として抗告訴訟の対象にすることができる。第2回【解説8】参照）、本件のように国家賠償請求訴訟で争う場合には、①および②の行為が事実上の行為であることまで指摘する必要はない。上述したように、単に国家賠償法1条1項の「公権力の行使」に該当するということだけ指摘できれば十分である。

【解説3】

　本件において、Xは、警察官がナイフの一時保管をしなかったために、自らが損害を被ったと主張しようとしている。確かに、警察官がナイフの一時保管をしなかったこと（原因）とXが損害を被ったこと（結果）の間には、「あれなければこれなし」という条件関係が存在する。しかし、本件の場合、この2つの行為の間には、Xの兄がAに暴行を加えたという事実が存在する。そのため、Xが損害を被った原因を警察官による一時保管の懈怠に求めてよいかは一応問題となる。この問題は、従来、民法の分野で因果関係の中断または後続の損害として論じられてきたが、後述するように、行政法の分野で取り上げられる反射的利益論とも一定の関連を有する（【解説9】を参照）。

【解説4】

　ナイフの一時保管を怠ったのは警察官Bであることから、XはBを被告にして損害賠償請求をすることが考えられなくはない。しかし、確立した最高裁判例によれば、公務員個人は被害者との関係で直接賠償責任を負わない（最三小判昭和30年4月19日民集9巻5号534頁）。したがって、この立場に従う限り、Xとしては、国家賠償法上、賠償責任の主体とされている「国または公共団体」を被告にして、国家賠償請求訴訟を提起するのが妥当である。

　もっとも、本件では県と国をともに被告にすることは考えられていない。確かに、本件の警察官Bは県の行政機関であって（警察法36条1項、55条1項）、巡査であるBは県の一般職の地方公務員として（警察法56条2項、62条）、県の自治事務（地自法2条8項）である警察の事務を担うのであるから、本件において県を被告とするのは当然であろう。しかし、警視正以上の階級にある警察官は国家公安委員会によって任命され、巡査を任命・指揮監督する県警察本部長も国家公安委員会によって任命される（警察法49条1項、50条1項、51条4項、55条3項）。また、県警察本部長は国家公務員であり、その俸給等は国庫が支弁することになっている（警察法56条1項、37条1項1号）。これらのことを理由に巡査である警察官Bの活動を「国の」警察活動とみることも不可能ではないから、本件で国を被告とすることも考えられなく

はない。この点に関し、最高裁は警察本部長による任命権および指揮監督権の存在が都道府県警察の事務を国の公権力の行使とみなすことにならない旨、判示している（最三小判昭和54年7月10日民集33巻5号481頁）。判旨は正当であろう。また、その俸給等を国庫が支弁することになっている都道府県警察の警視正以上の警察官の行為に関しては、費用負担者として国が被告になりうるが（国家賠償法3条1項）、本件では警視正以上の階級ではない巡査の行為が問題になっており、また、警視正以上の警察官による当該巡査に対する指揮監督権の懈怠が問題とされているわけでもないので、国が被告になる可能性はないとみてよい。もっとも、本件では、問題文で県を被告にすることが前提とされているから、この問題に立ち入る必要は全くない。

【解説5】

　警察官がAを逮捕しなかったということが違法であるとの主張は、弁護士の会話の中で消極的に捉えられている。その理由は、警察官がAを逮捕することによってXが得られる利益は反射的利益であると考えられるからである。逮捕権（刑事訴訟法199条、210条、213条）は国家および社会の秩序維持という公の利益を保護するために認められているのであって、特定個人の権利利益を保護するために認められるわけではない、と裁判所に判断される恐れがある（最三小判平成2年2月20日判時1380号94頁は、「犯罪の捜査及び検察官による公訴権の行使は、国家及び社会の秩序維持という公益を図るために行われるものであって、犯罪の被害者の被侵害利益ないし損害の回復を目的とするものではな」いと述べる）。そのため、本件において、この反射的利益論が県から主張されれば、Xからの請求は退けられる可能性が高い。したがって、警察官BがAを逮捕しなかったという不作為に着目して損害賠償請求を試みないことには、相当な理由があるといってよい。

　なお、反射的利益論は取消訴訟の原告適格論においても問題になる。しかし、取消訴訟における反射的利益論は訴訟要件のレベルの問題であるのに対し、国家賠償請求訴訟における反射的利益論は本案勝訴要件のレベルの問題である。

【解説6】

本件では、警察官BはXがAから取り上げたナイフを直接Xから渡されているが、通常は、警察官が銃砲刀剣類の携帯者に対し銃刀法24条の2第2項に基づき銃砲刀剣類の提出を求め（この行為は事実上の行為であると解される。【解説2】を参照）、携帯者がこれに応じるという形で、警察官は携帯者から銃砲刀剣類を渡される。

それでは、警察官が銃砲刀剣類の提出を求めているにもかかわらず、携帯者がこれを拒んだ場合、警察官は有形力を行使することができるであろうか。これは、事実上の行為である「提出させる行為」の強制の度合いに関する問題である。一般に、事実上の行為の強制の度合いについては、①相手方の実力による抵抗を排除することができる、②相手方の実力による抵抗を排除することはできないが、相手方の同意を得ることなく一定の物を物理的に支配しまたは処分することができる、③相手方の任意の協力にのみ依存する、という3つの類型が考えられる（小早川教授は、①②を合わせて「行政上の一方的執行措置」と呼んでいる。参照、小早川光郎『行政法 上』〔弘文堂、1999年〕304頁以下）。銃刀法24条の2第2項に基づく警察官の「提出させる行為」は、基本的に③に該当するものと考えられるが、銃刀法第24条の2第1項の要件と比較すると、同条第2項では「その危害を防止するため必要があるときは」という要件が付加されていることから、警察官の「提出させる行為」にはある程度の有形力の行使が許容されている（つまり、上記②の強制の程度が許容されている）と解する余地はあるであろう（参照、田村正博『現場警察官権限解説下巻〔第3版〕』〔立花書房、2014年〕296～301頁）。

また「一時保管する行為」は上記②のタイプと解し、相手方から返還請求があっても警察官は拒否できるとみるべきであろう。

【解説7】

行政決定は、行政機関の複数の判断が積み重なって行われる。例えば、①いかなる事実があったかの判断（事実認定）、②事実認定の要件への当てはめの判断、③いかなる手続をとるかの判断、④いかなる行為を行うかの判断、⑤行為をするか否かの判断、⑥いかなるタイミングで

行為を行うかの判断などを指摘できる（参照、塩野宏『行政法Ⅰ〔第6版〕』〔有斐閣、2015年〕138〜139頁）。これら1つひとつの判断に裁量の余地が認められる可能性があるため、事案の分析に際しては、まず、行政機関のいかなる判断に裁量の余地が認められるのかということを意識する必要がある。この点をどのように解するかによって、違法主張の仕方が異なるからである（本書第12回【解説7】を参照）。

　本件の場合、弁護士は、一時保管をするか否かの裁量（効果裁量）があることを前提にした主張が展開されると予想している。このようなケースは規制権限の不行使が問題となる典型的なケースといってよい。他方、要件に裁量の余地がある場合も、要件が充たされていなければ、権限は行使されないが、このようなケースは規制権限の不行使が問題となる典型的なケースとはいえない。従来、規制権限の不行使の問題は、権限発動のための（明文の）要件は充たされていることを前提として、効果裁量の余地があるにもかかわらず、いかなる場合に権限の不行使が国家賠償法上違法になるのかという問題、言葉を変えれば、いかなる場合に規制権限の行使が義務になるのかという問題として論じられてきた。

【解説8】

　規制権限を行使するか否かについて行政機関に裁量の余地があるという前提の下、当該規制権限の不行使が国家賠償法上違法であるとの結論を導き出す主要な理論枠組みは、2つある。1つは裁量零収縮論である。これによれば、一定の要件（ここでいう要件は、権限行使のための明文の要件ではなくて、効果裁量の余地があるにもかかわらず、権限行使が義務となるための要件である。この要件は不文のものである。以下、この解説において同じ）が充足されれば、効果裁量の余地が零になり、行政機関には規制権限を行使する義務が生じるから、規制権限の不行使は違法になる。問題になるのは、その要件であるが、一般に、①被侵害法益の重要性、②予見可能性の存在、③結果回避可能性の存在、④期待可能性の存在（損害を回避するための措置を行政機関に期待しうること）、⑤補充性（行政庁が権限を行使しなければ結果の発生を防止できなかったこと）が挙げられる。これらの要件は、もともと東京スモン訴訟において東京地裁によって立てられた要件である（東京地判昭和

53 年 8 月 3 日判時 899 号 48 頁。ただし、東京地裁の上記 5 要件は製造承認の取消しの根拠規定がないという特殊な事情の下で立てられた基準であるから、そこには本来ならば明示的な要件として法律に書き込まれるべき事情も含まれているとみてよい。通常の要件規定を前提としたときには、上記 5 要件は必ずしも適切な基準とはいえないであろう）。もう 1 つの理論枠組みは裁量権消極的濫用論である。これによれば、法令の趣旨・目的や権限の性質に照らして権限の不行使が著しく合理性を欠く場合には権限の不行使が違法になる。上述した裁量零収縮論とこの裁量権消極的濫用論の間には大きな違いがあるようにみえるが、裁量権消極的濫用論に依拠して裁量権の逸脱・濫用になる事情を挙げていけば、裁量零収縮論が挙げるような要件になると思われ（曽和俊文・金子正史編『事例研究　行政法〔第 2 版〕』〔日本評論社、2011 年〕126 頁〔野呂充〕）、裁量が零になる要件と権限の不行使が裁量権の逸脱・濫用になる要件には大きな差異はないであろう（ある事情の下で裁量が零になるということは、権限の行使義務があるということを意味し、権限の行使義務がある場合に権限を行使しないのは裁量権の逸脱・濫用となる）。

　そこで、本件でも、上記①から⑤までの要件に即して違法の主張をすることが考えられる。以下、この点を簡潔に指摘しておこう。①については、最高の保護法益ともいえる X の生命身体に関する利益が侵害されている。②については、入れ墨を入れた人間が違法に飛び出しナイフを携帯し、酩酊して飲み屋街を歩くことを許せば、他人に危害を加えることは予想できた。③については、警察官がナイフを一時保管すれば、X の負傷は回避することができた。④については、警察官は内ゲバへの対応に気をとられていたものの、だからといってナイフの一時保管を期待できないほどの事情は一切なかった。⑤については、A のような危険な人物が他人に危害を及ぼすことを防止できるのは警察官のみであり、警察官が一時保管する以外に A がナイフで他人に切り付けることを防止できなかった。原告側弁護士としては、以上の事柄を本件事案に即して詳細に指摘すれば、あとは「裁量が零に収縮して違法である」といおうが、「一時保管の懈怠が著しく合理性を欠いており、裁量権の逸脱・濫用であり、違法である」といおうが、どちらでも構わないであろう。

以上の検討は効果裁量の余地があることを前提にした場合であるが、効果裁量の余地がないということを前提にして国家賠償法上の違法を導くことも考えうる。すなわち、効果裁量は、法令上の明示的要件が充たされた場合に、なお行政機関が個別に考慮することのできる事情が残っている場合にのみ想定できるから、明示的要件の充足性が判断される際に法的に意味のある考慮事項がすべて考慮されるのであれば、効果裁量の余地はなく、行政機関が当該権限を行使しなければ、それは違法となる。もっとも、このような立論をするためには、明文の権限行使の要件の当てはめの際に、法的に意味のある考慮事項を考慮し尽くてしまう文言が必要である。例えば要件規定に「公益上必要がある場合には」と定められていれば、この要件で法的に意味のある考慮事項をすべて考慮し尽くすことができ、当該要件が充足されていると判断する限り（いうまでもなく、当該要件が充足されているか否かの判断に裁量の余地があるかどうか、つまり要件裁量の余地があるか否かは別の問題である）、行政機関としては、さらに、公益上の必要性を理由として権限を行使しないという選択肢はとりえないことになろう（つまり、効果裁量の余地はそもそもない）。仮に当該要件が充足されていると判断したにもかかわらず、行政機関が公益上の必要性を理由に問題となる権限の行使をしないのであれば、それは、要件のレベルと効果のレベルで二重に公益上の必要性が考慮されたことになり、不当であろう。

　以上のような見地に立って本件を分析すると、銃刀法24条の2第2項の要件には「その危害を防止するため必要があるときは」との文言があり、一時保管の「必要性」まで認定されれば、なお権限の不行使を正当化する法的に意味のある考慮事項が残るとは考えられないから、この条文に関して効果裁量は認められず、要件が認定されたにもかかわらず権限を行使しなければ違法になると考えることができる。この場合、効果裁量の余地を肯定する際の根拠になりうる銃刀法24条の2第2項の「できる」規定は、行政機関に権限を付与する規定として理解すれば、以上の見方と整合性を保つことができる。

　なお、本件のモデルケースである大阪淡路銃刀法不作為事件第一審判決（大阪地判昭和53年9月27日判タ378号124頁）は、効果裁量の余地を認めつつ、法制（具体的には、警察法2条が定める警察の責務や、

銃刀法が定める銃砲刀剣類の所持の禁止）および運用（そうした法制度を信頼して、国民が自己の安全の保障を警察に委ねているという実態）を梃子にして、警察官の権限の行使が義務になると構成している。このように第一審判決は効果裁量を認めた上で、それを収縮させているが、しかし、法制や運用が変わらない以上、明示的要件が充足されている場合には常に権限行使が義務になるはずであるから、一審判決は、実質的には効果裁量の余地を認めていないとも指摘できる。

　また、同事件の最高裁判決（最三小判昭和57年1月19日民集36巻1号19頁）は、効果裁量の余地に言及することなく、警察官の一時保管義務を導き出し、不作為の違法を認めている。最高裁が銃刀法24条の2第2項に定められたすべての要件の充足性について明確に判断しているわけではないので断言はできないものの、同条項の要件が充足されているか否かという観点から結論が導き出されているようにも読むこともできる。そうだとすれば、最高裁は「その危害を防止するため必要であるときは」との要件について明示的には充足判断をしていないが、当該事件の状況では充足されていると判断しているのではないだろうか（以上につき、参照、森田寛二「行政裁量論と解釈作法㊦」判時1186号180頁以下）。

【解説9】

　従来、国家賠償請求訴訟における反射的利益論は、違法性要件、注意義務（過失）要件、相当因果関係要件、損害の発生要件などに関連づけて主張されてきた（稲葉馨「国賠訴訟における『反射的利益論』」小嶋和司博士東北大学退職記念『憲法と行政法』〔良書普及会、1987年〕597頁以下）。このことを念頭に置けば、本件の場合、反射的利益論に依拠した相手方の主張として、次のような主張が考えられる。すなわち、銃刀法24条の2第2項は特定個人の利益の保護を目的にしていないから、①警察官がナイフを一時保管しないことがXとの関係において違法になるわけではない、②警察官が同条項に基づいてナイフを一時保管する義務をXに対し負うことはない、③警察官がナイフを一時保管しなかったこととXが損害を被ったことの間には法的な意味で因果関係がなく、相当因果関係が認められない、④Xの損害は銃刀法が保護してい

213

る利益に関するものではなく、損害が発生していない。

　こうした反射的利益論に対して、原告側弁護士としては、反射的利益論が機能しうる個別的場面で反論をすることも考えられる。例えば、損害要件に関して、国家賠償法1条1項の損害は、あらゆる意味での利益状態について生じた負の変化を意味するのであって、特定の条文の観点から法的保護に値する利益に関して生じた不利益に限定する必要はないといった反論が考えられる。しかし、反射的利益論の使われ方によっては、個別的な事案に対する配慮を欠いた形で一刀両断に行政主体の損害賠償責任が否定されるため、原告側弁護士としては、より直接的に、当該事案において問題となっている利益が反射的利益ではない、すなわち法的利益であると主張することが必要である。その際に問題となるのは、反射的利益か否かを判別する基準である。この点、必ずしも十分な議論があるわけではないが、問題となっている規定の趣旨・目的、侵害される利益の内容・性質、侵害される態様・程度、国民が侵害を回避する手段をもっているかどうかなどの諸事項を考慮して、反射的利益か否かを判定することが考えられてよい（潮見佳男『不法行為法』〔信山社、1999年〕178頁に有益な示唆がある）。そこで、このような枠組みで本件を検討すると、①銃刀法24条の2第2項は、警察法2条が定める警察の責務を根底に置きつつ、銃砲刀剣類等の携帯者による危害を警察官が防ぐことを目的にしていること、②銃砲刀剣類を一時保管しなかった場合に侵害される利益は生命・身体に関する利益であること、③銃砲刀剣類による生命、身体に対する侵害の態様、程度はことの本質上重大で深刻なものとなりうること、④銃刀法上、国民は銃砲刀剣類の所持を禁止されているが、個々の国民が自らの安全を銃砲刀剣類の使用によって守ることができない分、国民は警察官に自己の安全の保障を委ねるという法制度になっていることなどから、Xの利益が反射的利益ではないと主張することが考えられよう（こうして考えると、【解説5】で言及した逮捕権が国家および社会の秩序維持という公益を保護するために認められていると断言してよいかは再検討の余地がある）。

　最後に、本件では因果関係が問題となりうるので（【解説3】を参照）、反射的利益論との関連において、この問題について簡単に触れておこう。相当因果関係の判断においては、事実上の因果関係があるか否

かの判断のほかに、問題となる行為にいかなる範囲の損害を帰責させるかという規範的な判断が求められる。この規範的な判断においては、問題となる行為（不作為を含む）と損害との間に事実上の因果関係が認められるとしても、当該行為を行った者（行為を行わなかった者を含む）は、損害回避義務を課している法が利益を保護している範囲でしか損害賠償責任を負わない。このように相当因果関係論においても、法が保護する利益か否かを問題にするから、その限りにおいて、反射的利益論と共通する部分がある。従来、相当因果関係論において反射的利益論が語られることがあったのも、このような共通点があったからであろう。本件のモデルケースである大阪淡路銃刀法不作為事件の第一審判決（出典は【解説8】を参照）は相当因果関係の存在を否定したのに対し、第二審判決（大阪高判昭和55年7月30日判時969号64頁）は相当因果関係の存在を肯定した。いかなる事情が汲み取られて相当因果関係の有無が判断されたのか、各自で確認してもらいたい。

　なお、本件の場合、行政側が過失相殺を主張して、損害賠償額の減額を求めてくることも考えられる。実際、本件のモデルケースでは、第二審判決は4割の過失相殺を認めている。この点についても、いかなる事情によって過失相殺が認められたのか、上記の裁判例を参照して、各自で確認してもらいたい。

[第14回]

児童養護施設で暴行を受けた児童に対する県および社会福祉法人の損害賠償責任

[事案]

　A県を所在地とするB社会福祉法人は、児童福祉法（以下、「法」という）35条4項に基づき、A県知事の認可を得て【→解説1】、平成19年に法41条の児童養護施設として中央学園を設置した。同学園の入所児童の定員は50名であり、B社会福祉法人に直接雇用された常勤職員16名が入所児童の養育に当たっていた【→解説2】。また、同学園の敷地には、本館および女子棟のほかに、退所児童の自立支援のための建物があった。

　平成17年11月25日に生まれたXは両親に養育されていたが、Xが3歳の時に母親が重い病気にかかったため、両親はXを家庭で養育することを断念せざるをえなくなった。そこでA県は、平成20年1月10日、両親に説明して、法27条1項3号に基づきXを中央学園に入所させる措置をとり【→解説3】、以後、Xは同学園において養育されることになった【→解説4】。

　平成27年8月10日午後3時頃、Xと同じく中央学園に入所していた中学生のCは、態度が粗暴であることを同学園の職員に注意されたため、その腹いせに中央学園本館2階でテレビを見ていた小学生のXを蹴とばした。Xは直ちに本館1階の事務室に行き、そこにいた常勤職員Dに対し、Cに蹴られたことを泣きながら訴え出た。これを受けて、DはCのもとに向かい、Cに対して「もう蹴ってはだめだぞ」と注意した。しかし、Cはこれを半ば無視するような態度を示した。Dが事務室に戻ると、CはXに対して「お前が告げ口をしたから、叱られた」と因縁をつけ、本館2階の一室で、約30分間にわたり、Xの腹部、頭部等を蹴り、さらにプロレス技や柔道の投げ技等をかけて投げ飛

216　第14回｜児童養護施設で暴行を受けた児童に対する県および社会福祉法人の損害賠償責任

ばすなどの暴行を加えた。これによって意識を失ったXは、同日午後
6時頃、見回りをしていたDに発見され、直ちに病院に搬送された
が、外傷性脳梗塞による梗塞巣および白質不全軟化巣が左前頭葉から側
頭葉に認められ、将来にわたって抗痙攣剤の服用が必要であるとの診断
が下された。

　この診断結果に愕然としたXの両親は土田弁護士に相談した。土田
弁護士は、直ちに同じ法律事務所に所属する新米の大貫弁護士に本件の
調査を指示した。その3日後の平成27年10月10日、両弁護士の間で
次のようなやりとりが行われた。

土田弁護士：ご両親は、Xに対して暴力を振るったCや、Cをきちん
と監督していなかったDをはじめとする施設職員全員に強い憤りを感
じていらっしゃいますが、個々の児童を監督するだけの十分な職員が配
置されていなかったことに最も大きな問題がある、とお考えのようで
す。ご両親は、この問題を、訴訟を通じて広く社会の人々に知ってもら
い、一緒に考えてほしいとおっしゃっていました。そこで、私は、A
県およびB社会福祉法人を被告にして損害賠償請求訴訟を提起しよう
と考えています【→解説5】。そうすると、まず適用法条を明らかにしな
ければなりませんが、この点についてはどうですか。

大貫弁護士：A県を被告にする場合は、国家賠償法1条か、民法715
条の適用が考えられると思います【→解説6】。

土田弁護士：それでは、A県の損害賠償責任については、さしあたり
国家賠償法1条1項に基づいて追及することにしましょう。問題となる
のは、違法事由の主張ですが、この点についてはどうですか。

大貫弁護士：事故当時の児童福祉法によれば、A県知事は改善命令権
（法46条3項）、停止命令権（法46条4項）、児童養護施設の認可の取
消権（法58条）といった権限を有していますので、これらの権限の不
行使を違法事由として主張することは考えられますが、本件の事実を前
提にすると、そのような主張は不適切であるように思います。むしろ、
本件の場合は、児童養護施設の職員が粗暴な児童の養護監督を怠った結
果、Xに被害が生じたという点に着目して、違法の主張を展開したほ
うが適切であると思います。

土田弁護士：そうですね。それでは、あなたは児童養護施設の職員の行

217

為が民法 709 条の要件を充足するということを前提にして、A 県に対する損害賠償請求が認容されるように、こちらの主張を考えてみてください。

大貫弁護士：B 社会福祉法人の賠償責任については、民法 709 条によることも考えられないわけではないと思いますが、今回は民法 715 条によるということでよろしいですか【→解説 7】。

土田弁護士：はい、結構です。ただし、本件のような民間の児童養護施設職員による不法行為について、県が国家賠償法 1 条 1 項に基づいて賠償責任を負うとした場合、当該職員を直接雇用していた民間法人の賠償責任は認められるのか、という点は大きな問題となります。あなたは、この点にも配慮しながら、A 県と B 社会福祉法人に対する損害賠償請求が認容されるようにするためには、どのような主張を展開すればよいか、考えておいてください。

〈資料〉本件に関する法令

(1) 児童福祉法（昭和 22 年 12 月 12 日法律第 164 号）（抜粋）

第 2 条　国及び地方公共団体は、児童の保護者とともに、児童を心身ともに健やかに育成する責任を負う。

第 3 条　前 2 条に規定するところは、児童の福祉を保障するための原理であり、この原理は、すべて児童に関する法令の施行にあたつて、常に尊重されなければならない。

第 7 条　この法律で、児童福祉施設とは、……児童養護施設……とする。

2　（略）

第 12 条　都道府県は、児童相談所を設置しなければならない。

2〜4　（略）

第 26 条　児童相談所長は、第 25 条の規定による通告を受けた児童……及び相談に応じた児童、その保護者又は妊産婦について、必要があると認めたときは、次の各号のいずれかの措置を採らなければならない。

一　次条の措置を要すると認める者は、これを都道府県知事に報告すること。

二〜七　（略）

2　（略）

第 27 条　都道府県は、前条第 1 項第一号の規定による報告……のあつた児

童につき、次の各号のいずれかの措置を採らなければならない。

一～二　（略）

三　児童を……児童養護施設……若しくは児童自立支援施設に入所させること。

四　（略）

2～6　（略）

第28条　保護者が、その児童を虐待し、著しくその監護を怠り、その他保護者に監護させることが著しく当該児童の福祉を害する場合において、第27条第1項第三号の措置を採ることが児童の親権を行う者又は未成年後見人の意に反するときは、都道府県は、次の各号の措置を採ることができる。

一　保護者が親権を行う者又は未成年後見人であるときは、家庭裁判所の承認を得て、第27条第1項第三号の措置を採ること。

二　保護者が親権を行う者又は未成年後見人でないときは、その児童を親権を行う者又は未成年後見人に引き渡すこと。……。

2～5　（略）

第35条　国は、政令の定めるところにより、児童福祉施設（助産施設、母子生活支援施設、保育所及び幼保連携型認定子ども園を除く。）を設置するものとする。

2　都道府県は、政令の定めるところにより、児童福祉施設……を設置しなければならない。

3　市町村は、……厚生労働省令で定める事項を都道府県知事に届け出て、児童福祉施設を設置することができる。

4　国、都道府県及び市町村以外の者は、厚生労働省令の定めるところにより、都道府県知事の認可を得て、児童福祉施設を設置することができる。

5～11　（略）

12　国、都道府県及び市町村以外の者は、児童福祉施設を廃止し、又は休止しようとするときは、厚生労働省令の定めるところにより、都道府県知事の承認を受けなければならない。

第41条　児童養護施設は、保護者のない児童……、虐待されている児童その他環境上養護を要する児童を入所させて、これを養護し、あわせて退所した者に対する相談その他の自立のための援助を行うことを目的とする施設とする。

219

第45条　都道府県は、児童福祉施設の設備及び運営について、条例で基準を定めなければならない。この場合において、その基準は、児童の身体的、精神的及び社会的な発達のために必要な生活水準を確保するものでなければならない。

2～4　（略）

第46条　都道府県知事は、第45条第1項及び前条第1項の基準を維持するため、児童福祉施設の設置者、児童福祉施設の長及び里親に対して、必要な報告を求め、児童の福祉に関する事務に従事する職員に、関係者に対して質問させ、若しくはその施設に立ち入り、設備、帳簿書類その他の物件を検査させることができる。

2　（略）

3　都道府県知事は、児童福祉施設の設備又は運営が第45条第1項の基準に達しないときは、その施設の設置者に対し、必要な改善を勧告し、又はその施設の設置者がその勧告に従わず、かつ、児童福祉に有害であると認められるときは、必要な改善を命ずることができる。

4　都道府県知事は、児童福祉施設の設備又は運営が第45条第1項の基準に達せず、かつ、児童福祉に著しく有害であると認められるときは、都道府県児童福祉審議会の意見を聴き、その施設の設置者に対し、その事業の停止を命ずることができる。

第46条の2　児童福祉施設の長は、都道府県知事又は市町村長……からこの法律の規定に基づく措置又は助産の実施若しくは母子保護の実施のための委託を受けたときは、正当な理由がない限り、これを拒んではならない。

2　（略）

第47条　児童福祉施設の長は、入所中の児童等で親権を行う者又は未成年後見人のないものに対し、親権を行う者又は未成年後見人があるに至るまでの間、親権を行う。……。

2　（略）

3　児童福祉施設の長……は、入所中又は受託中の児童等で親権を行う者又は未成年後見人のあるものについても、監護、教育及び懲戒に関し、その児童等の福祉のため必要な措置をとることができる。

4～5　（略）

第50条　次に掲げる費用は、都道府県の支弁とする。

一～六の三　（略）

七　都道府県が、第 27 条第 1 項第三号に規定する措置を採つた場合におい
て、入所又は委託に要する費用及び入所後の保護又は委託後の養育につき、
第 45 条第 1 項又は第 45 条の 2 第 1 項の基準を維持するために要する費用
……

七の二～九　（略）

第 58 条　第 35 条第 4 項の規定により設置した児童福祉施設が、この法律若
しくはこの法律に基づいて発する命令又はこれらに基づいてなす処分に違反
したときは、都道府県知事は、同項の認可を取り消すことができる。

2　（略）

[設問]

1．X が A 県に対して損害賠償請求をする場合、本案上の主張とし
　　て、どのような主張をすべきか【→解説 8】。
2．X が B 社会福祉法人に対して損害賠償請求をする場合、本案上
　　の主張として、どのような主張をすべきか【→解説 9】。

はじめに―――読解の指針

　本件では、国家賠償法 1 条 1 項に基づく A 県の損害賠償責任【→解説
8】および民法 715 条に基づく B 社会福祉法人の損害賠償責任【→解説
9】が問題となっている。いうまでもなく、原告側弁護士としては、本
件において各条項に定められた法律要件が充足されているということを
主張していく必要がある。

　その際、大きな問題となるのは、民間の社会福祉法人が運営する児童
養護施設において不法行為が行われているにもかかわらず、県が損害賠
償責任を負うかという点にある【→解説 5】。この点、社会福祉法人と県
の間に全く何の関係もなければ、県の賠償責任が生じることはないはず

221

である。そこで、まずはＡ県とＢ社会福祉法人との関係に着目する必要がある【→解説1】【→解説3】【→解説4】。また、当該施設の職員は一般の公務員とは明らかに異なるため、国家賠償法1条1項の「公務員」の要件を充足していないのではないかとの疑義が生じる。そこで、現行法における「公務員」の概念について、確認しておこう【→解説2】。

なお、本件では、Ａ県の損害賠償責任を国家賠償法1条1項に基づいて追及していくことが前提とされている。この点は、民法715条に基づく損害賠償責任の追及も考えられるところであり、両者の相違を把握しておく必要があるであろう【→解説6】。他方、Ｂ社会福祉法人の損害賠償責任については、民法709条に基づいて追及することも考えられるので、この点に関わる問題を簡単に解説しておくことにしよう【→解説7】。

[解説]

【解説1】

知事による児童養護施設の認可は処分としての性格を有する。なぜなら、国・都道府県・市町村以外の者は認可によって児童福祉施設を設置する法的地位を与えられ（児童福祉法35条4項）、かつ、当該認可は行政庁と申請者の間の交渉を前提にした判断ではなく、公益の管理者としての行政庁が自己の責任でもって要件適合性を一方的に判断することを前提にしていると解されるからである。つまり、処分の要件として挙げられる「具体性（直接性）」、「外部性」、「法効果性」、「公権力性」を明白に充たすとみてよい。もっとも、Ａ県とＢ社会福祉法人の損害賠償責任が問題となる本件において、Ａ県知事が児童養護施設の認可をしたという事実は、国家賠償法1条1項または民法715条の法律要件に直接関係しないため、重要な意味をもたない。そのため、本件では、当該認可の法的性格を明らかにする必要はない。

ただし、Ｂ社会福祉法人の職員の不法行為を原因としてＡ県の損害賠償責任が問題となっている以上、事案の分析に際しては、Ａ県（あ

るいはその機関）とB社会福祉法人がどのような法的つながりを有し
ているかという観点から児童福祉法および関連法規の個別条文を読み込
んでいく必要がある（XがA県およびB社会福祉法人に対して損害賠
償請求をしていく上で、児童福祉法の個別条文をどのように駆使するか
という点については、【解説8】を参照）。

【解説2】

　国家賠償法1条1項に基づく国または公共団体の損害賠償責任は「公
務員」が不法行為を行った場合に生じる。そのため、本件施設の職員が
同条項の「公務員」といえるかどうか、問題となる。

　ところで、「公務員」について規律する主要な法律として国家公務員
法と地方公務員法があるが、いずれにおいても公務員の定義は明確にさ
れていない。しかし、一般的には、これら公務員法における公務員と
は、①公的業務に従事していること、②国または地方公共団体の任命権
者から任命されていること、③国または地方公共団体から給与を受けて
いること、以上3つの要件を充足する者を指すと解されている（このよ
うな公務員法上の公務員を「組織法上の公務員」と呼ぶことがある）。
本件施設の職員はB社会福祉法人に直接雇用されている者であること
から、これらの要件のうち明らかに②および③の要件を充足しておら
ず、公務員法上の公務員ではないといえる。

　しかし、国家賠償法1条1項でいう「公務員」は必ずしも公務員法上
の公務員に限定されておらず、「公権力の行使を委ねられた者」と解す
るのが一般的である。したがって、本件施設の職員が公務員法上の公務
員に該当しないからといって、直ちに国家賠償法1条1項に基づくA
県の損害賠償責任が否定されるということにはならない（【解説8】を参
照）。

【解説3】

　児童福祉法27条1項三号に基づく措置は、処分として理解すること
ができる（その理由については、本書第12回【解説3】を参考にして考
えてみてほしい）。もっとも、本件において原告は行政訴訟によって当
該措置の効力を争おうとしているわけではないため、当該措置の法的性

223

格を明らかにすることにさしあたり意味はない（【解説 1】を参照）。

【解説 4】

　児童養護施設の長には入所中の児童に対する親権や、監護権、教育権、懲戒権といった権限が与えられている（児童福祉法 47 条）。児童養護施設では、これらの権能に基づいて入所中の児童に対し一定の指導が行われているといえよう。いうまでもなく、それらの法的権能が認められているからといって、児童養護施設の長や職員の行為がすべて法的行為であるわけではない。むしろ、児童養護施設における児童の福祉のための日常的措置（例えば生活指導など）は、通常、事実上の行為であって、本件において問題となっている職員 D の行為（粗暴な児童を監督する行為）もまた事実上の行為である。国家賠償法 1 条 1 項の「公権力の行使」に（継続的であろうと即時完結的であろうと）事実上の行為が含まれることについて争いはないから、本件において、養育監護行為が事実上の行為であることを理由に公権力行使該当性を問題にする必要はない。

　ちなみに、法的効果を有しないものとされる事実上の行為（事実行為）は、行政機関の意思や判断などを表明する行為と、そうでない行為に分かれる。前者には行政指導や警告などが該当し、後者には強制執行行為や公共土木工事などの物理的作用が該当する。このうち後者に関しては、そうした物理的作用に対して抵抗してはならないという意味での受忍義務を観念することができるが、それは事実行為の直接的な法効果ではないと捉えるのが一般的である（本書第 13 回【解説 2】）。

【解説 5】

　本件のように私的法主体の職員が行政活動を行っているようにみえるケースでは、当該行為に起因して国民に損害が生じた場合、誰が損害賠償責任を負うのかということが大きな問題となる。この問題は、国家賠償責任の根拠論と関係づけて以下のように捉えることができよう。行政活動を実際に行う主体が生身の人間である以上、行政活動が違法に行われる危険は常にある。そうした危険が顕在化した場合、行政活動が国民全体のために行われている以上、行政活動によって生じた損害は国民全

体の負担によって救済されるべきであると考えうる。このような考え方から出発すると、ある活動から生じた損害を行政主体が填補することを正当化するのは、何よりも当該活動が「行政活動」であるということに求められよう。近代行政法は、この行政活動が国家、言い換えれば、職業公務員に独占されるということを前提にする（遠藤博也『行政法Ⅱ』〔青林書院新社、1981年〕7〜12頁）。しかし、現代行政の複雑多様化は行政活動を担当する者の複雑多様化を伴い（遠藤・前掲79頁）、その結果、活動内容からすると「行政活動」と性格づけることが可能な活動を、私的な法主体が担うことも多くなってきた（例えば「委任行政」、「事務の委託」といわれている法現象を想起せよ）。ここで提起される問題が、こうした活動に起因して生じた損害を誰が賠償するのか、すなわち私的法主体か、それとも公的法主体か、という問題である（この問題を具体的な解釈問題として、どのように解決するのかという点については【解説8】および【解説9】を参照）。

【解説6】

　A県の損害賠償責任を追及する法的根拠として、民法715条と国家賠償法1条1項が考えられる。それでは、民法715条に基づく場合と国家賠償法1条1項に基づく場合とでは、いかなる違いがあるのであろうか。弁護士としては、両者の違いを認識した上で、原告にとって有利となる条項の適用を主張していくということも考えられてよいであろうから、以下、両者の違いを指摘しておこう。①民法715条1項但書には使用者の免責規定があるが、国家賠償法1条1項にはない。②国家賠償法1条2項では加害公務員に対する求償権行使の要件が故意または重過失に制限されているが、民法715条にはそのような制限はない。③国家賠償法1条が適用される場合には、判例によれば、被害者との関係において加害公務員の個人責任は認められないが、民法では個人責任は排除されていない。④民法では使用者の責任が問われるが、国家賠償法1条では公務員の選任・監督のほか、費用負担者もまた責任を問われる（国賠法3条1項）。⑤国家賠償法では相互保証主義による制約があるが（国賠法6条）、民法の場合は相互保証主義の制約がない（民法3条2項）。以上のように、複数の違いを指摘することができる。ただし、①

225

に関しては、民法715条但書によって使用者の免責が認められることはほとんどなく、②に関しては、民法においても求償権の行使が制限的に解されており、国家賠償法と民法の相対化現象を指摘できる。また、本件に限っていえば、公務員の選任監督者のほかに費用負担者が関わる事案ではないし、外国人が被害者となっている事案でもない。これらのことに鑑みれば、本件の場合、意識すべき相違点は③のみということになろう。

　そうすると、仮に本件において国家賠償法1条1項の適用によってA県の損害賠償責任が認められるとの結論を導いた場合、B社会福祉法人の損害賠償責任が否定されるおそれが出てくる（本件のモデルケースである暁学園事件の最一小判平成19年1月25日民集61巻1号1頁は、県の損害賠償責任を肯定する一方で、社会福祉法人の損害賠償責任を否定している。判決はその理由を述べていないが、公務員個人が賠償責任を負わないことの論拠、つまり、①国家賠償法1条1項の文言（「国又は公共団体が」とある）、②2項の求償権の存在、③公務員の職務遂行に対する萎縮効果、④国または地方公共団体から賠償が得られる以上、公務員の個人責任を追及する必要がない、といった論拠と同様の論拠によるのであろう）。したがって、原告側弁護士としては、国家賠償法1条1項によってA県の損害賠償責任を肯定し、かつ、B社会福祉法人の損害賠償責任も追及する場合には、なぜA県が国家賠償法1条1項に基づいて損害賠償責任を負うにもかかわらず、B社会福祉法人も被害者との関係で損害賠償責任を負うのかという問題について、注意深く自己の主張を組み立てる必要があるといえよう（【解説9】を参照）。

【解説7】

　原告としては、民法715条ではなく、民法709条に基づいてB社会福祉法人の損害賠償責任を追及することも考えうる。もっとも、法人自身の不法行為については、法人が自然人でない以上、人の心理状態を問題とする故意・過失を観念することができないとの立場から、民法709条に基づく損害賠償責任が否定される可能性もある。このような見方に対しては、組織の構造自体を過失として把握することによって法人自身の損害賠償責任を肯定できるようにする新たな理論構成が主張されてい

るところである（例えば、窪田充見『不法行為法』〔有斐閣、2007年〕73頁）。ただ、本件の場合、仮にこうした過失論に依拠したとしても、過失を導き出せるほどの事実は与えられていないし、しかも民法715条に基づく責任の成否に検討の重点が絞られているから、この問題に立ち入る必要はない。

【解説8】

　国家賠償法1条1項は、①「国又は公共団体」の②「公権力の行使」に当たる③「公務員」が、その職務を行うについて、故意または過失によって違法に他人に損害を加えたときは、④「国又は公共団体」が賠償すると規定している。行政主体（上記①の要素）のためにその権能を行使する（上記②の要素）人を、その地位において指称したものが行政機関であり（柳瀬良幹『行政法教科書〔改訂版〕』〔有斐閣、1963年〕29頁）、その機関の地位につく人（言い換えれば、行政主体との雇用関係において捉えられた自然人）が公務員（上記③の要素）なのだから、【解説5】で述べた国家賠償の基本理念および近代行政法の基本的前提からすると、①②③は三位一体的に捉えられ、②「公権力の行使」を行う③「公務員」が組織的に①「国又は公共団体」に所属する以上、その所属先である④「国又は公共団体」が損害賠償責任を負う、というのが原則である（国賠法3条はこの原則に対する例外を定めている）。このような理解を前提にすると、通常のケースでは、組織的な意味での公務員の観念は決して無意味ではない。組織的な意味での公務員が違法な公権力の行使を行えば、当該公務員の所属先である行政主体が国家賠償責任を負うといえるからである。

　しかし、本事例のように、私的法主体が「行政活動」を行っているようにみえるケースでは、組織法上の公務員が当該活動を行っていないので、上記①〜③の三位一体的関係は崩壊している。このようなケースでは、組織的な観点から国または公共団体が損害賠償責任を負うことを肯定できない。もっとも、上述したように、国または公共団体が行政活動に起因する損害賠償責任を負うのは組織法上の公務員が行政活動を行うからであり、これが近代行政法によって想定されていた原則であることに鑑みれば、組織法上の公務員の概念は、たとえ三位一体的関係が崩壊

しているようなケースであっても、国または公共団体の損害賠償責任を肯定するための有用な視点を提供しているといえよう。そこで、再度、確認しておくと、組織的な意味での公務員であるためには、(1)公的業務に従事していること、(2)国または地方公共団体の任命権者から任命されていること、(3)国または地方公共団体から給与を受けていることが必要である（【解説2】を参照）。このうち(1)の要件は私的法主体が行う活動それ自体の性質に着目すること、(2)の要件は私的法主体に対する行政機関のコントロール権の有無に着目すること、(3)の要件は国または公共団体からの資金の提供の有無に着目することを示唆しているといえ、基本的に、これらの観点から国または公共団体の損害賠償責任の可否を検討することが考えられてよいであろう（組織法上の公務員と認められるための上記(1)の要素は、上記②の公権力の行使性の問題と同様の、活動の性質に関する問題を扱っているのであるから、組織法上の公務員該当性の問題は、実は、三位一体の2つの考慮要素〔上記②および③〕を包含するものである。そして、組織法上の公務員は当然にある行政主体〔上記①〕に所属するのであるから、組織法上の公務員が不法行為を行ったのであれば、直ちに損害賠償の主体は決まる。賠償責任が誰に帰属するかを考える上で、「組織法上の公務員」概念はまさに三位一体を体現する中核概念であるといえよう）。もっとも、「私的法主体」が行政活動をしているとみえる本件のようなケースでは、上記の組織法上の公務員であるための要素のいずれかが欠けていることが前提となっているのであるから、国または公共団体が「私的法主体」の活動に起因する損害賠償責任を負うかどうかを検討するにあたっては、組織法上の公務員概念の構成要素以外の要素も考慮せざるをえない。以上の見地からすると、私的法主体が行政活動を行っているようにみえるケースにおいて国または公共団体が損害賠償責任を負うか否かを検討する際には、公権力の行使性を中心とする活動それ自体の性質、当該活動の営業目的の有無、当該活動に対する国または公共団体のコントロールの程度（私的法主体の活動の自由度）、国または公共団体による資金の供与の有無およびその程度など、諸般の事情を総合的に考慮して判断することになろう（参照、板垣勝彦「判批」自治研究84巻8号147頁以下）。なお、これらの要素の考慮の仕方については、一般的に次のことを指摘できよう。すなわ

ち、当該活動の公権力性が明確である場合には、たとえ当該活動の法的性格以外の要素（例えば当該活動へのコントロールの程度や、国または公共団体による資金の供与など）が国または公共団体の損害賠償責任を肯定するための根拠として脆弱であったとしても、比較的容易に当該活動に起因する損害賠償責任を国または公共団体が負うと結論づけることができよう。これに対し、当該活動の公権力性が明確ではない場合には、当該活動の法的性格以外の要素が国または公共団体の損害賠償責任を肯定するための根拠として強固なものでなければ、国または公共団体が当該活動に起因する損害賠償責任を負うとはできないであろう（そして、このような諸要素を考慮する作業は、一言でいえば、ある主体の活動が公権力の行使であるかどうか、それが誰の公権力の行使か〔当該公権力の行使が誰に帰属するか〕ということを検討していることを意味し、そして、その作業の結論は当該主体が国家賠償法 1 条 1 項の「国又は公共団体の公権力の行使に当る公務員」といえるかどうかという形で示される）。

　以上の観点からすると、本件において問題となっている養育監護行為は一般の親権者であれば行いうる作用であるから、児童養護施設職員による養育監護行為が公権力の行使と言い切れるか、明らかではないといえる。そこで、原告側弁護士としては、養育監護行為それ自体の性格ではなく、当該行為の根拠法および関連法規の中に、国または公共団体が損害賠償責任を負うことを根拠づけうる規定を見出し、主張することが考えられる。そのような観点からすると、(イ)児童福祉法 2 条、12 条、27 条 1 項三号、28 条、35 条 2 項などから児童養護施設における養育監護行為は本来的に都道府県が行うべき事務であるといえること、(ロ)児童養護施設の長は児童福祉法 47 条によって監護権等、本来であれば都道府県が有する権限を委ねられていること、(ハ)児童養護施設の最低基準を維持するため、都道府県が一定の費用を支出することになっていること（児童福祉法 50 条七号）、(ニ)都道府県知事は児童養護施設に対して指揮監督権を有していること（児童福祉法 46 条）、(ホ)児童養護施設の長は都道府県知事から措置の委託を受けたときは原則として拒否できないこと（児童福祉法 46 条の 2）などを指摘することができよう。

　なお、本件のモデルケースである暁学園事件の最高裁判決（出典につ

229

いては【解説6】）は、児童福祉法の個別の仕組みに着目し、①都道府県
に児童相談所の設置が義務付けられており、要保護児童については都道
府県が一方的に保護措置をとるべきこと、②被虐待児童については都道
府県が入所措置などをとることができること、③入所に要する費用や入
所後の養育について厚生労働大臣が定める最低基準を維持するために必
要な費用が都道府県の支弁とされていること、④児童福祉施設の長は入
所児童について監護、教育、懲戒等の必要な措置をとることができるこ
と等を指摘して、養育監護行為が本来都道府県の事務であり、それが児
童養護施設の長に委譲されていると結論づけて、県の損害賠償責任を肯
定している。そこでは、児童養護施設に対する指揮監督権（上記㈡）や
児童福祉施設の長の受託義務（上記㈭）は、県の損害賠償責任を根拠づ
ける理由にされていない。それらのことに言及しなくても、県の損害賠
償責任を肯定できたからとも推測できるが、読者諸氏には、なぜ、最高
裁が上記㈡・㈭の要素に言及しなかったのか、その理由について考えて
もらいたい。

【解説9】

　判例によれば、国または公共団体が国家賠償法1条1項に基づき損害
賠償責任を負う場合には、被害者との関係で公務員個人は損害賠償責任
を負わない（最三小判昭和30年4月19日民集9巻5号534頁）。この
ような見地からすると、一方で国家賠償法1条1項に基づくA県の損
害賠償責任を追及しておきながら、他方で民法715条に基づくB社会
福祉法人の損害賠償責任も追及していくことは背理であるようにも思え
る（社会福祉法人の責任を否定する平成19年判決の理由づけは【解説
6】を参照）。

　しかし、B社会福祉法人に対する責任の追及ができなければ、行政活
動を引き受けた私的法主体のモラルハザードの問題が生じるともいえる
し、私的法主体が行政活動の引き受けに伴って責任を負うのでなけれ
ば、私的法主体に当該事務を委ねた目的が達成できないともいえる。そ
こで、原告側弁護士としては、仮に国家賠償法1条1項に基づくA県
の損害賠償責任が認められたとしても、そのことは被害者との関係で不
法行為者本人が損害賠償責任を負わないということを意味するにとどま

るのであって、不法行為者の行為それ自体の違法性は消滅しないと解し、民法 715 条の要件を充足する限り、被害者との関係でも B 社会福祉法人は損害賠償責任を負う、と主張することが考えられる（本件のモデルケースである暁学園事件の控訴審判決・名古屋高判平成 17 年 9 月 29 日民集 61 巻 1 号 67 頁は、このような立場である）。

　ただし、このようにして社会福祉法人の使用者責任が認められると、要保護児童の措置委託の引き受け手がいなくなることが懸念される。また、社会福祉法人の責任は認可の取消しや、県からの求償権の行使を通じて追及することが妥当であるとの見解もありえよう。このような批判的見解にどう反論するか、読者諸氏で考えてもらいたい。

［第15回］

行政財産の使用許可の取消しによる損失の補償

［事案］

　A市の中心部にはA市が所有する土地があり、同土地において中央
卸売市場が開設されていた【→解説1】。Xは、この土地の一部を利用し
て喫茶店を営むことを企図し、土地の使用許可を申請したところ、市長
は、Xに対し平成18年8月30日付けで地方自治法238条の4第7項
に基づいて許可をした（参照、「行政財産の目的外使用許可にかかる審
査基準等について」）【→解説2】。この許可には土地の使用期間に関して
何の制限も付されておらず、また、1カ月の使用料が1万円であること
以外、特段、制限は付されていなかった【→解説3】。その後、Xは、お
よそ1,000万円の支出をして同土地を整地し、喫茶店の開業に向けて準
備をしていた。

　A市では平成15年以降人口流出が止まらない事態が続いており、こ
れを防ぐため市街地活性化事業を行うことが平成18年12月28日に決
定された。この市街地活性化事業は、中央卸売市場を同市内の別の場所
へ移転し、卸売市場の跡地をA市国際センター用の敷地として利用す
ることを内容としていた。そこで、A市の担当者は、当該事業の決定
を受けて、中央卸売市場の敷地を許可使用している者全員に対し、立退
きの要請をしたところ【→解説4】、Xだけはこの要請に全く応じようと
しなかった。そのため、A市の担当者は再三にわたりXのもとに足を
運び、説得をしたが、それでもXは一向に土地を明け渡そうとしなか
った。そこでA市市長は、Xの案件が「行政財産の目的外使用許可に
かかる審査基準等について」の中の「不利益処分基準」(1)に該当すると
判断し、所定の手続を経て、平成21年6月15日付けで具体的理由を示
してXの使用許可を取り消した（地自法238条の4第9項）【→解説5】。

土地の使用許可を取り消されたことで困惑したＸは、土田弁護士に
相談をした。土田弁護士はＸから一通り事情を聞いた後、同じ事務所
に所属する新米の大貫弁護士に本件の調査を指示した。その３日後の平
成21年6月30日、両者の間で次のような会話が交わされた。

土田弁護士：Ｘさんは、使用許可の取消しによって損失が発生してお
り、何の補償もなく、使用許可を取り消されたことに納得がいかない、
とおっしゃっていました。そこで、今回は、補償を求めて出訴すること
を考えていますが、どのような法的構成が考えられますか。

大貫弁護士：さしあたり国家賠償法１条１項に基づいて損害賠償請求を
することが考えられます。ただ、本件の場合、行政機関の行為に違法性
があるとまではいえなさそうです。そこで、行政事件訴訟法４条後段の
実質的当事者訴訟の形式で損失補償の請求をすべきだと思います【→解
説6】。

土田弁護士：その場合、損失補償の法的根拠について、はっきりさせな
ければいけませんが、この点はどうですか。

大貫弁護士：本件で問題となっている土地は地方自治法上の行政財産で
あり、同法において行政財産の使用許可の取消しに際して生じた損害を
補償する旨の規定はありません。このような場合、憲法29条3項に直
接基づいて損失補償の請求をすることも考えられますが、国の行政財産
に関して規律した国有財産法が行政財産の使用許可が取り消された場合
の損失補償について定めているので、同法の類推適用により、補償を求
めていくのが妥当であると思います。

土田弁護士：その場合、損失補償の対象については、どのように考えた
らよいでしょうか。

大貫弁護士：まず、Ｘさんが保有していた土地使用権それ自体の補償
を求めていくことが考えられます。そのほか、Ｘさんは既に整地費用
を支出しているものの、喫茶店の収益は微々たるもので、1,000万の整
地費用は償還できていないわけですから、その分の補償を求めていくと
いうことも考えられます。

土田弁護士：それでは、あなたは、それらの補償請求が認容されそう
か、検討しておいてください。

233

〈資料〉本件に関する法令等

(1) 国有財産法（昭和 23 年 6 月 30 日法律第 73 号）（抜粋）

（国有財産の範囲）

第 2 条　この法律において国有財産とは、国の負担において国有となつた財産又は法令の規定により、若しくは寄附により国有となつた財産であつて次に掲げるものをいう。

一　不動産

二　船舶、浮標、浮桟橋及び浮ドック並びに航空機

三　前二号に掲げる不動産及び動産の従物

四　地上権、地役権、鉱業権その他これらに準ずる権利

五　特許権、著作権、商標権、実用新案権その他これらに準ずる権利

六　株式、新株予約権、社債（……）、地方債、信託の受益権及びこれらに準ずるもの並びに出資による権利（……）

2　（略）

（国有財産の分類及び種類）

第 3 条　国有財産は、行政財産と普通財産とに分類する。

2　行政財産とは、次に掲げる種類の財産をいう。

一　公用財産　国において国の事務、事業又はその職員……の住居の用に供し、又は供するものと決定したもの

二　公共用財産　国において直接公共の用に供し、又は供するものと決定したもの

三〜四　（略）

3　普通財産とは、行政財産以外の一切の国有財産をいう。

（処分等の制限）

第 18 条　行政財産は、貸し付け、交換し、売り払い、譲与し、信託し、若しくは出資の目的とし、又は私権を設定することができない。

2〜4　（略）

5　前各項の規定に違反する行為は、無効とする。

6　行政財産は、その用途又は目的を妨げない限度において、その使用又は収益を許可することができる。

7　（略）

8　第 6 項の規定による許可を受けてする行政財産の使用又は収益について

は、借地借家法……の規定は、適用しない。

（準用規定）

第19条　第21条から第25条まで（……）の規定は、前条……第6項の許可により行政財産の使用又は収益をさせる場合について準用する。

（貸付契約の解除）

第24条　普通財産を貸し付けた場合において、その貸付期間中に国又は公共団体において公共用、公用又は公益事業の用に供するため必要を生じたときは、当該財産を所管する各省各庁の長は、その契約を解除することができる。

2　前項の規定により契約を解除した場合においては、借受人は、これによつて生じた損失につき当該財産を所管する各省各庁の長に対し、その補償を求めることができる。

(2) **地方自治法**（昭和22年4月17日法律第67号）（抜粋）

（公有財産の範囲及び分類）

第238条　この法律において「公有財産」とは、普通地方公共団体の所有に属する財産のうち次に掲げるもの（……）をいう。

一　不動産

二　船舶、浮標、浮桟橋及び浮ドック並びに航空機

三　前二号に掲げる不動産及び動産の従物

四　地上権、地役権、鉱業権その他これらに準ずる権利

五　特許権、著作権、商標権、実用新案権その他これらに準ずる権利

六　株式、社債（……）、地方債及び国債その他これらに準ずる権利

七　出資による権利

八　財産の信託の受益権

2　（略）

3　公有財産は、これを行政財産と普通財産とに分類する。

4　行政財産とは、普通地方公共団体において公用又は公共用に供し、又は供することと決定した財産をいい、普通財産とは、行政財産以外の一切の公有財産をいう。

（行政財産の管理及び処分）

第238条の4　行政財産は、次項から第4項までに定めるものを除くほか、これを貸し付け、交換し、売り払い、譲与し、出資の目的とし、若しくは信

託し、又はこれに私権を設定することができない。

2〜5　（略）

6　第1項の規定に違反する行為は、これを無効とする。

7　行政財産は、その用途又は目的を妨げない限度においてその使用を許可することができる。

8　前項の規定による許可を受けてする行政財産の使用については、借地借家法……の規定は、これを適用しない。

9　第7項の規定により行政財産の使用を許可した場合において、公用若しくは公共用に供するため必要を生じたとき、又は許可の条件に違反する行為があると認めるときは、普通地方公共団体の長又は委員会は、その許可を取り消すことができる。

（普通財産の管理及び処分）

第238条の5　普通財産は、これを貸し付け、交換し、売り払い、譲与し、若しくは出資の目的とし、又はこれに私権を設定することができる。

2〜3　（略）

4　普通財産を貸し付けた場合において、その貸付期間中に国、地方公共団体その他公共団体において公用又は公共用に供するため必要を生じたときは、普通地方公共団体の長は、その契約を解除することができる。

5　前項の規定により契約を解除した場合においては、借受人は、これによつて生じた損失につきその補償を求めることができる。

6〜9　（略）

(3)　行政財産の目的外使用許可にかかる審査基準等について（抜粋）

　行政手続法第5条、第6条、第12条の規定に基づき、地方自治法第238条の4第7項の規定による行政財産のその本来の用途又は目的を妨げない限度における使用許可について、次のとおり基準を定める。

1　審査基準

(1)使用を許可することができる範囲の基準は次のとおりとする。

ア　公の施設の利用者、職員等本市の行政財産を利用し、又は使用する者のため、食堂、売店、その他収益を目的とした施設を設置する場合

イ〜ク　（略）

(2)（略）

3　不利益処分基準

使用許可を取消処分する場合の基準は次のとおりとする。
(1)　本市において使用物件を公用または公共用のために必要とする場合
(2)〜(5)　（略）

[設問]

1.　Xが損失補償を求めて当事者訴訟を提起する場合、使用権それ
　　自体の補償は認められるか【→解説7】。
2.　Xが損失補償を求めて当事者訴訟を提起する場合、整地費用の
　　補償は認められるか【→解説8】。

はじめに───読解の指針

　本件では、行政財産の使用許可が取り消されたことにより許可使用者
が被った損失について、いかなる範囲の損失が補償されるべきかが、問
題となっている【→解説7】【→解説8】。この問題を検討する際には、国
公有財産の利用関係の仕組みを理解しておく必要があるので、国公有財
産の種類と特性【→解説1】、利用関係の成立【→解説2】【→解説3】およ
び利用関係の消滅【→解説5】について、本件に即して解説を加えること
にしよう。また、本件は、実質的当事者訴訟の形式で損失補償請求をす
ることが前提とされているが、この点についても、若干の説明を加えて
おくことにしよう【→解説6】。
　なお、本件において、A市の担当者はXに対して立退きの要請をし
ている。当該行為は、直接、設問に対する解答に影響を与えないが、一
応、その法的性格について解説しておくことにしよう【→解説4】。

［解説］

【解説 1】

　国が所有する一定の財産は「国有財産」であり（国有財産法2条1項）、普通地方公共団体（都道府県・市町村）が所有する一定の財産は「公有財産」である（地自法238条1項）。基本的に、前者については国有財産法が規律し、後者については地方自治法が規律する。このうち地方自治法における公有財産は、行政財産と普通財産に分かれる（地自法238条3項）。同法によれば、「行政財産とは、普通地方公共団体において公用又は公共用に供し、又は供することと決定した財産をいい、普通財産とは、行政財産以外の一切の公有財産をいう」（地自法238条4項）。基本的に、国有財産法も、これと同様の区分を設けている（国有財産法3条）。さらに、行政財産については、国有財産法上も、また、地方自治法上も、本来の目的以外の目的で使用することが認められている（国有財産法18条6項、地自法238条の4第7項）。これを行政財産の目的外使用という。ただし、目的外か否かは判別が困難な場合がある。例えば、職員用の食堂として庁舎の一部を使用することは、従来、目的外使用と理解されてきたが、はたして、そのような理解が妥当といえるか、疑問の余地がある（塩野宏『行政法Ⅲ〔第4版〕』〔有斐閣、2012年〕399頁以下）。なお、「使用」は継続的に当該財産を占用して用いることを意味する。したがって、当該財産を継続的に占用して用いるのであれば、行政庁の許可を得る必要があるが、当該財産を継続的に占用して用いないのであれば、行政庁の許可を得る必要はない（場所の移動を目的とした道路の自由使用の場合を想起されよ）。

　本件においてXは喫茶店営業のためにA市の行政財産である土地を利用しようとしているが、これは上述の目的外使用に該当する。このようにXによる土地の利用が行政財産の本来の目的ではないという点を押さえておくことは、設問を検討する上で重要である（【解説7】を参照）。

【解説2】

地方自治法238条の4第7項の使用許可に関しては、以下の2点を指摘しておこう。

第1に、当該使用許可は講学上の行政行為であって、行政事件訴訟法上の処分である。もっとも、当該使用許可は契約締結の申込みに対する承諾と解する余地もないわけではない。しかし、当該使用許可は行政庁と申請者の間の交渉を前提にした判断ではなく、公益の管理者としての行政庁が自己の責任でもって要件適合性を一方的に判断することを前提にしていると解されるから（このことは、当該行為が公権力性を有しているということでもある）、処分と解するのが適切であろう。

第2に、当該使用許可は行政手続法上の「申請に対する処分」に該当する。そのため、本件では行政手続法第2章の手続規律が及ぶ。この点、市長は地方公共団体の機関であるから、行政手続法が適用除外になるようにもみえるが、同法3条3項によって同法の適用除外となるのは条例または規則に処分の根拠がある場合に限定される。本件の使用許可は地方自治法という法律に基づく処分であるから、行政手続法の適用除外となる事案ではない（ただし、本件の行政指導については、行政手続法は適用除外となる。【解説4】を参照）。

【解説3】

問題文の中で言及されている使用期間の制限や使用料に関する市長の意思表示は、講学上の附款（＝行政行為の本来の内容に付加される従たる内容の行政庁の意思表示）であって、本件で言及されている使用期間は「期限」に該当し、使用料は「負担」に該当する。

もっとも、本件では、使用許可それ自体の効果を争うわけでもなければ、附款それ自体の効果を争うわけでもないので、上記の意思表示が附款であるか否か、附款であるとして、いかなる種類の附款に該当するかを明らかにする必要はない。

ただし、使用期間が設定されているか否か、使用期間が設定されているとした場合、使用許可の取消しが行われたのは当該期間内か否かという点は、使用権それ自体の補償の可否を考察する際に一定の影響を及ぼしうる（【解説7】を参照）。したがって、個別の事案の分析に際して

は、行政庁がいかなる意思を表示しているかということに着目する必要がある。

【解説4】

　本件において、Xの立退きの義務は使用許可の取消しによって発生するのであって（【解説5】を参照）、立退きの要請によって発生するわけではない。既に成立している具体的な義務の履行を求めるもので、新たな義務を生じさせないにもかかわらず、「事実上の行為をするに当たりその範囲、時期等を明らかにするために法令上必要とされている手続としての処分」（行手法2条4号イ）として一定の効果を認められる代執行の戒告（行政代執行法3条1項）や納税の督促と同様に、立退きの要請にも何らかの効果が付与されていれば、当該行為を処分として捉えることも可能であろうが、本件では、そのような事実は与えられていない。したがって、立退きの要請は事実上の行為であって、行政指導である。

　なお、本件の場合、立退きの要請をしているのは地方公共団体の機関であるから、当該行政指導に行政手続法が適用されることはない（行手法3条3項）。このような場合、通常は、当該地方公共団体の行政手続条例が適用される。

【解説5】

　本件における使用許可の取消しは、許可を得て行政財産を使用している者の法的地位を一方的に剥奪する行為であるため、それ自体が処分である。

　注意を要するのは、当該行為は、法文上、取消しという用語が用いられているものの（地自法238条の4第9項）、講学上は、取消しではなく、撤回に該当するという点である。なぜなら、当該行為は使用許可の成立時の瑕疵を理由にしているのではなく、後発的事情（＝本件では、市街地活性化事業のため、行政財産である土地を公目的のために使用する必要が生じたという事情）を理由にして使用許可の法効果を奪っているからである。このように本件使用許可の取消しが講学上の撤回に該当する以上、取消しと異なり、基本的に、当該行為の効果は過去に遡るこ

240　第15回｜行政財産の使用許可の取消しによる損失の補償

となく、将来に向かってのみ生じ、さらに、上級行政庁が当該行為を行うことはできず、処分庁のみが当該行為を行うことができる。

　一般に行政行為の撤回をめぐっては、従来、法律の根拠なくして撤回を行うことができるかという問題が論じられてきた。この点、法律の根拠がなければ一切撤回はできないとの立場はないようで、一応、撤回の自由を認めた上で、どのような場合に法律の根拠なくして撤回を行うことができるかが議論されている（この問題は、撤回の自由に対する制限の問題でもある）。本件の場合は、地方自治法238条の4第9項に撤回権の根拠が明示されているため、法的根拠の観点から、本件の撤回行為が直ちに問題になるわけではない。本件の撤回行為の理由に照らせば、本件では「公用若しくは公共用に供するため必要を生じたとき、……」（地自法238条の4第9項）という法律要件への当てはめが問題になる（撤回の理由が、明文の根拠のどれにも当たらないようにみえる場合には、法律が予定していない理由に基づいて撤回をすることができるのか、ということを検討しなくてはならないが、本件はそうした事案ではない）。もちろん、原告側が「公用若しくは公共用」の要件が充足されていないとか、「必要」性の要件が充足されていないといったことを立証できれば、撤回行為は違法と判断されるし、行政庁が不正な動機や目的をもって使用許可を取り消したといったことを立証できれば、やはり違法と判断される。もし、そのようにして使用許可の取消しが違法であると判断されるのであれば、Xは損失補償請求ではなく、国家賠償請求の形で補償を求めていくことになるが、本件では、使用許可の取消しを違法と判断するだけの事実は与えられていないし、弁護士の会話から、本件では行政機関の行為が違法ではないということが前提にされている。そのため、本件では、行政行為の撤回に関する上記の問題に立ち入る必要はない。

　なお、行政財産の使用許可の取消しは、行政手続法上の不利益処分に該当するから、同法第3章の規律が及ぶ（【解説2】および【解説4】を参照）。

【解説6】

　国民が損失補償を求めるためには、必ず処分によって損失補償ができ

ることが決定されていなければならないわけではない。法律に損失補償を求めることができると書いてあれば、損失補償の請求をすることができるし、さらに、法律にそうした定めがなくても憲法29条3項に基づいて直接損失補償を請求できるというのが現在の一般的考えである。こうした補償を求める訴えは、実質的当事者訴訟（行訴法4条後段）として理解されている。ただし、土地収用法133条に基づく損失補償のように形式的当事者訴訟（行訴法4条前段）の形式をとることもある（裁決によって損失補償額も決定されるので、特別の規定がなければ、損失補償額に不満がある者は、裁決を争う抗告訴訟を提起することになるが、法令上、形式的に当事者間で〔裁決の名宛人である①起業者、すなわち収用を行う者と②土地所有者との間で〕争うこととされているので、形式的当事者訴訟と呼ばれる。その他、特許法179条、著作権法72条も形式的当事者訴訟を定める）。本件は、行訴法4条前段が定める「当事者間の法律関係を確認し又は形成する処分又は裁決に関する訴訟で法令の規定によりその法律関係の当事者の一方を被告とする」法システム（形式的当事者訴訟）が予定されていないので、実質的当事者訴訟によって損失補償の請求をすることになる。

　ところで、損失補償の請求は、金銭の給付を求める訴訟であって、民事訴訟として理解することも不可能ではない。それにもかかわらず、損失補償の請求が実質的当事者訴訟として性格づけられる理由はどこにあるのか（形式的当事者訴訟の場合は、法令上、そのように性格づけられているから、解釈上の疑義は生じない）。この問題を本件に即して考えると、本件では地方自治法238条の4第7項に基づいてなされた目的外使用許可が取り消されたことに起因する損失補償が求められているのであるから、こうした請求を行う関係は私法上の法律関係とは異なる公法上の法律関係とみるのが妥当であろう。さらに、本件では、行政財産の使用許可の取消しに伴う損失補償について国有財産法の規定が類推適用されると解した上で、損失補償の請求をすることが前提とされているのであるから、より一層当該関係を公法上の法律関係といいやすい（法律関係の性格づけは、訴訟による請求を行っている関係に限定して行えばよいことは、本書第11回【解説8】）。

　なお、実質的当事者訴訟には様々なタイプの訴訟が含まれている。こ

242　第15回｜行政財産の使用許可の取消しによる損失の補償

れらを整理する視点はいくつか考えられるが、ここでは以下の2つを指摘しておこう。

第1に、実質的当事者訴訟には、処分その他公権力の行使と関係する訴訟（例えば、公務員の免職処分の無効を前提とする公務員たる地位の確認訴訟および俸給の支払請求訴訟）のほか、処分その他公権力の行使と関係しない訴訟がある。但し、処分その他公権力の行使と実質的当事者訴訟との関係をどう整理するかは簡単ではない。実質的当事者訴訟が処分その他公権力の行使に対する不服の意味を持っているのであれば、当該訴訟は実は無名抗告訴訟と性格づけられることになる（第18回【解説10】参照）。こうした難しさはあるが、本件における損失補償の訴えは、目的外使用許可の取消を原因として損失補償の可能性が出てきたのであるから、処分その他公権力の行使と間接的には関係するが、処分その他公権力の行使と直接関係しない訴訟と理解するのが通例であろう。

第2に、実質的当事者訴訟には、①行政を一方当事者とする法律関係の相手方当事者が、その法律関係について行政庁の一定の処分の無効または不存在、もしくはその存在および有効を前提とする権利主張をもって行政と争う場合（例えば、公務員の免職処分の無効を前提とする公務員たる地位の確認訴訟）、②将来に向かって行政庁の公権力行使の基礎となるべき現在の法律関係につき、関係者がその存在または不存在を主張する場合（例えば、河川区域であることを前提にして監督処分という公権力の行使が行われることを阻止するために提起される河川区域でないことの確認訴訟——ただし、この訴訟を無名抗告訴訟としてみる立場もありうる）、③抗告訴訟の対象とならない行政庁の一定の行動——ある行為をし、またはしないこと——につき、その適否が関係者によって争われる場合（例えば、通達の違法確認訴訟）が含まれている（参照、小早川光郎『行政法講義下Ⅲ』〔弘文堂、2007年〕332～338頁）。本件で問題となっている損失補償請求訴訟は、このうち③の類型に該当する。なお、①～③すべての場合において、行政庁の一定の行為が特に立法で規定されていれば、行政庁は「与えられた権限の適切な行使を通じて立法の趣旨を的確に実現すべき役割と責任を特に課せられているのであり、この行政庁の職責を全うさせるという観点からは、多少とも役立ちうる仕組み〔行訴法41条の準用規定をみよ—大貫・土田注〕を持つ

243

当事者訴訟の制度によるのが適当である」といわれることがある（小早川・前掲 337 頁。同 334 頁、335 頁も参照）。こうした観点も当事者訴訟の所管か否かを決する際に有用な視点となる。

【解説 7】

　本件では、国有財産法の類推適用によって損失補償を求めていくことが前提とされている。そのため、許可使用権それ自体の補償が認められるかという問題は、許可使用権それ自体の喪失が国有財産法 24 条 2 項の「よつて生じた損失」の範囲に含まれるかという問題でもある。

　この点、行政財産の使用権は財産的価値を有するものであり、使用許可の取消しは当該使用権を公益のために一方的に収奪するものであって、通常の公用収用の場合と異なるところはないから、使用権それ自体の補償が必要であるとの立場が考えられる。実際、本件のモデルケースである東京卸売市場事件における第二審判決（東京高判昭和 44 年 3 月 27 日判時 553 号 26 頁）は、使用権それ自体の補償を認めている。

　しかし、行政財産は、本来、公目的のために利用されることを予定された物的手段である。そうである以上、たとえ私人が目的外使用の許可を得ているとしても、本件のように期間の定めがなければ、原則として、当該行政財産の本来の用途または目的上の必要が生じた時点で使用権は消滅すると解すべきであり、そのことは使用権それ自体に内在する制約として捉えることができる。それゆえ、本件は外在的な理由で財産権が剥奪される公用収用の場合とは区別されるべきであろう。このような理解に立てば、当該使用権は、許可の取消しが行われる時点で当然に消滅するという解除条件あるいは不確定期限が付された権利ということになろう（宇賀克也『国家補償法』〔有斐閣、1997 年〕423 頁）。また、実際のところ、一般には行政財産の使用許可の際に権利金相当の金員の支払いはなされておらず、また、行政財産の使用料は低廉であり、私有地よりも有利な条件で使用できるのであるから、使用権の消滅に対する補償を行うと、過大な補償を行うことになり、適切ではない。これらの事情に鑑みると、行政財産の使用許可が取り消されたとしても、原則として使用権それ自体に対する補償は必要ないということになろう。本件のモデルケースである東京卸売市場事件における最高裁判決も、原則と

して使用権それ自体の補償を認めていない（最三小判昭和49年2月5日民集28巻1号1頁）。

　ところで、損失補償の要否を判断するための一般的基準が問題として議論されることがあるが、論者により見解は分かれている（結局のところ、塩野宏『行政法II〔第5版補訂版〕』〔有斐閣、2013年〕362頁が述べるように、「利用規制の態様、原因、損失の程度、社会通念（時代により、処によって可変的である）を総合的に判断することになる」といえようか）。もっとも、本件のような行政財産の使用許可の撤回に伴う使用権に対する損失補償については、いかなる基準によっても、原則として使用権そのものに対する損失補償は不要との結論が出るであろう。例えば、宇賀教授は、損失補償の要否を①侵害行為の特殊性、②侵害行為の強度、③侵害行為の目的等を総合的に判断するものとしているが（宇賀教授にあっては「①は副次的基準にとどまり、②③が中心になる」とする）、行政財産の使用許可の撤回に伴う使用権に対する損失補償については、②の観点から、「使用権自体が解除条件の成就または終期の到来により消滅しているとみなしうるため、侵害行為とすら言い難い」として、補償を否定している（宇賀克也『行政法概説II〔第5版〕』〔有斐閣、2015年〕505頁、514頁）。

　なお、「行政財産の本来の用途又は目的に供するという目的」から撤回が行われるのではなく、「別の公益目的」から撤回が行われる場合（例えば、新幹線鉄道の建設のために、河川敷地の占用許可を撤回するような場合）には、使用権に対する補償は必要であるという考え方もありうる（例えば、遠藤博也『行政法スケッチ』〔有斐閣、1987年〕258頁）。ただし、本件の場合、行政財産の本来の目的（国際センターの敷地として利用することは行政財産の本来の目的に沿っている）とは別の公益目的から撤回が行われたという事実は与えられていないから、さしあたり、そのような考え方について配慮する必要はない（この論点については、上記最高裁判決の射程外である）。

【解説8】

　【解説7】で指摘したとおり、使用権それ自体に対する補償は必要ない。それでは、許可が取り消された場合に例外なく補償を要しないと考

245

えてよいであろうか。例えば、行政財産の使用許可を得て、当該土地上で営業活動を行うために、土地を整地し、堅固な建物を設置したが、それらの費用を償還するに足りない期間で使用許可が取り消された場合はどうであろうか。こうした場合には、付随的損失の補償が認められるべき場合もあるであろう（土地収用法88条は、いわゆる通損補償という形で、収用に伴う営業上の損失等の付随的損失について補償を認めている）。【解説7】で引用した最高裁判決は、「使用権者が使用許可を受けるに当たりその対価の支払いをしているが当該行政財産の使用収益により右対価を償却するに足りないと認められる期間内に当該行政財産に……〔本来的な公目的のための利用の一大貫・土田注〕……必要を生じたとか、使用許可に際し別段の定めがされている等により、行政財産についての……〔本来的な公目的のための利用の一大貫・土田注〕……必要にかかわらず使用権者がなお当該使用権を保有する実質的理由を有すると認めるに足りる特別の事情が存する場合」には、例外的に補償が必要である旨、判示している。最高裁が「使用権者がなお当該使用権を保有する実質的理由を有する」と表現していることからすると、最高裁は使用権それ自体に対する補償が例外的に認められる場合を判示しているようにもみえるが、そのような見方は妥当ではない。むしろ最高裁は上記の判決の中で付随的損失に対する補償が認められる場合を判示したとみるべきであろう。また、補償が必要な場合として最高裁が示しているものは、付随的損失に対する補償が必要な場合の例示とみるべきであろう。このような理解は、その後の判例および学説における議論が、補償される付随的損失とは何か、あるいは、「使用権者がなお当該使用権を保有する実質的理由を有すると認めるに足りる特別の事情が存する場合」（上記最高裁判決）とはいかなる場合か、という問題を中心に行われていることとも符合しよう。その後の議論では、補償の対象になりうる項目として、明け渡すべき土地にあった建物や工作物の収去費、代替地を入手するために要する調査費、土地明渡しに伴う営業上の損失、当該土地の改良のために行った整地費用などが考えられている（原田尚彦「判批」『昭和49年度重要判例解説』〔有斐閣、1975年〕46頁）。なお、補償されるべきかどうかは、諸般の事情を考慮に入れて決せられるべきである。この点、使用許可が取り消されたために「使用者に偶発的かつ不

可避的に生ずるところの現実的損失」（原田・前掲46頁）は基本的に補償の対象となるものの、その際には、使用許可が取り消されなければならない理由およびその強さ（公益性の強度）も考慮要素として、補償の是非を決すべきことになろう（宇賀克也「行政財産の使用許可の撤回と損失補償」ジュリ1017号166～167頁）。

　本件の場合、弁護士の会話からは、Xが支出した整地費用分について、未だ償還できていないということを読み取ることができる。このことに着目すれば、少なくとも整地費用分については補償が認められてしかるべきであるといえよう。

［第16回］

外国人医師の医師国家試験受験資格認定拒否

［事案］

　A国国籍を有し、同国内で生まれ育ったXは、平成12年7月、6年制のA国中央医科大学臨床医学系を卒業した。Xは同大学在学中に知り合った日本人女性と在学中に婚姻し、結婚当初から卒業後は日本で医師として勤務したいと考えるようになった。そこでXは大学卒業後、4カ月間、A国の研修施設において研修を受けた後、平成12年12月に来日し、平成19年3月までの間、B大学医学部大学院研究生として、医学の勉強をした。

　この間、Xは平成15年3月6日付けで厚生労働大臣に対し医師国家試験の受験資格の認定申請を行ったが、同大臣は同年5月24日付けでXに対し医師国家試験本試験（以下、「本試験」という）の受験資格を認定することなく、医師法12条に基づき、医師国家試験予備試験（以下、「予備試験」という）の受験資格を認定した【→解説1】【→解説2】。そこでXは予備試験を受験したものの、不合格になった【→解説3】。Xは、その翌年も、またその翌年も、予備試験を受験したが、いずれも不合格になった。

　その後、Xは予備試験を受けることなく、本試験を受けたいと考えるようになり、再び医師国家試験の受験資格の認定を申請しようした。そこで、Xは申請の前に改めてその方法等について厚生労働省の関係部署に問い合わせたところ、同省の担当官から、受験資格認定申請にあたって提出すべき書面等を列挙した「国家試験受験資格認定必要資料一覧」と題する申請書類の一覧表を交付された【→解説4】。そこで、Xはそれに従って、本試験受験資格を認めてもらうために補強しておいたほうがよいと思われる事項について新資料を添付して、平成21年2月16

日付けで厚生労働大臣に受験資格認定の申請を行ったところ【→解説5】、同大臣は、同年5月22日付けで、Xの本試験受験資格については認められず、予備試験の受験資格が相当と認められる旨の回答をした【→解説2】。当該回答が記された書面には、そのような結論に至った理由について「貴殿の医学に関する経歴等からみて」とだけ記されていた【→解説6】。

　再び本試験の受験資格を拒否されたことで困惑したXは、土田弁護士に相談をした。土田弁護士はXから一通り事情を聞いた後、同じ法律事務所に所属する新米の大貫弁護士に本件の調査を指示した。その3日後の平成21年7月30日、両者の間で次のような会話が交わされた。

土田弁護士：Xさんは、なぜ自分に本試験の受験資格が付与されないのか、全く理解できないとおっしゃっていました。そこで、まずは医師国家試験について規定している関係法令の仕組みを押さえておく必要があるわけですが、この点について、簡単に説明してもらえますか。

大貫弁護士：医師法によれば、日本で医師になるためには、医師国家試験に合格しなければなりません（医師法2条）。このことは、外国の大学の医学部を卒業した者であっても、また、外国の医師免許を取得した者であっても同じです。それらの者の中には、厚生労働大臣による本試験受験資格の認定を得て（同11条三号）、いきなり本試験を受けることができる者がいますが、そのような認定を受けられない者は厚生労働大臣による予備試験受験資格の認定を得て（同12条）、まずは予備試験を受け、合格し、その後1年以上の実地修練を経た上で、初めて本試験を受けることができるようになります（同11条二号）。Xさんは、ご自身が前者の場合に該当するとお考えになられたのだと思いますが、厚生労働大臣は後者の場合に該当すると判断したというわけです。

土田弁護士：そうすると、行政の側で、どのような基準でもって、そのような振り分けを行っているのかということが重要になってきますね。この点、医師法をみると、Xさんのように、外国の医学校を卒業したものの、日本で医学の正規の課程を修めておらず、予備試験も合格していない人の場合は、「厚生労働大臣が前二号に掲げる者と同等以上の学力及び技能を有し、且つ、適当と認定したもの」であれば、本試験を受験できることになっています（医師法11条三号）。逆にいうと、そのよ

うな認定を受けられない者は予備試験受験資格を認定してもらい、予備試験に合格するなどした上で本試験を受けるしかないということになります（医師法 12 条）。この本試験および予備試験の受験資格認定の手続はどのようになっていますか。

大貫弁護士：厚生労働省の担当部署に問い合わせたところ、実務上、本試験受験資格認定のための申請と予備試験受験資格認定のための申請は別々にすることになっていません。申請書類の種類や書式からも明らかですが、むしろ、医師国家試験受験資格認定の申請ということで両者は一本化されています。したがって、医師国家試験受験資格認定の申請をした者は、たとえ本人が主観的に本試験の受験資格認定の申請だけをしたつもりでも、予備試験の受験資格認定の当否についても回答されることになります。

土田弁護士：わかりました。それから、医師法には本試験および予備試験の受験資格認定の基準について 11 条および 12 条の規定があるだけで、具体的なことは何も書いてありません。この点については、どうですか。

大貫弁護士：私が調べたところによると、外国医・歯学校卒業者等受験資格認定審査基準というものが設けられており、公表されています【→解説 7】。その内容を表にして整理してみましたので、ご覧ください（後掲〈資料〉(2)）。厚生大臣および厚生労働大臣は、平成 3 年以降、この審査基準に依拠して受験資格の認定を行っており、これまでの実績からすると、①〜⑫の項目を充足した者はみな本試験の受験資格が認定されています。

土田弁護士：X さんの場合は、表の①〜⑫の項目がすべて充たされていたといえるでしょうか。

大貫弁護士：⑩以外の項目については、明らかに充たしていたといえます。問題になりそうなのは、⑩の項目です。X さんが生まれ育った A 国では、国立大学の医学部しか存在せず、医学部を卒業しただけで医師になることができるため、日本のような統一的な医師国家試験制度は存在しません。もっとも、医学部を優秀な成績で卒業した者には A 国の法律に基づいて特別な学位が授与されることになっており、X さんはその学位を得ています。

土田弁護士：それでは、そのあたりのことも考慮に入れながら、Xさんが本試験の受検資格を認定されるようにするために有効と思われる訴訟を考えてみてください。また、当該訴訟における本案上の主張についても、考えてみてください。

〈資料〉本件に関する法令等

(**1**) 医師法（昭和23年7月30日法律第201号）（抜粋）

第1条　医師は、医療及び保健指導を掌ることによつて公衆衛生の向上及び増進に寄与し、もつて国民の健康な生活を確保するものとする。

第2条　医師になろうとする者は、医師国家試験に合格し、厚生労働大臣の免許を受けなければならない。

第11条　医師国家試験は、左の各号の一に該当する者でなければ、これを受けることができない。

一　学校教育法（……）に基づく大学（……）において、医学の正規の課程を修めて卒業した者

二　医師国家試験予備試験に合格した者で、合格した後1年以上の診療及び公衆衛生に関する実地修練を経たもの

三　外国の医学校を卒業し、又は外国で医師免許を得た者で、厚生労働大臣が前二号に掲げる者と同等以上の学力及び技能を有し、且つ、適当と認定したもの

第12条　医師国家試験予備試験は、外国の医学校を卒業し、又は外国で医師免許を得た者のうち、前条第三号に該当しない者であつて、厚生労働大臣が適当と認定したものでなければ、これを受けることができない。

(**2**) 外国医・歯学校卒業者等受験資格認定審査基準（整理してまとめたもの）

	本試験受験資格認定	予備試験受験資格認定
根拠法	医師法11条3号	医師法12条
①医学校の入学資格	高等学校卒業以上（修業年数12年以上）	
②医学校の教育年限	6年以上 進学課程2年以上 専門課程4年以上 （インターン期間については教育年数に算入しない）	5年以上 専門課程4年以上 （インターン期間については教育年数に配慮する）

③医学校卒業までの修業年限	18 年以上	17 年以上
④専門課程の授業時間	4500 時間以上で、かつ一貫した教育を受けていること	3500 時間以上で、かつ一貫した教育を受けていること
⑤医学校卒業からの年数	10 年以内（但し、医学教育又は医業に従事している期間は除く）	
⑥専門科目の成績	良好であること	
⑦教育環境	大学付属病院の状況、教員数等が、日本の大学とほぼ等しいと認められること	
⑧当該国の政府の判断	WHO の医学校辞典に原則報告されていること	
⑨医学校卒業後、当該国の医師免許取得の有無	取得していること	取得していなくてもよい
⑩当該国の免許を取得する場合の国家試験制度	制度が確立していること	制度が確立していなくてもよい
⑪日本語能力	日本の中学校及び高等学校を卒業していない者については、日本語能力試験 1 級（相当）の認定を受けていること	
⑫日本語診療能力調査	別に定める評価以上であること	—

[設問]

1. X が本試験の受験資格を得ることができるようにするためには、いかなる訴訟（行政事件訴訟法に定められているものに限る）を提起することが適切か【→解説8】。なお、本問においては、仮の救済について検討する必要はない。
2. 上記1の訴訟の中で、X は本案上の主張としていかなる主張をすればよいか【→解説9】。

はじめに――――読解の指針

　本件において X は本試験の受験資格の認定を求めているが、厚生労働大臣はこれを拒否し、予備試験の受験資格を認定している。そのため、まずは本試験受験資格認定の申請と予備試験受験資格認定の申請の関係に配慮しながら【→解説1】、医師国家試験受験資格認定の申請に対する回答がいかなる法的性格を有するのかということを確認しておく必要がある【→解説2】。次に、本件において X は予備試験を何度か受験し、いずれも不合格となっているが、本件事案を分析する上で当該事実に着目する意味はない。そこで、その理由とともに、関連する事項を一応、確認しておこう【→解説3】。また、X は申請の前に一覧表の交付を受け、いかなる書類を提出すべきかについて指示を受けているから、当該行為の法的性格を確認しておこう【→解説4】。さらに、X は、いったん本試験受験資格を否定されたにもかかわらず、その後も本試験受験資格認定の申請を行っている。はたして、このようなことが許されるのか、問題になりうるので、この点についても解説しておく【→解説5】。なお、本件では、後述するように、行手法の適用が考えうるから、同法の観点から本件を分析しておく必要がある【→解説6】【→解説7】。

　そして以上の諸点を踏まえることが、本件における適切な訴訟形態【→解説8】および本案上の主張【→解説9】を論じる前提となる。

　なお、本件は外国人医師国家試験受験資格不認定事件（東京地判平成11年6月30日訟月46巻11号4131頁、東京高判平成13年6月14日判時1757号51頁）を素材にしている。もっとも、実際の事件は平成16年の行訴法の改正前に提起されており、義務付け訴訟が法定されていない時期のものであるから、注意が必要である。

[解説]

【解説1】

　本件において X は本試験の受験資格の認定を希望して申請を行って

いるにもかかわらず、厚生労働大臣は本試験の受験資格の認定ではな
く、予備試験の受験資格の認定を行っている。この実務上の取扱いは、
どのような理論構成で説明することができるであろうか。この問題は主
に理論的な整理の問題だが、理由付記のあり方という実際の取扱いとも
関連する（【解説6】参照）。この問題に対する考え方は、Xの申請に含
まれている請求内容をどう捉えるかによって、大きく2つに分けること
が可能である（なお、【解説2】で述べるように、厚生労働大臣の判断は
処分と認められるので、以下でも、そのことを前提にする）。

(1) まず、Xが申請によって請求しているのは本試験の受験資格の認
定だけであって、予備試験の受験資格の認定はそこに含まれていない、
との見方が考えられる。この見方は、本件のように、厚生労働大臣によ
る予備試験の受験資格が認定された場合に、これをどう捉えるかによっ
て、さらに2つに分けることができる。

　1つは、Xからの申請が本試験受験資格の認定のみである以上、Xは
予備試験受験資格認定の申請をしていないということになるから、厚生
労働大臣による本試験受験資格認定拒否の判断は申請に対する処分であ
るけれども、予備試験受験資格認定の判断は申請を前提にしない処分＝
職権による処分になるとの見方である。この見方は、本試験の受験資格
の認定（医師法11条三号）と、予備試験受験資格認定（医師法12条）
の根拠条文が別になっていることとも対応する。しかし、医師法上、本
試験の受験資格の認定も、予備試験の受験資格の認定も実質的に同じ仕
組みが採用されているにもかかわらず、一方を職権によらない処分＝申
請に対する処分と解し、他方を職権による処分と解する合理的な理由は
見出し難い。

　もう1つは、本試験受験資格認定を請求内容とする申請が行政庁の側
で予備試験受験資格認定を請求内容とする申請に変更されたと捉え、予
備試験の受験資格の認定を申請に対する処分とみる見方である（塩野教授
は、集団示威行進の許可申請に対して申請内容と異なった進路を指定して
行われる許可について、申請を行政庁側で変更して処分をしたものと解し
ている。塩野宏『行政法Ⅰ〔第6版〕』〔有斐閣、2015年〕203頁）。しか
し、このような見方に対しては、技巧的に過ぎるとの評価が可能である。

　このように上記の2つの見方にはそれぞれ難点があり、採用しにくい

ので、以下では検討しないことにする。

⑵　次に、Xによる申請には本試験受験資格認定の申請のみならず、予備試験受験資格認定の申請も含まれていると捉えることが考えられる。このような理解は、一般に、本試験の受験資格の認定を申請した者が当該申請を拒否された場合に、予備試験の受験資格の認定を受けることが、申請者の不利益になるとは考えられないこと、また、本試験の受験資格の認定にせよ、予備試験の受験資格の認定にせよ、その判断のために必要となる申請書類に大きな差異はないことを考えると充分支持できるであろう。さらに、医師法は、このような運用を禁止していないし、また、そのような運用によって、医師法の趣旨が損なわれるわけでもないと思われる。だとすれば、申請者の主観的意図はさておき、医師国家試験受験資格認定の申請がされた場合には、予備試験受験資格認定の申請もしていると構成することができる。このような理解に立てば、本試験の受験資格を認定するという判断であろうと、本件のように本試験の受験資格は認定しないが、予備試験の受験資格を認定するという判断であろうと、また、本試験の受験資格も予備試験の受験資格もいずれも認定しないという判断であろうと、いずれも行手法上の申請に対する処分であると結論づけることができる。

　ただし、異なる2つの申請（本試験の受験資格の認定の申請と予備試験受験資格認定の申請）の関係をどう捉えるかは、さらに問題となる。この点、2つの見方がありうる。

　㋐　1つは、本試験受験資格認定の申請と予備試験受験資格認定の申請は独立の関係にあるとの見方である（民事訴訟における請求の単純併合に相当する構成）。この場合、行政庁は、いずれの申請にも応答することが必要になり、いずれか一方の申請でも拒否する場合には、当該拒否処分について理由の付記（行手法8条1項）が必要になる。例えば、この構成だと、本試験の受験資格の認定のみを行う場合でも、予備試験受験資格認定を拒否した理由を付記しなければならないことになる。しかし、このような見方に対しては、本試験受験資格の認定が行われているのに、予備試験受験資格認定拒否の理由を示すのは、無意味であるとの批判が考えられる（【解説6】を参照）。

　㋑　もう1つは、厚生労働大臣がまず本試験受験資格を認定できるか

どうかを審査し、仮にそれが認定できないという場合には、次に予備試験受験資格を認定できるかどうかを審査することを申請内容としているとみる見方である（民事訴訟における請求の予備的併合に相当する構成）。この場合、例えば厚生労働大臣が本試験受験資格を認定しさえすれば、予備試験受験資格の認定申請に対して応答する必要はなく、したがって、理由を付記する必要もない（【解説6】を参照）。おそらく、行政実務は、この立場に立って事務を処理しているものと推測される。

【解説2】

　本件において、厚生労働大臣はXからの本試験受験資格認定の申請に対し、本試験受験資格は認定しないことおよび予備試験受験資格は認定することを内容とする判断を示している。この厚生労働大臣の判断は処分に該当するか。当該判断が処分か否かによって考えうる訴訟形式が異なるので、問題となる（【解説8】を参照）。一般に処分といえるためには、①具体性（直接性）、②外部性、③法効果性、④公権力性の各要件を充足している必要がある。厚生労働大臣の上記判断はこれらの要件をすべて充足しているから、処分といえる（本書第12回【解説3】を参照）。

　さらに、医師法では受験資格認定を求める行為に対する行政庁の応答義務は明示されていないものの、同法では行政庁の諾否の応答義務が前提にされていると解されるので（本書第1回【解説3】を参照）、厚生労働大臣の上記判断は、行手法上の申請に対する処分（行手法2条2号および3号）に該当するといってよい。

【解説3】

　本件においてXは本試験受験資格を認定してもらえなかったことに不服を有しているのであって、予備試験に合格しなかったことに不服を有しているのではない。したがって、本件を分析する上で、予備試験の不合格に関する行政機関の意思表示に着目して、その法的性格を考察する必要はない。

　なお、予備試験または本試験の合否判定は、「その性質上試験実施機関の最終判断に委せられるべきものであつて、裁判所がその判断の当否

256　第16回｜外国人医師の医師国家試験受験資格認定拒否

等を審査し、具体的に法令を適用して、その紛争を解決できるものとはいえない」（司法試験の合否判定につき、東京地判昭和60年6月17日判時1208号92頁）として、医師国家試験の合否判定の誤りについては裁判所の審判権が及ばないとされる可能性がある。他方で、原則的には司法審査が及ばないとしながらも、他事考慮があるかどうか等、裁量権の逸脱濫用があるかどうかという観点から裁判所の審判権が及ぶとする考え方もある（このような見地から、国立大学の合否判定にあたり、年齢による差別が行われたかどうかを審査した判決として、東京高判平成19年3月29日判タ1273号310頁以下）。

　ちなみに、行政手続法上、医師国家試験のように、人の学識技能に関する試験については、専ら当該試験の結果に基づいて行われる処分は行政手続法の適用除外となっている（行手法3条1項11号）。

【解説4】

　本件では、Xに対して一覧表が交付され、特定の書類の提出が促されているが、それによって相手方国民の権利義務に変動が生じるわけではないから、これは事実上の行為であって、行政指導に該当する（参照、行手法2条6号）。仮にXが一覧表に示された書類を提出しない場合には、書類を提出するよう補正が命ぜられ、それでもXが書類を提出しなければ、最終的に行政庁は申請の形式的要件が充たされていないことを理由に拒否処分を行うことになる（行手法7条）。そこでは、Xが行政指導に従わないことが拒否処分の理由になっているのではない。したがって、Xは拒否処分がされたとしても、行政指導に従わなかったがゆえに不利益な取扱いを受けたということにはならない（参照、行手法32条2項）。

【解説5】

　申請に対する拒否処分があり、そこで欠けているとされた要件が後に充足されたというような状況の変化がないにもかかわらず、再度、申請人が同じ内容の申請をして行政庁に審査を求めた場合、行政庁は当該申請に対する審査義務を負うであろうか。この問題については、一事不再理の法理または申請権の濫用の法理等により、行政庁に審査義務は生じ

257

ないとする学説がある。また、最初の拒否処分に対する取消訴訟の出訴期間が経過した後に再度同一の請求をすることは出訴期間を定めた行訴法の趣旨に反するという理由で、行政庁に審査義務が生じないとする学説もある（例えば、塩野・前掲書176頁。参照、宇賀克也『行政法概説Ⅰ〔第5版〕』〔有斐閣、2013年〕334～335頁）。

　もっとも、以上のような見解を踏まえたとしても、本件では本試験受験資格を認めてもらうための新資料が添付されているので、厚生労働大臣にはXによる再度の申請を審査する義務があるといえよう。

【解説6】

　医師国家試験受験資格認定の申請に対する厚生労働大臣の回答として、①本試験の受験資格を認定する旨の回答、②本試験の受験資格を認定せず、予備試験の受験資格を認定する旨の回答、③本試験の受験資格も予備試験の受験資格も認定しない旨の回答が考えられるが、これら①～③のいずれであっても、行手法上の申請に対する処分に該当する以上（【解説2】を参照）、行手法5条以下の手続規律が及ぶ。したがって、拒否処分を行う場合には、行手法8条に基づいて理由の提示が求められる可能性がある。そこで、以下、①～③のそれぞれについて理由の提示が必要か否か、検討する。

　まず①の場合は、本試験受験資格認定の申請と予備試験受験資格認定の申請との関係をどう考えるかで違いが出る。この2つの申請をいわば予備的併合申請の関係にあるとみるならば（【解説1】(2)(イ)の構成）、①の場合は、本試験の受験資格の認定がされているわけであるから、予備試験の受験資格の認定に関する申請に行政庁が応答する必要はなく、行政庁は理由を提示する必要がない。これに対し、上記2つの申請をいわば単純併合申請の関係にあるとみるならば（【解説1】(2)(ア)の構成）、予備試験の受験資格を認定しないという拒否処分の存在を肯定せざるをえず、この処分については理由を提示しなければならない。もっとも、理由を提示するとしても、「本試験の受験資格を認定する以上、予備試験の受験資格を認定する必要はない」といった理由にならざるをえず、これが無意味であることは明らかである（【解説1】を参照）。

　次に②の場合は、上記2つの申請をいわば予備的併合申請の関係にあ

るとみるならば、予備試験の受験資格を認定する前提として、本試験の受験資格の認定を拒否するという判断がなされなければならないから（予備的である所以）、本試験受験資格認定拒否について理由の提示が必要となる。また、上記２つの申請をいわば単純併合申請の関係にあるとみる場合には、２つの申請に対してそれぞれ応答があり、本試験の受験資格認定の申請に対しては拒否処分がなされているから、本試験受験資格認定拒否について理由の提示が必要となる。つまり、②の場合は、本試験受験資格認定の申請と予備試験受験資格認定の申請との関係をどう捉えようと、本試験受験資格認定拒否について理由の提示が必要となる。

　最後に③の場合は、本試験の受検資格認定も予備試験の受験資格認定もともに拒否されていることから、それらの拒否処分について理由の提示が求められることは疑いがない。

　本件は上記②の場合に該当するから、２つの申請の関係をどう捉えても、厚生労働大臣は行手法８条に基づき X の本試験の受験資格を認定しなかった理由を提示しなければならないということになろう。

　ところで、行手法８条が要求する理由の提示については、一般に、いかなる事実関係についていかなる法規を適用して当該処分を行ったかを、申請者においてその記載自体から了知しうるものでなければならず、審査基準を公にすることに行政上特別の支障がない場合には、当該処分に付すべき理由が、いかなる事実関係についていかなる審査基準を適用して当該処分を行ったかを、申請者においてその記載自体から了知しうる程度に記載することが必要である（処分基準に関して一定の条件の下で処分基準の適用関係を理由において示すことを求めた最高裁判決がある。最判平成 23 年 6 月 7 日民集 65 巻 4 号 2081 頁。本書第１回【解説6】も参照）。このような理解の背景には、理由の提示が行政庁の判断の慎重・合理性を担保してその恣意を抑制するとともに、処分の理由を相手方に知らせて不服の申立てに便宜を与えることを趣旨にしているということがある（参照、最二小判昭和 38 年 5 月 31 日民集 17 巻 4 号 617 頁）。以上の見地からすれば、単に「貴殿の経歴等からして」という理由だけでは理由の付記として充分ではない。したがって、本件では、行手法８条違反を指摘することができる。もっとも、この違法事由を本案においてどう援用するのが適切かについては改めて検討する必要

259

がある（【解説9】を参照）。

【解説7】

　医師国家試験受験資格認定の申請に対する回答が行手法上の申請に対する処分に該当する以上（【解説2】を参照）、行政庁は受験資格の認定に関する審査基準を設定しなければならない（行手法5条1項）。本件の場合、外国医・歯学校卒業者等受験資格認定審査基準が設定されており、これは、行手法上の審査基準に該当するといえよう（行手法2条8号ロ）。また、審査基準は公にしておく必要があるが（行手法5条3項）、弁護士の会話からすると、この点についても、特に問題がない。したがって、本件の場合、行手法5条の問題は生じない。

　なお、本件のモデルケース（出典は、上述の「読解の指針」を参照）では、行政側は審査基準をもとに作成した「国家試験受験資格認定必要資料一覧」を申請者に提示したのみで、審査基準それ自体を公にしていなかった。そのため、裁判所は、上記必要書類一覧を提示しただけでは行手法5条3項の要請を満たしていないとして、行手法違反を認めている。

【解説8】

　本件においてXは本試験の受験資格の認定を求めている。このXの要望を実現するために最も有効な訴訟は、厚生労働大臣が本試験の受験資格の認定をすべき旨を求めて提起する申請型義務付け訴訟（行訴法3条6項2号）である。

　もっとも、申請型義務付け訴訟の場合、一定の抗告訴訟を併合提起する必要がある（行訴法37条の3第3項）。本件の場合は、平成21年5月22日付けで行われた不認定処分の取消しを求めて、取消訴訟（行訴法3条2項）を併合提起することになろう。

　そのほか、Xは本試験の受験資格があることの地位の確認を求めて、行訴法4条後段の公法上の当事者訴訟（実質的当事者訴訟）を提起することも考えられなくはない。しかし、受験資格があるという確認訴訟における主張は、このあとの段落で述べるように、実質的に本試験の受験資格が認定されるべきという主張になるとみるならば、受験資格を

認めないという処分の効果と矛盾するということになるだろうから、当
該確認訴訟においてそうした主張は妨げられ、訴えは棄却される可能性
が高い（公定力の帰結。現在公定力は、訴訟の場面では、主張制限、そ
の裏としての裁判所の認定権の制限として理解するのが一般的と思われ
るが、そのような効力の結果、判決が棄却となるのか却下となるのかに
ついては見解の一致がないようである）。したがって、本件において上
記のような当事者訴訟は有効とは考えられない。

　あるいは、本試験の受験資格がある旨の主張は実質的に本試験の受験
資格が認定されるべきという主張となるため、本試験の受験資格がある
ことの地位の確認を求めて提起する訴訟は、公権力の行使に関する不服
の訴訟であって、無名抗告訴訟であるともいえる。このように考える
と、この無名抗告訴訟は補充性の要件が充足されていないという理由で
却下されるであろう（本書第9回【解説4】参照）。

【解説9】

　【解説8】で指摘したように、本件では取消訴訟を併合して申請型義務
付け訴訟を提起することが有効である。それでは、こうした事案におい
て行政庁の判断を攻撃するにはどうしたらよいであろうか。まずは併合
提起する取消訴訟における主張から考えるのが普通であろう。もっと
も、このような事案の場合、取消事由となる違法性を主張するだけで
は、申請型義務付け訴訟における本案上の主張として十分ではない（後
述の理由付記の違法などは、取消訴訟に固有の本案主張であるが、それ
は申請型義務付け訴訟における本案主張として不十分である）。原告
は、行政庁が本試験の受験資格の認定をすべきであったのにしていな
い、とさらに主張を補完しなくては義務付け訴訟では勝訴できない（行
訴法37条の3第5項）。逆にいえば、申請型義務付け訴訟では、「一定
の処分がされるべきであったのに、当該処分がされなかった」というこ
とが指摘できれば、併合提起する取消訴訟における主張としても充分で
ある。以上のことを踏まえると、本件の場合、本案上の主張として「本
試験の受験資格の認定処分がされるべきであったのに、当該処分がされ
なかった」ということを主張できればよいということになる（本書第1
回【解説8】を参照）。

261

これらの訴えの本案における主張を考える前提として、まずは医師国家試験受験資格認定の申請に対する厚生労働大臣の回答に裁量が認められるか否か、認められるとして、いかなる部分に裁量が認められるかということを明らかにしておく必要がある（本書第12回【解説7】を参照）。本件の場合、医師法11条三号が抽象的な文言を用いて具体的な認定基準を示していないこと、および医学に関する一定の学力および技能が認められるかどうかは専門技術的判断を伴うことからして、厚生労働大臣には上記の要件の当てはめについて裁量が認められるものと考えられる。この点に関し、医師法11条三号に基づいて受験資格の認定を受けようとする者が、通常、外国人であることに着目し、厚生労働大臣が本試験の受験資格を認定するかは移民に関する政策的判断を伴うとして、厚生労働大臣による裁量の余地を認めるということも考えられないわけではない。しかし、移民政策に関する是非は入国管理の問題であり、本件において、そのような移民政策に関する事項を考慮に入れた場合、むしろ厚生労働大臣の判断は他事考慮として、違法と判断されることになろう（参照、医師法1条）。以上とは別に、厚生労働大臣が医師法11条三号の要件に該当するという判断に至ったとしても、なお認定を拒否することができるのか否か、すなわち効果裁量の余地が認められるのか否かということは問題となる。この点、要件に「適当と認定したもの」との文言があり、受験資格の認定について考慮すべき法的に意味のある視点がすべてこの要件の下で考慮され尽くされると考えられるので、要件の認定をした上でなお認定をする・しないの裁量の余地は残らないとみてよいであろう。

　それでは、こうした裁量の余地のある行政庁の判断を攻撃するにはどうしたらよいであろうか。行政庁に裁量が認められている場合、行政庁自身が裁量権行使の基準を定めることがある。これは「裁量基準」と呼ばれ、行政手続法による審査基準の多くは裁量基準である（条文に裁量の余地がない場合に、当該条文の解釈を明らかにする「解釈基準」も行政手続法の審査基準になりうる。ただし、解釈基準は、その内容が適法であるならば、法律の内容そのものとなる。法律自体が内容を埋めていない部分〔つまり裁量の余地〕で定められる裁量基準とは異なっている）。この裁量基準は行政規則として捉えられるため、伝統的な理解に

従い、国民と行政主体との関係を規律する法ではないとの前提に立つ
と、当該基準に依拠して違法主張を考えるのは適切ではないという見方
も考えられる。そうすると、裁量基準たる審査基準それ自体を直接援用
しないで、違法主張の構成をすることも考えられることになろう。この
場合、違法主張の仕方は2通りありうる。1つは、従来、審査基準に則
って審査が行われ、①〜⑫を充たした本試験受験資格認定の申請は認め
られてきたのであるから、平等原則等に照らし、厚生労働大臣はXに
対し本試験受験資格の認定をしなければならない、と主張する方法であ
る。このような構成は、従前の行政実務との比較を行った上で、ダイレ
クトに平等原則等に照らし、本件でも処分がされるべきであったと主張
する方法で、理論的に不可能ではない（この構成は、以下で言及する(ア)
の手法とは理論構成上区別されるが、本質的に異なるものではない）。
もう1つは、平等原則等に依拠せず、本件の根拠条文にのみ依拠して自
らの申請内容そのものからして申請が認容されるべきであった、と主張
する方法である。これも理論的に不可能ではないが、本件の根拠条文の
ような、極めて不明確で曖昧な条文のみを拠り所にして、処分がなされ
るべきであったと主張するのは困難である。この点からすれば、審査基
準それ自体を直接援用しないで主張をする場合には、平等原則等をダイ
レクトに援用する構成が考えられるべきである。

　それでは、審査基準それ自体を直接援用して、主張しようとする場合
には、どのような手法が考えられるであろうか。以下、考えうるいくつ
かの手法について検討しておこう（平岡久『行政立法と行政基準』〔有斐
閣、1995年〕223〜264頁、特に226頁注（61）および250頁以下）。まず、
(ア)平等原則等により審査基準の原則的な拘束性（すなわち、審査基準を
適用しないことを正当化する特段の事情がない限り、行政庁は審査基準
に拘束されること）を導いた上で、申請が審査基準に適合すると主張し
ていくことが考えられる（最三小判平成27年3月3日裁時1623号6
頁）。この場合、審査基準の内容そのものは裁量の範囲内にあることが
前提である。こうした主張は、審査基準の適用が国民にとって有利な場
合、すなわち自らの申請に審査基準が適用されれば、申請が認められる
場合に有効である。これに対し、審査基準が国民にとって不利な場合、
すなわち審査基準を援用しても申請が認められない場合には、(イ)審査基

準の内容そのものは裁量の範囲内にあり、かつ、自らの申請は審査基準に適合しないけれども、自らの申請が認められるべき特殊事情があると主張することが考えられる。このような主張は、審査基準の全部または一部が画一的に自らの申請に適用されるべきではないという主張とともに、画一的に適用されるべきでない審査基準の一部を差し引いた残りの審査基準の部分については自らに適用されるべきであるという主張を含んでいる（つまり、審査基準を適用しないことを正当化する特段の事情がない限り、平等原則等により、行政庁は審査基準に拘束されること、および、審査基準の一部は適用しないことを正当化する理由があること、という2つの主張を含んでいる）。

　以上の手法を踏まえて本件を分析すると、審査基準のうち①〜⑩の項目は、いずれも医師法11条一号および二号の申請者と同程度の医学に関する知識および技術を有しているということを確保するために必要であると考えられるし、日本において医療従事者となろうとするのであれば、一定の日本語力は必要であると考えられるから、⑪および⑫も適切であろう。つまり、審査基準項目の①〜⑫はいずれも不合理ではないということになろう。そうすると、本件では審査基準そのものが裁量権の範囲を超えているとはいえない。それでは上記(ア)(イ)いずれの手法に依拠することが適当であろうか。本件の場合、行政庁は拒否処分の充分な理由を提示していないので、推測する以外にないが、弁護士の会話からすると、行政庁が⑩の項目を充足していないことを理由に本試験の受験資格を認定しなかった可能性が高い。そこで、以下、そのような前提で検討することにしよう。まず(ア)の手法に依拠する場合は、平等原則等により審査基準が原則的な拘束性を有すること（すなわち、審査基準を適用しないことを正当化する特段の事情がない限り、行政庁は審査基準に拘束されること）を指摘した上で、次のような主張をすることになるであろう。すなわち、確かにA国では医学部を卒業しただけで医師になることができるため、日本のような統一的な医師国家試験制度は存在しない。したがって、審査基準を形式的に適用すれば、Xの申請は審査基準に適合せず、本試験の受験資格は認定されない。しかし、A国では国立大学の医学部しか存在せず、しかもXのように医学部を優秀な成績で卒業した者にはA国の法律に基づいて特別な学位が授与されるこ

とになっているため、国家レベルの客観的制度が確立している。このような特殊事情を考慮すれば、審査基準項目⑩の「当該国の免許を取得する場合の国家試験制度」の存在が肯定される。さらに、弁護士の会話を前提にすれば、⑩以外の項目についても充足されているのであるから、審査基準項目はすべて充足されている。以上に加えて、厚生労働大臣の判断に効果裁量の余地がないということを指摘して、厚生労働大臣は本試験受験資格を認定しなければならなかったと主張することになろう。

これに対し、㋑の手法に依拠した場合は、審査基準を適用しないことを正当化する特段の事情がない限り、平等原則等により、行政庁は審査基準に拘束されること、および、Ａ国の特殊性に鑑みると、審査基準⑩を適用しないことを正当化する理由があることを指摘した上で、審査基準項目⑩を除くすべての審査基準項目が充足されており、本試験の受験資格が認定されるべきであると主張することになろう（この主張において、効果裁量の余地がないことを指摘するのは上記㋐の場合と同じである。このように、㋑の手法に依拠した場合、主張すべきことがらは、上記㋐の主張と多くの部分で重複する）。もっとも、本件は、審査基準項目⑩の「当該国の免許を取得する場合の国家試験制度」の存在を実質的に肯定できそうな事案である。そうであるならば、⑩の基準の適用を拒否するという主張よりも、⑩の適用を前提としてその充足を主張する㋐の手法に依拠したほうが適切であるといえよう。

なお、上記㋐と㋑は、理論的に審査基準が一定の拘束力をもつことを認め、何らかの方法でそれを援用する主張であるが、他方で、理論的に審査基準が一定の拘束力をもつことを認めつつも、本件の審査基準は拘束力をもたないとして、審査基準を援用しないという主張もありうる。つまり、審査基準は裁量権の範囲で定められている限りにおいて拘束力があるから（この点は極めて重要）、審査基準の内容そのものが裁量権の範囲を超えているとして、審査基準の拘束性を否定した上で、自らの申請が法定要件を充足し、認められるべきであるという主張が考えられる。このような主張は、結局のところ、前述の審査基準を援用しない主張の仕方いずれかと同様になるであろう（ダイレクトに平等原則等に照らし、本件でも処分がされるべきであったと主張する方法か、あるいは条文にのみ依拠して自らの申請内容そのものからして申請が認容される

265

べきであった、と主張する方法)。

　なお、行訴法上は「より迅速な争訟の解決に資すると認めるとき」には申請型義務付け訴訟に併合提起する抗告訴訟についてのみ終局判決をすることができる(行訴法37条の3第6項)。例えば、取消訴訟における勝訴要件が満たされていることの心証は得られたが、申請型義務付け訴訟の勝訴要件が満たされているか否かについて心証が得られず、審理に時間がかかりそうな場合や、あるいは、処分を行うには一定の手続を践む必要があり、この手続を経ずに裁判所が審理・判断を行うと、当該手続に関わる私人や行政機関の権利利益が害される場合などは、一部判決をすることができる(申請型義務付け訴訟とそれに併合提起された抗告訴訟は単純併合の関係にあるから、併合提起する抗告訴訟についてのみ下される終局判決は一部判決ということになる)。この一部判決をするかどうかにあたって裁判官は、①義務付け訴訟の審理の困難性や進行状況等に照らし、判決までにどの程度の期間を要すると見込まれるか、②一部判決により最終的な紛争解決がもたらされる見込み(取消判決などの一部判決の拘束力によって義務付け訴訟で求めている処分がなされる見込み。後述)が高いか、③当事者がどのような意思を有しているか等を総合考慮する(最高裁判所事務総局行政局監修『改正行政事件訴訟法執務資料』〔法曹会、2005年〕41頁)。本件の場合、①および③については不明だが、②の可能性は高い。そのため、本件では取消訴訟に特有の違法事由を主張し、一部判決を獲得するような訴訟活動をすることに実践的な意味はありそうである。

　そうすると、Xは併合提起された取消訴訟の本案上の主張として行手法8条違反の主張をすることが考えられるが(【解説6】を参照)、一般に手続違法を理由に処分が取り消されるかどうかについては議論があるため、手続違法を主張するのであれば、手続違法が取消事由になることも併せて述べておく必要がある。この手続違法を帯びた行政処分の効力をどのように考えるかという問題について、必ずしも学説の見解は一致していないが、本件のような拒否処分の理由付記の不備は取消事由になるとするのが一般的である(例えば、塩野・前掲書346〜350頁)。実際、本件のモデルケースの第二審は行手法5条および8条違反を理由に、本試験受験資格認定拒否処分を取り消している。

以上のようにして、原告の請求を認容する一部判決が下されれば、当該判決には拘束力が生じる（行訴法 33 条 1 項、38 条 1 項）。被告がこれに従い、最終的に原告が望む処分が行われれば、訴えの利益は失われるため、申請型義務付け訴訟は却下される。これに対し、原告の請求を認容する一部判決が出されたとしても、原告が望む処分が行われず、紛争が解決しない場合には、裁判所は、申請型義務付け訴訟の手続を中止していれば（行訴法 37 条の 3 第 6 項）、当該手続を再開して義務付け判決をすることができる。この場合、原告は、係属中の義務付け訴訟に改めて取消訴訟等を追加的に併合することになるだろう（行訴法 19 条 1 項）。

[第17回]

出生届の不受理を理由とする住民票の不記載

[事案]

　甲山市に居住するＢとＣは、婚姻の届出をしていない事実上の夫婦である。この両者の間に、平成 21 年 4 月 10 日、Ａが出生した。そこで、母親のＢは、同年 4 月 11 日、出生届を提出するため、市役所を訪れた（戸籍法 49 条 1 項、52 条 2 項）。Ｂは、「嫡出でない子」という言葉が差別用語であり、不適切であると考えていたため、出生届の「父母との続き柄」欄には何も記載せず（戸籍法 49 条 2 項 1 号）、その他の必要事項を記入して、出生証明書とともに出生届を提出した【→解説 1】。これに対し、市長は「父母との続き柄」欄に何ら記載がないことを問題視し、Ｂからの出生届について補正を求めた【→解説 2】。しかしＢは、これを頑なに拒否したため、市長は付せん処理を提案した。この付せん処理とは、「父母との続き柄」欄に記載がなくても、届出書のその余の記載事項から添付の出生証明書の本人と届出書の本人が同一人であることが確認できれば、例えば「嫡出でない子・女」と認める旨を記載した付せんを届出書に貼付して受理する方法である。ところが、Ｂはこれも受け容れなかったため、結局、市長はＢからの届出を受理しなかった【→解説 3】。

　その後、Ｂは、甲山市の実務処理上、世帯主の子であれば、嫡出姓の有無にかかわらず、住民票の世帯主との続柄欄はすべて「子」と記載されることを知った。そこで、世帯主であったＢは、平成 21 年 6 月 19 日、市長に対し、住民基本台帳法 14 条 2 項に基づき、Ａの住民票の記載【→解説 4】をするよう申し出た（以下、「本件申出」という）【→解説 5】。これに対し、市長は、同日、Ａの出生届が受理されていないことを理由に、Ａの住民票の記載をしないと決定した（以下、「本件決定」

268　第17回｜出生届の不受理を理由とする住民票の不記載

という）【→解説6】。

　この決定を聞いて落胆したBは、土田弁護士に相談をした。土田弁護士はBから一通り事情を聞いたのち、同じ事務所に所属する大貫弁護士に本件の調査を指示した。その3日後の平成21年8月10日、両者の間で次のような会話が交わされた。

土田弁護士：Bさんは、Aの住民票の記載が行われることを望んでいらっしゃいますが、仮に、このままAの住民票の記載が行われないとしたら、どのような不都合が生じるのでしょうか。

大貫弁護士：各種行政手続においては、住民票の記載がなくても、別途居住関係を証明する手続を経れば、住民票の記載がある者と同じ扱いを受けられます。その意味では、法的な不利益はないともいえます。しかし、居住関係を証明する手続は相当大変です。例えば、私立幼稚園の園児の保護者に対する補助金を受領しようとする場合には、市に「住民票の記載がないことにつきやむを得ない理由がある」ということを認めてもらう必要があります。また、民間住宅の賃貸借契約の際には、通常、住民票の提出を要求されますので、住民票がないということになると、契約を締結できないことになります。これらの不都合を回避するためには、やはり住民票の記載が必要です。

土田弁護士：それでは、住民票の記載が行われるようにするには、どうしたらよいでしょうか。

大貫弁護士：市長は出生届の受理がないことを理由に住民票の記載をしないといっているわけですから、出生届が受理される方法を考えればよいと思います。

土田弁護士：確かに、そのような方法も考えられないわけではありません。しかし、出生届の一部が空欄のままで、形式要件が充足されておらず、しかも、両親は自己の信条から当該形式要件の不充足を補正する気がない以上、そのような方法は適切ではないでしょう。したがって、それとは別の観点から、いかなる抗告訴訟を提起すればよいか、考えてみてください。ただ、どのような方法で争うにせよ、出生届の受理・不受理と住民票の記載・不記載の関係については、精確に理解しておく必要がありそうです。この両者の関係は、どのようになっていますか。

大貫弁護士：住民基本台帳法施行令12条2項1号は、戸籍に関する届

269

出の受理がなされた場合には、市町村長が職権によって住民票の記載を
しなければならない旨、規定しています。その趣旨は、住民の届出義務
の軽減を図るとともに、住民票の記載を戸籍に関する届出に基づき記載
することによって、戸籍と住民票の記載を一致させ、住民票の記載の正
確性を確保しようとするところにあるといえます。したがって、通常
は、戸籍の記載と住民票の記載は一致し、両者は連動する関係にあると
いえます。

土田弁護士：それでは、本件のように、戸籍に関する届出の受理がなさ
れていない場合はどうなるのでしょうか。この点について、法令は明文
で定めていないようですが、行政実例、判例および学説はどうなってい
ますか。

大貫弁護士：行政実例では、見解が統一されていません。一方で、出生
届の受理がない場合に住民票の記載をしてはならないことを裏付けそう
なものがありますが（平成元年12月28日自治振第98号兵庫県総務部
長あて回答）、他方で、出生届がなされていない者についても住民票の
記載自体を認める行政実例があります（昭和49年4月16日沖縄県地方
課あて電話回答）。この件について拠るべき明確な判例や学説はないよ
うです。

土田弁護士：住民基本台帳法8条によれば、住民票の記載等は、「第4
章若しくは第4章の3の規定による届出に基づきまたは職権で行う」と
されています。出生を理由とする住民票の記載の申出は同条でいう「第
4章若しくは第4章の3の規定による届出」に該当しないため、出生を
理由とする住民票の記載は職権によるしかないことになります。このこ
とも、両者の関係を考える手がかりになるでしょう。なお、Bさんは住
民票の記載がなされなかったことによって生じた損害の賠償を請求する
ことも望んでいらっしゃいますが、これについては、機会を改めて検討
することにしましょう【→解説7】。

〈資料〉本件に関する法令等

（1）戸籍法（昭和22年12月22日法律第224号）（抜粋）

第34条　（略）

2　市町村長は、特に重要であると認める事項を記載しない届書を受理する

ことができない。

第49条　出生の届出は、14日以内（国外で出生があつたときは、3箇月以内）にこれをしなければならない。

2　届書には、次の事項を記載しなければならない。

一　子の男女の別及び嫡出子又は嫡出でない子の別

二～四　（略）

3　（略）

第52条　（略）

2　嫡出でない子の出生の届出は、母がこれをしなければならない。

3～4　（略）

第127条　戸籍事件に関する市町村長の処分については、行政手続法（……）第二章及び第三章の規定は、適用しない。

(2)　戸籍法施行規則（昭和22年12月29日司法省令第94号）（抜粋）

第20条　市町村長は、届書、申請書その他の書類を受理し、又はその送付を受けたときは、その書類に受附の番号及び年月日を記載しなければならない。

2　（略）

第21条　市町村長は、附録第五号様式によつて毎年受附帳を調製し、これにその年度内に受理し又は送付を受けた事件について受附の順序に従い、次の事項を記載しなければならない。……

一～八　（略）

2～3　（略）

第24条　本籍地の市町村長は、第20条及び第21条第1項の手続をした後に、遅滞なく戸籍の記載をしなければならない。

(3)　住民基本台帳法（昭和42年9月11日政令第292号）（抜粋）

（目的）

第1条　この法律は、市町村……において、住民の居住関係の公証、選挙人名簿の登録その他の住民に関する事務の処理の基礎とするとともに住民の住所に関する届出等の簡素化を図り、あわせて住民に関する記録の適正な管理を図るため、住民に関する記録を正確かつ統一的に行う住民基本台帳の制度を定め、もつて住民の利便を増進するとともに、国及び地方公共団体の行政の合理化に資することを目的とする。

（市町村長等の責務）

第3条　市町村長は、常に、住民基本台帳を整備し、住民に関する正確な記録が行われるように努めるとともに、住民に関する記録の管理が適正に行われるように必要な措置を講ずるよう努めなければならない。

2〜4　（略）

（住民基本台帳の作成）

第6条　市町村長は、個人を単位とする住民票を世帯ごとに編成して、住民基本台帳を作成しなければならない。

2〜3　（略）

（住民票の記載事項）

第7条　住民票には、次に掲げる事項について記載（……）をする。

一　氏名

二　出生の年月日

三　男女の別

四　世帯主についてはその旨、世帯主でない者については世帯主の氏名及び世帯主との続柄

五　戸籍の表示。ただし、本籍のない者及び本籍の明らかでない者については、その旨

六〜十四　（略）

（住民票の記載等）

第8条　住民票の記載、消除又は記載の修正……は、……政令で定めるところにより、第4章若しくは第4章の3の規定による届出に基づき、又は職権で行うものとする。

（住民基本台帳の正確な記録を確保するための措置）

第14条　市町村長は、その事務を管理し、及び執行することにより、……住民基本台帳に脱漏若しくは誤載があり、又は住民票に誤記若しくは記載漏れがあることを知つたときは、届出義務者に対する届出の催告その他住民基本台帳の正確な記録を確保するため必要な措置を講じなければならない。

2　住民基本台帳に記録されている者は、自己又は自己と同一の世帯に属する者に係る住民票に誤記又は記載漏れがあることを知つたときは、その者が記録されている住民基本台帳を備える市町村の市町村長に対してその旨を申し出ることができる。

（選挙人名簿との関係）

第15条　選挙人名簿の登録は、住民基本台帳に記録されている者で選挙権を有するものについて行なうものとする。

2〜3　（略）

（行政手続法の適用除外）

第31条の2　この法律の規定により市町村長がする処分については、行政手続法……第二章及び第三章の規定は、適用しない。

（調査）

第34条　市町村長は、定期に、第7条……に規定する事項について調査をするものとする。

2　市町村長は、前項に定める場合のほか、必要があると認めるときは、いつでも第7条……に規定する事項について調査をすることができる。

3〜4　（略）

(4) 住民基本台帳法施行令（昭和42年9月11日政令第292号）（抜粋）

（住民票の記載）

第7条　市町村長は、新たに市町村の区域内に住所を定めた者その他新たにその市町村の住民基本台帳に記録されるべき者があるときは、次項に定める場合を除き、その者の住民票を作成しなければならない。

2　市町村長は、一の世帯につき世帯を単位とする住民票を作成した後に新たにその市町村の住民基本台帳に記録されるべき者でその世帯に属することとなつたもの……があるときは、その住民票にその者に関する記載……をしなければならない。

（届出に基づく住民票の記載等）

第11条　市町村長は、法第4章若しくは第4章の3の規定による届出があつたときは、当該届出の内容が事実であるかどうかを審査して、第7条から前条までの規定による住民票の記載、消除又は記載の修正（以下「記載等」という。）を行わなければならない。

（職権による住民票の記載等）

第12条　市町村長は、法第4章若しくは第4章の3の規定による届出に基づき住民票の記載等をすべき場合において、当該届出がないことを知つたときは、当該記載等をすべき事実を確認して、職権で、第7条から第10条までの規定による住民票の記載等をしなければならない。

273

2　市町村長は、次に掲げる場合において、第7条から第10条までの規定により住民票の記載等をすべき事由に該当するときは、職権で、これらの規定による住民票の記載等をしなければならない。

一　戸籍に関する届書、申請書その他の書類を受理し、若しくは職権で戸籍の記載若しくは記録をしたとき……。

一の二〜七　（略）

3　市町村長は、住民基本台帳に脱漏若しくは誤載があり、又は住民票に誤記……若しくは記載漏れ……があることを知つたときは、当該事実を確認して、職権で、住民票の記載等をしなければならない。

4　（略）

(5) 公職選挙法（昭和25年4月15日法律第100号）（抜粋）

（被登録資格等）

第21条　選挙人名簿の登録は、当該市町村の区域内に住所を有する年齢満20年以上の日本国民（……）で、その者に係る登録市町村等（……）の住民票が作成された日（……）から引き続き3箇月以上登録市町村等の住民基本台帳に記録されている者について行う。

2〜4　（略）

（選挙人名簿又は在外選挙人名簿の登録と投票）

第42条　選挙人名簿又は在外選挙人名簿に登録されていない者は、投票をすることができない。……

2　（略）

(6) 旅券法（昭和26年11月28日法律第267号）（抜粋）

（一般旅券の発給の申請）

第3条　一般旅券の発給を受けようとする者は、外務省令で定めるところにより、次に掲げる書類及び写真を、国内においては都道府県に出頭の上都道府県知事を経由して外務大臣に、国外においては最寄りの領事館（……）に出頭の上領事官（……）に提出して、一般旅券の発給を申請しなければならない。……

一　一般旅券発給申請書

二　戸籍謄本又は戸籍抄本

三　申請者の写真

四〜六　（略）

2～5　（略）

[設問]

1. Ａの住民票の記載を実現するために、いかなる抗告訴訟を提起
   するのが適切か。さらに、その訴訟の本案前の主張として、どの
   ような主張をすればよいか【→解説8】。なお、本問において、仮
   の救済について検討する必要はない。
2. 上記1の訴訟において、いかなる本案上の主張をすべきか【→
   解説9】。

はじめに──読解の指針

　本件における当事者の各行為を時系列にそって抽出すると、①Ｂによ
る出生届の提出、②市長による補正の求め、③市長による出生届の不受
理、④Ｂによる住民票の記載の申出、⑤市長による住民票の記載をしな
い旨の決定ということになる。Ｂは住民票の不記載に不満があるのであ
るから、まずは当該行為の法的性格を明らかにする必要があるが【→解
説6】、いかなる法的仕組みの中で当該行為が位置づけられるかという
ことを把握することは、本件を分析する上で重要であるから、住民票の
不記載に至るまでの上記①～⑤の各行為の法的性格について明らかにし
ておくことにしよう【→解説1】【→解説2】【→解説3】【→解説4】【→解説5】
【→解説6】。
　そして、以上の諸点を踏まえることが、本件における適切な抗告訴訟
と当該訴訟における本案前の主張【→解説8】および本案上の主張【→解
説9】を考える上で有益である。
　また、本件において国家賠償請求訴訟の是非は直接問題とされていな
いが、当該訴訟の提起を想定して、原告・被告双方の主張のアウトライ
ンを確認しておくことにしよう【→解説7】。

275

なお、本件は、最二小判平成 21 年 4 月 17 日裁時 1482 号 3 頁（第一
審判決は東京地判平成 19 年 5 月 31 日判時 1981 号 9 頁、第二審判決は
東京高判平成 19 年 11 月 5 日判タ 1277 号 67 頁）をモデルケースとして
いる。

[解説]

【解説 1】

　戸籍法に基づく出生届は、言葉通り素直に行手法上の届出と理解して
よいであろうか。それとも、申請と理解すべきであろうか。そこで、ま
ず行手法の定義を確認しておくと、届出とは「行政庁に対し一定の事項
の通知をする行為（申請に該当するものを除く。）であって、法令によ
り直接に当該通知が義務付けられているもの（自己の期待する一定の法
律上の効果を発生させるためには当該通知をすべきこととされているも
のを含む。）」であり（行手法 2 条 7 号）、申請とは「法令に基づき、行
政庁の許可、認可、免許その他の自己に対し何らかの利益を付与する処
分（以下「許認可等」という。）を求める行為であって、当該行為に対
して行政庁が諾否の応答をすべきこととされているもの」である（行手
法 2 条 3 号）。この定義からは、届出も申請も「行政庁に対し一定の事
項の通知をする行為」、つまり行政庁に対して情報提供の意味合いをも
つ行為である点、および届出は申請と同様に一定の法律上の効果に結び
つくことがある点を指摘できる（行手法 2 条 7 号の括弧書を参照）。し
かし、他方で、両者は①自己に対し何らかの利益を付与する処分を求め
る行為であるか否か、②当該行為に対して行政庁が諾否の応答義務を有
しているか否かという点で異なる。申請の場合は、この 2 点がいずれも
肯定されるのに対し、届出の場合は、この 2 点がいずれも否定される。
そこで、この観点から、戸籍法に基づく出生届が行手法上の申請に該当
するか、それとも届出に該当するか検討すると、①出生届が受理されれ
ば、遅滞なく、戸籍の記載がされ、各行政手続を通じて法的利益を享受
できるようになり（例えば、旅券の取得が可能となる）、かつ出生届の

276　第17回｜出生届の不受理を理由とする住民票の不記載

受理は処分とみてよいから（【解説3】を参照）、出生届は「自己に対し
何らかの利益を付与する処分を求める行為」といえ、さらに②戸籍法は
出生届の受理・不受理を予定しており（戸籍法34条2項など）、「行政
庁が諾否の応答をすべきこと」とされているとみることができる。以上
からすれば、戸籍法に基づく出生届は、行手法上の届出ではなく、申請
に該当するといってよいであろう。

　もっとも、戸籍法に基づく出生届が申請に該当するとしても、当該申
請は出生届の受理処分に対する申請であって、住民票の記載処分（住民
票の記載が処分であることについて【解説4】を参照）に対する申請で
はないという点には注意が必要である。

　なお、戸籍事件に関する市町村長の処分については、行政手続法第2
章および第3章の規定は適用されない（戸籍法127条）。そのため、本
件における出生届の受理・不受理が申請に対する処分であるとしても、
同法第2章の手続規律は及ばない。もっとも、同章に規定されている規
律すべてが同章によって初めて創設されたと考えるべきではなく、例え
ば行手法7条に規定する審査・応答義務は個別制定法が保障している申
請権の内容に含まれていると考えられる。したがって、本件の場合、た
とえ出生届に行手法第2章の規律が及ばないとしても、出生届があれ
ば、行政庁には審査応答義務が生じるものと考えられる。

【解説2】

　本件において、市長が補正を求めたとしても、当該行為によって、国
民の権利義務が変動するわけではない。適法な出生届をする義務は、法
律によって直接課せられているのであって、市長の補正の求めによって
新たに生じるわけではない。したがって、市長による補正を求める行為
は事実上の行為である。

　なお、上述したように、本件に行手法第2章の手続規律は及ばないか
ら、市長の補正を求める行為は行手法7条によるものではないが、そう
した規定がなければ、市長は補正を求めることができないというわけで
はない。

【解説3】

　出生届の不受理は処分といえるか。処分であるためには、4つのメルクマール（①具体性〔直接性〕、②外部性、③法効果性、④公権力性）が充足されている必要があるが、出生届の不受理については、このうち法効果性の有無が特に問題となる。

　受理・不受理が処分であるのは例外的なケースであるが、出生届の不受理が処分であることに異論はない。問題となるのは、その説明の仕方である。この点、複数の説明の仕方がありえよう。例えば、出生届の受理の法的性格に着目し、その法的性格を明らかにした上で、不受理の法的性格もこれに連動させて考える方法がありうる（本書第6回【解説3】を参照）。これによれば、市町村長が出生届を受理し、戸籍の記載が行われれば（戸籍法施行規則20条、21条、24条）、戸籍の記載によって、国民は一定の法的利益を享受することができる地位を有することになる。例えば、旅券法は戸籍謄本の提出を旅券取得の要件としているが（旅券法3条1項2号）、戸籍の記載がない者は、戸籍謄本を提出することができず、旅券を取得できない。したがって、出生届の受理には法効果が付与されており、処分といえるから、不受理にも当該法効果を付与しないという意味での法効果性があり、処分といえる。また、以上とは別に、申請制度に着目し、不受理を処分とみる方法もありうる（むしろこの説明のほうが一般的であろう）。これによれば、出生届の受理を求める行為は申請であるから【→解説1】、受理を求める者には申請権を観念することができ、不受理は当該申請権を侵害する行為とみることができる。したがって、出生届の不受理には申請権に対する侵害があるという意味での法効果性があり、処分といえる（本書第1回【解説5】を参照）。

　なお、出生届の各要件が充足されている場合には、行政庁は出生届を受理しなければならず、受理するかしないかの裁量の余地はない（戸籍法施行規則20条、21条、24条）。したがって、仮に原告が住民票の記載をしてもらうために出生届の受理を求めるのであれば、原告は出生届の各要件が充足されているということを主張しなければならない。ただし、本件では、弁護士の会話から明らかなように、そのような観点からの主張は求められていない。そのため、本件における出生届の要件充足

性や、出生届の法的性格（【解説1】を参照）および出生届の受理・不受理の法的性格について検討する必要はない。

【解説4】

　住民票の記載は処分といえるか。当該行為が処分であるか否かによって、争い方が異なるため、問題となる。この点、住民票の記載がないために居住関係を証明することができないとしても、弁護士の指摘にあるように、そのことから法的な不利益が生じないとすれば、結局、居住関係を証明するということだけでは、住民票の記載が処分であることを根拠づける法的効果とみることはできないことになり、この観点からは、住民票の記載は処分ではないということになる。しかし、最高裁は、住民票に住民基本台帳法7条各号に掲げる事項を記載する行為が「いわゆる公証行為であり、それ自体によって新たに国民の権利義務を形成し、又はその範囲を確定する法的効果を有するものではない」としながらも、住民基本台帳法「15条1項は、選挙人名簿の登録は住民基本台帳に記載されている者で選挙権を有するものについて行うと規定し、公職選挙法21条1項も、右登録は住民票が作成された日から引き続き3箇月以上当該市町村の住民基本台帳に記録されている者について行うと規定しており、これらの規定によれば、住民票に特定の住民の氏名等を記載する行為は、その者が当該市町村の選挙人名簿に登録されるか否かを決定付けるものであって、その者は選挙人名簿に登録されない限り原則として投票をすることができない（同法42条1項）のであるから、これに法的効果が与えられているということができる」と述べて処分性を肯定している（最一小判平成11年1月21日判時1675号48頁）。この判旨は妥当であろう（同判決は、住民票の続柄の記載については、選挙人名簿に影響を与えず、処分性はない、としており、注意を要する）。

　なお、住民票の記載が処分であるとすれば、当該処分には行手法の規律が及ぶ可能性があるが、住民基本台帳法は同法に基づく市町村長の処分には行手法第2章および第3章の規定が適用されない旨、定めているため（住民基本台帳法31条の2）、行手法の見地から本件を分析する必要はない。

279

【解説5】

　上述したように、住民基本台帳法に基づく市町村長の処分には行手法第2章および第3章の規律は適用されない。そのため、行手法との関係では、本件申出が法令に基づく申請に該当するか否かを議論する必要はない。

　しかし、本件では、【解説8】で述べるように、義務付け訴訟（行訴法3条6項）の提起が考えられるところ、当該訴訟には直接型義務付け訴訟（行訴法3条6項1号）と申請型義務付け訴訟（行訴法3条6項2号）があり、両者は義務付けの対象となる処分が法令に基づく申請を前提にしているか否かによって区別されているから、本件申出が法令に基づく申請か否かを明らかにしなければならない。この点、住民基本台帳法8条によれば、住民票の記載等は、「〔住民基本台帳法〕第4章若しくは第4章の3の規定による届出に基づき、又は職権で行う」と定められており、弁護士の会話から明らかなように、出生を理由とする住民票の記載の申出は同条の届出には含まれていない。また、住民基本台帳法14条2項の住民票の誤記または記載漏れの申出も同法8条の届出に当たるとは考えにくい。なぜなら、住民基本台帳法14条2項は「申し出」という文言を使っており、届出という文言を使っていないからである。さらに、申請は「自己に対し何らかの利益を付与する処分を求める行為」であるところ、住民基本台帳法14条2項は住民基本台帳に記録されている者が「自己と同一の所帯に属する者に係る住民票」の内容について申し出ることができるとされており、本人以外の者の「申し出」を認めているため、申請に対する処分を前提にしているとは考えにくい。したがって、本件において申出に応じて住民票の記載がなされるとしても、それは職権による処分（＝申請を前提にしていない処分）であるといえるから（行手法の立案担当者は住民基本台帳法8条に定める「届出」を行手法2条7号の「届出」とみているようだが、行手法2条3号の「申請」に当たると思われる。届出と申請の判別については【解説1】を参照）、本件申出も職権の発動を促す事実上の行為にすぎず、法令に基づく申請ではないということになる。

　なお、授益処分は申請に基づいて行われることが多いが、例外的に、職権で行われることもある。授益処分が申請に基づいて行われるか、そ

れとも職権で行われるかは、あくまで法令の定め方による。

【解説6】

　住民票の記載を行わない旨の本件決定は処分といえるか。本件のモデルケースにおける第一審判決および第二審判決は、いずれも本件決定を処分とみて、当該決定の取消訴訟を適法とみているが、最高裁は本件決定の処分性を認めず、当該取消訴訟を不適法としている。このことから明らかなように、本件決定が処分か否かによって、提起すべき訴訟が異なってくるため、本件決定の法的性格を明らかにしておかなければならない。

　本件決定の場合、処分性に関する4つの要件のうち法効果性が大きな問題となる。この点、【解説5】で述べたように、本件申出は申請に該当せず、申出人の申請権を観念することはできない。その結果、たとえ住民票の記載を行わない旨の決定が出されたとしても、申出人の申請権が侵害されたとはいえない。したがって、本件決定は事実上の行為にすぎず、処分ではないとみるべきである。あるいは、住民票の不記載の決定によって住民票の記載に結びつけられた法効果が発生しないという意味で法効果を捉えるにしても、そのような見方が成り立つのは申出人に申請権が認められる場合に限られるところ（申出人に申請権がないのに、住民票の記載に結びつけられた法効果が申出人との関係で発生したり、発生しなかったりすることはないと解される。申請権は本書第1回【解説5】）、本件では申出人に申請権が認められないので、住民票の不記載の決定は法効果性を欠き、処分ではない、と結論づけることもできよう。

【解説7】

　原告からの国家賠償請求に対して、被告行政側は、違法性相対説（その中でも、いわゆる職務行為基準説）に依拠した主張を展開してくることが予想される。具体的には、①法律上、出生届の受理を待って住民票の記載を行うという対応が原則であると解されるから、出生届の受理があった場合にのみ住民票の記載をするという取扱いに相応の根拠があると考えられること、②出生届が受理されなかった場合に、職権で住民票の記載が可能か否かという点について、行政実例・判例・学説において

281

見解が確立していなかったこと、および③市長は、Bの信条に配慮し、次善策として、いわゆる付せん処理による解決を提示したものの、これにも応じてもらえず、結局は、住民票の記載を拒むことになったことから、市長が職務上尽くすべき注意義務を尽くさずに漫然と住民票の記載をしなかったとはいえず、国家賠償法上の違法がない、と主張してくることが考えられよう。これに対し、原告側は、上記①から③について反論を行うとともに、例えば、行政庁に高い調査義務があることや、住民票の不記載によってもたらされる不利益が重大であることなどを、違法性を根拠づける主張として行うことになろう。

　また、被告行政側は、違法一元説を前提に、住民票の記載をすべきであったのにしていないという意味で違法であるとしても、上記①ないし③から過失があったとはいえないとして、請求の棄却を求めてくることも考えうる（参照、最一小判平成16年1月15日民集58巻1号226頁）。これに対し、原告側は、【解説9】で指摘する観点から違法性が認められることを主張し、かつ、例えば、行政庁の高い調査義務および住民票の不記載によって生じるAの不利益の重大さになどに言及して、市長が住民票の記載をしなかったことに過失がある、と主張する方法が考えられる。ただし、本件の場合、このように違法性と過失を厳格に区別して、主張を展開することは困難であろう。なぜなら、本件のように行為規範が明文で定められていない場合には（本件では、出生届の受理がない場合に、いかなる要件の下で職権による住民票の記載がされるのか、明文で定められていない）、明文の行為規範違反という意味での違法を観念することができないからである。このような場合は、むしろ、損害回避義務（国民に損害を与えない義務といってよいであろう）を観念した上で、当該義務違反を問う中で注意義務違反としての過失も取り込んで主張していくことになろう（つまり、明文の行為規範を欠く場合が圧倒的に多い学校事故の場合と同様のことが、基本的には、本件においても妥当する）。

【解説8】

　本件においてBは住民票の記載（【解説4】で指摘したとおり、これは処分である）を望んでおり、加えて本問では争う手段が抗告訴訟に限定

されているから、Ｂの要望を最も端的に実現する方法は、住民票記載の義務付け訴訟を提起することである。問題となるのは、直接型義務付け訴訟によるのか、申請型義務付け訴訟によるのかということであるが、【解説5】で指摘したように、出生届を受理せずに行われる、出生を理由とする住民票の記載が法令に基づく申請を前提にしていない処分であることから、直接型義務付け訴訟（行訴法3条6項1号）を提起することが適切である。

　以下、当該訴訟の訴訟要件のうち、問題となりうる事項について、解説しておく（もっとも、論じる必要があるのは、下記(1)、(3)および(4)にとどまるであろう）。

(1)　処分性
　住民票の記載が処分であることは、【解説4】で述べた。

(2)　原告適格
　直接型義務付け訴訟の原告適格を有するのは、「法律上の利益を有する者」である（行訴法37条の2第3項）。それでは、本件において、法律上の利益を有する者は誰か。この点、住民票の記載とＡの選挙権の発生を連動させて、住民票の記載の処分性を認めるのであれば、当該処分によって法的な影響を受けるのは子のＡということになるから、Ａ自身が住民票を記載してもらうことについて法的利益を有することは明らかであろう。そうだとすると、たとえ親であろうと、当該処分との関係では第三者になるから、当然にＡに対する処分を争う法的利益を有しているわけではない。もちろん、Ｂが原告適格を有するか否かは、行訴法9条2項に従って、法律上の利益の有無を判定する必要があるが（行訴法37条の2第4項）、本件の場合、行訴法9条2項の考慮要素および判断準則に依拠しても、Ｂの原告適格を肯定するのは困難かもしれない。したがって、訴えの原告は処分の名宛人であるＡとし、Ｂは法定代理人として訴えに関与させるのが適当である。

(3)　重大な損害
　直接型義務付け訴訟が適法に提起されるためには、住民票の記載がさ

れないことにより「重大な損害を生ずるおそれ」がなければならない（行訴法 37 条の 2 第 1 項および第 2 項。第 37 条の 2 第 2 項は「裁判所は、前項に規定する重大な損害を生ずるか否かを判断するに当たつては、損害の回復の困難の程度を考慮するものとし、損害の性質及び程度並びに処分の内容及び性質をも勘案するものとする。」と定める。同じ解釈準則は、行訴法 25 条 3 項および同 37 条の 4 第 2 項にもある。この解釈準則の運用については、第 18 回【解説 11】も参照のこと。判決および決定によっては必ずしもすべての要素に言及しているわけではないようである。重大な損害の有無についての判決および決定の結論を支える限りで、これらの考慮あるいは勘案要素が援用されているようである）。この点、①住民票の不記載によって選挙権の行使が認められないとしても、処分の名宛人である A は幼児であるから選挙権不行使の不利益が顕在化していない、②各種行政手続において煩雑な点があるとしても、結局、住民票がある者と同じ扱いがされる場合が多い、といったことを理由に、「重大な損害を生ずるおそれ」がないともいえる（同旨、本件のモデルケースにおける第二審判決）。しかし、このような見方に対しては、①将来において A の選挙権の行使が困難になる点について、「住民票不作成の状態が継続すれば、いずれ回避できない重大な問題になるといわざるを得ない」し、②各種の行政サービスを受けるための手続が煩雑になる点について、「住民票の提出等を求められることは容易に想定できるところ、こうした日常の社会生活の様々な場面における不利益の累積は、市民生活上看過できない負担ということができ」るので、「重大な損害を生ずるおそれ」があるともいえる（同旨、本件のモデルケースにおける第一審判決）。原告としては、このような見方に依拠して自らの主張を展開していくことになろうが、その場合には、さらに、行訴法 37 条の 2 第 2 項において考慮事項が法定された趣旨から、「重大な損害を生ずるおそれ」の要件は国民の権利救済のために柔軟に解釈・運用されるべきであるということも指摘してよいであろう（塩野宏『行政法 II〔第 5 版補訂版〕』〔有斐閣、2013 年〕239 頁）。

⑷　他に適当な方法
　直接型義務付け訴訟が適法であるためには、損害を避けるため他に適

当な方法がないといえなければならない（行訴法37条の2第1項）。

　この点、一般的な理解によれば、「事実上または法律上他に救済を求める方法があり得るとしても、その相手方の選択やその方法についての法令上の根拠の有無、要件、効果の違いなどを踏まえ、権利救済の実効的救済の観点から、その方法が義務付けの訴えとの対比において『適切な』方法であるか否かといった判断をすべき」である（小林久起『行政事件訴訟法』〔商事法務、2004年〕165頁）。本件の場合、住民票の記載をしないという本件決定の取消訴訟（行訴法3条2項）は、当該決定が処分ではないから、提起できない（【解説6】を参照）。また、住民票の記載を受けるべき法的地位の確認を求める当事者訴訟も考えられないわけではないが、民事訴訟や当事者訴訟が認められるからといって義務付け訴訟が認められないという理解は一般的ではない（この確認訴訟は無名抗告訴訟とみるべきだとの考えもあるだろう）。したがって、本件における直接型義務付け訴訟が補充性の観点から不適法とされることはないであろう。

【解説9】

　本件において直接型義務付け訴訟で勝訴するためには、出生届の受理がなくても、住民票の記載がされるべきであったという主張が認められなければならない（参照、行訴法37条の2第5項）。

　そのためには、まず、出生届の受理がなくても、市町村長が住民票の記載を行うことは禁止されていないということを指摘する必要がある。仮にそれが禁止されていれば、そもそも住民票の記載が市町村長の義務になることなどありえないからである。そこで、原告としては、住民基本台帳法1条、3条、7条、8条、同法施行令7条、12条3項を引用しつつ（特に、市町村長に正確な住民基本台帳の整備を求めている法3条や、新たに市町村の住民基本台帳に記録されるべき者があるときは、市町村長がその者の住民票の作成等をしなければならないとした同法施行令7条、住民基本台帳に脱漏等があったときは、市町村長が当該事実を確認して職権で住民票の記載等をすべきことを定めた同法施行令12条3項が注目される）、同法および同法施行令は、出生した子が当該市町村に住所を有する限り、戸籍の記載がされたか否かにかかわらず、最終

285

的には、すべて住民票の記載をすることを制度の基本としていると指摘した上で、住民基本台帳法施行令12条2項は同項各号以外の場合に職権で住民票の記載をすることを禁止する趣旨まで含むものではない、と主張することになろう（「出生届の受理がなくても、住民票の記載がされるべきであった」という観点から本案上の主張を直接構成する場合には、この点を特に指摘しなくてもよい）。

　もっとも、このような主張だけでは、本案上の主張としては不十分である。原告側としては、さらに市町村長による住民票の記載が本件の事情の下では義務であることまで指摘しなければならない。そのためには、まず、戸籍に関する届出の受理と住民票の記載を連動させている住民基本台帳法施行令12条2項1号の趣旨が、第1に住民の届出義務の軽減を図ること、第2に住民票の記載を戸籍に関する届出に基づき記載することによって戸籍と住民票の記載を一致させ、住民票の記載の正確性を確保することにあることを確認した上で、①本件は出生届の届出義務者が出生届とは別にあえて住民票の記載を望んでいるのであるから、住民の届出義務の軽減を図るという法の趣旨に抵触しないこと、さらに、②本件は当該出生届に係る住民の住民票に記載すべき事項の正確性を添付資料等によって容易に確認できる事案であるから、住民票の記載の正確性の確保という法の趣旨に反しないことを指摘すればよいであろう。加えて、③住民票の記載が行われない場合に住民が被る不利益が重大であることを指摘することも、職権による住民票の記載が義務であることを主張するためには必要であろう（さらに、本件のモデルケースにおける最高裁の今井意見のように「実際に区域内に住所を有することが確認できる住民について住民票の記載を拒否することは、市町村についても何の利点もないし、住民票の記載をしたからといって、市町村に何らの弊害も生じない」ことを指摘するのも説得力を増す）。

［第18回］

通達に基づく公務員に対する職務命令

［事案］

　A県の県立高校では、一部の教員【→解説1】が入学式や、卒業式等の国歌斉唱時に起立しないことが問題となっていた。そこで、A県教育委員会【→解説2】は、平成19年10月23日、県立高校の各校長に対し、「入学式、卒業式等における国旗掲揚及び国歌斉唱の実施について（通達）」（後掲〈資料〉(5)、以下、「本件通達」という）を発した【→解説3】。

　これを受けて、A県立中央高校の校長は、同校の教員であるX₁らに対し、入学式、卒業式等において国旗に向かって起立して国歌を斉唱することを命じ、音楽科担当教員のX₂に対しては国歌斉唱時にピアノ伴奏をすることを命じた（地方公務員法32条。以下、「本件職務命令」という）【→解説4】。しかし、X₁やX₂らは、入学式、卒業式等の式典において国旗に向かって起立し、国歌を斉唱することや、国歌斉唱の際にピアノ伴奏をすることを強制させられるのは、思想・良心の自由、信教の自由、表現の自由、教育の自由等に対する侵害であると考えていた。そのため、校長による職務命令を無視することも考えたが、A県内の他の県立高校における同種の事案からすると、本件通達に基づく職務命令を無視すれば、戒告や、減給などの懲戒処分【→解説5】に処せられる可能性が極めて高いということがわかり、職務命令に従うべきか否か、悩んだ。

　そこで、X₁らは、懲戒処分に処せられるかもしれないという不安を払拭するため、土田弁護士に相談した。土田弁護士はX₁らから一通り話を聞いた後、同じ法律事務所の大貫弁護士に本件の調査を指示した。その3日後の平成21年10月28日、両者の間で次のような会話が交わ

287

された。

土田弁護士：X₁らの不安を払拭するための訴訟は色々考えられるところですが、適切な訴訟を提起するためには、まずは、県教委、校長、県立高校の教員について関係法令がどのように規律しているか、確認しておく必要があります。この点、どうですか。

大貫弁護士：まず、校長やX₁らは、地方公務員法における一般職の公務員です。それから、県教委は法律上、県立高校の教員の任免その他の人事に関する権限を有しています【→解説6】。一般的な理解によれば、任命権をもつということは当然に免職も含めた懲戒権をもつということを意味するので、県教委はX₁らに対する懲戒権も有しているということになります。また、任命権者は任命する教員に対して当然に指揮監督権を有すると考えられます【→解説7】。

土田弁護士：県教委のそれらの権限は、実際、どのように運用されていたのですか。本件通達に基づく職務命令に関連して運用の実態がわかれば教えてください。

大貫弁護士：私が調査したところによると、本件通達に基づく職務命令に違反した場合、校長は、これを服務事故として教育委員会に報告し、教育委員会は当該教員に対し、1回目は戒告、2回目および3回目は減給、4回目は停職という基準で懲戒処分を行うとともに、当該教員に再発防止研修を受講させることが恒例となっていました。また、本件通達に基づく職務命令に違反した教員が定年退職後に再雇用を希望したとしても、教育委員会はこれを拒否しています。

土田弁護士：この問題は思想・信条が関わるデリケートな問題であるようにも思えるのですが、県側の態度はかなりはっきりしていますね。

大貫弁護士：はい。県知事、県教育委員会教育長、県教育委員会教育委員らは、依然として教員が入学式、卒業式等の式典において国歌斉唱時に起立しないこと、ピアノ伴奏をしないことは、教員としてあるまじき行為であり、懲戒処分を受けて当然との認識を有しています。

土田弁護士：それでは、A県を被告にして【→解説8】、どのような訴訟を提起したら、X₁らの権利利益の救済を図ることができるか、考えてみてください。ただし、検討に際しては、懲戒処分が処分であることを前提にしてもらって構いませんが、本件職務命令については処分では

ない【→解説9】という前提に立って検討してください。なお、本件には憲法論も絡む難しい問題が含まれていますので、本案上の主張については、こちらで考えてみることにします。あなたは、訴訟形式の選択と本案前の主張について検討しておいてください。

〈資料〉本件に関する法令等

(1) 地方公務員法（昭和25年12月13日法律第261号）（抜粋）

（この法律の効力）

第2条　地方公務員（地方公共団体のすべての公務員をいう。）に関する従前の法令又は条例、地方公共団体の規則若しくは地方公共団体の機関の定める規程の規定がこの法律の規定に抵触する場合には、この法律の規定が、優先する。

（一般職に属する地方公務員及び特別職に属する地方公務員）

第3条　地方公務員（……）の職は、一般職と特別職とに分ける。

2　一般職は、特別職に属する職以外の一切の職とする。

3　特別職は、次に掲げる職とする。

一～六　（略）

（この法律の適用を受ける地方公務員）

第4条　この法律の規定は、一般職に属するすべての地方公務員（以下「職員」という。）に適用する。

2　この法律の規定は、法律に特別の定がある場合を除く外、特別職に属する地方公務員には適用しない。

（懲戒）

第29条　職員が次の各号の一に該当する場合においては、これに対し懲戒処分として戒告、減給、停職又は免職の処分をすることができる。

一　この法律若しくは第57条に規定する特例を定めた法律又はこれに基く条例、地方公共団体の規則若しくは地方公共団体の機関の定める規程に違反した場合

二　職務上の義務に違反し、又は職務を怠つた場合

三　全体の奉仕者たるにふさわしくない非行のあつた場合

2～4　（略）

（法令等及び上司の職務上の命令に従う義務）

第32条　職員は、その職務を遂行するに当つて、法令、条例、地方公共団体の規則及び地方公共団体の機関の定める規程に従い、且つ、上司の職務上の命令に忠実に従わなければならない。

(2) 学校教育法（昭和22年3月31日法律第26号）（抜粋）

第50条　高等学校は、中学校における教育の基礎の上に、心身の発達及び進路に応じて、高度な普通教育及び専門教育を施すことを目的とする。

第51条　高等学校における教育は、前条に規定する目的を実現するため、次に掲げる目標を達成するよう行われるものとする。

一　義務教育として行われる普通教育の成果を更に発展拡充させて、豊かな人間性、創造性及び健やかな身体を養い、国家及び社会の形成者として必要な資質を養うこと。

二　社会において果たさなければならない使命の自覚に基づき、個性に応じて将来の進路を決定させ、一般的な教養を高め、専門的な知識、技術及び技能を習得させること。

三　個性の確立に努めるとともに、社会について、広く深い理解と健全な批判力を養い、社会の発展に寄与する態度を養うこと。

第52条　高等学校の学科及び教育課程に関する事項は、前二条の規定……に従い、文部科学大臣が定める。

(3) 学校教育法施行規則（昭和22年5月23日文部省令第11号）（抜粋）

第84条　高等学校の教育課程については、この章に定めるもののほか、教育課程の基準として文部科学大臣が別に公示する高等学校学習指導要領によるものとする。

(4) 高等学校学習指導要領

第5章　特別活動

第3　指導計画の作成と内容の取扱い

3　入学式や卒業式などにおいては、その意義を踏まえ、国旗を掲揚するとともに、国歌を斉唱するよう指導するものとする。

(5) 入学式、卒業式等における国旗掲揚及び国歌斉唱の実施について（通達）

1　学習指導要領に基づき、入学式、卒業式等を適正に実施すること。

2　入学式、卒業式等の実施に当たっては、別紙「入学式、卒業式等における国旗掲揚及び国歌斉唱に関する実施指針」のとおり行うものとすること。

3 国旗掲揚及び国歌斉唱の実施に当たり、教職員が本通達に基づく校長の職務命令に従わない場合は、服務上の責任を問われることを、教職員に周知すること。

別紙 入学式、卒業式等における国旗掲揚及び国歌斉唱に関する実施指針

1 国旗の掲揚について （略）

2 国歌の斉唱について

入学式、卒業式等における国歌の取扱いは、次のとおりとする。

⑴ 式次第には、「国歌斉唱」と記載する。

⑵ 国歌斉唱に当たっては、式典の司会者が、「国歌斉唱」と発声し、起立を促す。

⑶ 式典会場において、教職員は、会場の指定された席で国旗に向かって起立し、国歌を斉唱する。

⑷ 国歌斉唱は、ピアノ伴奏等により行う。

3 会場設営等について （略）

[設問]

1. X₁らは、懲戒処分に処せられるかもしれないという不安を取り除くために、いかなる訴訟（行政事件訴訟法に定められているものに限る）を提起することが考えられるか【→解説10】。なお、本問において、仮の救済について検討する必要はない。
2. X₁らは、上記1で考えられた訴訟において、本案前の主張として何を主張すればよいか。事案に即して説明せよ【→解説11】。なお、本設問では、不服申立てについて考慮する必要はない。

はじめに――読解の指針

本件において、X₁らは通達に基づく職務命令に従わないことによっ

て懲戒処分に処せられるのではないかという不安を抱いている。この不安を取り除くための訴訟形式を考えるためには、まず X₁ らに不安をもたらす原因となっている懲戒処分の法的性格を明らかにする必要がある【→解説5】。また、X₁ らの不安は本件通達および本件職務命令によってもたらされたともいいうる。そこで、これらの行為についても、その法的性格などを解説しておこう（【→解説3】【→解説4】【→解説9】）。さらに、懲戒処分は職員の非違行為の存在を前提にするが、職員は誰との関係でどのような義務を負っているのかということを明らかにしなければ、本件で問題となる非違行為を正確に捉えることができない。そこで、本件における主体とそれらの間で成立する行政組織法上および公務員法上の法律関係についても明らかにしておこう（【→解説1】【→解説2】【→解説6】【→解説7】）。

　そして、以上の諸点を踏まえることによって、適切な訴訟形式を選択することが可能になり（→【解説10】）、また当該訴訟の訴訟要件論および要件充足性の判断（【→解説8】【→解説11】）を有意義に展開することができよう。

　なお、本件は、東京地判平成18年9月21日判タ1228号88頁をモデルにした事案である。

[解説]

【解説1】

　本件では、教員が地方公務員法上の一般職の公務員であることが前提となっているから、本件の教員には地方公務員法の適用がある（地公法4条1項）。

　ところで、「公務員」は「行政機関」とはいかなる関係にあるのか。両者の関係を正確に理解しておくことが、本件職務命令の法的問題を考える上で必要不可欠なので、以下、この点について解説しておく（【解説3】も参照）。まず、行政機関とは、行政主体のためにその権能を行使し、すなわち行政主体のために意思または判断を構成し、これを表示

し、およびこれを執行すべき地位にある人を、その地位において指称した名称である（参照、柳瀬良幹『行政法教科書』〔有斐閣、1958年〕29頁）。これに対して公務員とは、行政組織のために働いている人を、行政主体に雇用されている独立の権利主体として捉えた観念である。例えば、知事Ｓが行った飲食店の営業許可は、たとえＳが知事を退任したとしても、その効果は存続する。なぜなら、当該営業許可は、公務員としてのＳの行為ではなく、行政機関としての知事の行為だからである。これに対して、知事であるＳが懲戒処分に当たる非違行為を行った場合に、後任の知事となったＴが懲戒処分を受けることはない。なぜなら、公務員としてのＳとＴは全く独立の存在だからである（藤田宙靖『行政組織法』〔有斐閣、2005年〕30頁）。以上のことを踏まえると、X₁らの教員は行政機関としての側面と公務員としての側面を有しているということになる。

【解説2】

教育委員会は普通地方公共団体に置かれる執行機関の1つで（地方自治法180条の5第1項1号）、合議制の行政庁である。普通地方公共団体の行政庁として代表的なものに独任制の行政庁である長（知事、市町村長）があるが、それ以外にも、合議制の行政庁である教育委員会、人事（公平）委員会、収用委員会、公安委員会などがある。地方自治法は、これらの行政庁を執行機関と呼んでおり（参照、地自法138条の2以下）、これは講学上の執行機関（警察官や消防士など、法または行政庁の意思を具体的に執行する任務を有する機関）とは異なる。

【解説3】

一般に、通達とは上級行政機関が指揮命令権に基づいて下級行政機関に対して発するものであって、その目的は行政組織の一体性や事務処理の統一的処理を確保することにある。本件通達は、職場の管理を行うために、上級行政機関である教育委員会が下級行政機関である各校長に宛てたもので、一般にいわれているところの通達に該当する。

ところで、この通達等の指揮命令に下級行政機関は拘束されるが、上で述べたように行政機関と公務員は理論的に明確に区別されるため、指

293

揮命令は公務員を拘束しないともいえそうである。しかし、そのように理解すると、指揮命令は無意味なものにならざるをえない。そこで、従来、理論的には、行政機関に対する指揮命令は同時に当該行政機関の地位に就いている公務員に対する職務命令としての性質も兼ね備えている、と考えられてきた（藤田・前掲書 300 頁）。ただし、指揮命令は常に職務命令としての性質をもつが、職務命令が常に指揮命令としての性格をもつわけではない（【解説 4】を参照）。

【解説 4】

　職員は上司の職務命令に従う義務がある（地公法 32 条）。したがって、X₁ らは上司である校長による職務命令に従わなければならない。しかし、仮に上司である校長の職務命令が違法であるとしたら、それでも X₁ らは当該職務命令に従わなければならないのであろうか。職員は上司の職務命令のほかに、法令にも従う義務があるため、問題となる（地公法 32 条）。

　この問題をめぐっては、従来、様々な考え方が提示されてきた。例えば、形式要件を欠いている職務命令には拘束力がなく、職員は当該職務命令に従う必要がないといった考え方や、職務命令に重大かつ明白な瑕疵がある場合には、職員は当該職務命令に従う必要がないといった考え方である。もっとも、現在では、次のような理解が一般的である。すなわち、職務命令には、①行政機関の指揮監督権の行使としてなされるもの（公務員が行政機関としての地位において命じられるもので、訓令的職務命令といわれるもの）と、②行政機関の指揮監督権の行使としての意味をもたない公務員自身に対する命令としてなされるもの（公務員が労働者としての地位において命じられるもので、非訓令的職務命令といわれるもの）があり、この区別を前提にして、①については、行政作用の適法性の確保と行政組織内の意思統一の要請を調整して服従義務の範囲が決定され、②については、公務員が違法な職務命令に対して服従義務を負うことはないとされる（例えば、塩野宏『行政法Ⅲ〔第 4 版〕』〔有斐閣、2012 年〕315～316 頁）。

　以上を踏まえると、本件における校長の職務命令が上記の①なのか②なのかは問題になりうるが、①②いずれであっても、公務員は職務命令

の違法性や拘束力の範囲を司法の場で争うことができる（いわゆる長野勤務評定事件の最一小判昭和47年11月30日民集26巻9号1746頁は、職務命令を争うこと自体は認めている）。行政機関として受ける通達（訓令）について行政機関が訴訟を提起できないことは、一致して認められている（明文の規定のない機関訴訟となり、行訴法42条との関連で許されない）。ところが、行政機関として受ける通達（訓令）であっても、労働者として、服従義務の範囲を同じくする職務命令を争うことにより、実質的に通達（訓令）を争うことができる。もっとも、争う場合に、いかなる訴訟形式によるかという問題は残る（【解説9】および【解説10】を参照）。

【解説5】

　懲戒処分とは、公務員の非違行為に対し、その責任を追及し、公務員に制裁を課す作用であり、制裁の意味合いを有しない分限処分（地公法28条）とは異なる。被処分者に対する不利益の程度が重い順に懲戒処分の種類を列挙すると、免職、停職、減給、戒告となる（地公法29条）。後述するように、本件では差止め訴訟が問題となるが、懲戒処分には4つの種類があるということを把握しておくことは、差止め訴訟の対象である「一定の処分」に関わる問題を理解する上で意味がある（【解説11】を参照）。

　本件において、X_1らは懲戒処分が発せられるのではないかと不安に感じている。この不安を除去するための訴訟を考える上で、懲戒処分の法的性質を明らかにする作業は必要不可欠であるが、懲戒処分が行政事件訴訟法上の処分に該当することについて見解は一致している。しかも、本問では、そのことが弁護士の会話の中で示されている。したがって、ここでは懲戒処分の法的性格について考える必要はない。

【解説6】

　任命権は法律の中で明らかにされているのが通例である。例えば、地方自治法172条2項は、普通地方公共団体の長が吏員その他の職員等の任命権を有していると定めている。

　本件では、問題文の中で教育委員会が教員の任命権を有することが明

らかにされているから、悩む必要はないが、もし与えられた事実の中で
任命権者が明確にされていなければ、任命権者が誰なのか、法律で確認
する必要がある。

【解説7】

　本件において、X₁らに対する指揮監督権を有するのは、任命権者で
ある教育委員会だけではない。校長もまた、指揮監督権を有する。なぜ
なら、指揮監督権は、組織の一体性を確保するために上級行政機関に認
められるものであり、X₁からみれば、教育委員会も、校長もともに上
級行政機関といえるからである。なお、この指揮監督権は法律の授権が
なくても認められるものなので、教育委員会や、校長に指揮監督権を認
める法律上の規定がなくても、問題はない。

【解説8】

　行政事件訴訟法は、原則として、抗告訴訟の被告を行政機関ではなく
て、行政機関が所属する行政主体としている（行訴法11条1項）。した
がって、本件で抗告訴訟を提起するとした場合、被告は校長か、教員委
員会かなどと悩む必要はない。どちらの行為が問題であると考えても、
両者が共に所属するA県が被告になることは明らかである。もっと
も、後述するように、本件において懲戒処分の差止め訴訟を提起するこ
とを考えると、懲戒権を有する行政庁である教育委員会が所属する県が
被告になる、という思考プロセスでA県が被告になるという結論を出
すべきである（職務命令を処分として、その取消訴訟を提起するときに
は〔【解説9】を参照〕、校長が所属する県が被告になるという思考プロ
セスを辿る）。

　なお、本件では、当事者訴訟を提起することも考えられるが（【解説
11】を参照）、その際の被告は法律関係または権利義務関係の当事者と
なりうるものでなくてはならないから、権利主体たりえない行政機関が
被告になるのではなく、権利主体たりうる県が被告になる。

【解説9】

　職務命令を処分とみるかどうかは議論の余地がある（長期特別研修命

令の処分性を肯定したものとして仙台地判平成15年2月17日判タ
1148号204頁、担任解除命令の処分性を否定したものとして最二小判
平成3年4月26日労判587号6頁)。

　仮に職務命令を処分とみた場合には、例えば、本件職務命令の取消訴
訟を提起することで、X₁らの懲戒処分を受けるかもしれないという不
安を取り除くことが可能である。本件職務命令が取り消されれば、職務
命令違反を理由に懲戒処分がされることはないからである。もっとも、
職務命令を処分とみると、取消訴訟の排他的所管により、職務命令は取
消訴訟でしか争えなくなる。また、職務命令の取消訴訟を提起する側は
出訴期間の制限（行訴法14条1項）に服することになる。このよう
に、ある行為を処分とみると、処分を争う者は一定の訴訟法上の負担を
強いられる。ただし、本件では、職務命令を処分とみないという前提が
あるから、職務命令の処分性を論じる必要はない。

【解説10】

　どのような訴訟を提起すべきか考える際には、一般に、おおよそ次の
順序で考えていくのが妥当であろう。まず、①訴訟で求めたいことを定
式化し、その上で②抗告訴訟の対象となる「処分その他公権力の行使に
当たる行為」があるかどうかを考え（これは問題となっている法の仕組
みを分析することでもある）、③上記①および②を踏まえた上で、訴訟
形式が抗告訴訟か、それとも抗告訴訟ではない、法律関係に関する訴訟
かを念頭に置いて、原告の要望を実現するために最も適切な訴訟形式を
選択する（「処分その他公権力の行使に当たる行為」があれば抗告訴訟
が原則的な訴訟形式だが、後述するように、処分性のある行為が問題と
なる事案であっても、当事者訴訟——あるいは民事訴訟——の提起も考
えうる）。

　そして、実質当事者訴訟には、次の3つの類型があることをまず確認
しておきたい（第15回【解説6】）。①行政を一方当事者とする法律関係
の相手方当事者が、その法律関係について行政庁の一定の処分の無効ま
たは不存在、もしくはその存在および有効を前提とする権利主張をもっ
て行政と争う場合（例えば、免職処分の無効を前提とする公務員たる地
位の確認訴訟）、②将来に向かって行政庁の公権力行使の基礎となるべ

き現在の法律関係につき、関係者がその存在または不存在を主張する場合（例えば、河川区域であることを前提にして監督処分という公権力の行使が行われることを阻止するために提起される河川区域でないことの確認訴訟——ただし、この種の訴訟は実質的にみて公権力の行使が行われることを阻止することになるので、無名抗告訴訟としてみる立場もありうる）、③抗告訴訟の対象とならない行政庁の一定の行動——ある行為をし、またはしないこと——につき、その適否が関係者によって争われる場合（例えば、通達の違法確認訴訟）が含まれている（参照、小早川光郎『行政法講義下Ⅲ』〔弘文堂、2007年〕332～338頁）。

　さて、当事者訴訟の類型を前提にして、冒頭に示した手順に則り、以下、本件を検討してみることにしよう。本件における事件の流れを整理すると、(1)通達→(2)職務命令→(3)懲戒処分の順で行政過程が進行していくことを指摘できる。この行政過程に従ってどんな訴訟が提起できるだろうか。

①懲戒処分に着目した訴訟

　X₁らが裁判を通じて求めたいことは、懲戒処分に処せられるのではないかとの不安を取り除くことである。次に、本件ではX₁らに不安を与える原因となっている懲戒処分が観念され、当該行為は行政事件訴訟法上の処分であることが前提とされている。そうすると、まず思いつくのが、懲戒処分の差止めを求める抗告訴訟としての差止め訴訟（行訴法3条7項）であろう。さらに本件では先ほどの行政過程を経て懲戒処分に至る。懲戒処分の前にあるこれらの段階で訴訟を提起して懲戒処分につながることを防げるかどうか検討する余地がある。次のような検討ができるだろう。

②通達に着目した訴訟

　本件で懲戒処分が行われるとすれば、その前提として職務命令および職務命令違反の行為があるし、職務命令が発せられる前提として通達がある。このように考えると、既に発せられた通達の存在が根本的な原因といえるから、通達を法的に亡きものにすれば、懲戒処分が行われることはなくなるといってよい。そこで、通達の取消訴訟が考えられるのであるが、通達は一般に処分性が認められていない。そのため、通達の取消訴訟は不適切というべきである。むしろ、考えられるとすれば、実質

的当事者訴訟（行訴法4条後段）の形式で通達を争う方法であって、具体的には、通達の違法確認訴訟などが考えられる。当事者訴訟の類型の①である。

③職務命令に着目した訴訟

　次に、職務命令に着目した訴訟も考えられる。仮に職務命令を法的に亡きものとすれば、やはり懲戒処分が行われることはなくなるといえるからである。そこで、職務命令の取消訴訟が考えられるのであるが、問題文から本件職務命令は処分性を有しないこととされている。そのため、職務命令の取消訴訟は適切ではない。むしろ、考えられるとすれば、実質的当事者訴訟（行訴法4条後段）の形式で職務命令を争う方法であって、具体的には、職務命令の違法確認訴訟などが考えられる。

　ところで、職務命令が違法だと確認してもらうのは、職務命令によって課せられる義務がないことを確認するのと同じである。したがって、ここで、懲戒処分の前提となる義務の有無に着目した訴訟を観念することができる。つまり、本件では、校長からの職務命令によってX₁らには国旗に向かって起立し、国歌を斉唱する義務や、ピアノ伴奏を行う義務が課せられ、そうした義務に違反すると懲戒処分に処せられるおそれがあるというのであるから、そうした義務がないことの確認の訴えを法律関係に関する訴えとして提起するのである。あるいは、X₁らが国旗に向かって起立しなかったこと、国歌を斉唱しなかったこと、ピアノ伴奏をしなかったことを理由として、X₁らが一切の懲戒処分を受ける地位にないことの確認などを求めて、訴訟提起することも考えられよう。

　それでは、このような確認訴訟は、どのような性質の訴訟として捉えることができるか。まず考えられるのが、実質的当事者訴訟である。上で類型化した、実質的当事者訴訟の3つの類型の1つに、将来に向かって行政庁の公権力行使の基礎となるべき現在の法律関係につき、関係者がその存在または不存在を主張する場合に提起する当事者訴訟がある。本件の場合、将来に向かって行政庁の公権力行使の基礎となるべき現在の法律関係として、懲戒処分の前提となる義務の有無に関する現在の法律関係を観念することができる。つまり、本件では、校長からの職務命令によってX₁らには国旗に向かって起立し、国歌を斉唱する義務や、ピアノ伴奏を行う義務が課せられ、そうした義務に違反すると懲戒処分

299

に処せられるおそれがあるというのであるから、そうした義務がないことの確認の訴えを法律関係に関する訴えとして提起するのである（なお、当事者訴訟における請求の趣旨については、色々考えられるところであろう。例えば、X₁らが国旗に向かって起立しなかったこと、国歌を斉唱しなかったこと、ピアノ伴奏をしなかったことを理由として、X₁らが一切の懲戒処分を受ける地位にないことの確認などを請求することも考えられよう）。

　しかし、上記の確認訴訟において、仮に原告が勝訴した場合、懲戒処分は発せられなくなるのであるから、実質的観点に立つと、上記の確認訴訟は懲戒処分という公権力の行使に関する不服を内容としているともいえる。そうすると、この確認訴訟は、公権力の行使に関する不服を内容としているが、行政事件訴訟法で定型化されていない訴訟であるから、無名抗告訴訟として捉えることができる。

　このように、将来に向かって行政庁の公権力行使の基礎となるべき現在の法律関係を争う場合、この訴訟をどのように性格づけるかについては、抗告訴訟か否かの判定基準である「公権力の行使に関する」不服をどのように判断するかで考えが分かれる。すなわち、第1の立場は、不服の観念を形式的観点から捉える。この立場からすると、将来に向かって行政庁の公権力行使の基礎となるべき現在の法律関係について確認の訴えを提起しても、それは形式的にみれば、法律関係の確認をしているのみで、公権力の行使に関する不服を内容とするものではないということになる。第2の立場は、「公権力の行使に関する不服」を実質的に捉える立場で、こうした考えによれば、将来に向かって行政庁の公権力行使の基礎となるべき現在の法律関係についての確認の訴えは、まさに公権力の行使に関する不服の意味をもつことになり、これは抗告訴訟ということになる。第1の立場を形式的抗告訴訟観、第2の立場を実質的抗告訴訟観と呼ぶことができる。本件のモデルケースにおいて平成24年最判は、実質的抗告訴訟観の立場に立ち、将来の処分の阻止を目的とした法律関係の確認訴訟を無名抗告訴訟として捉えたが、なぜ、形式的抗告訴訟観ではなく、実質的抗告訴訟観を採用したのか、その理由は明らかではない。その意味では、本件において観念しうる上記の確認訴訟は、実質的当事者訴訟として捉える余地も十分に残されているといって

よい。

　仮に将来の懲戒処分の阻止を目的にした確認訴訟を無名抗告訴訟として捉えた場合、無名抗告訴訟には、解釈上、補充性の訴訟要件が課されているから、上述の懲戒処分の差止め訴訟が認められるのであれば、無名抗告訴訟としての確認訴訟は訴訟要件を充足せず、認められない（平成24年最判同旨）。

　これに対し、形式的抗告訴訟観に立ち、上記の確認訴訟を実質的当事者訴訟として捉えた場合、懲戒処分の差止め訴訟と当該当事者訴訟は、どのような関係にあると考えるべきか。立法者は両者の関係について整理していないため、解釈上、問題となる。この点、「一定の処分」（行訴法37条の4第1項）を厳格に解した場合には、差止め訴訟の提起が許される場合は限定され、結果として確認訴訟の提起のみが許される場合が出てくる。他方、国民の実効的な権利救済の観点から、差止め訴訟の訴訟要件である「一定の処分」を緩やかに解した場合には（【解説11】参照）、差止め訴訟と確認訴訟をともに提起する可能性が増えるが、いずれの訴訟についても、訴訟要件を充足する限り、基本的に許されるというべきである。しかし、「一定の処分」を緩やかに解した場合に、一方が他方を排除すると考える立場もありうるので、以下、そのような立場について、批判的に検討しておく。

⑴　確認訴訟は認めず、差止め訴訟のみ認める立場

　第1に、差止め訴訟が確認訴訟のほかに考えられることに着目し、方法選択の適否（補充性）の観点から、確認訴訟は認められず、差止め訴訟のみ認められるという立場が考えられる。しかし、⑵で述べるように、紛争の抜本的解決の観点から差止め訴訟より確認訴訟の方が優れているという考えもあり、差止め訴訟と確認訴訟の間で方法選択の適否を論ずることは容易ではない。即時確定の利益が認められる限り、確認訴訟は認められるべきであり、差止め訴訟と確認訴訟の間で方法選択の適否を厳格に判断するのは適切ではないであろう。

　第2に、差止め訴訟が給付訴訟であることを理由に、確認訴訟における方法選択の適否（補充性）の観点から、確認訴訟は認められず、差止め訴訟のみ認められるという立場が考えられる。しかし、差止め訴訟に

執行力はないと一般に解されているため、こうした議論は成立しない。

　第3に、本件で考えられる確認訴訟が義務の不存在の確認を求める消極的確認訴訟であることに着目し、確認対象（訴訟物）の適切さという観点から、確認訴訟は認められず、差止め訴訟のみ認められるという立場が考えられる。しかし、消極的確認であっても、確認の利益が認められることについて、今日では異論がない（例えば債務を有しないことの確認を求める訴えが許されないなどとは考えられていない）。したがって、上述の議論は成立しない。

⑵　差止め訴訟は認めず、確認訴訟のみ認める立場

　確認訴訟のほうが紛争の実態に即した抜本的な解決をもたらすため、差止め訴訟は認められず、確認訴訟のみが認められるという立場が考えられる。しかし、紛争の実態に即した抜本的な解決をもたらすかどうかは、確認の対象がどのような法律関係か（派生的法律関係の基礎となる基本的法律関係かどうか）によっても変わり、確認訴訟のほうが当然に紛争の抜本的解決をもたらすとはいえないし、仮に確認訴訟が抜本的な解決方法であるということがいえたとしても、原告がいかなる訴訟形式で自らの権利利益を守るかは、原告の意思に委ねるべきことがらで、徒に訴訟形式の交通整理をすることは適切ではない（なお、確認訴訟のみ認めるこの立場は、差止め訴訟の訴訟要件である「他に適当な方法がある」（行訴法37条の4第1項）という補充性の要件の解釈として主張される可能性があるが、この要件についての解釈論については、【解説11】のⅠ.⑵を参照）。

【解説11】

　【解説10】で述べたように、本件では、懲戒処分の差止め訴訟、当事者訴訟としての義務不存在の確認訴訟、当事者訴訟としての通達の違法確認訴訟などが考えられる。以下、それぞれの訴訟要件について解説する。

Ⅰ．懲戒処分の差止め訴訟
⑴　「一定の処分」（行訴法37条の4第1項）

差止めの対象となるのは「一定の処分」である。この「一定の処分」の意義については、【解説10】で述べたように、過度に厳密な特定を要求すると、差止め訴訟の提起が非常に困難になり、国民の権利利益の救済という観点からは問題があるため、「一定の処分」については緩やかに解するのが妥当であろう。具体的には、裁判所の審理、判断が可能な程度に特定されていればよいと解してよいであろう。このような見地からすると、例えば効果裁量以外の処分要件がすべて共通しているような場合には、たとえ性質の異なる処分のどれを選択するかということについて行政庁の裁量が認められるとしても（例えば建築基準法9条1項は除却命令、改善命令など、性質の異なる処分を観念しているが、それらの処分が行われる際の要件は共通している）、それらの処分をまとめて「一定の処分」の範囲に含めることができよう（最高裁判所事務総局行政局監修『改正行政事件訴訟法執務資料』〔法曹会、2005年〕27頁）。本件の場合、問題となっている懲戒処分には戒告、減給、停職、免職があるが、効果裁量以外の処分要件はすべて共通しているから（参照、地公法29条）、裁判所の審理、判断が可能な程度に特定されているといえそうである。以上からすれば、戒告、減給、停職、免職のいずれの処分かということを特定せずに、一切の懲戒処分の差止めを求めたとしても、それは「一定の処分」の差止めを求めていると解することができる。

⑵　「他に適当な方法がある」（行訴法37条の4第1項）
　「損害を避けるため他に適当な方法があるとき」は、差止め訴訟の提起は許されない。問題となるのは、そこでいう「他に適当な方法があるとき」とは、どのような場合かということである。この点、差止めの対象となる処分の前提となる処分があって、その前提となる処分の取消訴訟を提起すれば、当然に後続する処分（＝差止めを求める処分）をすることができないと法令上定められている場合（例えば、国税徴収法90条3項）など、個別法の中で特別に定めが置かれている場合が「他に適当な方法があるとき」に該当すると解されている。本件において与えられた事実からは、そのような個別法上の特別な定めは見当たらないから、上記の訴訟要件によって懲戒処分の差止め訴訟が許されないということにはならないであろう。また、当事者訴訟が可能であることを理由

303

に、懲戒処分の差止め訴訟が許されない、ということにもならない。仮にそれが認められると、差止め訴訟を提起できる局面は相当限定され、国民の権利利益の救済という観点からは問題があるからである。

(3) 「重大な損害を生ずるおそれ」(行訴法 37 条の 4 第 1 項)

　差止め訴訟は「重大な損害を生ずるおそれ」があるときに、提起することができる。この「重大な損害を生ずるか否かを判断するに当たつては、損害の回復の困難の程度を考慮するものとし、損害の性質及び程度並びに処分又は裁決の内容及び性質をも勘案するものとする」とされており（行訴法 37 条の 4 第 2 項）、一般的には、取消訴訟を提起して執行停止を受けることにより、容易に救済を受けることができるような性質の損害である場合には、差止め訴訟は許されないと解されている。

　そこで、行訴法 37 条の 4 第 2 項に照らして本件を検討してみる（同条項の各文言の意味につき、参照、福井秀夫・越智敏裕・村田斉志『新行政事件訴訟法』〔新日本法規、2004 年〕356〜357 頁）。

　まず「損害の回復の困難の程度」、「損害の性質及び程度」については、概ね次のような指摘が可能であろう。①職務命令によって侵害を受ける権利は、思想・良心の自由等の精神的自由権に関わる権利であり、事後的救済には馴染みにくい権利である上に、入学式、卒業式等の式典が毎年繰り返されることに鑑みると、思想・良心の自由等の精神的自由権に対する侵害は毎年繰り返され、当該権利に対する制約として看過できない。また、②職務命令を拒否して懲戒処分を受けた後、さらに違反行為を重ねると、懲戒免職処分を受ける可能性があり、そうなると処分により受ける不利益も看過できない損害といえる（①は、懲戒処分の強制の下、「自己の信念に従って入学式、卒業式等の式典において国歌斉唱時に起立して国歌を斉唱すること、ピアノ伴奏をすることとの職務命令を拒否するか、自己の信念に反して上記職務命令に従うかの岐路に立たされること」（東地判平成 18 年 9 月 21 日判時 1952 号 44 頁。最一小判平成 24 年 2 月 9 日の第一審）による思想・良心の自由に対する侵害であり、懲戒処分を受けることそのものによるいわば精神的自由権に対する侵害である。24 年最高裁は義務の賦課自体による精神的自由権の侵害を認めなかったため、②にのみ着目して重大な損害を肯定してい

304　第18回｜通達に基づく公務員に対する職務命令

る）。なお、再発防止研修を受講させられること、および、定年退職後
の再雇用を拒否されることをもって、処分がされることによる損害とし
て捉えるのは難しいであろう。

　次に「処分又は裁決の内容及び性質」については、処分を行う緊急の
必要性があるか否か、処分が第三者や公益にどのような影響を及ぼすか
といった観点から検討すればよいだろう（ただし、公益に対する影響の
有無については、原告に生ずる不利益との比較の余地がないほど重大な
影響が公益に及ぶかといった観点から検討されると解したい）。以上の
ことを踏まえると、本件の場合は、X₁らに対して懲戒処分を行うこと
に緊急性がないこと、また懲戒処分は第三者が関わらないので、懲戒処
分をやめたとしても、他への影響がないこと、さらに本件で原告に生ず
る不利益が思想・信条に関わるものであることを考えれば、当該不利益
との比較の余地がないほど重大な影響が公益に及ぶとまではいえないこ
とを指摘すればよいであろう。

⑷　「法律上の利益を有する者」（行訴法 37 条の 4 第 3 項）

　X₁らは懲戒処分の名宛人になる可能性があるのであるから、「法律上
の利益」を有するのは当然である。本件は処分の名宛人以外の第三者が
問題となるケースではないので、行訴法 9 条 2 項の準用を考える必要も
ない（行訴法 37 条の 4 第 4 項）。

⑸　処分等が行われる蓋然性

　差止め訴訟の訴訟要件として、処分が行われる蓋然性を挙げることが
できる。この要件は、行政事件訴訟法上、明文で定められているわけで
はないが、通常、同法 3 条 7 項の差止め訴訟の定義を根拠にして導き出
される。

　本件の場合、弁護士の会話の中で指摘されていることを前提にすれ
ば、懲戒処分のうち戒告処分、減給処分、停職処分については、それが
行われる蓋然性は容易に認められよう。したがって、それらの処分の差
止めを求める限り、処分の蓋然性の要件は充足されているといえよう。
問題があるとすれば、懲戒免職処分の差止めを求める場合である。実際
に本件のモデルケースを扱った平成 24 年最判は、懲戒免職処分の蓋然

305

性がないことを理由に、懲戒免職処分の差止め訴訟を不適法としている。このことを前提にすると、本件においても、懲戒免職処分の差止め訴訟は難しいといえようが、原告としては、職務命令を拒否し続ければ、懲戒免職処分となる可能性がないわけではない旨、主張していくことになろう。

(6) 被告適格

行政事件訴訟法によれば、抗告訴訟の被告適格は、原則として、処分を行った行政庁ではなく、処分を行った行政庁が所属する行政主体に認められる（行訴法 11 条 1 項、38 条 1 項）。抗告訴訟の一種たる差止め訴訟が問題となる本件では、懲戒処分の権限を有する A 県教育委員会が行政庁であって、この A 県教育委員会が所属するのは A 県であるから、A 県が被告適格を有する（【解説 8】を参照）。

Ⅱ. 当事者訴訟としての義務不存在確認訴訟

確認訴訟としての実質的当事者訴訟が適法であるといえるためには、確認の利益が肯定されなければならない。一般に、確認の利益の有無は、①解決手段として確認訴訟を選択することの適否（補充性）、②確認対象（訴訟物）としてどんなものを選択するかの適否、③解決すべき紛争の成熟性の有無（即時確定の利益）によって判定される。このうち①については、本件の場合、差止め訴訟が考えられることとの関連で問題となりうるが、そのことを理由に確認の利益が否定されることはない（【解説 10】を参照）。次に②については、本件の場合、法律関係が確認の対象となっており、問題ない。もっとも、義務不存在確認訴訟という消極的確認を求める訴訟であることは問題になりうるが、そのことを理由に確認の利益が否定されることはない（【解説 10】を参照）。最後に③については、一般に原告の地位に対する不安・危険および原告の不安・危険の現実性の有無によって判定されるところ、本件では、第 1 に今後も入学式、卒業式等の式典において国歌斉唱時に起立して国歌を斉唱すること、ピアノ伴奏をすることについての職務命令を受けること、第 2 に当該職務命令を拒否した場合に懲戒処分を受け、再発防止研修を受講させられること、第 3 に定年退職後に再雇用を希望しても拒否されるこ

とはいずれも確実視されるから、原告の地位に対する不安・危険および原告の不安・危険の現実性も認められるだろう。

なお、確認訴訟としての実質的当事者訴訟の確認の利益を判定する際には、予防的不作為訴訟の訴えの利益について判断した長野勤務評定事件最高裁判決（最一小判昭和 47 年 11 月 30 日民集 26 巻 9 号 1746 頁）の規範を利用することも考えられよう。同判決によれば、「義務の履行によつて侵害を受ける権利の性質およびその侵害の程度、違反に対する制裁としての不利益処分の確実性およびその内容または性質等に照らし、右処分を受けてからこれに関する訴訟のなかで事後的に義務の存否を争つたのでは回復しがたい重大な損害を被るおそれがある等、事前の救済を認めないことを著しく不相当とする特段の事情がある場合」に、あらかじめ義務の存否の確定を求める法律上の利益が認められる。もっとも、そこでは、「回復しがたい重大な損害」とされており、単に「重大な損害」を差止め訴訟の要件とする現行法の立場（行訴法 37 条の 4 第 1 項）と適合しない。そこで、損害要件については、差止め訴訟の現行法の立場と平仄を合わせて、「回復しがたい重大な損害」ではなく、「重大な損害」と緩めて解釈し、回復の困難性の比重をあまり大きくみないようにするのが妥当であろう。このことも踏まえて、上記の最高裁判決に即して本件を検討すると、第 1 に、本件職務命令が違法であった場合に侵害を受ける権利は思想・良心の自由等の精神的自由権に関わる権利であり、そもそも事後的救済には馴染みにくい権利であること、第 2 に、入学式、卒業式等の式典は毎年繰り返されることに照らすと、思想・良心の自由等の精神的自由権に対する侵害は毎年繰り返され、当該権利に対する制約として看過できないこと、第 3 に、教員が入学式、卒業式等の式典において国歌斉唱時に起立しないで、国歌を斉唱しなかったり、ピアノ伴奏をしないと、懲戒処分を受けることが確実視されること、第 4 に、職務命令を拒否し続けた場合、懲戒免職処分となる可能性があることからすると、X_1 らは、懲戒「処分を受けてからこれに関する訴訟のなかで事後的に義務の存否を争つたのでは回復しがたい重大な損害を被るおそれがある」と指摘できよう（職務命令を拒否した場合に、再発防止研修を受講させられること、および、定年退職後の再雇用を拒否されることも確実視されるが、懲戒処分の阻止を目的とする確認

307

訴訟において、これらの事情を挙げるのは適切ではないだろう）。

Ⅲ. 当事者訴訟としての通達の違法確認訴訟

　当事者訴訟としての通達の違法確認訴訟においても、上述の義務不存在確認訴訟と同様、確認の利益に関する各要件（上記①〜③）が充足されなければならない。各要件については、上述の確認訴訟に関する記述（Ⅱ）が参考になろう。

　なお、法効果性の欠如を理由に通達の処分性が否定されるとすれば、通達の違法確認が確認訴訟の対象として適格性を有するか、問題になりうる。しかし、法の解釈・適用によって通達の違法・適法を判断することは可能であるから（参照、中野貞一郎「確認訴訟の対象」同『民事訴訟法の論点Ⅱ』〔判例タイムズ社、2001年〕45〜46頁）、本件における通達の確認訴訟が対象適格性の点で確認の利益を否定されることはないであろう。

　さらに、通達の処分性が国民に対する法効果性の欠如を理由に否定されることを前提にすると、そもそも通達の違法確認訴訟は「法律上の争訟」とはいえないのではないかという疑問がありうる（内部行為である通達をめぐって国民と行政主体との間には「法律関係」は成立しないのではないか、という疑問といってもよい）。確かに、行政訴訟も法律上の争訟であらんとすれば、「権利義務（法律関係）に関する争い」は存在しなくてはならないが、権利義務（法律関係）に関する争いが直接訴訟の対象となる必要はなく、当事者間に解決されるべき権利義務（法律関係）に関する争いがあればよいはずである。例えば、処分の取消訴訟は処分の違法性を訴訟物とし、処分の適法・違法を訴訟の直接の対象としているから、権利義務（法律関係）を直接訴訟の対象にしていないといえるが、法律上の争訟性は疑われていない。したがって、通達をめぐって権利義務（法律関係）に関する争いが存在すれば、通達の違法確認訴訟が法律上の争訟に該当しないとはいえないであろう。

　なお、行政事件訴訟法は、当事者訴訟の被告適格について、定めを置いていない。このような場合は、同法7条により、民事訴訟の例によることになる。そのため、当事者訴訟において、被告は法律関係または権利義務関係の当事者となりうるものであることが求められる。このこと

から、本件では、権利主体たりえない A 県教育委員会（行政機関）などが被告になるのではなく、権利主体たりうる A 県（行政主体）が被告になる（【解説8】を参照）。

309

［第19回］

公道上の点字ブロックの設置不備による損害賠償責任

［事案］

　ヨーロッパのＡ国で生まれ育ち、同国の国籍を有するＸは、5歳から視力が衰え、平成15年に15歳で交通事故にあってからは、左眼は失明、右眼は眼前での手動を弁識できる程度の視力しかなかった。そのため、Ｘは交通事故に遭遇して以降、歩行時には杖を使用していた。Ｘは、その後、福祉学を学ぶことを決意したが、Ａ国では十分な教育体制が整っていなかったため、かねてより当地での生活に精通していた日本に留学して、福祉学を学ぶことにした。

　平成21年1月4日に来日したＸは、滞在先のホテルから1人で友人宅まで向かう途中、白杖を使って、甲山県が道路管理者となっている県道【→解説1】の横断歩道を渡ろうとしていた。ところが、当該歩道の手前には一時停止を促す点状の点字ブロックが設置されていなかったために、Ｘは歩道から車道にはみ出てしまった。そこにＢが運転する乗用車が突っ込み、Ｘは跳ねられ、重傷を負った。

　日本の病院で治療を受けたＸは、退院後、日本の友人から紹介された土田弁護士に事故の処理について相談をした。土田弁護士は、Ｘから一通り話を聞いた後、同じ法律事務所の大貫弁護士に本件の調査を指示した。その3日後の平成21年10月28日、両弁護士の間で次のようなやりとりが行われた。

土田弁護士：Ｘさんは、日本のまちが、障がい者の人たちにとって、少しでも暮らしやすい所になってもらいたいと願っていらっしゃいます。そこで、Ｘさんは損害賠償請求のほかに、事故現場に点字ブロックを設置するよう、訴訟を通じて県に求めたい、とおっしゃっています。

大貫弁護士：残念ながら、そのような訴訟を提起するのはあまり適切で

はないというのが私の結論です【→解説2】。本件は、むしろ損害賠償請求訴訟を提起して、Xさんの権利利益の救済を求めたほうがよいと思います。ただ、私の調査によると、Bは無職であり、十分な資力が期待できません。したがって、Bに損害賠償請求をしてみても、事実上、Xさんの救済にはなりません。

土田弁護士：それでは、国家賠償法に基づいて、道路管理者である県を被告にして損害賠償請求をすることを考えてみましょう。

大貫弁護士：国家賠償法に依拠するのであれば、同法1条によるパターンと同法2条によるパターンが考えられます。

土田弁護士：本件の場合は、いずれの構成もありうると思いますが、同法2条に基づいて損害賠償請求をしたほうが、一応、得策であるといえそうです【→解説3】。国賠法2条1項に基づいて損害賠償請求をする場合、損害の原因を創り出した者を特定する必要はなく【→解説4】、さしあたっては営造物それ自体に着目すればよいわけです。したがって、本件の場合は、さしあたり道路それ自体に着目することになりますが、具体的には道路上に点字ブロックが設置されていなかったことが問題になります。この点字ブロックについて、調査してもらえましたか。

大貫弁護士：はい。点字ブロックは昭和40年に岡山市の財団法人安全交通試験研究センターによって開発されました。当該センターは、点字ブロックの開発後直ちに普及活動に入り、パンフレットやカタログ等を公営交通機関、私鉄、地方公共団体等に送付して点字ブロックの採用を要請してきました。そのような努力の結果、昭和48年頃から点字ブロックは全国に急速に普及し、現在では「点字ブロック大国」といってもいいほど、点字ブロックがあちこちに設置されています。また、普及当初は点字ブロックの規格はバラバラでしたが、平成8年に当時の通産省で規格の統一化に向けた研究チームが立ち上げられ、ようやく平成13年にはJIS（日本工業規格）で規格が統一されました。現在では縦横ともに30センチ、突起の高さは5ミリとされています。

土田弁護士：点字ブロックの設置に関するルールはどうなっていますか。法令用語でいう「視覚障害者誘導用ブロック」が点字ブロックに相当するはずですが。

大貫弁護士：そのとおりです。平成18年に、バリアフリー新法と呼ば

311

れる「高齢者、障害者等の移動等の円滑化の促進に関する法律」が制定されています。同法によれば、道路管理者には道路移動等円滑化基準適合義務が課せられ、「移動等円滑化のために必要な道路の構造に関する基準を定める省令」の34条によって点字ブロックの敷設が義務付けられています。また、「障害者基本法」の21条では公共的施設のバリアフリー化が謳われています。

土田弁護士：本件の道路にバリアフリー新法は適用されるのですか。

大貫弁護士：はい。本件の道路は県道であって、道路法上の道路に該当します。しかも、バリアフリー新法でいう「特定道路」に該当します。本件の場合、バリアフリー新法10条4項に基づき、道路管理者は点字ブロックを設置するよう「必要な措置を講ずるよう努めなければならない」といえます。

土田弁護士：ところで、事故現場の付近は、どのような状況になっているのでしょうか。

大貫弁護士：事故現場から数十メートル離れたところに視覚障がい者用の福祉施設があります。そのため、本件県道を横断する視覚障がい者の方は、1日100〜200人程度で、相当多かったといえます。また、過去5年間で、同じ現場で視覚障がい者の方による、Xさんと同様の交通事故が4件も発生しています。このような事情があったためか、当該施設の所長からは、県に対して、再三にわたって、可及的速やかに交通事故の現場となった所に点字ブロックを設置してほしい旨の陳情がされていましたが、県は周辺地域の同種同規模の道路に未だ設置していないし、しかも財政難であるから、当分の間、点字ブロックを設置することはできない、と回答していたようです【→解説5】。

土田弁護士：しかし、県内の道路すべてに同様の点字ブロックを設置するならばともかく、点字ブロックの1件当たりの設置費用は相当安価で、工事についても、1日あれば十分でしょう。本件道路は、直線道路であるために、猛スピードで駆け抜ける車も多く、危険性が極めて高いことも指摘できます。あなたは、これらのことも考慮に入れながら、国家賠償法2条1項に基づいて損害賠償請求をする際の本案上の主張について、検討しておいてください。

大貫弁護士：わかりました。

312　第19回｜公道上の点字ブロックの設置不備による損害賠償責任

土田弁護士：なお、Xさんは A 国の国籍を有する外国人ですが、本件
は相互保証が認められる事案ですから【→解説6】、X さんが外国人であ
ることは気にしなくても結構です。

〈資料〉本件に関する法令等

(1) 障害者基本法（昭和45年5月21日法律第84号）（抜粋）

（公共的施設のバリアフリー化）

第21条　国及び地方公共団体は、障害者の利用の便宜を図ることによつて
障害者の自立及び社会参加を支援するため、自ら設置する官公庁施設、交通
施設（……）その他の公共的施設について、障害者が円滑に利用できるよう
な施設の構造及び設備の整備等の計画的推進を図らなければならない。

2　交通施設その他の公共的施設を設置する事業者は、障害者の利用の便宜
を図ることによつて障害者の自立及び社会参加を支援するため、当該公共的
施設について、障害者が円滑に利用できるような施設の構造及び設備の整備
等の計画的推進に努めなければならない。

3　国及び地方公共団体は、前二項の規定により行われる公共的施設の構造
及び設備の整備等が総合的かつ計画的に推進されるようにするため、必要な
施策を講じなければならない。

4　（略）

**(2) 高齢者、障害者等の移動等の円滑化の促進に関する法律（平成18年6
月21日法律第91号）（抜粋）**

（定義）

第2条　この法律において次の各号に掲げる用語の意義は、それぞれ当該各
号に定めるところによる。

一　（略）

二　移動等円滑化　高齢者、障害者等の移動又は施設の利用に係る身体の負
担を軽減することにより、その移動上又は施設の利用上の利便性及び安全性
を向上することをいう。

三　施設設置管理者　公共交通事業者等、道路管理者、路外駐車場管理者
等、公園管理者等及び建築主等をいう。

四〜七　（略）

八　道路管理者　道路法……に規定する道路管理者をいう。

九　特定道路　移動等円滑化が特に必要なものとして政令で定める道路法による道路をいう。

十～二十八　（略）

（地方公共団体の責務）

第5条　地方公共団体は、国の施策に準じて、移動等円滑化を促進するために必要な措置を講ずるよう努めなければならない。

（施設設置管理者等の責務）

第6条　施設設置管理者その他の高齢者、障害者等が日常生活又は社会生活において利用する施設を設置し、又は管理する者は、移動等円滑化のために必要な措置を講ずるよう努めなければならない。

（道路管理者の基準適合義務等）

第10条　道路管理者は、特定道路の新設又は改築を行うときは、当該特定道路（以下この条において「新設特定道路」という。）を、移動等円滑化のために必要な道路の構造に関する条例（……）で定める基準（以下この条において「道路移動等円滑化基準」という。）に適合させなければならない。

2～3　（略）

4　道路管理者は、その管理する道路（新設特定道路を除く。）を道路移動等円滑化基準に適合させるために必要な措置を講ずるよう努めなければならない。

5　（略）

(3)　移動等円滑化のために必要な道路の構造に関する基準を定める省令（平成18年12月19日国土交通省令第116号）（抜粋）

（視覚障害者誘導用ブロック）

第34条　歩道等、立体横断施設の通路、乗合自動車停留所、路面電車停留場の乗降場及び自動車駐車場の通路には、視覚障害者の移動等円滑化のために必要であると認められる箇所に、視覚障害者誘導用ブロックを敷設するものとする。

2～3　（略）

［設問］

　Xは、国家賠償法2条1項に基づいて損害賠償請求をする場合、本案上の主張として、何を主張すべきか【→解説7】。

はじめに───読解の指針

　Xは、公道上に点字ブロックが設置されていなかったことを理由に国賠法2条に基づき損害賠償請求訴訟を提起しようとしている。そのためXは、当該訴訟において、本件県道が「公の営造物」に該当すること【→解説1】および本件に「設置又は管理に瑕疵があった」ことを主張しなければならない【→解説7】。その際に、行政主体の財政上の理由が免責事由になりうるかということは1つの大きな問題になるであろう【→解説5】。また、Xは外国人であるから、国賠法による損害賠償請求が可能か否かも、問題になりうる【→解説6】。

　他方で、Xが損害の補塡を求める場合には、国賠法1条によることも考えられる。そこで、国賠法1条による請求と国賠法2条による請求の関係について整理しておきたい【→解説3】。さらに、国または公共団体以外に損害の原因を創り出した者がいる場合には、その者に対する請求も考えられなくはないから、この点についても簡単に言及しておこう【→解説4】。

　なお、Xの要望は損害の補塡だけではない。Xは訴訟を通じて点字ブロックの設置を求めていくことも考えているので、その是非についても、解説しておく【→解説2】。

315

［解説］

【解説 1】

　本件の県道は、道路法上の道路であって、講学上の公物（＝国または公共団体によって直接公の用に供される有体物）に該当する。一般に、国賠法 2 条 1 項の「公の営造物」は講学上の公物とほぼ同じであると理解されているから、本件において、X が国賠法 2 条 1 項に依拠することは適切である（仮に問題となる物が国賠法 2 条 1 項の「公の営造物」に該当しないということであれば、民法 717 条に依拠することになる）。

　もっとも、国賠法 2 条 1 項の「公の営造物」と講学上の公物の概念は完全に一致しないことも指摘されている。例えば、公物であるためには行政主体に当該物を支配するための何らかの権原が必要であるところ、国または公共団体が権原を有しないまま、事実上の管理を行っている物が、「公の営造物」に該当することはありうる（最一小判昭和 59 年 11 月 29 日民集 38 巻 11 号 1260 頁）。

　本件は、このような特殊なケースではなく、「公の営造物」の典型例である道路法上の道路が問題となるケースであるから、国賠法 2 条 1 項の「公の営造物」該当性について特に悩む必要はないであろう（【解説 7】を参照）。

【解説 2】

　点字ブロックの設置を実現するためには、どのような訴訟を提起すべきか（本書第 18 回【解説 10】を参照）。いかなる訴訟形態が適切かを判断するためには、まず点字ブロックの設置に関する法の仕組みを分析し、処分性のある行為が関係しているかどうかを明らかにする必要がある。この点、点字ブロックの設置は道路の管理行為としてなされる事実上の行為で、処分とみることは難しい。また、処分である公用開始行為の中に道路の点字ブロックの設置決定までもが含まれると解することができれば、点字ブロックの設置決定の義務付け訴訟（行訴法 3 条 6 項 1 号）も考えられなくはないが、現行法を前提とする限りは、そのような解釈をすることはできない。したがって、点字ブロックの設置につなが

316　第19回｜公道上の点字ブロックの設置不備による損害賠償責任

る訴訟形態としては、県に点字ブロックの設置を求めたり、設置義務があることの確認を求める当事者訴訟（行訴法4条後段）を想定するのが適切だろう。もっとも、当事者訴訟によって点字ブロックの設置を求めることは、以下に述べるように、ややハードルが高い。

　その第1の理由として考えられるのは、反射的利益論である。伝統的な見方によれば、一般の歩行者の道路利用に関する利益は反射的利益として捉えられてきた。この考え方によれば、本件においても、Xが点字ブロックの設置によって享受する利益を反射的利益として捉える余地があるから、そう考えると、Xは訴訟を通じて点字ブロックの設置を求めることができない。もっとも、近年は、道路と利用者の具体的な関わり方に着目し、一律に道路利用者の法的地位を否定する見方は克服される傾向にある（参照、最一小判昭和39年1月16日民集18巻1号1頁）。そこで、本件においても、一刀両断に反射的利益と切り捨てるのではなく、問題となっている規定の趣旨・目的、侵害される利益の内容・性質、侵害される態様・程度、国民が侵害を回避する手段をもっているかどうかなどの諸事項を考慮して、反射的利益か否かを判定することが妥当であろう（本書第13回【解説9】を参照）。このような見地からすると、本件の場合、移動等円滑化のために必要な道路の構造に関する基準を定める省令34条は、視覚障がい者が点字ブロックの設置によって享受する利益を反射的利益としてではなく、個別的利益として保護する趣旨である、といえること（障害者基本法21条、バリアフリー新法5条、6条、10条も当該条文がそうした趣旨であることの根拠としうる）、道路管理の不備により視覚障がい者の生命・身体に対する侵害が容易に及びうること、視覚障がい者はこうした侵害を回避する有力な手段を必ずしももっていないことなどを指摘できるため、はたして点字ブロックの設置によって視覚障がい者が享受する利益を安易に反射的利益として捉えてよいのか議論の余地がある。ただし、こうした議論が、伝統的考えを乗り越えられるかは明確ではない。

　次に、第2の理由として考えられるのは、行政裁量論である。すなわち、どこに点字ブロックを設置するのかは道路管理者の広範な裁量に委ねられているから、道路管理者が、障がい者との関係で、点字ブロックの設置を義務付けられる可能性は低いという見方である。この点、確か

317

に関係法令によって道路管理者にはしかるべき場所に点字ブロックを設置することが求められていることに加え、本件では既に被害が発生しており、道路管理者が設置義務を負うとされる可能性が高まっていることも指摘できる。しかし、道路管理者が視覚障がい者との関係で設置義務を負うと結論づけることは必ずしも容易ではない。

当事者訴訟を提起する場合のこうした難点に鑑みると、既に被害が発生している本件では、国家賠償請求によって被害の救済を求めていくほうが妥当ともいえる（国家賠償請求訴訟で原告が勝訴すれば、事実上、行政に点字ブロック設置の圧力がかかることになるから、国家賠償請求によっても、Xの目的は達成されうるともいえる）。

【解説3】

本件の場合、国賠法1条1項に基づいて損害賠償請求をするとしたら、公務員が県道上に設置すべき点字ブロックを設置しなかったという不作為の違法を理由に損害賠償請求をすることになろう。これに対し、国賠法2条1項に基づいて損害賠償請求をするとしたら、設置されていなければならない点字ブロックが設置されていなかったのだから、県道それ自体に設置管理の瑕疵があったとして、損害賠償請求をすることになろう。

このように、事案の捉え方次第で国賠法1条による請求と国賠法2条による請求の両方を考えることは可能である（その前提として、国賠法1条の「公権力の行使」に非権力的作用を含め、設置管理作用を「公権力の行使」に読み込む余地を認めている通説的理解がある）。もっとも、国賠法1条による責任は過失責任であるのに対して、国賠法2条による責任は無過失責任であると解されているから、原告側としては、主張立証の点で有利となる国賠法2条による請求のほうが、勝訴判決を勝ち取りやすいといえそうである。しかし、【解説7】で述べるように、設置管理の瑕疵は過失と同様の規範的要件であり、設置管理の瑕疵において問われていることは、過失において問われていることと本質的に異なるものではない。その意味では、国賠法1条と国賠法2条の役割分担にそれほど固執する必要はないともいえる。もっとも、ここで両者の役割分担について、一応の指針を示しておくと、国賠法1条による場合は損

害が公務員の公権力の行使に起因すると明確に特定できる場合であり、国賠法2条による場合は損害が営造物自体の欠陥によると容易にいえる場合あるいは損害が特定の行為ではなく複合的な複数の行為に起因する場合であるといえよう。このような指針を前提にすると、通常、営造物の設置管理行為は様々な行為が複合的に関連しているから、一般的には国賠法2条に依拠することが妥当であろう。本件の場合も、Xに生じた損害が、点字ブロックの設置に関係する、どの公務員のいかなる行為に起因するものなのか、特定することは困難である。したがって、本件では国賠法2条に基づいて損害賠償責任を追及するのが適切であろう（国賠法1条と2条の競合については、村重慶一「国家賠償法1条と2条の関係」同『国家賠償研究ノート』〔判例タイムズ社、1996年〕11〜16頁）。

　なお、現在の実務では国賠法1条によるか国賠法2条によるかは原告の選択に委ねられているから、いずれの条項に依拠すべきか悩む場合には、国賠法1条による請求と国賠法2条による請求とを予備的に併合するか、あるいは両者を選択的に併合して、訴訟提起することが考えられよう。

【解説4】

　国賠法2条2項によれば、国または公共団体が国賠法2条1項によって賠償責任を負う場合、例えば営造物の設計をした者や道路上に危険な物を放置した者など、実際に営造物の瑕疵を発生させ、損害の原因を創り出した者は、国または公共団体との関係で賠償義務を負う。たとえ、損害の原因を創り出した者が、公務員であったとしても、このことは妥当する。

　それでは、損害の原因を創り出した者が公務員である場合に、当該公務員は被害者との関係で直接賠償責任を負うであろうか。明文の定めがないため、解釈上、問題となる。この点、国家賠償法1条とのバランスを考慮すれば、否定的に解するのが妥当であろう（塩野宏『行政法Ⅱ〔第5版補訂版〕』〔有斐閣、2013年〕346頁）。

【解説 5】

高知落石事件（最一小判昭和 45 年 8 月 20 日民集 24 巻 9 号 1268 頁）において、最高裁は、瑕疵のない道路の設置管理のためには「予算措置に困却するであろうことは推察できるが、それにより直ちに道路の管理の瑕疵によって生じた損害に対する賠償責任を免れうるものと考えることはできない」と述べている。これに対し、大東水害訴訟（最一小判昭和 59 年 1 月 26 日民集 38 巻 2 号 53 頁）の中で、最高裁は、上記高知落石事件における判旨が「河川管理の瑕疵については当然には妥当しないものというべきである」と述べ、河川管理の瑕疵の有無は、河川管理における財政的制約等の諸制約の下で同種・同規模の河川の管理の一般的水準および社会通念に照らして是認しうる安全性を備えていると認められるかによって判断されるべきとして、財政的理由が免責事由になりうると判示した。このような立場の違いを人工公物と自然公物の違いからくる判断枠組みの違いとして正当化できなくはない。そのような前提に立った場合、本件では、道路の設置管理の瑕疵が問題となっているから、財政上の理由が免責事由になることはないということになろう。もっとも、道路の管理の場合といえども、社会的にみて不合理といえるような多額の財政支出を必要とするような場合にまで、財政上の理由が免責事由にならないというのは、不適切であるともいえる（遠藤博也『実定行政法』〔有斐閣、1989 年〕291 頁）。このような立場に立つ場合、本件では、点字ブロックの設置費用が社会的にみて不合理であるといえるほどの多額の財政支出を伴うものか否かが問題となる。

なお、いずれの立場をとるにせよ、財政制約論に依拠する主張を主張・立証責任のレベルでどう位置づけるかということは別に問題となる（【解説 7】を参照）。

【解説 6】

国家賠償法 6 条によれば、外国人が被害者である場合は、「相互の保証があるときに限り」国賠法の適用がある。したがって、本件の場合、日本人が A 国で国賠法上の救済に値する救済を得られる場合には、A 国の国籍を有する外国人である X も日本において国賠法に基づいて損害賠償請求をすることが可能であるが、日本人が A 国で国賠法上の救

済に値する救済を得られない場合には、Ａ国の国籍を有する外国人であるＸも日本において国賠法に基づいて損害賠償請求をすることができない。この点、本件では、弁護士の指摘から明らかなとおり、相互保証があることを前提にすることができるので、設問に対する解答を考えるにあたって、特に悩む必要ない。

【解説7】

国賠法2条1項に基づいて損害賠償請求をする場合には、問題となっている物が「道路、河川その他の公の営造物」に該当することおよび当該物の「設置又は管理に瑕疵があつた」ことを主張しなければならない。以下、各要件に分けて、解説する。

(1) 「道路、河川その他の公の営造物」の該当性

国賠法2条1項で列挙されている「道路」および「河川」は一般に「公の営造物」の例示であると解されている。したがって、個々の事案を分析する際には、同条項における「道路」または「河川」に該当するか否かという観点からではなく、「公の営造物」に該当するか否かという観点から、分析を行うのが妥当である。本件の場合、事故現場となった県道が「公の営造物」に該当することについて特に異論はないであろう（【解説1】を参照）。

(2) 「設置又は管理に瑕疵があつた」ことの該当性

国賠法2条1項の設置管理の瑕疵は「通常有すべき安全性を欠く状態にあること」を指す。問題となるのは、通常有すべき安全性を欠く状態にあったか否かということをどのように判定するのか、ということである。

この問題について、従来、様々な見解が示されたが、それらは、次の3説に大別することができる。①損害回避義務違反があるときに瑕疵があるとする「義務違反説」、②営造物の物理的瑕疵が設置管理の作用に起因するときに瑕疵があるとする「客観説」、③営造物の物的瑕疵のみが瑕疵であると解する「営造物瑕疵説」の3つである。このうち③「営造物瑕疵説」は、国賠法1条と国賠法2条を峻別し、国賠法1条が人

321

（公務員）の行為責任を規定したもの、国賠法2条が物の状態責任を規定したものと解する。この立場は、立法者意図に最も適合的な立場といえよう。しかし、現在のところ、この見方は一般的ではない。むしろ、人による設置管理作用の不備を何らかの形で国賠法2条の瑕疵の判断の中に取り込む①「義務違反説」あるいは②「客観説」が一般的である。そして、現在、学説において大きく対立しているのは、この両説である。もっとも、①説も、②説も、ともに、位置づけは異なるとしても（義務違反という枠で捉えるか否かの違い）、「設置管理作用の不完全さ」を問題にする点および、その不完全さの判断を客観的に行う点で共通している（義務違反説においても、義務違反——設置管理作用の不完全さ——は設置管理者の主観的義務違反ではないとされる）。さらに、国賠法2条の瑕疵については「過失の存在を必要としない」（その意味で無過失責任）と解されているが、①説および②説は、いずれも、国賠法2条の瑕疵について、「営造物の物的欠陥」のみに限定して問題にするのではなく、上に述べたように、営造物の設置管理行為の適切性を通して、あるべき営造物の状態を問題にするため、国賠法2条の瑕疵は過失と同様に規範的な要件として位置づけられる（このような整理を前提にすると、瑕疵を義務違反と呼ぶかどうかは表現の問題にすぎないということになる。参照、加藤新太郎「営造物の設置管理の瑕疵」村重慶一編『現代民事裁判の課題10　国家賠償』〔新日本法規、1991年〕81～84頁）。

　もっとも、以上のように各学説の内容を明らかにした上で、その優劣を抽象的なレベルで議論してみても、そのことに実践的意味はほとんどないといってよい。むしろ、どのような事実が考慮されて国賠法2条の瑕疵の有無が判断されるかを考察することのほうがより重要である。

　このような観点からすると、本件を分析する際には、本件と同じく点字ブロックの設置不備が公の営造物の設置管理の瑕疵に該当するのではないかということが問題となった福島駅点字ブロック事件（最三小判昭和61年3月25日民集40巻2号472頁）における最高裁判決が参考になる。その中で最高裁は「瑕疵の存否については、当該営造物の構造、用法、場所的環境及び利用状況等諸般の事情を総合考慮して具体的個別的に判断すべきものである」と述べた上で、点字ブロックのような「①安全設備が、視力障害者の事故防止に有効なものとして（＝安全設備の

有効性）、②その素材、形状及び敷設方法等において相当程度標準化されて全国的ないし当該地域における道路及び駅のホーム等に普及しているかどうか（＝安全設備の標準化と普及度）、③当該駅のホームにおける構造又は視力障害者の利用度との関係から予測される視力障害者の事故の発生の危険性の程度（＝事故発生の危険度）、④右事故を未然に防止するため右安全設備を設置する必要性の程度（＝設置の必要性の程度）及び⑤右安全設備の設置の困難性の有無（＝設置の困難性）等の諸般の事情を総合考慮することを要する」としている（判旨の中の番号および括弧書は、大貫・土田が付した）。

これらの①〜⑤の基準は、過失の判断の要素である「予見可能性（義務）」および「回避可能性（義務）」を判断する際の考慮要素となるものと思われ（①②④⑤は「回避可能性（義務）」を判断する要素となり、③は「予見可能性（義務）」の判断要素となる）、国賠法2条の瑕疵の有無の判断が、その本質において過失の有無の判断と異ならないことを示すものといえよう。以下では、この最高裁の判断枠組みに従って、①〜⑤の基準ごとに本件におけるXの本案上の主張について指摘しておく（①〜⑤の基準は、相互に密接な関連性を有することがあり、ある特定の事項が複数の基準で考慮されることはありうる。例えば、④では、事故発生を防げる複数の手段の比較がなされて特定の安全確保手段が必要であると判断されるが、そうした判断は当該手段の①有効性の判断であるということもできる）。

まず①については、法令等によって点字ブロックの設置が義務付けられていることからわかるように、その有効性が既に社会的に承認されているといえる。

次に②については、平成13年にJISで規格が統一されたことや、昭和48年以降、急速に点字ブロックが普及し、現在では「点字ブロック大国」と呼ばれるほど、日本では点字ブロックが数設置されていることを指摘できる。

また③については、本件横断歩道から数十メ離れた所に視覚障がい者用の福祉施設が存在しているため、視い者による横断歩道の利用頻度が高く、さらに本件道路は直線であるため、スピードを出して走りさる車が多く、これらの事情故発生の危険度が高か

ったと指摘できる。実際に、過去5年間でXと同様の交通事故が同じ現場で起きているという事実は、事故発生の危険度が極めて高いことを示すものとして指摘できよう。また、福祉施設の所長が再三にわたって県に点字ブロックの設置について陳情していたことから、危険の認知度が高められていたということも、ここで指摘できる。

さらに④について、現行法は、視覚障がい者が容易に移動できるようにするために、道路管理者などに、点字ブロックを設置するよう、あるいは点字ブロックの設置に向けて適切な措置をとるよう、求めており（障害者基本法21条、バリアフリー新法5条、6条、10条、移動等円滑化のために必要な道路の構造に関する基準を定める省令34条）、視覚障がい者の安全を確保する手段として点字ブロックを設置する高い必要性が認められる。また、健常者による横断歩道の利用と調整を図りつつ、視覚障がい者の安全を確保する手段は、点字ブロックの設置以外に見当たらないということも、点字ブロック設置の必要性を説く論拠として指摘できよう。

最後に⑤については、本件事故現場の特殊性（具体的には、上記③の危険性）に鑑みれば、本件事故現場に点字ブロックを優先的に設置することが考えられ、その場合には、1件当たりの費用と時間を考慮すれば十分で、そのような観点からすると、本件事故現場に点字ブロックを設置することに大して費用はかからず、設置も1日で可能であることを指摘できる（このように、【解説5】で言及した予算制約論は、この⑤の基準に関わる主張となろうが、予算制約論は、瑕疵が認定されることにより認められる被告の損害賠償責任の成立を妨げる主張であることから、被告が主張・立証すべきであろう）。

以上のように、福島駅点字ブロック事件において最高裁が判断を下してから20年以上たった現在では、事実状況および法状況の変化により、公の営造物における点字ブロックの設置不備は当時よりも格段に国賠法2条1項の管理の瑕疵として認定されやすい状況にあるといえよう。

なお、福島駅点字ブロック事件の最高裁判決は、原審が駅のホームの危険性について視覚障がい者の利用度との関わりで十分な検討をしていないこと、および原審が点字ブロックの普及度について十分な検討をし

ていないことを理由に事件を差し戻している。しかし、前者について
は、そもそも視覚障がい者は点字ブロックが設置されていない危険な施
設に近寄らないため、利用度との関わりで営造物の危険性を判定する
と、安易に危険性がないという結論になってしまうおそれがある。ま
た、後者についても、あるべき普及度を無視した現状肯定の結論になる
おそれがある。上記最高裁判決を用いて、営造物の設置管理の瑕疵の有
無を判定する場合には、これらのことにも注意すべきであろう。

［第20回］

情報公開条例に基づく行政情報の不開示決定

［事案］

　甲山市には第二次世界大戦時に利用されていた弾薬庫の跡地がある。この土地上には甲山市所有の原野等（以下、「本件係争地」という）があったが、在日米軍の家族が居住する住宅地として利用する方針が固まり、平成18年4月に住宅建設が開始された。このことを知った甲山市の住民は、本件係争地が甲山市の所有地として適正に管理されていないということを理由に、適切な処置をとることを求めて住民監査請求【→解説1】を行った。これを受けて甲山市監査委員は監査を行ったが、結局、当該請求には理由がないと判断し、その結果を平成18年12月1日付けでXに通知した。

　この監査結果を受けて、甲山市は、同日、本件係争地について国に対し所有権移転登記をした。しかし、このような対応に納得のいかないXは、甲山市長が登記承諾書を国に交付した行為が違法であり、かつ、本件係争地の管理を違法に怠るものであるとして、必要な措置を講ずべきことを求めて住民監査請求【→解説1】を行った。そこで甲山市監査委員は当該事項について直ちに監査を行ったが、当該請求には理由がないと判断し、その結果を平成19年4月12日付けでXに通知した。この結果に不満を抱いたXは、さらに地方自治法242条の2第1項4号に基づき住民訴訟【→解説2】を提起した（以下、「本件住民訴訟」という）。

　また、弾薬庫跡地内には、いまだ国の所有名義になっていない土地があった。そこで、この土地の所有名義人である甲山市の住民Bは、平成19年5月26日、国に対して所有権確認等を求める訴訟を提起したところ、国は所有名義人Bに対し所有権移転登記手続等を求める反訴を

326　第20回｜情報公開条例に基づく行政情報の不開示決定

提起した（以下、「本件民事訴訟」という）。

　Xは、平成20年3月31日、甲山市情報公開条例（以下、「本件条例」という）【→解説3】に基づき、本件条例第3条第2項所定の実施機関である監査委員に対し、甲山市の住民の請求に係る平成18年の住民監査請求（以下、「18年監査請求」という）に関する一件記録および同19年の住民監査請求（以下、「19年監査請求」という）に関する一件記録の各公開を請求した（以下、「本件請求」という）。これに対し、監査委員は、本件住民訴訟および本件民事訴訟が係属中であったこともあり、Xに対し、本件請求に係る上記各一件記録に含まれている関係人の事情聴取記録につき、「市又は国の機関が行う争訟に関する情報であり、公開することにより当該事務事業及び将来の同種の事務事業の目的を喪失し、また円滑な執行を著しく妨げるもの」であって、本件条例第5条2号ウで規定されている非公開事由があるという理由を付記して、平成20年4月5日に不開示決定をした【→解説4】。これにより非公開とされたのは、具体的には、18年監査請求に関する一件記録のうち、本件係争地につき上記所有権移転登記の事務に関係した甲山市の職員から甲山市監査委員が事情聴取した内容を記録した文書、および、19年監査請求に関する一件記録のうち、甲山市の所管課および地方法務局に在籍した各職員から監査委員がそれぞれ事情聴取した内容を記録した文書である。

　この不開示決定に納得のいかないXは、土田弁護士に相談をした。土田弁護士はXから一通り事情を聞いた後、同じ事務所に所属する新米の大貫弁護士に本件の調査を指示した。その3日後の平成20年4月11日、両者の間で次のような会話が交わされた。

土田弁護士：Xさんは、真実を解明するためにも、本件各文書を公開してもらいたいと考えています。このXさんの要望に応えるためには、いかなる法的手段をとることが考えられますか。

大貫弁護士：行政不服申立てのほか、情報公開の実施機関である監査委員が所属する甲山市を被告にして不開示決定の取消しを求める訴訟が考えられます【→解説5】。当該取消訴訟において、原告側は、本件情報が本件条例5条2号ウにいう「争訟の方針に関する情報」に該当しないと主張することになるのではないかと思います。

327

土田弁護士：それでは、そのような主張に対して、相手方はどのような反論をしてくることが予想できますか。

大貫弁護士：当然、本件情報は本件条例5条2号ウの不開示情報に該当すると反論してくると思います。そのほかに、新たに、本件情報は住民監査請求に関する判断資料であって、同号アの「意思決定過程における情報」に該当するとして、不開示決定の正当性を主張してくるかもしれません。

土田弁護士：それでは、あなたは、さしあたり取消訴訟を提起することを前提にして、そのような本案上の主張について、こちら側は、どのように反論したらよいか、考えておいてください。また、取消訴訟以外の訴訟についても、適切な行政訴訟がないか、考えてみてください。仮に適切な訴訟形態が考えられる場合には、本案上の主張についても整理してください。その際には、開示・不開示の決定に裁量の余地があるかどうかということにも配慮してください。

〈資料〉本件に関する法令等

(1) 甲山市情報公開条例（平成11年12月14日条例第12号）（抜粋）

（目的）

第1条　この条例は、市民の知る権利【→解説6】として、市民が市の保有する情報の公開を求める権利を保障することにより、市政への市民参加を促進し、市民と市との信頼関係を深め、一層公正で開かれた市政の実現を図ることを目的とする。

（基本原則）

第2条　この条例における解釈、運用の基本原則は、次の各号に掲げるとおりとする。

(1)　市の保有する情報は、公開することを原則とし、非公開とすることができる情報は、必要最小限にとどめられること。

(2)　基本的人権としての個人の尊厳を守るため、個人に関する情報がみだりに公開されることのないよう最大限の配慮を払うこと。

(3)　市民にとってわかりやすく、利用しやすい情報公開制度となるよう努めること。

(4)　情報の公開が拒否されたときは、公正かつ迅速な救済が保障されること。

（定義）

第3条　この条例において「情報」とは、実施機関の職員が職務上作成し、又は取得した文書（磁気テープ、フィルム等を含む。）に記録され、当該実施機関が現に保存又は保管しているものをいう。

2　この条例において「実施機関」とは、市長、教育委員会、選挙管理委員会、公平委員会、監査委員、農業委員会及び固定資産評価審査委員会及び議会をいう。

（情報の公開を請求する権利）

第4条　何人も、実施機関に対し、当該実施機関が管理する情報の閲覧、視聴取及びその写しの交付の請求（以下「公開請求」という。）をすることができる。

（非公開とすることができる情報）

第5条　実施機関は、次の各号のいずれかに該当する情報については、当該情報を非公開とすることができる。

(1)　（略）

(2)　市が実施する事務又は事業に関する情報であって、公開することにより当該事務又は事業の公正又は円滑な執行に著しい支障を来す情報で次に掲げるもの

ア　市の機関内部若しくは機関相互又は市の機関と国等（国又は他の地方公共団体をいう。以下「国等」という。）の機関との間における調査、研究、検討、審議等の意思決定過程における情報であって、公開することにより公正又は適正な意思決定を著しく妨げるもの

イ　（略）

ウ　市又は国等が行う監査、検査、取締り、徴税等の計画又は実施要領、渉外、争訟及び交渉の方針、契約の予定価格、試験問題、採点基準、用地買収計画その他市等の機関が行う事務又は事業に関する情報であって、公開することにより当該事務若しくは事業又は将来の同種の事務若しくは事業の目的を失わせるもの又は公正かつ円滑な執行を著しく妨げるもの

エ　（略）

（公益的理由による裁量的公開）

第7条　実施機関は、公開請求に係る情報に非公開情報が記録されている場合であっても、公益上特に必要があると認めるときは、当該情報を公開する

ことができる。

（公開するかどうかの決定）

第9条　実施機関は、公開請求のあったときは、当該公開請求があった日から起算して7日以内に、当該公開請求に対する公開又は非公開の決定を行わなければならない。……。

2　（略）

3　実施機関は、第1項の規定により公開又は非公開を決定したときは、速やかに実施機関の定めるところにより、その旨を文書で通知しなければならない。

4　前項の場合において、公開請求に係る情報の閲覧、視聴取及びその写しの交付を拒むときは、その理由を併せて文書により通知しなければならない。

［設問］

1．Xが本件各文書を入手することができるようにするために取消訴訟を提起するとしたら、当該訴訟において、Xは本案上の主張として、いかなる主張をすべきか【→解説7】。

2．Xは、本件各文書を入手することができるようにするため、取消訴訟以外に、どのような訴訟（行政事件訴訟法に定められているものに限る）を提起することが考えられるか【→解説8】。なお、本問において、仮の救済について検討する必要はない。

3．Xは、上記2の訴訟において、本案上の主張として、いかなる主張をすべきか【→解説9】。

はじめに───読解の指針

　本件において、Xが本件文書を入手できないでいるのは、監査委員がXからの開示請求を拒否して、不開示決定をしたからである。そこで、まずは不開示決定に着目して、その法的性格を明らかにしておく必

要がある【→解説4】。また、本件は情報公開訴訟の事案であるから、情報公開制度の基本的事項について確認しておく必要があろう【→解説3】【→解説5】【→解説6】。なお、本件では住民監査請求および住民訴訟が紛争の前提となっているので、この点についても、簡単に解説しておくことにする【→解説1】【→解説2】。

そして以上の諸点を踏まえることが、選択すべき訴訟形態【→解説8】および当該訴訟における本案上の主張【→解説7】【→解説9】を検討する際の前提となる。

なお、本件は逗子市住民監査請求記録公開請求事件（最二小判平成11年11月19日民集53巻8号1862頁）をモデルにした事案である。

[解説]

【解説1】

地方公共団体の行政活動について不満がある場合、住民は監査請求の制度を利用して監査委員に監査をしてもらうことを求めることができる。この監査請求の制度には、地方自治法上、事務監査請求と住民監査請求の2つがある。前者は、地方自治法75条に基づく監査請求で、一定数以上の住民の連署がなければ、適法に監査請求をすることができない。これに対し、後者は地方自治法242条に基づく監査請求で、住民が1人でも、適法に監査請求をすることができる。ただし、住民監査請求の場合、監査の対象は違法・不当な財務会計行為に限られているので、住民が財務会計行為以外の行為について監査を求めたいと考えた場合には、住民監査請求の制度を利用することはできない。これに対し、事務監査請求の場合は、事務執行全般について、監査請求をすることができるので、この点で住民監査請求よりも優れている（もっとも、上述したように、事務監査請求を適法に行うための要件は相当厳しい）。

本件では公有地の管理が問題とされており、当該行為が住民監査請求の対象となる財務会計行為であることに異論はないから、住民は1人でも住民監査請求をすることができる。

331

【解説2】

　住民監査請求の監査結果等に不服を有する住民は、さらに住民訴訟で争うことができる。当該訴訟は住民が自己の法律上の利益に関わらない資格で提起する訴訟なので、行訴法上の民衆訴訟（行訴法5条）に該当する。そのため、法律に特別の定めがない限り、訴訟提起できないが（行訴法42条）、地方自治法は特別な規定を設け、住民訴訟を許容している（地自法242条の2）。

　住民訴訟の特徴としては、住民監査請求と同様、①住民1人でも提起することができること、②財務会計行為が対象になっていることを指摘できるが、他方で住民監査請求と異なり、審査の対象は財務会計行為の違法性のみであって、不当性は含まれない。また、住民訴訟の特徴として、住民監査請求を行うことが住民訴訟の訴訟要件になっていること（監査請求前置）も指摘できよう。

　住民訴訟の種類は請求の内容によって4つに分かれる（地自法242条の2第1項の各号を参照）。本件では四号訴訟が提起されているので、以下では四号訴訟の仕組みについて簡単に説明しておこう。

　四号訴訟は、地方公共団体が有する損害賠償請求権または不当利得返還請求権を行使することを、「地方公共団体の執行機関又は職員」に対して求める訴訟である。そこでいう「地方公共団体の執行機関又は職員」は、地方公共団体の当該権利を行使する権限を認められた者であり、そのような者が四号訴訟の被告適格を有する。例えば、長は損害賠償金または不当利得返還金の支払いを請求することができるので（地方自治法242条の3第1項）、長は四号訴訟の被告になりうる。仮に、この四号訴訟で住民が勝訴した場合、長は損害賠償義務または不当利得返還義務を負っている者に対して、損害賠償金または不当利得返還金の支払いを請求しなければならない（地自法242条の3第1項）。この請求に相手方が応じない場合には、地方公共団体が原告となり、損害賠償義務または不当利得返還義務を負っている者を被告として、訴訟を提起することになる（地自法242条の3第2項）。このように、現行法の仕組みでは、地方公共団体が損害賠償金または不当利得返還金を手にするまで、住民訴訟としての四号訴訟に加えて、通常の民事訴訟としての損害賠償請求訴訟または不当利得返還請求訴訟を経なければならないことも

あり、この点で訴訟の二度手間であるとの批判がある。

　本件では住民訴訟の請求内容が詳述されていないが、Xの訴訟の帰趨が本件住民訴訟の請求内容に左右されるわけではないので、この点は特に問題とならない。なお、本件のモデルケースにおける四号訴訟では国に対して移転登記の抹消手続等が求められているが、平成14年に四号訴訟が現在のように改正された結果、それまで四号訴訟の請求内容として認められていた法律関係不存在確認、原状回復または妨害排除を求める訴えは提起することができなくなった。

【解説3】

　行政機関の保有する情報の公開に関する法律（以下、「行政情報公開法」という）は、国が保有する情報の公開を対象にしており、地方公共団体が保有する情報の公開については、単に、「この法律の趣旨にのっとり……必要な施策を策定し、及びこれを実施するよう努めなければならない」（行情法25条）と定めているにすぎない。もっとも、実際には、多くの地方公共団体において情報公開条例が定められているから、情報公開条例が制定されているところでは、当該条例に基づいて、地方公共団体が保有する情報の公開を求めていくことになる。

　本件の場合、問題となっている情報は、国が保有する情報ではなく、地方公共団体が保有する情報であって、かつ、甲山市には情報公開条例が制定されている。したがって、当該条例に基づいて開示請求を行ったXの行動には問題がないと指摘できる。

【解説4】

　行政情報公開法および通常の情報公開条例に基づく開示決定および不開示決定は、申請に対する処分である。したがって、行政情報公開法に基づく開示決定・不開示決定には行政手続法が適用されるし、情報公開条例に基づく開示決定・不開示決定には行政手続条例が適用される（行手法3条3項括弧書により、情報公開条例に基づく処分には行手法は適用されない）。このことを踏まえれば、本件条例9条1項は行政手続条例の標準装備となっている標準処理期間の特例であるといえる。

333

【解説5】

　行政救済制度は、おおまかにいえば、①行政活動の是正という形で国民を救済するもの（行政争訟：行政訴訟・行政不服申立て）、②行政活動から生じた損失を償うというやり方で救済するもの（国家補償：国家賠償・損失補償）に分けることができる。本件では、Xは情報の開示を望んでいるのであるから、補償を求めるための手段を用いることは適切ではない。むしろ、本件では行政不服審査法および行政事件訴訟法に基づいて行政活動の是正を求める手段を用いるのが適切である。

　そこで、次に問題となるのは、行政不服審査法の行政不服申立てと行政事件訴訟法の取消訴訟の関係である。この点、情報公開の分野における両者の関係は、不服申立て前置の関係にない（参照、行訴法8条1項）。そのため、本件でも、不開示決定の名宛人であるXは不服申立てをすることなく、いきなり不開示決定の取消訴訟を提起することができる。

　なお、行政情報公開法上、不開示決定の取消訴訟を含む情報公開訴訟および行政不服申立てに関して、特別な手続規律がある（行情法18〜21条）。また、情報公開条例上も、国の情報公開・個人情報保護審査会に相当する第三者機関に関する特別な規律が設けられていることがあるので、個別の事案分析に際しては注意を要する。

【解説6】

　行政情報公開法は「知る権利」を明記していない。その理由として、行政情報公開法の立法時において、論者により「知る権利」の内容が異なり、法概念として成熟していなかったこと、最高裁が請求権としての「知る権利」を正面から認めたことがなかったことなどが指摘されている。もっとも、行政情報公開法が「知る権利」を明記していないことについては、批判が少なくない。他方、情報公開条例の中には、その目的規定に「知る権利」を明記しているものも多くみられる。本件条例も、第1条で知る権利を明記しており、この点で国の行政情報公開法とは異なる。

　問題は、「知る権利」が法律または条例で明記されることが行政情報公開法または情報公開条例の解釈にどのような影響を及ぼすかというこ

334　第20回｜情報公開条例に基づく行政情報の不開示決定

とである。この点、個別条文の解釈指針としての機能を果たすことが考えられる（松井茂記『情報公開法〔第2版〕』〔有斐閣、2003年〕37頁）。例えば、個別条文の解釈において、対立する2つの合理的解釈が成り立ちうる場合に、より「知る権利」の実現に資する解釈を選択するという形で機能することが考えられる（【解説9】を参照）。

【解説7】

　弁護士の会話から明らかなように、本件には処分理由の差替えの問題がある（理由の差替え、追加、追完、いずれの言葉を使用しても問題状況は同じである）。仮に本件取消訴訟において、被告による処分理由の差替えが許されないとすれば、Xは不開示決定の当初の理由（＝本件条例5条2号ウに該当する旨の行政側の主張）を攻撃することになるし、逆に処分理由の差替えが許されるとすれば、Xは不開示決定の当初の理由ではない、差替え後の理由（＝本件条例5条2号アに該当する旨の行政側の主張）も攻撃することになる。本件条例5条2号ア該当性およびウ該当性については【解説9】で扱うこととし、以下では、取消訴訟における処分理由の差替えについて解説を加えることにする。

　処分理由の差替えの問題は、行政庁が処分時には考慮していなかった事実上および法律上の根拠を処分の適法性を根拠づける事由として訴訟上主張できるかという問題であって、被告（行政側）の主張制限の問題である。この問題について、行訴法は特別な定めを置いていない。しかし、行訴法上、特別の定めがない場合には、民事訴訟の例によることとされているから（行訴法7条）、民訴法157条等の規定によって処分理由の差替えが制限されることについては、異論がない。問題となるのは、そのような民訴法の規定に基づく一般的な制限以外に、解釈上、処分理由の差替えが制限されるのか否か、制限されるとした場合、いかなる要件の下で制限されるのか、ということである。この点、最高裁は、「一般に、取消訴訟においては、別異に解すべき特別の理由のない限り、行政庁は当該処分の効力を維持するための一切の法律上及び事実上の根拠を主張することが許される」と判示し、原則として処分理由の差替えが許される旨、表明している（最三小判昭和53年9月19日判時911号99頁）。

335

まず、重要な前提は、理由の差替えは訴訟物の範囲内でしかできないということである。

　取消訴訟の訴訟物は、通説的には処分の違法性である。違法性が訴訟物になることの意味はなかなか難しいが、ともあれ、「処分」を前提にした訴訟物であることは明らかで、訴訟物である違法性は、ある特定の処分の違法性である。例えば、違法事由が同じでも、別の処分であれば、「処分」の違法性という場合の処分が異なるのであるから、当然に訴訟物は別である。つまり、行政庁がある処分理由を新たに挙げた際に、前提としている処分が異なれば、訴訟物とは関係のない処分理由により当該処分の適法性を根拠づけようとすることになるので差替えは許されない。別の表現をすれば、例えば、処分理由ごとに処分が成立するとした場合に（後述②の立場）、行政庁が別の処分理由を持ち出すと、全く異なった処分を持ち出したことになるわけである。これを、そのような処分理由の差替えは訴訟物の範囲を超える、そのような処分理由の差替えによって処分の同一性が失われると表現するのである（処分理由の差替えの問題においては、処分の同一性とは何かという問題は、結局、訴訟物の範囲内の主張かどうかの問題に帰着する）。

　それでは、処分の同一性はどのように判断するのか。まず、①処分の主体、名宛人、処分日時および処分内容が同じであれば、同一の処分であり、処分理由の違いは処分の同一性に影響を及ぼさないと考えることができる。このような「処分の主体、名宛人、処分日時および処分内容によって画される処分」については、処分の適法性を根拠づけるために、行政庁は、処分時に客観的に存在した一切の事実上および法律上の根拠を主張できる。理由の差替えは自由にできる。もし、②処分の主体、名宛人、処分日時、処分内容および「処分理由」によって処分が画されるとみる場合には、処分理由を差し替えることは、処分の同一性を失わせることになる（つまり、当該処分の訴訟物とは関係のない処分理由により当該処分の適法性を根拠づけようとすることになる）ので差替えは許されないことになる。一般には、多くの処分について①の考えをとり、特定の処分について②の考えをとる（例えば、懲戒処分は理由が異なれば、処分が異なる。宇賀克也『行政法概説Ⅱ〔第5版〕』〔有斐閣、2015年〕259～260頁。司法研修所編『改訂　行政事件訴訟の一般

的問題に関する実務的研究』〔法曹会、2000年〕142頁以下は、行政庁が第一次的判断権を行使した範囲によって処分の同一性が画される処分類型——名宛人の一定の法的地位を剥奪する処分や申請拒否処分は基本的にこの類型に当たる。いずれの場合も、複数ある処分要件のうちの1つの充足・不充足のみ判断されている——を立てているが、これは処分の同一性について②の考えをとるということであろう）。

　以上のように、処分の同一性を超える理由の差替えは当然認められない。しかし、処分の同一性を超えなければ、理由の差替えが無制限に許されるというわけでもない。下記(1)〜(5)の観点から一定の制約があるものと考えられる。

(1)　理由付記の要請

　法令上、理由の付記が要請されている場合には、立法者が理由付記の恣意抑制機能および不服申立て便宜提供機能をより重視していると解されるので、処分理由の差替えは一律に許されないという見方がある。しかし、立法者が理由付記を求めた理由のみ重視して、他の事項を一切考慮せずに、理由の差替えの可否を決定するのは、硬直的な考え方である。処分理由の付記が求められている場合には、処分の性質、内容を検討した上で、処分理由の差替えの可否を決すべきであろう。

(2)　処分の性質、内容

　不利益処分の場合には理由の差替えを認めず、申請拒否処分については、国民の側が処分内容に関する主張や認否の応対をする限り、差替えを認めるという解釈が有力に唱えられている。このような解釈の背景には、理由の差替えが認められず不利益処分が取り消された場合には、不利益処分がない状態になるという利益が原告にもたらされるという理解がある。他方で、申請拒否処分の場合には、処分理由の差替えを認めないと、行政庁は差替えが認められなかった理由によって再度拒否処分をする可能性があり、そうした場合国民はさらにこの処分を争うことになり、法益保障（自らが望む処分が行われること）が遅れるだけであるという考えがある（兼子仁『行政法学』〔岩波書店、1997年〕188頁）。理由づけの仕方に差異はあるものの（参照、小早川光郎『行政法講義下Ⅱ』

〔弘文堂、2005 年〕214 頁）、申請に対する拒否処分の場合には理由の差替えを認めるという立場が、学説上、大勢を占めるものと思われる。

(3)　裁判所と行政庁の役割分担（申請に対する処分）

　裁判所と行政庁の役割分担の観点から、行政上の案件処理をもう一度行政庁にやり直させたほうが適切な場合（＝行政庁の第一次的判断権の行使を尊重したほうが適切な場合）、理由の差替えは認められないという見方がある。これによれば、申請を却下した処分またはその他の何らかの形式的な理由で申請を拒否した処分の取消訴訟の場合は、当初の形式的な根拠づけが成り立たない以上は処分を取り消して、実質的観点から申請案件の処理をもう一度行政庁にやり直させるのが適切である（小早川・前掲書214〜215 頁）。

(4)　事前手続の保障（不利益処分）

　原告の利益を保護するために特別の手続（聴聞など）が定められている場合に処分理由の差替えを認めると、この手続的保障を奪うことになるため、処分理由の差替えは許されないという見方がある。この見方の背景には、判決で処分を取り消して行政庁に再度の処分を行わせるようにすれば、その過程で法定の事前手続が履行されるため、相手方国民は手続上の保護が得られるということがある（塩野宏『行政法Ⅱ〔第 5 版補訂版〕』〔有斐閣、2013 年〕178 頁、宇賀・前掲書 261 頁）。このような見方からすれば、聴聞手続を経て行われた処分については、理由の差替えを認めないことになろう。

(5)　個別法による特別な仕組み

　行政庁が当初の処分理由とは別の理由に基づいて当該処分の内容を維持したい場合には、別個の処分をすべきと解することのできる法の仕組みが採用されていることがある。例えば、青色申告における更正処分が行われた場合に当初とは別の理由で当該更正処分の内容を維持したい場合には、税法の仕組みからは再更正処分によるべきと解することができる（国税通則法 26 条）。このような特別な仕組みがある場合には、処分理由の差替えは許されないという見方がある（宇賀・前掲 260〜261 頁）。

なお、以上の整理は処分理由の差替えに関して「別異に解すべき特別の理由」（前掲最三小判昭和53年9月19日判時911号99頁）の典型的な場合を提示したものである。したがって、これらに加えて、個別の法律や条例の趣旨に即して個別に独自の解釈が展開され、処分理由の差替えの可否が決せられることもありえよう（本件のモデルケースにおいて、最高裁は当該地方公共団体の情報公開条例の趣旨から処分理由の差替えの可否を決しているように読むことができる）。

【解説8】

本件における不開示決定は、申請を前提にする処分である。したがって、Xの要望を実現するために最も適切と考えられる訴訟は、申請型義務付け訴訟（行訴法3条6項2号）である（本件の開示請求は「条例」に基づく請求なので、「法令」に基づく申請に該当しないようにもみえるが、行訴法上の「法令」には地方公共団体の条例も含まれる）。申請型義務付け訴訟の場合は、一定の抗告訴訟を併合提起しなければならない（行訴法37条の3第3項）。本件の場合、不開示決定という処分が出されており、かつ取消訴訟の出訴期間内であるから（行訴法14条1項）、取消訴訟を併合提起すべきである（行訴法37条の3第3項第2号）。

【解説9】

申請型義務付け訴訟で勝訴するためには、①申請型義務付け訴訟に併合して提起する抗告訴訟において原告が行う請求に理由がなければならず、さらに、②申請型義務付け訴訟に係る処分につき、行政庁がその処分をすべきであることがその処分の根拠となる法令の規定から明らかであると認められるか、または、行政庁がその処分をしないことが裁量権の逸脱・濫用になると認められなければならない（行訴法37条の3第5項）。もっとも、行政庁が一定の処分をすべきであったにもかかわらず、当該処分をしなかったということが認められれば、上記①の要件も、上記②の要件も同時に充足されることになる。したがって、本件の場合も、Xは、開示決定がされるべきであったのに、されなかったということを主張すればよい。したがって、処分の根拠法規の解釈を通じ

339

て一定の処分をすべきことが指摘できさえすれば、問題となっている処分が覊束行為であろうと、裁量行為であろうと、上記②の本案勝訴要件は充足されるので、問題となっている処分が覊束行為か、裁量行為かの判断は、それほど重要なことではない（以上につき、本書第1回【解説8】を参照）。しかし、裁量の余地がどこにあるかによって主張の仕方が変わってくることがある。本件に即していえば、本件情報が本件条例の不開示情報に該当しない場合においても、なお不開示決定をする裁量が行政庁に認められているか（＝効果裁量の余地があるか否か）ということが問題となる。もし効果裁量がないのであれば、原告としては、本件条例の不開示情報に該当しないということさえいえれば、開示決定をすべきであったといえる（本件では、本件条例5条2号アおよびウの不開示情報に該当する可能性が指摘されているから、Xは、本件情報がどちらの不開示情報にも該当しないということを主張すればよいであろう。どの不開示情報に該当するかについては、被告が主張・立証すべきであるから、個別の事案において検討すべき不開示情報の項目は被告の主張次第である）。逆に、もし効果裁量があるのであれば、原告としては、本件情報が本件条例の不開示情報に該当しないと主張するだけでは不充分で、さらに本件の事案に即して開示決定をすべきであったということを主張しなければならない。そこで、以下、効果裁量の有無、本件条例5条2号ウ該当性、本件条例5条2号ア該当性の順で解説する。

　なお、以上から明らかであるが、本件を申請型義務付け訴訟で争った場合、【解説8】で扱った理由の差替えは問題にならない。申請型義務付け訴訟においては、処分をすべきか否かが審理されるのであるから、被告の主張するすべての不開示事由該当性が審理されることになり、理由の差替えが禁止されることはない。

(1)　効果裁量の有無

　本件情報が本件条例の不開示情報に該当しなければ、行政庁は開示決定をしなければならず、行政庁には不開示決定をする裁量は認められないとみてよいであろう。その根拠として指摘できるのは、以下の諸点である（論拠としての説得力は、第1、第2、第3、第4の順に弱まっていくであろう）。

第1に、本件条例5条2号アは「公開することにより公正又は適正な意思決定を著しく妨げるもの」と定め、また、同号ウは「公開することにより……事務若しくは事業の目的を失わせるもの又は公正かつ円滑な執行を著しく妨げるもの」と定めているところ、それらの要件の該当性判断において重要な視点はすべて考慮されるとみる余地があるから、当該条項について不開示情報該当性の判断を経ると、開示・不開示の判断に関して考えるべきことがらは残らないという主張ができる。だとすれば、同号アおよびウの不開示情報に当たらないとの結論が得られれば、開示決定が義務付けられるといえる。

第2に、本件条例5条各号該当性を判断した結果、不開示情報に該当する場合には、本件条例7条により例外的に当該情報が開示されることがあるところ、不開示情報に該当しない場合については、本件条例7条のような例外規定が存在しないため、例外的な取扱いは許されず、本件条例5条各号の不開示事由に該当しない以上は、当該情報は開示されるべきである、といえる。

第3に、本件条例2条1号が「公開することを原則とし、非公開とすることができる情報は、必要最小限にとどめられる」と定めているため、法定の不開示情報に該当する場合以外に不開示決定をすることはできないといえる。

第4に、本件条例1条では情報開示請求権が知る権利として捉えられているので、情報開示請求権を広く認める方向で解釈を展開することが望まれるということを指摘できる（【解説6】を参照）。

(2) 本件条例5条2号ウ該当性

本件情報は、本件条例5条2号ウの不開示情報に該当するであろうか。この点、Xとしては、以下の方法で、本件情報が当該不開示情報に該当しないことを主張しうる。

第1の方法は、本件のモデルケースにおける第二審判決（東京高判平成8年7月17日民集53巻8号1894頁）のように、争訟の方針に関する情報の範囲を狭く解した上で、本件情報が不開示情報に該当しないと主張する方法である。これによれば、本件条例5条2号ウの争訟の方針に関する情報を「現に係属し又は係属が具体的に予測される事案に即し

341

た、事件の見通しなどの浮動的な法律解釈や事実認定に関する事項、更には処理方針に限定されるもの」と限定的に解した上で、本件情報は住民監査請求を端緒とした監査の過程で行われた事実関係の調査結果に係るものであり、現に係属しまたは係属が具体的に予測される事案に即した浮動的な事実認定でも処理方針でもないので、ウの不開示情報に該当しないと主張することになろう。

　第2の方法は、本件のモデルケースにおける最高裁判決のように、争訟の方針に関する情報の範囲を広く解した上で、本件情報が不開示情報に該当しないと主張する方法である。これによれば、本件条例5条2号ウは「市、国若しくは他の地方公共団体又はその機関が一方当事者として争訟に対処するための内部的な方針に関する情報が公開されると、それが正規の交渉等の場を経ないで相手方当事者に伝わるなどして、紛争の公正、円滑な解決を妨げるおそれがあるから」設けられた規定であると解した上で、争訟の方針に関する情報は、現に係属しまたは係属が具体的に予想される事案に即した具体的方針に限定されるのではなく、行政主体またはその機関が行うことのあるべき争訟に対処するための一般的な方針を含むと解し、本件情報には、争訟に対処するための一般的方針など、紛争の公正、円滑な解決を妨げる情報は含まれていないと主張することになろう。この場合、そもそも監査委員による事情聴取は、本件住民訴訟および本件民事訴訟が提起される前に行われているため、本件情報に争訟の方針が含まれているとは考えにくいともいえる。

　なお、この第2の方法で主張を展開する際に、以下の指摘をすることも考えられる。すなわち、ここでは本件条例5条2号ウの「争訟の方針に関する情報」が直接問題となっているが、その直前の「市又は国等が行う監査、検査、取締り、徴税等の計画又は実施要領」という文言に着目すると、検査などの実施に関して、「計画又は実施要領」が個別の検査ごとに定められるだけでなく、一般的に定められ繰り返し使用されることがあり、この場合に、これを開示すると、検査などの実施に支障が生じるとも考えられる。この理は「争訟の方針に関する情報」についても展開できるはずである（モデルとなった最高裁判決の調査官解説を参照）。このような解釈は、条文そのものに着目して、妥当な結論を出しやすいところから出して（「計画又は実施要領」についての結論）、それ

を援用するという作法と、ある解釈をとった場合の不都合を指摘する作法によって（つまり、これは予想される事実から解釈へと跳ね返らせている）、導き出されている（個別行政法規の条文の解釈作法について、本書第12回【解説7】参照）。

　最後に、以上で検討したのは、本件条例5条2号ウの「争訟の方針に関する情報」であって「公開することにより当該事務若しくは事業又は将来の同種の事務若しくは事業の目的を失わせるもの又は公正かつ円滑な執行を著しく妨げるもの」への該当性であるが、これとは別に5条2号の柱書きがあるので、「市が実施する事務又は事業に関する情報であって、公開することにより当該事務又は事業の公正又は円滑な執行に著しい支障を来す情報」といえるかどうかの検討も必要であるようにも思える。しかし、上記のウ該当性が肯定されれば、「公開することにより当該事務又は事業の公正又は円滑な執行に著しい支障を来す情報」であると解してよいだろう。

⑶　本件条例5条2号ア該当性
　本件情報は、本件条例5条2号アの不開示情報に該当するであろうか。この点、Xとしては、同号アにおいて「将来の同種の」という文言が置かれていないことを理由に、「意思決定を著しく妨げる」情報には将来における同種の意思決定を妨げる情報は含まれないと解釈した上で、本件では既に住民監査請求による監査結果が通知されており、監査に係る意思決定が妨げられることはないので、本件情報は不開示情報に該当しない、と主張することが考えられる（こうした解釈は充分説得力があるものと考えられるが、本件のモデルケースにおける最高裁判決は、このような主張を否定している。その論拠について、読者諸氏で確認してもらいたい）。

343

[第21回]

周辺住民らによる場外車券発売場の設置許可の阻止

[事案]

　株式会社である A 社は、平成 19 年 11 月、甲山市内の土地（以下、「本件敷地」という）に「サテライト西山」（以下、「本件施設」という）を設置することを計画した。この施設は、遠方で行われている競輪の車券の販売または配当金の払戻しを行う施設であり、自転車競技法（以下、「法」という）5 条の場外車券売場に該当する。この計画を知った本件施設の周辺住民である X₁ らは、本件施設がギャンブルに関連する施設であることから、反対運動を行った。そこで、A 社は、本件施設の周辺住民らを対象に 2 度にわたり説明会を開催するなどして、周辺住民の理解を得るよう努力したが、住民らは本件施設が日常生活に悪影響を及ぼすなどとして、本件施設の設置計画に強く反対した。A 社は、その後も住民の理解を得られるよう、努力したものの、これ以上計画の実現が遅れると資金繰りなどに影響が出ると判断し、周辺住民の理解を得ないまま、経済産業大臣に対し、法 5 条 1 項の設置許可（以下、「本件許可」という）の申請をすることを決めた。

　この A 社の決断を知った X₁ らは、何とかして本件施設が設置されることを阻止したいと考え、土田弁護士に相談をした。土田弁護士は、X₁ らから一通り話を聞いた後、同じ法律事務所の新米の大貫弁護士に本件の調査をするよう指示した。その 3 日後の平成 22 年 1 月 9 日、両者の間で次のような会話が交わされた。

土田弁護士：X₁ らは本件施設が日常生活に悪影響を及ぼすことなどを懸念していますが、この点を主張していくためには、本件施設がどのような施設なのか、また、本件敷地の周辺環境がどのようなものか、ということを明らかにしておかなければなりません。

344 第21回｜周辺住民らによる場外車券発売場の設置許可の阻止

大貫弁護士：ここにＡ社が住民説明会で配布した資料があるのですが、それによると、本件施設は、鉄骨造、7階建て、地下1階の建物で、建物の高さは約29メートル、延べ床面積は約8,121平方メートルです。建物の1階部分には大型スクリーンが設置される予定で、あたかも競輪場にいるような臨場感を体感できることになっています。本件施設は、完成後、Ａ社から、指定市町村であると同時に競輪施行者である甲山市（法1条1項、5項）に対し、賃貸されることになっています。つまり、車券の販売等は甲山市が行うのですが、場外車券発売場の設置はＡ社が行うというわけです。ちなみに、本件施設の営業日数は年間340日が予定されており、1日当たり約1,700人の来場が見込まれています。

土田弁護士：本件施設の設置予定地の周辺環境について、何かわかったことはありますか。

大貫弁護士：本件敷地は最寄駅の西山駅からは250メートル離れたところにあります。車券の購入などを希望する人たちの多くは、西山駅と本件施設をほぼ直線で結ぶ大土通りを徒歩で移動することになると思います。この大土通りは幅員5メートルで、自動車は侵入禁止になっています。

土田弁護士：先日、私のところに相談にきた X₁、X₂、X₃、X₄ は訴訟を提起するつもりでいますが、このうち X₁ は本件敷地から約120メートル離れた場所にある病院に入院している者で、X₂ は本件敷地から約180メートル離れた場所に居住する者です。X₃ は本件敷地から約200メートル離れた場所にある専門学校の経営者で、X₄ は本件敷地から1,500メートル離れた場所に居住している者です。X₁ が入院する病院、X₂ の住居、X₃ の専門学校は、大土通りに面しています。ところで、訴訟を提起するためには、本件に関する法の仕組みを理解しておく必要があります。この点について説明してもらえますか。

大貫弁護士：法5条2項によれば、経済産業大臣は、場外施設の設置許可の申請があったときは、申請に係る施設の位置、構造および設備が経済産業省令で定める基準に適合する場合に限り、許可をすることができます。そして、この自転車競技法の規定を受けて、自転車競技法施行規則（以下、「本件規則」という）15条1項が、基準を定めています。本

件との関係でいえば、重要なのは、本件規則 15 条 1 項 1 号のいわゆる「位置基準」と同条項 4 号のいわゆる「周辺環境調和基準」です。ちなみに 4 号で言及されている告示【→解説1】ですが、該当する告示では、入場者の用に供するため、適当な数および広さを有する駐車場を利用しやすい場所に設けることが求められています。そのほか本件に関係しそうなルールとしては、甲山市まちづくり基本条例【→解説2】と経済産業省製造産業局長が特定の地方公共団体の機関に宛てて発した「場外車券発売施設の設置に関する指導要領について」と題する指導要領【→解説3】があります。

土田弁護士：本件の場合、風営法も関係しそうですが、本件と風営法との関係についてはこちらで検討しておきます。あなたは、風営法以外のルールとの関係で本件を分析してみてください。

大貫弁護士：わかりました。

土田弁護士：それから、本件の設置許可が処分であるということは異論ありません。そのため、今回は抗告訴訟を提起するのが適切だと考えています。あなたは、本件において設置許可が行われることを阻止するために、いかなる抗告訴訟を提起することが適切か、考えてみてください。その上で、当該訴訟の訴訟要件【→解説4】および本案勝訴要件【→解説5】について検討する必要があります。もっとも、いかなる抗告訴訟を提起しようとも、本件では原告適格が大きな問題となるでしょう【→解説6】。

大貫弁護士：平成 16 年に行政事件訴訟法が改正され、原告適格の条文も改正されました。

土田弁護士：そうであれば、原告適格の有無を判定する条文の構造や【→解説7】、当該条文に依拠した思考プロセスも【→解説8】、新たに考えてみる必要があるように思います。あなたは、そのあたりのことも念頭に置きながら、当該訴訟において X_1～X_4 が原告適格を有するといえるのか否か、検討しておいてください。なお、その他の訴訟要件については、私のほうで検討しておきます。

〈資料〉本件に関する法令等

(**1**) 自転車競技法（昭和 23 年 8 月 1 日法律第 209 号）（抜粋）

（競輪の施行）

第1条　都道府県及び人口、財政等を勘案して総務大臣が指定する市町村（以下「指定市町村」という。）は、自転車その他の機械の改良及び輸出の振興、機械工業の合理化並びに体育事業その他の公益の増進を目的とする事業の振興に寄与するとともに、地方財政の健全化を図るため、この法律により、自転車競走を行うことができる。

2〜4　（略）

5　第1項に掲げる者（以下「競輪施行者」という。）以外の者は、勝者投票券（以下「車券」という。）その他これに類似するものを発売して、自転車競走を行つてはならない。

（場外車券売場）

第5条　車券の発売等の用に供する施設を競輪場外に設置しようとする者は、経済産業省令で定めるところにより、経済産業大臣の許可を受けなければならない。……。

2　経済産業大臣は、前項の許可の申請があつたときは、申請に係る施設の位置、構造及び設備が経済産業省令で定める基準に適合する場合に限り、その許可をすることができる。

3　競輪場外における車券の発売等は、第一項の許可を受けて設置され又は移転された施設（以下「場外車券売場」という。）でしなければならない。

4　（略）

(2)　自転車競技法施行規則（平成 14 年 9 月 13 日経済産業省令第 97 号）（抜粋）

＊本施行規則でいう「法」とは「自転車競技法」を指す。

（場外車券発売施設の設置等の許可の申請）

第 14 条　法第 5 条第 1 項の規定により、競輪場外における車券の発売等の用に供する施設（以下「場外車券発売施設」という。）の設置又は移転の許可を受けようとする者は、次に掲げる事項を記載した許可申請書を、経済産業大臣に提出しなければならない。

一〜九　（略）

2　前項の許可申請書には、次に掲げる図面を添付しなければならない。

一　場外車券発売施設付近の見取図（敷地の周辺から千メートル以内の地域にある学校その他の文教施設及び病院その他の医療施設の位置並びに名称を

記載した一万分の一以上の縮尺による図面）

二　場外車券発売施設を中心とする交通の状況図

三　場外車券発売施設の配置図（千分の一以上の縮尺による図面）

3　（略）

（許可の基準）

第 15 条　法第 5 条第 2 項の経済産業省令で定める基準（……）は、次のとおりとする。

一　位置は、文教上又は保健衛生上著しい支障を来すおそれがない場所であること。

二　施設は、入場者数及び必要な設備に応じた適当な広さであること。

三　（略）

四　前号に掲げる施設の規模、構造及び設備並びにこれらの配置は、入場者の利便及び車券の発売等の公正な運営のため適切なものであり、かつ、周辺環境と調和したものであって、経済産業大臣が告示で定める基準に適合するものであること。

2　（略）

（3）場外車券発売施設の設置に関する指導要領について（平成 25 年 4 月 1 日製局第 15 号）（抜粋）

……自転車競技法施行規則（……）第 14 条第 1 項及び第 15 条第 1 項の運用等については、今後、下記によることとしたので、改めて適切な指導監督及び周知徹底をお願します。……。

1　自転車競技法（……）第 5 条第 1 項に基づく場外車券発売施設の設置の許可申請に当たっては、必要に応じ、当該場外車券発売施設の設置場所の所在する町内会又は地方自治体の長の同意を得る等の地域社会との調整を十分行ったことを証する書面を提出するよう求めること。……。

2〜4　（略）

（4）甲山市まちづくり基本条例（平成 21 年 10 月 28 日条例第 38 号）（抜粋）

（事業者の責務）

第 5 条　事業者は、地域社会の一員としての自覚をもつとともに、事業活動を行う際には、環境に配慮し、地域社会との調和を図るよう努めなければならない。

[設問]

1. 本件施設の設置許可を回避するため、X₁〜X₄が抗告訴訟を提起するとしたら、いかなる抗告訴訟を提起すべきか【→解説9】。なお、本問において、仮の救済について検討する必要はない。
2. 上記1の訴訟において、X₁〜X₄は原告適格を有するといえるか【→解説10】。

はじめに———読解の指針

本件では設置許可という処分と認められる行為が問題になることが指摘されている。そこで、抗告訴訟の提起が考えられることになるが、抗告訴訟には複数の類型があるから、いかなる訴訟が適当な訴訟といえるか、本件の事案に即して検討する必要がある【解説9】。さらに、弁護士としては、当該抗告訴訟の訴訟要件【解説4】および本案勝訴要件【解説5】についても把握しておく必要があるが、本件では、原告適格の検討に的を絞ることが求められているので、平成16年に改正された行訴法9条を踏まえて、本件の事案に即してX₁〜X₄の原告適格を検討することになる【→解説6】【→解説7】【→解説8】【→解説10】。その際に、本件では、告示【解説1】、甲山市まちづくり基本条例【解説2】、指導要領【解説3】が一定の役割を果たしうるので、その法的性格を明らかにしておこう。

なお、本件は最一小判平成21年10月15日判時2065号24頁（第一審は大阪地判平成19年3月14日判タ1257号79頁、第二審は大阪高判平成20年3月6日判時2019号17頁）をモデルケースにしている。

349

［解説］

【解説 1】

　告示とは、行政機関が一定の事項を公に知らせる行為の形式である（国家行政組織法 14 条 1 項、内閣府設置法 7 条 5 項、58 条 6 項）。このように告示は公示のための形式であるから、告示という形式で定められる内容の法的性格（法規か否か、処分性を有するか否か、など）については、別途、個別の告示ごとに検討を行わなければならない。実際、処分性を有すると解される告示（例えば健康保険法に基づく保険医療費決定の告示）や、法規としての性格を有しないと解される告示（例えば環境基本法に基づく環境基準の告示）があるなど、告示の法的性格は様々である。

　本件告示は、本件規則 15 条 1 項 4 号の定める設置許可の要件を当該条項の委任に基づいて具体化したものといえるので、法規性を肯定できる（参照、行手法 2 条 1 号、8 号）。このような理解は、原告適格の有無を判定する際に、意味をもつことになる（【解説 10】を参照）。

【解説 2】

　いわゆる自治基本条例は、地方自治の本旨を実現するための基本原則や当該地方公共団体のあるべき姿を定めた条例であり、近年、急速に各地方公共団体で制定されつつある。この自治基本条例は、その内容からして「自治体の憲法」とも呼ばれ、自治基本条例自身が自治立法における最高法規であることを謳うものもある。ここから、自治基本条例を上位法、それ以外の条例を下位法として捉え、自治基本条例が他の条例に優位するという見解が示されることがあるが、妥当ではない。自治基本条例も他の条例も、条例という同一の法形式であり、両者の間に優劣関係は認められないからである。本件におけるまちづくり基本条例と甲山市の他の条例との関係も同様であり、法解釈上、まちづくり基本条例を特別扱いする必要はない。本件の場合、まちづくり基本条例が法解釈上、問題になるとしたら、当該条例が行訴法 9 条 2 項でいう「関係法令」に含まれるか否かという点である（【解説 10】を参照）。

【解説3】

　国の機関から特定の地方公共団体の機関に宛てて発せられる、本件のような指導要領は、一般に、名宛人となっている地方公共団体の機関に大きな影響を及ぼす。もっとも、この種の指導要領は、国の機関から地方公共団体の機関に宛てて発せられたものであることに鑑みれば、行政主体（行政機関）と国民の間を規律する法ではなく、法規性を有しないといえる。このような理解は、原告適格の有無を判定する際に、意味をもつことになる（【解説10】を参照）。

【解説4】

　後述するように、本件の設問に適合的な訴訟形態は差止め訴訟（行訴法3条7項）であろう。この差止め訴訟は、処分がなされる前の段階で提起される訴訟であるものの、処分または裁決によって生じる不利益の排除を求める点で取消訴訟（行訴法3条2項、3項）と共通するため、「前倒しされた取消訴訟」といわれている。このように、差止め訴訟は取消訴訟と基本構造を同じくするため、後述するように、訴訟要件や本案勝訴要件の局面で、共通する部分がある（【解説5】および【解説6】を参照）。

　差止め訴訟を適法に提起するために、行訴法上、特別に定められた要件は、①重大な損害（行訴法37条の4第1項、第2項）、②他に適当な方法（行訴法37条の4第1項）、③原告適格（行訴法37条の4第3項、第4項）、④処分等の蓋然性（行訴法3条7項）、⑤一定の処分（行訴法37条の4第1項）である（本書第18回【解説11】を参照）。このうち、①重大な損害の要件については、差止めの対象となる処分がなされた後に、当該処分の取消訴訟を提起し、執行停止を受けることにより、容易に救済を受けることができるような性質の損害である場合には、「重大な損害を生ずるおそれ」がないと解されている。本件の場合、設置許可を待って取消訴訟を提起し、執行停止を受けたのでは原告の実効的な権利利益の救済が図られないといえるのか否か、問題とする余地はある。

351

【解説 5】

　行訴法 37 条の 4 第 5 項は、本案勝訴要件を裁量の余地がある場合とない場合で区別しているが、この区別に大きな意味はない。差止め訴訟では、裁量の余地があろうとなかろうと、「行政庁が一定の処分をしたら、違法になる」ということさえいえればよい（それがいえれば、当該処分をすべきでないということになる）。その際の違法事由は、差止め訴訟が「前倒しされた取消訴訟」であることに鑑みれば（【解説 4】を参照）、基本的に当該処分が行われた場合の取消事由と同じである。

【解説 6】

　差止め訴訟が提起される場合として、①何らかの不利益処分を受ける可能性があるときに、名宛人となるべきものがその処分をしないことを求める場合と（名宛人型：例えば河川法上の工作物除却命令の差止めを工作物の所有者が求める場合）、②第三者に対する授益処分の差止めを求める場合（第三者型：例えば原子炉設置許可の差止めを周辺住民が求める場合）がある。訴訟提起の要件はいずれの場合も同じであるが、原告適格の問題状況は異なる。前者の場合、処分の名宛人が原告適格を有することは異論がないのに対し、後者の場合、原告適格の有無をどのように判定するかは問題となる。この点、行訴法 9 条 2 項は、取消訴訟における第三者の原告適格の有無を判断するための考慮要素および解釈基準を定めており、差止め訴訟の場合も同条項の準用がある（行訴法 37 条の 4 第 4 項）。これは、差止め訴訟が「前倒しされた取消訴訟」であることと密接に関連している（【解説 4】を参照）。本件の場合、弁護士は原告適格が大きな問題になることを指摘しているが、それは X_1〜X_4 が設置許可の名宛人以外の第三者だからである。

【解説 7】

　行訴法 37 条の 4 第 3 項は「法律上の利益」を有する者に限り差止め訴訟の提起を認めており、この「法律上の利益」が認められる者が原告適格をもつ。そして、同条 4 項によれば、「法律上の利益」の有無の判断は 9 条 2 項によって行われる。同条項は、次のように定める（説明の便宜上、番号を付す）。「裁判所は、処分又は裁決の相手方以外の者につ

いて前項に規定する法律上の利益の有無を判断するに当たつては、当該
処分又は裁決の根拠となる法令の規定の文言のみによることなく、①当
該法令の趣旨及び目的並びに②当該処分において考慮されるべき利益の
内容及び性質を考慮するものとする。この場合において、③当該法令の
趣旨及び目的を考慮するに当たつては、当該法令と目的を共通にする関
係法令があるときはその趣旨及び目的をも参酌するものとし、④当該利
益の内容及び性質を考慮するに当たつては、当該処分又は裁決がその根
拠となる法令に違反してされた場合に害されることとなる利益の内容及
び性質並びにこれが害される態様及び程度をも勘案するものとする。」

　ここで最初に確認しておかなければならないことは、法律上の利益
は、処分を定める法律の規定（処分の根拠法規）の解釈で決まるという
ことである。ある利益（例えば、身体や財産に関する利益）が処分の根
拠法規によって保護されていない場合でも、当該利益が現在の法体系に
おいて保護されていれば、当該利益を侵害される者に法律上の利益を承
認することができるとは従来考えられてこなかったのである（藤田宙
靖・行政法総論 423-424 頁）。

　ところで、9条2項でいう「当該処分又は裁決の根拠となる法令の規
定」を「処分の根拠法規」と呼ぶことができるが、処分の根拠法規は、
誰が、どのような要件（実体要件と解する。手続や形式などのいわゆる
手続要件も一種の要件であるが、ここでは要件に含めない）の下で、ど
のような行為を行うことができるか（すべきか）について定めた法令の
個別的規定のことである。本条項は、この処分の根拠法規の文言だけに
依拠した硬直的な解釈を回避するよう求めると同時に、原告適格の判断
において妥当な結論を導くための考慮要素（上記①と②）および解釈基
準（上記③と④）を定めている。その文言からすれば、考慮要素①と解
釈基準③が対応し、考慮要素②と解釈基準④が対応するといえるが、考
慮要素①および解釈基準③と考慮要素②および解釈基準④は、以下にみ
るとおり、相互補完的に作用する。以下、この相互補完関係も含めて、
これらの考慮要素および解釈基準について解説しておく。

⑴　考慮要素①と解釈基準③
　解釈基準③それ自体には明確に現れていないが、処分の根拠法規が

個々人の個別的利益を保護する趣旨を含むか否かは、処分の根拠法規およびそれと目的を共通する関連法規の関係規定によって形成される法体系の中に、処分の根拠法規を位置づけて判断すべきである（新潟空港訴訟の最高裁判決である最二小判平成元年2月17日民集43巻2号56頁が示すところである）。このような作業を行うことが関係法令の趣旨・目的を参酌するということでもある。これによれば、処分の根拠法規の趣旨および目的の解釈においては、法体系と処分の根拠法規との間で視線の往復作業が求められることになるのである。また、このような作業を行う過程で、処分の根拠法規を含む法令の目的の解釈が大きな意味をもつこともあるので、注意が必要である。例えば、新潟空港訴訟の最高裁判決においては、個別規定の改正（騒音基準適合証明書制度の導入）を根拠として、処分の根拠法規を含む航空法の目的でいうところの「航空機の航行に起因する障害」の防止に「航空機の騒音による障害」の防止を読み込み、その目的が処分の根拠法規の個別条文の解釈に重要な意味をもたされている。

⑵　考慮要素②と解釈基準④

　考慮要素②は、考慮要素①とともに、もんじゅ訴訟の最高裁判決（最三小判平成4年9月22日民集46巻6号571頁）において明確に示されている考慮要素である。考慮要素①の処分法規の趣旨・目的は、考慮要素②の「当該処分において考慮されるべき利益の内容及び性質」の把握と密接に関係する。例えば、もんじゅ訴訟において、最高裁は、処分の根拠法規（原子炉等規制法24条3号および4号）の趣旨目的を語る際に、当該処分において考慮されるべき利益の内容および性質（周辺住民等の生命、身体、周辺の環境）を取り出しているが、最高裁は、これだけで周辺住民の原告適格を肯定せず、さらに、原子炉事故が発生した場合に、原子炉近くに居住する住民のそれらの利益が直接的かつ重大な被害を受けることを考慮して、最終的に処分の根拠法規が「原子炉施設周辺に居住し、右事故等がもたらす災害により直接的かつ重大な被害を受けることが想定される範囲の住民の生命、身体の安全等を個々人の個別的利益としても保護すべきものとする趣旨を含む」としているのである。解釈基準④はこのような解釈作法を取り入れているといってよい。

この解釈基準④は、処分が違法に行われた場合にどのような利益がどの程度害されるかについて思考実験を行い、その結果から「当該処分において考慮されるべき利益の内容及び性質」の把握に至ることを求める。これにより考慮要素②の「利益の内容及び性質」の把握が単に処分法規の趣旨・目的から形式的に導かれることを避けると同時に、思考実験によって想定された侵害される利益の重大性や侵害の程度からすれば、当該利益が処分法規によって個別的に保護されていると解釈すべきであるという理路を辿ることを可能にした。つまり、解釈基準④は、考慮要素②の「利益の内容及び性質」の解釈基準を提供しながらも、処分が違法に行われた場合に害される現実的な不利益に着目し、その結果を、法律上の利益の有無についての判断に反映させることを可能にしているのである。このような見方に立てば、「法令の趣旨及び目的」に個別的利益を保護する趣旨が明確には読み取れない場合でも、「利益の内容及び性質」とその「利益が害される態様及び程度」とを考慮することにより、法律上の利益を肯定することができるわけである。その意味で解釈基準④は、いわゆる「法律上保護に値する利益説」の思考法に近接した解釈作法を可能にしているといえよう。もっとも、これとは逆に、「利益の内容及び性質」とその「利益が害される態様及び程度」からすると法律上の利益を肯定することが難しい場合でも、「法令の趣旨及び目的」により、法律上の利益を肯定することはできる。

以上のように「法律上の利益」の有無が判定される際には、各考慮要素と各解釈基準が相互補完的に作用するから、これを相互補完的解釈と呼ぶことができる。

(3) 注意点

以上を踏まえて行訴法 9 条 2 項の判断構造の骨格を意識しつつ、注意点をまとめておく。

取消訴訟を提起した者に原告適格が認められるか否かが問題となる事例において、実際に訴訟を提起した原告に法律上の利益があることを主張する場合には、まずもって「ある法（本事例であれば自転車競技法）が処分の根拠法規を通してある利益を個々人の個別的利益としても保護すべきものとする趣旨をもっている」旨（以下、「結論 X」という）を

355

指摘する必要がある。この中間的な結論 X を導き出すためには、③および④の解釈基準を援用しつつ、①「当該法令の趣旨及び目的」および②「当該処分において考慮されるべき利益の内容及び性質」を考慮することになる。その際、事案によっては①のみで個別的利益が処分の根拠法規によって保護されていると判断できる場合もあるが、その場合でも、③および④の解釈基準を援用しつつ、①および②を考慮した上で結論 X を示すことが必要である。また、解釈基準④を基礎とした、相互補完的解釈によって補うのは、上記の中間的な結論 X の判断であって、①「当該法令の趣旨及び目的」についての判断ではない。さらに、①の検討段階では、ある利益が法的に保護されているということを打ち出せればよく、その利益が個別的に保護されていることは上記の中間的な結論 X で示すことになる。

　上記の結論 X はあくまで処分の根拠法規の解釈として誰に原告適格が認められるかということに関わるものである。現に訴えを提起している者について原告適格が認められるか否かは、次の段階の問題である。したがって、解釈基準④に依拠して現実に起こりうる現実の被害を見据えて判断するとしても、それはあくまで、上のように処分法規の解釈として誰に原告適格が認められるかという法解釈のレベルでの判断である（だから、原告が被るであろう現実の被害の考慮がなされていても、その段階では彼の原告適格を認めているわけではない）。

【解説 8】

　法律上の利益の有無を判定する際には、基本的な作業として、上記解釈基準③に依拠して考慮要素①を考慮する作業（ただし、後述するように、解釈基準③を援用する必要がない場合もある）と、上記解釈基準④に依拠して考慮要素②を考慮する作業がある。以下、それぞれの局面において、どのような思考プロセスがとられるべきか、解説しておく。

(1)　解釈基準③に依拠して考慮要素①を検討する場合の思考プロセス

　まず、処分の根拠法規を確定する必要がある。処分の根拠法規の趣旨・目的を検討する際に重要な拠り所となるのは、処分要件を定めた規定（要件規定）であるが、政省令等の規定であっても、法律の委任によ

って処分要件が定められていれば、政省令等に処分要件を定めることを委ねた法律とともに、処分の根拠法規となる。これに対して、法律の委任に基づかない通達等は、上記の政省令等とは異なり、処分の根拠法規として捉えることはできず、あくまで、「当該法令の趣旨及び目的」の解釈をする際の参考としてしか使えない。

　処分の根拠法規を確定したら、次に、処分の根拠法規の要件規定に着目する。そこから、何らかの利益を保護している趣旨が読み取れることもあるであろうから、その場合は、当該要件規定から何らかの法律上の利益が保護されていることを指摘すればよい（前述のように、この段階では、個別的利益が保護されているとまで述べる必要はない。何らかの利益が保護されていることを打ち出せばよい）。例えば許可要件を定めた規定として、いわゆる距離制限の規定があるが、そこで対象とされている施設の設置者は当該距離制限規定を根拠に自らの権利利益が法令によって保護されていると主張しうる（例えば病院の開設者が風営法上の許可の取消しを求めた最三小判平成 6 年 9 月 27 日判時 1518 号 10 頁を参照）。仮に、要件規定から原告を含むある範囲の者の利益を保護している趣旨が読み取れない場合には、視野をもう少し広げて、要件規定以外の規定、例えば処分をする際の手続規定や、附款としての条件を付すことができる旨の規定などがないかを確認する（これらの規定は関係法令ではなく、処分の根拠法規を解釈するにあたって拠り所とする規定である。これらの規定を援用して、処分の根拠法規の解釈をしていることになる）。例えば処分の事前手続に一定の者が参加することを認めている規定がある場合には、そこから手続参加者の利益が法令によって保護されていることを読み取りうる（長沼ナイキ事件の最一小判昭和 57 年 9 月 9 日民集 36 巻 9 号 1679 頁）。また、附款としての条件に何らかの利益を守るための条件を付すことができることを法令が認めているような場合も、何らかの利益が法令によって保護されていると指摘しうる。以上の検討作業においては、法律の目的（通常は第 1 条に規定がある）も視野に入れることになろう。

　なお、個別規定を効率的に検討するための便法として、原告が主張する違法事由から、法律上の規定を特定し、その趣旨を考えていくということはありうる。しかし、原告が主張する違法事由と関連しない法律上

の規定からも、原告適格を肯定することは可能であるから、注意が必要である。例えば、ある処分の事前手続を定めた規定がある場合、原告が当該規定違反を問題にしていなくても、当該規定を根拠に原告適格を肯定することはできる。結局、「当該法令の趣旨及び目的」の解釈に援用できる規定はすべて使うことになる。

　以上の作業を通じて、何らかの利益が保護されていることを肯定できれば、それ以上の解釈作業は必要ない（前述のように、ここでは個別的利益保護の趣旨までは打ち出さなくてよい）。問題となるのは、処分の根拠法規からは何らかの利益が保護されているということを明確に読み取れない場合である。その場合には、関係法令にまで視野を広げることになる。その際、まずは何が関係法令に該当するかを確定しなければならない。その作業を行うためには、処分の根拠となる法令の規定が目的としていることをラフに抽出し、その目的と共通する目的をもった（その意味で関係する）法令を確定することになる。むろん、そこでは法令が対象になるのであるから、法令ではないもの（通達など）は関係法令には含まれない。こうして関係法令を確定したら、次に、新潟空港訴訟最高裁判決のように、法体系を観念的に形成することが望ましい（当該判決は「航空機騒音障害の防止の観点からの定期航空運送事業に対する規制に関する法体系」を構成し、関係法令を引き出している）。そして、法体系を構成することができたら、その中で「当該処分の根拠となる法令の規定」（処分の根拠法規）の趣旨目的を確定するという作業を行うことになろう（【解説7】を参照）。

⑵　解釈基準④に依拠して考慮要素②を検討する場合の思考プロセス
　解釈基準④では、被侵害利益の内容および性質と侵害の態様および程度を勘案することが求められている。

　このうち被侵害利益の内容および性質については、高次の保護法益が被侵害利益となっているか否かが、1つの視点となる。例えば、生命・身体・財産に関する利益が被侵害利益の場合には、そのことが原告適格を肯定する方向に大きく作用することになろう。

　また、侵害態様・程度については、反復継続性や、近接性などに着目してみるとよい。例えば、ある者の利益に対する侵害が反復継続して日

常的に行われるといった事情や、設置許可を付与されて設置された施設の近くで生活を送っているといった事情は、原告適格を肯定する方向に大きく作用する。

　以上のように、被侵害利益の内容および性質ならびに侵害の態様や程度を検討することにより、原告適格を有する者の範囲を限定することができる。あるいは、原告適格の範囲を限定するために、被侵害利益の内容および性質ならびに侵害の態様や程度について検討することになるといってもよい。その意味で、被侵害利益を考慮するという解釈作業と原告適格の範囲を限定するという解釈作業は、密接な関係にあるといってよい。

【解説9】

　いかなる手順を踏んで訴訟形式を決めるべきか、ということについては、既に述べた（本書第18回【解説10】を参照）。その手順に従うと、本件の場合は、すぐに結論が出る。すなわち、本件では、処分である本件許可が行われないようにすることが求められているから、抗告訴訟である差止め訴訟（行訴法3条7項）が適切である（行訴法37条の4第1項の「重大な損害」の要件との関係で、施設の設置許可の取消訴訟を提起するので十分ではないかとの指摘がありうるが【→解説4】、本件では設置許可が行われないようにすることが求められているので、この点について悩む必要はない）。

　そのほか、設置許可が行われることを回避するための訴訟としては、設置不許可処分の義務付け訴訟も考えられるかもしれない。その場合、周辺住民は不許可処分を求める申請権を有しているわけではないから、X₁らが提起するとしたら、直接型義務付け訴訟（行訴法3条6項1号）ということになる。ここで義務付け訴訟と差止め訴訟の関係について指摘しておくと、両者は、作為を求めるか不作為を求めるかの違いはあるが、いずれも義務付けを求める点で共通する。また、義務付け訴訟であっても、差止め訴訟と同様に、現状の悪化を防ぐ機能をもつ場合もあり（参照、南博方・髙橋滋編『条解　行政事件訴訟法〔第3版補正版〕』〔弘文堂、2009年〕665頁〔山崎栄一郎〕）、本件の不許可処分の義務付け訴訟が、まさにその場合に当たる。以上の共通性に鑑みれば、本件の場合、いずれの訴訟も適法な訴訟とみるべきだろう。もっとも、義務付

359

け訴訟と差止め訴訟では、「他に適当な方法」の要件が積極要件として定められているか（行訴法37条の2第1項）、消極要件として定められているか（行訴法37条の4第1項）、という点で違いがある。したがって、主張・立証責任の観点からすると、設置不許可処分の義務付け訴訟を提起するよりは、差止め訴訟を提起したほうがよいということになる（もっとも、義務付け訴訟が、差止め訴訟と同様に、現状の悪化を防ぐ機能をもつ場合を念頭に置くと、義務付け訴訟と差止め訴訟の「他に適当な方法」の要件の認定の仕方に違いが出るのは適切ではないという考えもありうる）。

【解説10】

差止め訴訟の原告適格を有するのは、「法律上の利益を有する者」である（行訴法37条の4第3項）。そこで、まずは法の解釈として誰が「法律上の利益を有する者」といえるのか、明らかにし（以下の(1)〜(6)）、それを前提にして、具体的に提訴者（X_1〜X_4）の誰が原告適格を有するのか、検討することにしよう（以下の(7)）。

(1) 処分の根拠法規の確定

まず本件における処分の根拠法規を確定する必要がある。この点、本件設置許可の根拠は自転車競技法5条1項である。この設置許可の実体要件については、同条2項が定め、さらに同条2項の規定による委任を受けて自転車競技法施行規則15条が許可要件を詳細に定めている。また、自転車競技法施行規則15条1項4号を受けて定められた告示も、設置許可の実体要件に関する定めなので、処分の根拠法規として捉えることができる。これらの諸規定が処分の根拠法規として捉えられることに異論はないであろう。

なお、指導要領は法規性を有しないので（【解説3】を参照）、処分の根拠法規として捉えることができない（法規性が認められない以上、「関係法令」に該当する余地もない）。さらに、甲山市まちづくり基本条例も、設置許可要件について直接規律しているわけではないので、処分の根拠法規として捉えることができない（ただし、法規性は認められるので、「関係法令」に該当する可能性は残されている）。

(2) 当該法令の趣旨・目的の解釈

　それでは、上記の処分の根拠法規は特定の法主体の何らかの利益を保護する趣旨・目的を有しているといえるのか。以下、個別の根拠法規ごとに検討することにしよう。

　自転車競技法5条1項は、単に場外車券売場を設置しようとする者が許可を受けなければならないことを定めているにすぎず（この規定は経産大臣が許可をすることも定めていると読む）、許可の具体的な要件を定めていないので、当該条項からは第三者の何らかの利益を保護する趣旨を読み取ることができない。また、同条2項からも同様に読み取ることはできない。

　次に、位置基準について定めた自転車競技法施行規則15条1項1号の文言からすると、文教施設または医療施設に関係する者の何らかの利益が保護されていることを読み取れる可能性がある。もっとも、文教施設または医療施設に関係する者として、さしあたり、①施設の開設者、②施設の利用者、③施設の周辺住民の3つの法主体を考えることができるから、同号はいずれの法主体の利益を保護しているのかが問題となる。この点、本件のモデルケースにおける最高裁判決は、位置基準が「医療施設等の開設者の行う業務を保護する趣旨をも含む」旨、判示する一方、位置基準が施設の利用者の利益および施設の周辺住民の利益を保護する趣旨を含むという見方を認めていない。このような理解の背景には、位置基準が第一次的に保護しようとしている利益が「心身共に健康な青少年の育成や公衆衛生の向上及び増進といった公益」であるという見方がある。しかし、本件のモデルケースにおける第一審判決が述べるように、本件施行規則15条1項1号からは「文教施設ないし医療施設の設置者の業務遂行上の利益に着目してこれを保護するというよりはむしろこれらの施設において営まれる教育等ないし治療等の営みそれ自体に着目してこれを保護しようとする趣旨がうかがわれる」ともいえる。また、場外車券売場の周辺に所在する医療施設等を利用する児童、生徒、患者等にも、当該場外施設において車券の発売等の営業が行われた場合に文教上または保健衛生上著しい支障がもたらされることはあり、彼らがそうした支障を受けない利益は保護されているとみることもできる。このような見方に立てば、場外車券売場の周辺で居住している

361

人や事業を営んでいる人についても、同じ論拠で原告適格を肯定する余地が生まれよう（ただし、利益侵害の態様・程度が同じであっても、処分法規の趣旨からいって、特定の利益については保護していないとの結論にならざるをえない場合には、当該利益しか有しない者の原告適格は否定されうる。参照、後述の(7)本件における原告適格の有無についての判断）。いずれにせよ、位置基準を通して法が誰の利益を個別的に保護しようとしているかの確定は、被侵害利益の検討を抜きにしては行うことができない、といえよう（相互補完的解釈）。

次に、自転車競技法施行規則15条1項4号であるが、同号は周辺環境調和基準を定めており、施設の周辺地域の健全で静穏な生活環境を保護する趣旨の規定として捉えることができる。同号の「周辺環境と調和したもの」という文言は相当程度曖昧であるが、施設の周辺地域の健全で静穏な生活環境を保護する趣旨を含んでいるといえなくはない。また、自転車競技法施行規則15条1項4号の委任を受けて定められた告示は駐車場に関して定めている。当該告示は、駐車場設置の不手際によって施設周辺に違法駐車等が現れないようにすることを目的とするもので、交通秩序の維持という利益が保護されているとみることができるから、施設の周辺地域の健全で静穏な生活環境を保護する趣旨を含んでいるといえなくはない。しかし、自転車競技法施行規則15条1項4号および同号の委任を受けて定められた告示によって、このような生活環境に関する利益が保護されているとしても、その利益が個別的利益として保護されているか否かは別途、被侵害利益の内容・性質、利益が侵害される態様・程度に着目して検討される必要があるし、そもそも、そのような生活環境に関する利益が当該条項によって保護されているとはいえない可能性もある。

そのほか、本件では、設置許可の添付書類等について定めた自転車競技法施行規則14条2項1号がある。この規定からは、その範囲内にある文教施設および医療施設の関係者（ここでは、そのような関係者として①施設の開設者、②施設の利用者が考えうる。この規定からは、施設の周辺住民を関係者としてとり出すことはむずかしいだろう）の利益を個別的に保護する趣旨を読み取れなくはない。実際、本件のモデルケースの第二審判決は、当該「規定は、当該施設の敷地の周辺から1,000メ

ートル以内の地域に居住し、事業を営む住民に対し、違法な場外車券発売施設の設置許可に起因する善良な風俗及び生活環境に対する悪影響に係る著しい被害を受けないという具体的利益を保護したもの」と判示している。しかし、最高裁は、周辺の医療施設等に限定しているが、このような見方について、「場外施設の設置、運営が周辺の医療施設等に対して及ぼす影響はその周辺の地理的状況等に応じて一様ではなく、上記の定め〔本件施行規則14条2項1号〕が上記地域において医療等の事業を営むすべての者の利益を個別的利益としても保護する趣旨を含むとまでは解し難い」と判示している。場外車券発売場の設置の距離基準として1,000メートルという基準が定められているならばともかく、本件施行規則14条2項1号は単に添付書類として見取図の提出を求めているにすぎないので、当該規定から特定の法主体の個別的利益が保護されていることを読み取るのは困難であろう（ただし、処分法規の趣旨・目的の検討の段階では、ある利益が法的に保護されていることまでをいえばよいところ、自転車競技法施行規則15条1項1号から文教施設および医療施設の関係者の何らかの利益が保護されている趣旨を読み取れなくはない）。

　そのほか、本件では、処分をする際の手続規定や、処分に条件を付すことができる旨の規定など、特定の法主体の利益を保護する趣旨を読み取れそうな条項は見当たらない。自転車競技法1条に定められた目的規定も、特定の法主体の利益を保護しているとはいえないであろう。なお、指導要領については、処分の根拠法規の趣旨目的を解釈する際に、参考にすることがありえてよいが、本件の場合、指導要領を参考にしたとしても、その文言からは、特定の法主体の利益を保護する趣旨を読み取ることは難しい。

　このように、処分の根拠法規に着目した以上の検討からは、特定の法主体の利益が保護されているとは断言できない。そこで、次に関係法令の検討に入る。

(3)　目的を共通にする関係法令の確定

　本件において、保護される利益に着目して処分の根拠法規が目的としていることをラフに抽出すると、「文教施設ないし医療施設が円滑に業

務を行うことのできる健全で静穏な環境の整備」、「文教施設ないし医療施設において良好に教育ないし治療を受けうる健全で静穏な環境の整備」、「場外車券発売場の周辺における健全で静穏な環境の整備」といった目的を指摘できる。それぞれについて法体系を作ってみると、①「文教施設ないし医療施設が円滑に業務を行うことのできる健全で静穏な環境を整備するという観点からする場外車券発売場設置の規制に関する法体系」、②「文教施設ないし医療施設において良好に教育ないし治療を受けうる健全で静穏な環境を整備するという観点からする場外車券発売場設置の規制に関する法体系」、③「場外車券発売場の周辺における健全で静穏な環境を整備するという観点からする場外車券発売場設置の規制に関する法体系」とでもなろうか（別の表現も考えられる）。このうち①および②の場合は、本問で与えられた事実を前提にすると、関係法令として指摘できるものはないが、③の場合は甲山市まちづくり基本条例を関係法令として指摘しうる。

(4)　目的を共通にする関係法令の趣旨・目的の参酌

　甲山市まちづくり基本条例も関係法令として含む、上述のような法体系（すなわち③「場外車券発売場の周辺における健全で静穏な環境を整備するという観点からする場外車券発売場設置の規制に関する法体系」）を構成して、その中で、本件における処分の根拠法規を解釈してみても、処分の根拠法規それ自体の趣旨を超えて、特定の法主体の利益が保護されている趣旨を読み取ることは難しい。そもそも、そこでとり出されている「健全で静穏な環境で生活する利益」（生活環境利益）は、本件処分の根拠法規によってそもそも保護されていないと考えるのが恐らく適切であろうから、以下では、このことを前提に検討する。

(5)　被侵害利益の考慮

　本件では、「害されることとなる利益の内容」を、「健全で静穏な環境の下で円滑に業務を行うことのできる利益」と捉えることもできるが（参照、本件のモデルケースにおける最高裁判決）、「健全で静穏な環境の下で教育ないし治療を受ける利益」と捉えることもできるだろう。また、「害されることとなる利益の性質」については、それぞれの利益

は、侵害されないことが重要な利益であり、金銭賠償には馴染まないという言い方ができるであろうか。

また、「利益が害される態様及び程度」については、本件の場合、場外施設に来場する人の流れや、来場者の数、本件施設の稼動状況などに着目して、検討することになろう。そうすると、本件施設の営業日数が年間 340 日であることからは侵害態様の反復継続性を指摘できるし、1 日当たり約 1,700 人もの来場者が最寄駅から道幅の狭い道路を往来することから特に当該道路の利用者は侵害の程度が重いということを指摘できる（こうした事情をある程度抽象化することによって「利益が害される態様及び程度」を表現することができる）。

このように「利益が害される態様及び程度」に着目することによって、原告適格を有する者の範囲を限定することができ、同時に、一般に公益として捉えられる傾向にある「健全で静穏な環境で生活する利益」に関しても個別的に利益が保護されているとの結論に至る可能性を切り開くことができなくはない（本件処分法規は、こうした利益を保護していないであろうことは(4)で述べた）。

(6)　処分法規の解釈として原告適格が認められる者についての結論

　　以上のような場外車券発売場の設置許可に関する自転車競技法の規定の趣旨および目的、これらの規定が場外車券発売場の設置許可の制度を通して保護しようとしている利益の内容および性質等を考慮すれば、同法は、場外車券発売場の設置許可に関する自転車競技法の規定（処分の根拠法規）を通じて、「健全で静穏な環境の下で円滑に文教施設または医療施設に関わる業務を行うことができる利益」（あるいは「健全で静穏な環境の下で教育ないし治療を受ける利益」）を直接的に侵害されるおそれのある者に対して、そのような被害を受けないという利益を個々人の個別的利益として保護すべきとする趣旨をもっているといえよう。

(7)　本件における原告適格の有無についての判断

　　以上のことを踏まえて、X_1〜X_4 の原告適格について検討してみる。

　　X_1 の場合、本件施設の設置許可がされることによって健全で静穏な環境の中で入院生活を送る利益が直接的に侵害されるといえるので、

X_1 の原告適格を肯定することは可能である。ただ、他方で、次のような考えもありうるだろう。すなわち、自転車競技法施行規則 15 条 1 項 1 号は、あくまで、「文教施設ないし医療施設の設置者の業務遂行上の利益に着目してこれを保護する趣旨」であり、本件施設の設置許可により健全で静穏な環境の下で入院生活を送る利益を保護する趣旨ではないので、これを前提にすれば、当該利益の侵害の態様・程度はどうであれ、X_1 には原告適格が認められないといえる。また、X_1 の利益を処分法規は保護しているとしても、場外車券発売場に人が押し寄せた場合に X_1 が病院の施設内にいる限りは、健全で静穏な環境の中で入院生活を送る利益が侵害されることはないので、X_1 には原告適格は認められないともいえる。

　X_2 の場合も、X_1 と同様、本件施設の設置許可によって健全で静穏な環境の下で日常生活を送る利益が直接的に侵害される。しかし、自転車競技法施行規則 15 条 1 項 4 号（1 号も）の文言からすると、せいぜい、処分法規は文教施設または医療施設に関係する者（施設の開設者および施設の利用者）の利益しか保護しておらず、競技場の周辺住民にすぎない X_2 の健全で静穏な環境の下で生活を送る利益を保護しているとはいえないので、当該利益の侵害の態様・程度はどうであれ、X_2 の原告適格は認められない。

　X_3 の場合は、その位置からして事業を行う利益が直接的に侵害されるので、原告適格を肯定することは可能である。ただ、他方で、次のような考えもありうるだろう。すなわち、自転車競技法施行規則 15 条 1 項 1 号は、「文教施設ないし医療施設の設置者の業務遂行上の利益に着目してこれを保護するというよりはむしろこれらの施設において営まれる教育等ないし治療等の営みそれ自体に着目してこれを保護しようとする趣旨」（本件モデルケース第一審判決）であるから、文教施設または医療施設に関係する者ではあるが、教育事業を行うにすぎない X_3 には原告適格が認められない。

　最後に、X_4 の場合、処分の根拠法規は場外車券発売場周辺において「健全で静穏な環境で生活する利益」を保護する趣旨を含んでいないと解されるため、原告適格は否定されよう。

◆事項索引

あ

暁学園事件 ……………………………226

い

飯盛町旅館業法事件 …………………093
異議の申出 …………………………076/079
意見公募手続 …………………………008
一事不再理 ……………………………257
一部事務組合 ………………………170/174
一部判決 ………………………………266
逸失利益 ……………………………064/065
一定の処分 ……………301/302/303/351
一般公益の保護 ………………………092
一般競争入札 …………………………056
一般使用 ………………………………023
委任行政 ………………………………225
委任条例 ………………………………192
委任命令 ………………………………193
違法確認訴訟 …………………………308
違法性 ……………………………029/213
　——一元説 ……………030/064/111/282
　——相対説 ……029/030/064/111/112/281
　——阻却 ……………………………138
　——の承継 …………………………081
因果関係 ………………………………214
因果関係の中断 ………………………207

う

訴えの利益 …………………………032/267
浦安漁港事件 ………………………021/029

え

営造物瑕疵説 …………………………321

お

応答義務 …………………009/075/076/140
大阪淡路銃刀法不作為事件 …………212
公の営造物 …………………………316/321
沖縄県宜野座村工場誘致事件 ………048

か

戒告 …………………………………295/303
解釈基準 ……………262/352/353/356
解釈通達 ………………………………159
回避可能性 ……………………………323
外部性 ……………139/189/222/256/278
加害行為 ………………………………028
下級行政機関 ………………………159/293
確定力 …………………………………076
確認訴訟
　………012/045/125/243/300/301/306/307
確認の利益 …………………161/306/307
過失 ……………………213/226/318
　——相殺 ……………………………215
河川管理者 ……………………………021
仮処分 …………………………………175
仮の義務付け …………………………127
仮の救済 …………………………127/174
監査 ……………………………………331
　——委員 ……………………………331
　——請求 ……………………………331
　——請求前置 ………………………332
監督権 …………………………………042

き

菊田医師事件 …………………………139
期限 ……………………………………239
規制権限の不行使 ……………………210
規制（規律）の目的、内容や効果 ………093
規制の対象（規律事項）……093/094/095/096
規則 ……………………039/041/123
覊束行為 …………………………113/340
期待可能性 ……………………………210
規範具体化行政規則 …………………123
既判力 …………………………………124
義務違反説 ……………………………321
義務付け訴訟 …………081/177/316/359
義務付けの訴え ………………………162
義務不存在確認訴訟 …………………306
義務履行確保の手段 ………………091/093
客観説 …………………………………321
求償権 …………………………225/231

367

漁港管理者 ……………………………021
協議 ……………………………………122
狭義の訴えの利益 ……………………126
強制執行 ………………………078/175
行政機関 ……227/292/294/296/351
行政規則 …………058/105/123/262
行政計画 ………………………………088
行政契約 ………………………………171
行政経済の見地 ………………………147
行政行為 ………………142/158/239
行政財産 ………………………123/238
　　――の目的外使用 …………………238
行政裁量論 ……………………………317
行政指導
　……090/091/093/106/111/122/239/240/257
　　――指針 ……………………………105
行政主体 …………146/227/292/296/306/351
行政上の一方的執行措置 ……………209
行政争訟 ………………………………334
行政訴訟 ………………………………334
行政代執行法 …………………026/093
行政調査 ………………………073/205
行政庁 ……………………146/293/306
行政庁の事務所 ………………………042
行政手続条例 …………105/106/187/240/333
行政手続法 ………038/073/106/187/239/333
行政不服審査法 ………………………334
行政不服申立て ………………190/334
行政の判断過程 ………………………060
競争入札 ………………………………056
許可 …………………007/008/113/122
許可使用 ………………………………023
拒否行為 ………………………173/174/177
拒否処分 ………………………………063
規律の趣旨、目的、内容および効果 ……095
緊急避難 ………………………028/030

く

具体性 …………137/189/222/256/278
国と地方公共団体との適切な役割分担 …096
訓令 ……………………………………295

け

計画担保責任 …………………………049
形式的基準 ……………………………048
形式的抗告訴訟観 ……………………300
形式的当事者訴訟 ……………………242
形成裁量 ………………………………007
形成力 …………………………124/143
継続的権力的事実行為 ………………206
継続的事実行為 ………………………074
契約 ……………………………038/046
　　――締結上の過失 …………………047
　　――締結に向けた交渉 ………046/047
　　――の申込み ………………………199
　　――方法の自由の原則 ……………057
経由機関 ………………………041/046
結果回避可能性 ………………………210
減給 ……………………………295/303
権限の委任 ……………………122/187
権限の代理 ……………………………187
原告適格 …126/283/351/352/360/365/366
建築確認 ………………………………037
憲法29条3項 …………………………048
権利能力なき社団 ……………………171
権力の作用 ……………………………031
権力的事実行為 ………………031/032
権力留保説 ……………………………025

こ

行為規範 ………………………………282
行為裁量 ………………………007/014
公害防止協定 …………169/171/172/173/178
効果裁量 ………………………………007/
　014/015/077/113/124/130/195/210/212/340
合議制 …………………………………293
合議制の機関 …………………………127
広義説 …………………………………205
公共管理法 ……………………………023
公共団体 ………………………145/146
公共の福祉 ……………………………127
公共用物 ………………………………023
公権力 …………………………………145
公権力性

……139/140/145/189/191/222/239/256/278

公権力の行使

……010/144/145/161/205/224/318

——に関する不服の訴訟 ……………161

抗告訴訟……………………………012/030/

059/064/108/158/161/189/242/260/297/359

公証 ……………………………………007/008

——行為 ……………………………157/279

後続の損害 ……………………………207

拘束力 ……………074/079/124/125/267

高知落石事件 …………………………319

公定力 …………………………………261

後発的事情 ……………………………140

公表 ………………………………062/105

公物 ………………………………022/030/316

——管理権 ………………………022/023

——所有権 ………………………023/030

公平委員会 ……………………………121

公法契約 …………………………171/172

公法上の法律関係 ……………………176

公法上の法律関係に関する訴訟 ………161

公務員 ……………………………121/223/292

公有財産 ………………………………238

公用開始 ………………………………316

考慮事項 …………………060/061/129/212

考慮要素 …………………352/353/356

告示 …………………………………350/362

国有財産 ………………………………238

国家賠償 ………………………………334

——請求 ……………111/194/241/281

国家補償 …………………………164/334

国庫 ……………………………………207

さ

裁決 ……………072/074/075/078/079/080

——固有の瑕疵 ……………………080

——の取消訴訟 ……………………079

裁判管轄 ………………………………126

裁判規範 ………………………………159

財務会計行為 …………………………332

債務不履行 ………………046/047/048

在留特別許可 …………………………074

裁量……………………………………008/

013/060/077/081/113/114/124/126/131/194/

195/210/262/278/317/340/352

——基準 ……………………………130/262

——行為 ……………………………113/340

——権消極的濫用論 ………………211

——権の逸脱・濫用 ………………013/

015/060/061/081/124/128/129/150/151/

196/211/339

——零収縮論 ………………………210

差止め請求権 …………………………175

差止め訴訟……………………………030/079/

080/081/296/298/302/306/351/352/360

参与機関 ………………………………058

し

市街化区域 ……………………………089

市街化調整区域 ………………089/095

指揮命令 ………………………………293

私経済作用 ……………………………205

事後争訟手続 …………………………075

事実行為 ……………032/073/074/079/176/224

事実上の行為……………………………010/

024/030-031/073/107/122/158/176/206/224/

277/280/281

始審的争訟手続 ………………075/076

事前協議 ……………104/106/107/108

自然公物 ………………………………320

事前争訟手続 …………………………076

事前手続 ………………………………338

自治会（町内会）………………170/171

自治基本条例 …………………………350

自治事務 ………………………………207

執行機関 …………………………127/293

執行停止 ……………079/127/304/351

執行命令 …………………………040/193

実質的基準 ……………………………048

実質的抗告訴訟観 ……………………300

実質的当事者訴訟……………………031/

032/044/045/088/144/161/242/260/299/306

実体的違法事由 ………………055/062

実体的規律 ……………………………073

指定医師の指定 ……………138/140/141

指導要領 …………………………351/360

369

私物 ……………………………023	条例による事務処理の特例 ……………040
私法契約 ………………………172	職員団体 ………………………121
私法上の法律関係 ………………176	職務義務違反 …………………065
司法権 …………………………092	職務行為基準説 ………………029/281
事務監査請求 …………………331	職務質問 ………………………205
事務の委託 ……………………225	職務上通常尽くすべき注意義務 ……064
指名回避決定 …………………058/060	職務命令 ………294/296/298/299/304
指名競争入札 …………055/056/064	処分………………………………007/
指名停止 ………………………059	038/058/074/076/077/079/080/090/091/107/
指名入札 ………………………056	139/142/145/160/173/175/189/192/222/223/
諮問機関 ………………………058	240/254/256/278/279/280/296/297/316
社会管理機能 …………………170	——基準 ……………………259
社会通念 ………………………130	——性 ……074/108/126/146/158/176/177
釈明権 …………………………177	——等の（が行われる）蓋然性 …305/351
重過失 …………………………225	——の根拠法規 ……353/356/360
終局判決 ………………………266	——の同一性 ………………336
自由使用 ………………023/124/238	——理由の差替え …………335
重大かつ明白な瑕疵 ……………063/294	白地要件 ………………………123
重大な損害 ……………283/304/307/351	自力救済 ………………………030
住民監査 ………………………331	知る権利 ………………………334/341
住民監査請求 …………………343	侵害処分 ………………………077
住民訴訟 ………………022/029/332/342	侵害留保説 ……………………025
住民に身近な行政 ……………096	人格権 …………………………175
収用 ……………………………048	審議会 …………………………058
収容 ……………………072/078/080/081	——設置要綱 ………………105
受給権 …………………………163/164	人工公物 ………………………320
需給適合原則 …………………113	審査・応答義務 …………041/042/107/277
授権規定 ………………………141	審査開始義務 …………………112
主張制限 ………………………261/335	審査基準 ………………………260/262
主張・立証責任 …………109/111/320/360	審査義務 ………………………257
出訴期間 ……012/063/126/194/258/297/339	審査請求 ………………………126
主任審査官 ……………072/078/079/080	人事委員会 ……………………121
受理 ……………………………107	紳士協定 ………………………171/172
受領拒否 ………………104/107/108/109	申請 ……………009/038/122/126/276/339
——行為 ……………………106	申請型義務付け訴訟………………012/
準法律行為的行政行為 …………007	045/044/079/108/109/112/125/126/127/144/
上級行政機関 …………………293	193/260/280/283/339
使用許可 ………………………239	申請拒否 ………………………043/337
使用者責任 ……………………231	申請権 ………011/090/124/126/278/281/359
情報公開・個人情報保護審査会 ……334	——の濫用 …………………257
情報公開条例 …………170/173/174/333	申請に対する処分
情報公開訴訟 …………………334	………………140/141/189/239/254/256/333
条例 ……………………………088/093	申請の形式上の要件 ……………108

申請の到達 …………………………107	代替的作為義務 ………………024/026
信頼関係 ………………………………062	大東水害訴訟 ………………………320
信頼保護 …………………………048/131	宝塚市パチンコ条例事件 …………088
——の原則 ……………046/047/049	諾否の応答義務 ………………256/276

す

随意契約 ………………………………056	他事考慮 ………………061/150/151/262
逗子市住民監査請求記録公開請求事件 …331	立入調査権 ……………………………172
	単純併合 ………………………255/258/266

せ

団体自治 ………………………………040

ち

制裁 ……………………………090/091/150	地域独占 ………………………………113
政令 ……………………………………008	地域における行政 …………………096
積極損害 ………………………………049	地縁による団体 ……………………174
設置管理作用 …………………………205	地方公共団体の組合 ………………170
設置管理の瑕疵 ……………………318	地方自治の本旨 ………………040/096
せり売り ………………………………056	懲戒処分 ………………………295/298

そ

相関関係説 ……………………………029	直接型義務付け訴訟
相互補完的解釈 ……………………362	………079/143/280/283/284/285/359
相互保証 ………………………………321	直接強制 ………………………025/027/078
——主義 ……………………………225	直接性 ……………139/189/222/256/278
争訟 ……………………………………076	

聴聞 ………………075/146/147/190/338

つ

相当因果関係 …………………064/213	通常有すべき安全性 ………………321
相当の期間 ……………………109/110	通損補償 ………………………………246
即時確定の利益 ………………301/306	通達
即時強制 ………………025/027/077/078	……041/159/243/293/295/298/299/308/358
組織法上の公務員 ……………223/227	通知 ……………………………060/158
訴訟物 …………………………306/308/336	
訴訟要件 ………………………109/126/208	

て

損害 ……016/046/047/049/213/304	停職 ……………………………295/303
損失補償 ………048/241/242/244/334	適正手続の原則 ………………081/107
損失補償請求 …………………047/241	適用除外 ………………………188/239
	撤回 …………140/148/150/151/160/240

た

第一次的判断権 ……………………338	——権 ……………………………144/148
退去強制事由 …………………078/080	——権の留保 …………………144/149
退去強制令書 …………………………078	手続違法 ………………………147/266
——の発付 ……………………072	手続的違法事由 ………………062/063
第三者効 ………………………………190	手続の瑕疵 ……………………………063
第三者のためにする契約 …………178	

と

代償的措置 ……………………………049	徳島公安条例事件 …………………093
代執行 ……024/026/027/092/176	特段の事情 ……………………111/112

独任制 ·······················293
動機の不正 ···················196
東京卸売市場事件 ·············244
東京都日の出町谷戸沢処分場事件 ·······173
東郷町ラブホテル建築工事中止命令事件
·····························097
当事者訴訟··················059/
079/081/082/176/177/260/285/297/302/306/
308/317
当事者適格 ···················122
当事者能力 ···················121
到達 ························158
特別使用 ·····················023
特別審理官 ···················072
特別地方公共団体 ·············170
特別の犠牲 ················047/048
都市計画区域 ·················089
特許 ························113
特許使用 ·····················023
届出 ·····················090/276
取消し ····················138/240
取消権 ·······················138
取消訴訟·················012/044/
063/064/074/080/081/109/125/143/177/193/
260/281/297/304/334/335/338/339/351/359
取消訴訟の排他的所管 ·········145/297

な

内部規範 ·····················041
長沼ナイキ事件 ···············357
長野勤務評定事件 ·············295/307

に

新潟空港訴訟 ·················354
入国警備官 ···················072
入国審査官 ···················072

は

廃棄物処理計画 ···············113
罰金 ························172
反射的利益 ···················208
——論 ··················207/213/317
判断過程 ·····················060

——の過誤 ··················129/196

ひ

被告適格 ············126/146/170/306/332
被侵害利益 ··················358/362/364
非定型的な行政組織 ············170-171
標準処理期間 ·················110/333
平等原則 ···············081/107/263/264
——違反 ·······················196
費用負担者 ···················208/225
比例原則 ············093/094/095/149/151
——違反 ·······················196

ふ

不確定法概念 ·················077/123
附款 ··················076/144/149/239
福島駅点字ブロック事件 ·········322
覆審的争訟手続 ···············075
不作為義務 ···············027/091/092
不作為の違法確認訴訟（の訴え）····012/
042/044/109/110/111/112/126/162/193
不受理 ··············107/187/193/278
付随的損失 ···················246
不存在 ·····················126/160
負担 ·······················239
普通財産 ·····················238
不服申立て ···················075
——前置 ·····················126/334
不法行為 ···············030/046/049
不利益処分 ·······141/142/146/191/241/337
分限処分 ·····················295
紛争の成熟性 ···············012/161/306

へ

併合提起 ···········012/044/108/125/126/127
弁明の機会の付与 ··············147
返戻 ··············104/106/107/108/109

ほ

法行為 ·······················007
法規 ··············057/081/105/107/193/350
——命令 ·····················040/193
法効果性 ·······139/140/145/189/222/256/278

法治主義 ……………………093/123/142/149
法定抗告訴訟 ……………………………146
法的地位
　………140/141/156/158/159/160/161/162
法の体系的解釈 ……………………………144
法務大臣 ……………………………………072
法律関係 ……………………………………176
法律行為的行政行為 ………………………007
法律上の争訟 …………………091/092/308
法律上の利益 ……283/305/332/352/355/360
法律上保護に値する利益説 ………………355
法律による行政の原理 ……………………028
法律の留保の原則 …………………………025
法令に基づく申請 …………………………109
法令の目的 …………………………………094
他に適当な方法
　………………031/284/284-285/303/351/360
保護範囲 ……………………………………064
補充性 ………………161/210/285/301/306
補助金交付要綱 ……………………………105
本案勝訴要件 ……013/109/125/126/208/352
本案上の主張 ………………………………142
本質留保説 …………………………………025

ま

前倒しされた取消訴訟 ……………………351

み

民事訴訟 ………………………………088/177
民事保全法 ……………………………175/176
民衆訴訟 ……………………………………332

む

無過失責任 …………………………………318
無効 ……………………………126/171/172
無効等確認訴訟（の訴え）
　………………………012/044/063/161/194
無名抗告訴訟
　………031/144/243/261/285/298/300/301

め

命令 …………………………………………008

免職 ……………………………………295/303

も

申立ての利益 ………………………………127
目的違反 ……………………………………196
目的外使用許可 ………………………123/124
目的規定 ……………………………………164
もんじゅ訴訟 ………………………………354

ゆ

有効 …………………………………………171

よ

要件裁量 …………………007/077/113/124
要件事実 ……………………………………149
要綱 ……………057/058/104/105/106/107
容積率 ………………………………………089
用途地域 ………………………………089/095
予見可能性 ……………………………210/323
予算制約論 ……………………………320/324
予備的併合 …………………………………256
四号訴訟 ……………………………………332

ら

落札者の決定 ………………………………059

り

立証責任 ……………………………………110
立法趣旨 ……………………………………164
理由 …………………………………………063
──の提示 ……………………011/258/259
理由（の）付記 …………063/255/266/337

る

類推適用 ……………………………………242

れ

冷凍スモークマグロ食品衛生法違反通知事件
　………………………………………………060

ろ

労働基本権 …………………………………121

373

◆判例索引

最高裁判所判例

最三小判昭 30・4・19 民集 9-5-534…207/230
最二小判昭 38・5・31 民集 17-4-617……259
最一小判昭 39・1・16 民集 18-1-1 ………317
最一小判昭 39・10・29 民集 18-8-1809
　………………………………………139/189
最一小判昭 45・8・20 民集 24-9-1268 …320
最一小判昭 47・11・30 民集 26-9-1746 …307
最三小判昭 49・2・5 民集 28-1-1 ………245
最三小判昭 50・5・29 民集 29-5-662……058
最大判昭 50・9・10 刑集 29-8-489………093
最三小判昭 53・3・30 民集 32-2-435……164
最三小判昭 53・9・19 判時 911-99 ………339
最大判昭 53・10・4 民集 32-7-1223 ……077
最三小判昭 54・7・10 民集 33-5-481……208
最三小判昭 54・12・25 民集 33-7-753 …060
最三小判昭 56・1・27 民集 35-1-35 ……048
最一小判昭 56・2・26 民集 35-1-117……016
最一小判昭 56・2・26 民集 39-5-1008 …016
最三小判昭 57・1・19 民集 36-1-19 ……213
最一小判昭 57・9・9 民集 36-9-1679……357
最一小判昭 59・1・26 民集 38-2-53 ……320
最一小判昭 59・11・29 民集 38-11-1260…316
最三小判昭 60・7・16 民集 39-5-989……110
最三小判昭 61・3・25 民集 40-2-472……322
最二小判昭 63・6・17 判時 1289-39 ……139
最三小判平元・2・17 民集 43-2-56………354
最二小判平 2・2・20 判時 1380-94 ………208
最一小判平 3・3・8 民集 45-3-164………021
最一小判平 3・4・26 判時 587-6 ………297
最三小判平 4・9・22 民集 46-6-571 ……354
最一小判平 5・3・11 民集 49-28-2863 …064
最三小判平 6・9・27 判時 1518-10………357
最一小判平 11・1・21 判時 1675-48 ……279
最二小判平 11・11・19 民集 53-8-1862 …331
最三小判平 14・7・9 民集 56-6-1134……088
最一小判平 16・1・15 民集 58-1-226……282
最一小判平 16・4・26 民集 58-4-989……060
最三小判平 18・2・7 民集 60-2-401……129
最三小判平 18・6・13 民集 60-5-1910 …164

最一小判平 18・10・26 判時 1953-122
　………………………………………058/062/065
最一小判平 19・1・25 民集 61-1-1 ………226
最一小決平 19・3・1 判例集未登載………097
最二小判平 21・4・17 裁判 1482-3 ………276
最一小判平 21・10・15 判時 2065-24 ……349
最一小判平 21・11・26 判時 2063-3 ……190
最三小判平 23・6・7 民集 65-4-2081……259
最三小判平 27・3・3 民集 69-2-143…082/263

下級裁判所裁判例

東京地判昭 38・7・29 行集 14-7-1316 …031
東京高判昭 44・3・27 判時 553-26………244
東京高判昭 52・9・22 行集 28-9-1012 …008
東京高判昭 52・10・6 判時 870-35………047
東京地判昭 53・8・3 判時 899-48 ………210
大阪地判昭 53・9・27 判タ 378-124 ……212
大阪高判昭 55・7・30 判時 969-64………215
仙台地判昭 57・3・30 行集 33-3-692……146
福岡高判昭 58・3・7 判時 1083-58………094
東京地判昭 60・6・17 判時 1208-92 ……257
東京地決平 7・9・4 判時 1555-85 ………178
東京地裁八王子支部平 8・2・21
　判タ 908-149 ………………………173/178
東京高判平 8・7・17 民集 53-8-1894……341
東京高決平 9・6・23 判タ 941-298 ……178
東京高判平 9・8・6 判タ 960-85………173
東京地判平 11・6・30 訟月 46-11-4131 …253
東京高判平 13・6・14 判時 1757-51 ……253
仙台地判平 15・2・17 判タ 1148-204 ……297
名古屋高判平 17・9・29 民集 61-1-67 …231
東京地決平 18・1・25 判時 1931-10 ……192
名古屋地判平 18・8・10 判タ 1240-203 …031
東京地判平 18・9・21 判タ 1228-88
　………………………………………292/304
東京地判平 18・10・25 判時 1956-62
　………………………………………186/192
大阪地判平 19・3・14 判タ 1257-79 ……349
東京高判平 19・3・29 判タ 1273-310 ……257
東京地判平 19・5・31 判時 1981-9………276
東京高判平 19・11・5 判タ 1277-67 ……276
大阪高判平 20・3・6 判時 2019-17………349

374　索引

《著者紹介》

大貫　裕之　中央大学法科大学院教授
（おおぬき　ひろゆき）

土田　伸也　中央大学法科大学院教授
（つちだ　しんや）

行政法　事案解析の作法　第2版
（ぎょうせいほう　じあんかいせき　さほう）

2010 年 9 月 25 日　第 1 版第 1 刷発行
2016 年 4 月 1 日　第 2 版第 1 刷発行

著　者——大貫裕之・土田伸也
発行者——串崎　浩
発行所——株式会社　日本評論社
　　　　〒170-8474 東京都豊島区南大塚 3-12-4
　　　　　　　電話 03-3987-8621（販売：FAX—8590）
　　　　　　　03-3987-8592（編集）
　　　　　　　http://www.nippyo.co.jp/　振替　00100-3-16
印刷所——精興社
製本所——難波製本
装　丁——図工ファイブ

[JCOPY] 〈（社）出版者著作権管理機構　委託出版物〉
本書の無断複写は著作権法上での例外を除き禁じられています。複写される場合は、そのつど事前
に、（社）出版者著作権管理機構（電話 03-3513-6969、FAX03-3513-6979、e-mail：info@jcopy.
or.jp）の許諾を得てください。また、本書を代行業者等の第三者に依頼してスキャニング等の行為
によりデジタル化することは、個人の家庭内の利用であっても、一切認められておりません。
検印省略　© 2016　Hiroyuki Onuki, Shinya Tsuchida
ISBN978-4-535-52006-6　　　　　　　　　　　　　　　　　　　Printed in Japan

基礎演習 行政法［第2版］

土田伸也［著］

行政法の初学者向け事例演習・解説書。法学部生、公務員試験受験生から、法科大学院入試、法科大学院生まで、広い需要に応える。　　　　　　　　　　　◆本体2,300円＋税

ダイアローグ行政法

大貫裕之［著］　　　　　　　　　　　〈法セミ LAW CLASSシリーズ〉

『行政法　事案解析の作法』の著者が行政法の基礎を説くダイアローグスタイルの解説書。入門から基礎、発展、復習まで、読み手の需要に応じて姿を変える一冊。　◆本体3,200円＋税

基本行政法［第2版］中原茂樹［著］

2013年刊の大好評テキストを、2014年の行審法・行手法改正や判例を盛り込んだうえ、さらに使いやすくして早くも改訂。　　　　　　　　　　　　　　　◆本体3,400円＋税

事例研究行政法［第2版］

曽和俊文・金子正史［編著］

大好評の司法試験対応問題集、早くも改訂。ハイクオリティで、かつ学生の目線に立った問題と解説。関連問題、コラム、ミニ講義も充実。TMあり。　　　　　◆本体3,700円＋税

行政法解釈の基礎──「仕組み」から解く

橋本博之［著］　　　　　　　　　　　　　　　　　◆本体2,700円＋税

「5つの思考方法」で個別行政法の解釈を学ぶ。司法試験過去問を素材に、好評の『事例研究行政法』とコラボ。受験生・公務員に必ず役に立つ一冊。筆者の教育成果を集大成。

判例ナビゲーション行政法

髙橋　滋・石井　昇［編］

大久保規子・野口貴公美・大橋真由美・友岡史仁［著］

近時の重要な行政法判例につき、コンパクトな評釈と判例の傾向、重要論点を確認する判例学習書。行政法学習のポイントが掴める。　　　　　　　　　　◆本体1,800円＋税

日本評論社
http://www.nippyo.co.jp/